Michael Niavarani
Ein Trottel kommt selten allein

Michael Niavarani
Ein Trottel kommt selten allein

Amalthea Verlag

Bildnachweis

KHM-Museumsverband (42, 256, 340), Bildvorlagen aus dem Archiv des Amalthea Verlages (48, 64, 88, 89, 230), Bridgeman Images (74), Österreichisches Staatsarchiv/ Haus-, Hof- und Staatsarchiv (75), IMAGNO/Austrian Archives (111, 146), Erich Lessing/picturedesk.com (312), Science Source/PhotoResearchers/picturedesk.com (317)

Aus dem Privatbesitz von Michael Niavarani:
Sonnenuntergang am Neusiedler See (10)

Thesaurus Pauperum. Einn fürtrefliche und volkomne Haußapoteck / gmeiner gbreuchlicher Artzney / zu ieden leibsgebrechen / für all getrewe leibärzt / fürnemlich aber für dz armlande volck / unnd gemeynen man. Von Hieronymo Braunschweig antaggeben. Franckfurt Chr. Ege. 1537 (282, 283, 284, 285, 286, 287, 288, 290)

Alt- und Neues Wien, Oder Dieser Kayserlich- und Erz-Lands-Fürstlichen Residenz-Stadt Chronologisch- und historische Beschreibung Von den mittleren- Biß auf gegenwärtige Zeiten. Anderer Theil. Aus verschiedenen bewehrten Auctoribus, und andern sicheren Nachrichten, zusamm getragen, und mit mehreren Kupfern herausgegeben; Von P. Mathia Fuhrmann. Wien/Linz 1739 (296, 297, 298, 299, 300)

Der Verlag hat alle Rechte abgeklärt. Konnten in einzelnen Fällen
die Rechteinhaber der reproduzierten Bilder nicht ausfindig gemacht werden,
bitten wir, dem Verlag bestehende Ansprüche zu melden.

1. Auflage Juni 2017
2. Auflage Juli 2017

Besuchen Sie uns im Internet unter: amalthea.at

© 2017 by Amalthea Signum Verlag, Wien
Alle Rechte vorbehalten
Umschlaggestaltung: Elisabeth Pirker/OFFBEAT
Umschlagabbildungen: Vorderseite: Der Hofnarr Stanczyk (1480–1560)
© IMAGNO/Austrian Archives. Rückseite: © Jan Frankl
Lektorat: Martin Bruny
Herstellung und Satz: VerlagsService Dietmar Schmitz GmbH, Heimstetten
Gesetzt aus der Goudy Old Style 11,25/14,5 pt
Gedruckt bei Christian Theiss GmbH, St. Stefan im Lavanttal
ISBN 978-3-99050-066-8

Inhalt

I
Nächtliche Begegnung,
unter anderem mit einem Igel 9

II
Agrippina,
die Witwe von Ephesus 47

III
Nächtliche Begegnung,
bei der es zur Obduktion eines Witzes kommt 71

IV
Narrheiten 87

V
Nächtliche Begegnung
auf der Schaufel des Todes 113

VI
Um Gottes willen 145

VII
Nächtliche Begegnung
mit einer grauen Zukunftsvision 215

VIII
Die Doppelgänger 255

IX
Nächtliche Begegnung
mit einem schwarzen Huhn am Kopf *279*

X
Aus Liebe zu
Shakespeare *311*

XI
Nächtliche Begegnung,
diesmal sehr kurz *335*

XII
Die letzten 24 Stunden *339*

XIII
Am nächsten Morgen *423*

Danke! *448*

Das ist ein hässliches Gebrechen,
wenn Menschen wie die Bücher sprechen.
Doch reich und fruchtbar sind für jeden
die Bücher, die wie Menschen reden!

Oscar Blumenthal, 1897

I

Nächtliche Begegnung,
unter anderem mit einem Igel

Wie so oft fiel es mir schwer, einzuschlafen. Selten kommen Schafe an mein Bett, die gern wissen würden, wie groß ihre Zahl ist. Schäfchenzählen. Ich habe es versucht. Davon werde ich jedoch noch wacher. Es hat auf mich eine ähnliche Wirkung wie ein doppelter Espresso. Ich möchte unbedingt wissen, wie viele Schäfchen es insgesamt sind. Ist es eine kleine Herde oder eine wahre Völkerwanderung von Schäfchen? Außerdem komme ich regelmäßig durcheinander, weil sie natürlich herumlaufen, wie sie wollen, und ich manche doppelt zähle. Dann muss ich von vorne beginnen, und im Handumdrehen ist es sechs Uhr früh.

Schäfchen besuchen mich, wie gesagt, kaum, wohl aber ganze Herden von Gedanken, die sich damit beschäftigen, was ich tagsüber alles erledigen hätte sollen. Wo sind diese Gedanken am Nachmittag, wenn ich sinnlos auf der Couch liege und mich durch die nachmittägliche Ideenlosigkeit des Fernsehens zappe? In der Nacht aber, da melden sie sich. Eine eigenartige Form liegender Geschäftigkeit: hellwach und hundemüde. Was genau steckt hinter einer solchen Eigenart, worin liegt der evolutionäre Vorteil, wenn man nicht einschlafen kann und mitten in der Nacht eine ganz klare Liste von zu erledigenden Dingen vor Augen hat, die einem den ganzen Tag nicht einmal im Traum eingefallen wären? Leider kann man sich nicht zum Einschlafen zwingen, wie man sich zum Beispiel zum Fasten oder Sporteln zwingen kann. Das gelingt zwar auch höchst selten, aber das Einschlafen unterliegt grundsätzlich nicht unserem Willen. Schade eigentlich.

Diesmal waren es jedoch keine unerledigten Aufgaben, die mich heimsuchten, sondern erste Sätze. Dummerweise hatte ich ein Buch mit Interviews großer Schriftsteller neben meinem Bett liegen. Ich wollte noch ein wenig darin lesen, war jedoch viel zu müde. Ich schlug das Buch auf, und die Augen fielen mir zu. Sehr verschwommen konnte ich nur noch einen einzigen Satz lesen: »*Das Wichtigste für ein gutes Buch ist der perfekte erste Satz.*«

Ich war einfach zu müde. Schon im Dahindämmern klappte ich das Buch wieder zu, legte es neben mein Bett, knipste die Lampe aus, drehte mich zur Seite – und war hellwach. Ich brauche für mein neues Buch den perfekten ersten Satz. Alles hängt davon ab. Der grandiose Einstieg! Und plötzlich tauchten aus meinem Unterbewusstsein oder wer weiß woher erste Sätze auf:

Von Alkohol und Kokain gezeichnet, griff der Oppositionsführer zur Waffe und schoss mit einer Spritzpistole auf den Bundeskanzler.

Aufgeregt öffnete er der Prostituierten die Wohnungstür und konnte es nicht fassen: Er stand seiner Tochter gegenüber.

Nach dreiundzwanzig Jahren Reise durch unsere Galaxie landete die amerikanische Raumkapsel Hope endlich auf dem Planeten XCFN377; nach wenigen Stunden sandte sie das erste Bild zur Erde: Unter einem roten Stein sah man ganz deutlich ein iPhone hervorlugen.

Von der Kugel getroffen, sank sie zu Boden, es wurde dunkel um sie, und plötzlich ging sie durch einen Tunnel auf das weiße Licht zu, von wo sie eine Stimme hörte: »Ich kann schon das Kopferl sehen!«

Es war sein erster One-Night-Stand. Er lag gefesselt auf dem Bett, und als er sah, wie die feste, sportliche Blondine mit dem großen Adamsapfel im Bad ihre Perücke abnahm und nach dem Messer griff, war ihm klar, dass es auch sein letzter war.

Nachdem sie miteinander geschlafen hatten, zog sie ihr Hochzeitskleid hastig wieder an und stieg aus dem Auto, nicht ohne Robert vorher zu sagen: »*Ich hab die Pille abgesetzt. Ich liebe dich, wir sehen uns nach den Flitterwochen!*«

Von Satz zu Satz wurde es mir unmöglicher, an Schlaf zu denken. Also schlich ich vorsichtig aus dem Schlafzimmer unserer kleinen Badehütte, ohne das Licht anzumachen, um meine Frau nicht zu wecken. Mein rechtes Schienbein und das Abstelltischchen hielten so viel Rücksicht für übertrieben. Sie stießen gegeneinander. Meine Frau schreckte auf. Ich hielt kurz den Atem an. Sie schlug ihre Augen auf, ich flüsterte eine Entschuldigung, sie drehte sich murrend zur Seite und schlief gleich wieder ein.

Schuldbewusst nach allen Richtungen arbeitete ich mich bis auf die Terrasse vor, setzte mich an den Gartentisch und zündete mir eine Zigarette an – noch immer in völliger Dunkelheit, um nicht auch noch die Nachbarn zu wecken. Kein leichtes Unterfangen, denn burgenländische Badehütten sind sehr soziale Wesen. Sie stehen gerne eng beieinander und treten vorwiegend in Kolonien auf. Vermutlich damit ihnen im Winter nicht so kalt ist, wenn sie verlassen in der Gegend herumstehen. Sie sind auch alle miteinander verwandt. Zumindest sehen sie einander sehr ähnlich. Nein, sie sehen einander nicht ähnlich, sie gleichen einander wie ein Ei dem anderen. Es kann bereits in leicht angetrunkenem Zustand vorkommen, dass man erst im Bett im Schlafzimmer draufkommt, man hat die falsche Hütte betreten. Aber auch nur, weil man der eigenen Frau zärtlich über die Wange streicht und feststellt, sie trägt den gleichen Vollbart wie der Nachbar.

Unsere Kolonie jedenfalls steht am Neusiedler See. Es war ein Uhr nachts, und ich versuchte, leise zu atmen. Plötzlich ein lautes Rascheln im Gebüsch. Das musste unser befreundeter Igel sein. Er kommt gelegentlich, um an den Küchenabfällen zu naschen. »Auch nachtaktiv«, murmelte ich halb anerkennend, halb ängstlich. Ob er wohl zu mir kriechen und sich mit seinen Stacheln an meinen Beinen reiben würde? Da fiel mir noch ein guter erster Satz ein.

Irren ist menschlich, dachte der Igel und sprang von der Bürste.

Nur in Unterhose und T-Shirt, hatte ich nicht wirklich Angst vor dem Igel, aber ein Gefühl des Unbehagens hatte sich breitgemacht. Licht kam nicht infrage, ich wollte kein Gespräch mit einem geweckten Nachbarn riskieren. Der Igel machte zunehmend seltsame Geräusche. Ein leises, pfeifendes Krachen war zu hören. War das ein Furz? Mein Gott, warum muss denn der Igel so furzen? Noch einer. Und ein dritter! Schon hatte ich ein schlechtes Gewissen. Ich hätte heute Nachmittag den angeschimmelten Karfiol nicht einfach so ins Gebüsch werfen dürfen. Jetzt hat er davon gefressen und muss furzen. Armes Tier!
Wenige Sekunden später zündete sich der Igel eine Zigarette an. Ich wusste nicht recht, wie man auf einen furzenden, rauchenden Igel in dunkler Nacht am besten reagiert, darüber hatte ich noch nichts in einer *Universum*-Sendung gesehen. Also räusperte ich mich, ganz leise.
Da kam der Igel ungeniert mit seiner Zigarette in der Hand hinter der Gartenhecke hervor und entpuppte sich als mein Nachbar Andreas. Mir fiel kein Stein vom Herzen.

Andreas (✂)   Kannst du auch nicht schlafen?
Ich (🖋)   Nein. Ich rauche noch eine!
✂ Ich hab mich schon gewundert. Ich dachte, es ist der Igel.
🖋 Ja, ich auch.

Kein Wort über den Furz. So gut kannten wir einander noch nicht. Es reichte gerade zum Du.

✂ Hast du das öfter?
🖋 Ja. Ich weiß auch nicht, warum. Ich bin den ganzen Tag hundemüde und dann in der Nacht hellwach.
✂ Kenn ich. Geht mir genauso.
🖋 Woran das wohl liegen mag? Ich denke, bei mir ist es der Lebens-

rhythmus des Theatermenschen. Die höchste Konzentration des Tages habe ich um zwanzig Uhr, wenn die Vorstellung beginnt. Und ich mach das seit meinem siebzehnten Lebensjahr.

✂ Vielleicht bin ich auch Theatermensch und weiß es gar nicht.

Nach einem bemühten Lachen von uns beiden geriet die Konversation ein wenig ins Stocken. Und was machen zwei Männer, wenn sie nicht wissen, worüber sie reden sollen? Sie trinken.

✂ Soll ich dir ein Bier holen?

✍ Nein danke, ich ... Oder ja, ich schau einmal, ob wir noch eines im Kühlschrank haben. Soll ich auch ein bisschen Käse und Salami mitbringen?

✂ Kein Problem, ich hab mir ein zweites mit heraus genommen. So spät soll man ja nichts mehr essen.

Er hatte wohl damit gerechnet, noch länger nicht schlafen zu können. Er reichte mir seine zweite Flasche Bier. Ich fuchtelte damit etwas seltsam durch die Dunkelheit, im verzweifelten Versuch, anzustoßen, ohne anzustoßen. Wir wollten ja keinen Anstoß erregen. Andreas prostete unbestimmt in die Gegend ...

✂ Friede den Hütten!

✍ Und Krieg den Gelsen!

Der Weg zum Mund war dann kein Problem. Während wir das kalte Bier genüsslich die Kehle runterlaufen ließen, dachten wir wohl beide daran, dass unser Trinkspruch dem vermeintlichen Furz des Igels an Peinlichkeit um nichts nachstand.

✂ Woran arbeitest du gerade? Wieder ein neuer Shakespeare?

Er wusste offenbar mehr über mich als ich über ihn. Ein Gefühl, das mir grundsätzlich nicht fremd, aber dennoch nicht immer angenehm ist. Ich versuche stets, im Kontakt mit Menschen, die mich von der Bühne oder vom Fernsehen kennen, normales, antiprominentes Verhalten an den Tag zu legen. Ich stelle mich auch neuen Menschen immer vor. Manchmal führt das zu einem Missverständnis. Sie denken dann, ich glaube, sie wüssten nicht, wer ich bin, und mein Versuch, wie ein normaler Mensch zu wirken, macht mich erst recht zu einem arroganten Promi.

✐ Nein, nein – momentan kein Shakespeare. Ich hab vor Kurzem mit meinem neuen Buch begonnen.
✂ Ah! Worum geht's?
✐ Alles Mögliche. Kurzgeschichten.
✂ Und wovon handeln die?
✐ Breit gefächert.

Ich hatte gerade keine Lust, ihm meine Ideen zu erläutern. Es war noch etwas Zeit bis zum Abgabetermin, und ich hatte sehr viele Einfälle, wusste aber noch nicht, wie mein neues Buch tatsächlich aussehen würde. In Wahrheit wusste ich über mein neues Buch noch gar nichts. Außer, dass ich zu viele Einfälle hatte. Vielleicht konnte ich deswegen nicht schlafen, Theatermensch hin oder her. Zahlreiche Geschichten und Figuren rumorten in meinem Kopf, wollten irgendwie hinaus, wollten frei sein. Nur um gleich wieder zwischen zwei Buchdeckeln begraben zu werden.
Ohne Frage, die Nacht würde schlaflos werden. Also wäre es vielleicht gar keine so schlechte Idee, die eine oder andere Geschichte meinem Nachbarn zu erzählen, zu schauen, wie weit sie tragen, ob sie überhaupt was taugen. Zu meiner Frau könnte ich sagen, ich hätte die ganze Nacht gearbeitet, und sogar ich selber würde mir das abnehmen. Aber irgendwie war mir nicht danach. Mein Nachbar nahm mir jedoch die Entscheidung ab.

✂ Soll ich dir einen Witz erzählen?
✐ Nein. Um Gottes willen. Bitte nicht.

✄ Wieso, du bist doch Komiker.

✐ Eben. Das ist schrecklich. Das ist, wie wenn man einem Koch ein Rezept vorliest. Oder einem Astronauten erzählt, dass man sich so schwerelos fühlt, wenn man einen Joint geraucht hat. Ich kenne einen Gehirnchirurgen, der ist bei dem Film *Hannibal* während der Szene, in der der Kannibale dem Opfer den Kopf aufsägt und das Hirn isst, vor Langeweile eingeschlafen.

✄ Wie traurig. Ich meine, worüber lacht dann ein Komiker? Wie kann man einen Komiker erheitern?

✐ Schwer, sehr schwer. Da gibt es eine Geschichte von einem italienischen Harlekin, einem Clown aus dem 18. Jahrhundert: Carlino – ein großer Star in Paris, 1783 gestorben. Er war ein hypochondrischer Melancholiker, dessen einziger Grund, sich nicht umzubringen, seine Angst vor dem Sterben war. Er hat über vierzig Jahre lang die Menschen zum Lachen gebracht. Eines Tages hörte Carlino, in Paris sei ein neuer Arzt angekommen. Er suchte ihn unverzüglich auf, in der Hoffnung, dieser könne ihn von seiner Not befreien. Der Arzt erkannte den großen Spaßmacher nicht, und weißt du, welchen Rat er ihm gegeben hat? Ihm sei nur eine Methode gegen die schwarze Galle bekannt, mit der schon Erfolge erzielt worden seien: ausgiebiges Lachen. Er solle doch zu Carlino in die Vorstellung gehen, und zwar so oft wie möglich. Darauf sagte der todtraurig: »Das würde ich ja gerne machen, aber ich selbst bin ja dieser Carlino.«

✄ Mein Gott, das ist ja rührend.

✐ Rührend? Das ist herzzerreißend!

✄ Also pass auf: Der Witz. Ein Mann kommt nach der ...

✐ Ich erzähl dir lieber etwas über mein Buch!

✄ Also schön – aber danach der Witz ...

✐ Schauen wir einmal. Wir müssen ja irgendwann auch schlafen gehen ... Also, der Titel wird lauten: *Ein Trottel kommt selten allein.*

Mein Freund musste lachen.

✂ Warum kommt ein Trottel selten allein?

✎ Diese Frage möchte ich gerne an den Anfang stellen, da mir nichts leichter fällt als ihre Beantwortung. Und zwar mit einem Sprichwort. Normalerweise sind mir Sprichwörter ja suspekt und lösen bei mir den unwiderstehlichen Drang aus, sie zu verdrehen, ihren Sinn, der oft als Handlungsanweisung mit der Autorität von Jahrhunderten daherkommt, zu verballhornen oder umzudrehen. So kam es ja auch zum Titel meines letzten Buches: *Der frühe Wurm hat einen Vogel.* Sprichwörter werden gerne auch Volksweisheiten genannt, und die Weisheit des Volkes ist ein weites Feld, das ...

✂ ... wir jetzt nicht beackern wollen. Die Nacht ist finster genug.

✎ ... das meist brachliegt, hätte ich sagen wollen. Du hast natürlich recht. Ich habe mich ein wenig verrannt, aber Sprichwörter ärgern mich, und wenn sie auch oft einen Kern von Wahrheit enthalten mögen: Für den Einzelfall sind sie wenig hilfreich. »Der Krug geht so lange zum Brunnen, bis er bricht«, zum Beispiel, hilft mir persönlich gar nicht weiter, weil ich trotzdem keine Antwort auf die Frage bekomme, wie weit ich mit meinen Scherzen gehen darf oder wann ich mit dem Trinken aufhören soll, wenn ich (der Krug) auch nach dem siebenten Gang zum Brunnen (in dem Fall Bier) noch nicht (er-)breche.

✂ Ja, oder: »Wer anderen eine Grube gräbt, fällt selbst hinein.« Das stimmt meines Erachtens überhaupt nicht, sonst hätte sich ja Brutus selbst erstechen müssen und nicht Julius Caesar.

✎ Sprichwörter sind eigentlich sinnlos. Es gibt nur ein einziges, das meiner Meinung nach seine Berechtigung hat: Das englische Sprichwort: »Für jeden Trottel findet sich ein noch größerer Trottel, der ihn bewundert.« Es sagt alles und lässt keine Frage offen. Ein Trottel kommt also selten allein, da er einen noch größeren Trottel gefunden hat, der ihn bewundert. Und so marschieren die zwei selbstzufrieden und von sich überzeugt durch das Leben. Das Erstaunliche daran ist, dass sich trotz der enormen und stetig steigenden Anzahl von Trotteln immer noch für jeden einzelnen Trottel ein größerer Trottel findet, der seinerseits wiederum von einem noch größeren Trottel bewundert wird. Was uns zu Einsteins Aussage über das Universum führt: »Zwei Dinge sind unendlich«, sagte er, »das Universum und die menschliche Dummheit. Bei Ersterem bin ich mir nicht ganz sicher.« So ungefähr möchte ich einsteigen in das Buch.

✂ Aha. Ja, ja … Der Mensch ist also nicht die Krone der Schöpfung?

🖋 Eher die *Kronen Zeitung* der Schöpfung.

✂ Kennst du Diogenes?

🖋 Den Verlag?

✂ Den Philosophen.

🖋 Nicht persönlich. Was weiß ich über ihn? Er hat in einem Fass gelebt und … Er ist tot. Wie übrigens die meisten Philosophen.

✂ Das mit dem Fass ist eine Legende. Er muss aber ein alter Grantler, ein Misanthrop erster Güte gewesen sein, führte ein sehr einfaches Leben und hat im Grunde als Obdachloser auf der Straße gelebt. Man sagt, er habe vielen Menschen seine Verachtung gezeigt. Ich bin mir nicht ganz sicher, ob er dieses Leben ohne Besitz ganz freiwillig lebte, aber er hat angeblich, als Alexander der Große vor ihn trat und sagte: »Sag mir, was du wünscht, und ich werde dir deinen Wunsch erfüllen«, nur geantwortet: »Geh mir aus der Sonne!« Er hat also von den Menschen und ihrem zivilisierten Leben nichts gehalten.

Und doch hatte er einen großen Streit mit Platon. Platon, der seinerseits von Ideen mehr hielt als vom Menschen, hat den Mensch folgendermaßen definiert: »Der Mensch ist weiter nichts als ein federloses Tier auf zwei Beinen.« Platon hat für diese Aussage in der von ihm in Athen gegründeten Philosophenschule große Zustimmung bekommen. Das hat den Menschenverächter Diogenes dermaßen geärgert, dass er am nächsten Tag einen Hahn gerupft und ihn den Schülern Platons vor die Nase gehalten hat mit den Worten: »Das ist Platons Mensch.« Offensichtlich war er der Meinung, dass da doch mehr dahintersteckt.

🖊 Auf jeden Fall hat er Platon komödiantisch übertrumpft, und das gefällt mir natürlich sehr. Aber können wir heute wesentlich mehr sagen über uns Menschen? Wir sind Säugetiere, und unsere Ahnen und nächsten Verwandten sind Affen, so viel ist gewiss. Vielleicht sollten wir ganz von vorne anfangen. Auf der Erde entsteht Leben. Wie das genau passiert ist, wissen wir bis heute nicht. Möglicherweise aus einem Haar in der Ursuppe. Es kommen die Einzeller, dann die Mehrzeller, dann die Wirbellosen, dann die Wirbeltiere, dann die Insekten, dann die Dinosaurier, dann die Vögel, dann die Säugetiere, und plötzlich ist da ein Wesen, das ein so großes Gehirn hat, dass es darüber nachdenken kann, was es ist. Vor zweihunderttausend Jahren taucht der Homo sapiens auf. Und da muss sich doch einer das erste Mal gedacht haben: Sag einmal, was mach ich da eigentlich?

✂ Wahrscheinlich war der Moment in der Nacht.

🖊 Ja! Er konnte nicht schlafen, ist aus seiner Höhle oder noch wahrscheinlicher von seinem Schlafplatz auf einem Baum heruntergekrochen, hat sich hingesetzt und gedacht: Was soll das alles. Wozu lebe ich?

✂ Und plötzlich hat ein Igel gefurzt.

🖊 Hast du das auch gehört?

✂ Ja. Unglaublich, dass die so laut furzen können.

🖊 Diesen Augenblick muss es in unserer Geschichte gegeben haben. Und zwar am Übergang vom Tier zum Menschen, wo wir aus dem träumerischen tierischen Dasein ins menschliche Bewusstsein gewechselt haben. Und dieses erste Wesen, das sich als Mensch gefühlt hat, das also zwischen sich und den anderen Arten eine Kluft gespürt hat, das sozusagen unseren Ur-Sprung über diese Kluft hinweg gewagt hat, dieses Wesen muss, wenn wir es nicht als Trottel bezeichnen wollen, früher oder später bemerkt haben, wie mühselig und sinnlos seine Existenz ist, und sich gefragt haben: Was soll das alles? Was machen wir da? Jeden Tag derselbe Trott. Wir stehen auf, sammeln Beeren, dann versuchen wir ein Schwein zu fangen, dann essen wir es, dann gehen wir schlafen, dann stehen wir wieder auf, und die einzige Erleichterung unseres Daseins verspüren wir, wenn wir das mühsam besorgte Essen im Gras hockend hinten, nachdem es eine wundersame Verwandlung erlebt hat, wieder loswerden. Und selbst das geht nicht immer ohne Plage. Wenn dieses Wesen, das jetzt plötzlich wert auf den Titel Mensch legte, das einzige Mitglied seiner Sippe war, das sich diese Fragen gestellt hat, dann hat es sich auch noch gedacht: Warum bin ich nur von Trotteln umgeben?

✂ Hat er denn gar keinen Trost gehabt, der neue Mensch?

🖉 Wie denn? Er hat ja noch nichts gewusst. Es gab ja noch gar nichts. Keine Musik, keine Religion, keine Literatur. Die Menschen waren ganz allein mit ihrer Sippe. Zu anderen Sippen gab es vermutlich kaum Kontakt, und wenn, dann haben sie einander nicht verstanden. Sie haben sich in erster Linie gefürchtet. Vor allem vor dem Wetter, das jederzeit mit einem Gewitter überraschen konnte, vor den Löwen, von denen sie gejagt und getötet werden konnten, vor den Fremden der anderen Sippe, die sie nicht verstehen konnten. Und sie waren traurig. Sie haben die Menschen, die sie liebten, die ihnen Geborgenheit gaben, die nach ihrer Sippe rochen, einen nach dem anderen verloren. Eines Tages lagen sie tot da, und sie wussten nicht, warum.

✂ Darum haben sie eines Tages die Götter erfunden.

🖉 Ja, weil ihr Gehirn bereits groß genug war, um sich vorzustellen, dass es jemanden geben muss, der raschelt.

✂ Hä?

🖉 Alle anderen Lebewesen laufen davon, wenn sie es im Gebüsch rascheln hören. Sie wittern Gefahr und erstarren oder flüchten oder greifen an, je nach Größe und angeborenem Instinkt. Wir Menschen aber haben ein Gehirn entwickelt, das sich vorstellen kann, dass da jemand raschelt. Wir Menschen waren die Ersten auf diesem Planeten, die sich beim Rascheln im Gebüsch gedacht haben: Moment! Wer raschelt denn da? Seid's ihr deppert? Es ist vier in der Früh!

✂ Und darum gibt es die Religion?

✏ Wir suchen den großen Raschler! Wir sind seit damals, seit zweihunderttausend Jahren, auf der Suche nach dem Verursacher.
Und irgendwann haben wir ihn nicht nur für das Rascheln und
den Regen und den Sonnenschein verantwortlich gemacht, sondern auch dafür, dass unsere Kinder sterben, dass wir krank werden und so weiter. Und wir haben uns Sachen ausgedacht, um
ihn für uns einzunehmen, ihn zu besänftigen, das Unheil von
uns abzuwenden. Opfer, Gebete und strenge, wie wir meinen,
gottgefällige Regeln.

✂ Und wie passt da jetzt der Trottel dazu?

✏ Ganz einfach: eine Mutation. Irgendwann hat die Evolution
den ersten Trottel hervorgebracht. Wo und wann genau, lässt
sich schwer sagen, aber es muss recht bald gewesen sein.

✂ Und der Trottel stellt sich die Frage nach der Sinnhaftigkeit seiner Existenz gar nicht.

✏ Doch.

✂ Aber was unterscheidet ihn dann von den anderen?

✏ Dass er glaubt, die Antwort zu wissen. Der Trottel ist immer im
Besitz der Wahrheit. Diese hält er für einzig, ultimativ und
nackt – auch wenn sie ihm zuliebe oft Lederhosen trägt. Und
noch etwas zeichnet den Trottel aus: Er findet das Leben schrecklich und unerträglich, beschwert sich aber darüber, dass es einmal zu Ende sein wird.

✂ Beschreibt das nicht auch uns beide?

✏ Ich habe nie gesagt, dass wir zwei keine Trottel sind.

✂ Das heißt, dein Buch hat etwas Autobiografisches.

Ein Rascheln in der Hecke. Wir hielten kurz inne, lauschten andächtig dem Raschler und fuhren flüsternd fort.

✂ Der Igel.

✏ Wahrscheinlich.

✂ Wir fürchten uns nicht und laufen nicht davon.

✏ Ein wenig fürchte ich mich schon ...

✂ Wovor?

✎ Dass er wieder furzt.

Mein Nachbar, inzwischen mein nächtlicher Freund, lief rot an. Das spielte aber keine Rolle, denn ich konnte es in der Dunkelheit nicht erkennen.

✎ Das ist ja erstaunlich, wie stark Igel furzen können.

✂ Wir unterschätzen die Tierwelt immer wieder.

✎ Jaja.

✂ *Der Hase und der Igel*, das ist doch so eine Fabel ...

✎ Kenn ich. Also ... den Titel. Ich weiß nicht genau, worum es da geht.

✂ Ich auch nicht. Ich kenne nur ein Gedicht über den Igel.

✎ Ah. Sehr schön.

✂ *Der Löwe saß auf seinem Thron von Knochen*
Und sann auf Sklaverei und Tod.
Ein Igel kam ihm in den Weg gekrochen;
»Ha! Wurm!«, so brüllte der Despot,
Und hielt ihn zwischen seinen Klauen,
»Mit einem Schluck verschling ich dich!«
Der Igel sprach: »Verschlingen kannst du mich,
Allein du kannst mich nicht verdauen.«

✎ In Gedichten bin ich sehr schlecht. Aber ich stell mir gerade eine Igelgeburt vor. – Ich kann keine Gedichte auswendig.

✂ Schillers *Glocke*?

✎ Nein. Um Gottes willen. Höchstens so Scherzgedichte:
Zwei Knaben steigen auf den Gletscher,
der eine matsch, der andere mätscher,
da sprach der Mätschere zum Matschen:
»Jetzt miaß ma wieda owehatschen!«

✂ Sehr schön.

✎ *Zwei Knaben saßen auf einer Bank,*
der eine roch, der andere stank.

Da sprach der, der roch, zu dem, der stank:
»I setz mi jetzt auf a andre Bank.«

Keineswegs von mir als Anspielung auf den Furz des Igels gedacht, stellte sich gleichwohl diese Wirkung ein. Eine etwas seltsame Pause, gerade lange genug, dass sich jeder seinen Teil denken konnte, aber nicht lange genug, um eine weitere Unterhaltung ins Stocken zu bringen. Wir saßen also mitten in der Nacht auf einer Terrasse am Neusiedler See, trugen einander Gedichte vor, und es war uns nicht peinlich. So fasste ich Mut, noch mehr über mein neues Buch zu plaudern. Die Stimmung war lockerer geworden. Namentlich meine Theorie über die Evolution des Menschen lag mir am Herzen, und so kam ich wieder auf den Homo sapiens zurück. Ich hatte keine korrekten Jahreszahlen parat, deshalb holte ich mein iPhone, um im Bedarfsfall googeln zu können.

✎ Wir sind also aus den Affen hervorgegangen. Wir Menschen. Präziser: Wir sind Affen. Wir gehören zu den Affenartigen. Für manche ein Schock, für viele aber nur das Offensichtliche.

✂ Klarer Fall, das erkennt man schon daran, dass wir uns gelegentlich gehörig affenartig benehmen.

✎ Es ist nicht so, dass unsere Vorfahren einmal Affen *waren*. Im biologischen Sinn *sind* wir immer noch Affen. Wenn man das menschliche Genom mit dem der Affen vergleicht, so ergibt sich folgende Analyse: Der Schimpanse ist mit uns näher verwandt als mit dem Orang-Utan. Der genetische Abstand zwischen Schimpanse und Mensch ist kleiner als der genetische Abstand zwischen Schimpanse und Orang-Utan. Und amerikanische Forscher haben jetzt auch noch herausgefunden: Der genetische Abstand zwischen Orang-Utan und Donald Trump ist null.

Ich erntete Gelächter und war zufrieden.

🖋 Was ich natürlich nicht in mein Buch schreiben werde, denn diese Aussage ist eindeutig Orang-Utan-feindlich.

✄ Ist es eigentlich sehr schwer für einen Komiker, ernst zu bleiben?

🖋 Schwer nicht, aber sinnlos. Also, weiter. Irgendwann im Laufe der Entwicklung gab es einen Affen, der war der Vorfahre von uns *und* von den Schimpansen. Unsere gemeinsame Ur$^{hoch\ zehn}$ Großmutter. Von da an sind wir allerdings getrennte Wege gegangen, wir und die Schimpansen. Wir in Richtung Zivilisation und Atombombe, die Schimpansen in Richtung Affenkäfig.

Und die große Frage ist nun: Wann ist der erste Trottel auf dieser Erde erschienen? Wer war der erste Depp und wann? Das ist sehr schwer zu beantworten. Die Wissenschaft ist sich hier nicht einig.

Ein interessantes Phänomen allerdings könnte uns auf die Spur bringen. Alle Menschen, die heute leben, stammen von einer Population von zweihunderttausend Individuen ab. Das ergab der weltweite Vergleich unseres Genoms. Wenn dem so ist, dann muss es auch einen kulturellen Beweis dafür geben, nicht nur einen biologischen. Nun, jetzt kann man sagen, wir alle bauen Häuser, haben eine Sprache, verhalten uns im Grunde sehr ähnlich, wenn nicht überhaupt komplett gleich, nur eben auf unterschiedlichen kulturellen Oberflächen. Das heißt, es muss auch in unseren verschiedenen Sprachen mindestens ein Element geben, das universell ist. Einen Satz, den alle Menschen auf der ganzen Welt verstehen, ohne ihn übersetzen zu müssen. Denn wenn diese zweihunderttausend Individuen in irgendeiner Form miteinander kommuniziert haben, und das müssen sie, sonst hätten sie nicht überlebt, dann muss etwas aus dieser Zeit übrig geblieben sein. Ein Wort, eine Phrase, ein Satz, der uns alle miteinander verbindet und beweist, dass wir Brüder und Schwestern sind. Und ich habe - nach langem Forschen - diesen Satz gefunden. Ein Satz, der ohne Übersetzung in China, England, Afghanistan, Schweden oder sonst wo auf der Welt verständlich ist. Und dieser Satz lautet: »Wie bitte?« Allerdings nicht in dieser komplexen Form, sondern in seiner ursprünglichen Erscheinung: »Hä??«

✂ Hä??

🖋 Genau.

✂ Das versteht man überall?

🖋 Ja! Du kannst in Kasachstan irgendwo im Wald auf einen Menschen treffen – wenn du »Hä??« sagst, weiß er sofort, was du meinst. Du kannst in New York an irgendeiner Universität einen Professor anschauen und »Hä?« sagen – er weiß sofort, was los ist. »Hä??« ist der universelle Satz der Menschheit. Unser Markenzeichen.

Später haben sich verschiedene Sprachen herausgebildet, und es wird heute in jeder Sprache ein wenig anders ausgesprochen: »Hä??« auf Deutsch. »Huh??« auf Englisch. »E??« auf Spanisch. Aber es ist immer diese eine kleine Silbe. Es ist eben nicht so, dass es in einer Sprache »Hä??« heißt und in einer anderen »Loxatlotu??«, nicht wie bei *Car* und *Auto*, sondern es ist immer eine Variation von »Hä??«. Der Homo sapiens, der *weise Mensch*, besitzt ein universelles sprachliches Merkmal seiner Art: den Ausruf »Hä??«. Und warum ist das so? – Weil er ein Trottel ist. Weil wir von einer Gruppe von Urmenschen abstammen, die durch die Steppe gewandert ist und deren Gehirn groß genug war, um ihre eigene Existenz zu hinterfragen. Und die Frage lautete: »Hä?« Als sie die erste Sonnenfinsternis sahen, sagten sie: »Hä??« Als sie sahen, wie der Blitz in einen Baum einschlug und der Wald brannte, schauten sie einander ängstlich an: »Hä??« Als sie im Gebüsch ein Rascheln vernahmen, war ihre Reaktion: »Hä??«

✂ Wow. Ist diese Erkenntnis von dir?

🖋 Nein. Das stand in einem Buch, und in der *Süddeutschen Zeitung* war ein Artikel darüber, aber ich werde in meinem Buch natürlich behaupten, dass ich da selber draufgekommen bin. Ich werde auch behaupten, dass ich einem zweiten universellen Überbleibsel aus unserer Urhorde auf der Spur bin. Noch viel

spannender und sozusagen das Komplementärstück zum »Hä??«.
Aber das werde ich erst im übernächsten Buch behaupten. Darüber brauchen wir jetzt also nicht reden.

✂ Viel spannender, aber wir reden nicht darüber? Danke für das Vertrauen ...

🖋 Weil's kompliziert ist. Weil es das Komplizierteste überhaupt ist.

✂ Sex?

🖋 Was soll bitte daran kompliziert sein? – Nein: das Lachen. Eines der rätselhaftesten Phänomene, wenn man ernsthaft darüber nachdenkt. Es ist nämlich genauso universell wie das »Hä??«.
Das Schwein macht bei uns *quiek, quiek*; *oink, oink* macht das angloamerikanische Schwein, *röf röf röf* oder *ui ui* das ungarische und *soch, soch* das walisische. Das Bellen von Hunden oder das Quaken von Fröschen wird in den einzelnen Sprachen verwirrend unterschiedlich wiedergegeben. Das Lachen hingegen wird in allen Sprachen der Welt, ganz gleich aus welcher Sprachfamilie, mit einer Variante von *haha, hehe* oder *tee hee* beschrieben. – Das hab ich auch in einem Buch gelesen, ist also genauso wenig von mir und daher glaubwürdig.

✂ *Hä??* und *haha* ...

🖋 Ja! Ratlosigkeit, Rätsel, Angst einerseits und befreiendes Lachen andererseits. *Hä??* und *Haha*, Tragödie und Komödie, Trauer und Freude, Tod und Leben ...

✂ Nette Theorie, aber wir waren gerade dabei, uns auszumalen, wie das alles konkret vor sich gegangen ist in unseren Anfängen.

🖋 Ich hab ja gesagt, in meinem übernächsten ...

✂ Unsere Vorfahren sind also völlig ahnungslos durch die Steppe geirrt, haben einfach nichts kapiert, und von Zeit zu Zeit haben sie sich darüber zerkugelt?

🖋 Ja, so ist die Unterhaltungsbranche in die Welt gekommen. Hätten wir das auch geklärt.

✂ Noch einmal: Wir stammen also von denen ab, die durch die Steppe mäandert sind, nichts kapiert haben und das lustig gefunden haben?

✐ Erschreckend, nicht wahr?

✄ Und doch haben wir unglaubliche Dinge zustande gebracht. Schau dir doch unsere Zivilisation an. Wir haben beispielsweise eine *Zauberflöte* hervorgebracht.

✐ Wir? Doch eher der Mozart. Ich war da leider nicht dabei.

✄ Sagen wir, unsere Spezies hat die *Zauberflöte* hervorgebracht. Unsere Art bringt Individuen hervor, die so unglaubliche Dinge vollbringen können, wie die *Zauberflöte* zu komponieren.

✐ Ja eh. Aber nur, weil einer von uns Urmenschen unbedingt das Krusperl von einem Schweinsbraten essen wollte.

✄ Hä?

✐ Hehe! Warum gibt es die menschliche Kultur, unsere Zivilisation? Weil wir das Feuer gezähmt haben. Und warum haben wir das Feuer gezähmt? Weil wir unbedingt die knusprige Haut von einem Schweinsbraten essen wollten.

✄ Ich ersuche dich, etwas deutlicher zu werden!

✐ Gut. Einer der wichtigsten Evolutionsschritte der Menschheit, der letztendlich zu den ersten Hochkulturen geführt hat: der Schweinsbraten. Dazu muss ich etwas weiter ausholen ...

✄ Natürlich, so ein Bratl braucht ja auch ein Zeitl, bis das Krusperl ...

✐ Hm, ich hätt uns doch was zum Essen holen sollen.

Mit diesen Worten war ich schon so gut wie unterwegs. Mein Freund hielt mich aber zurück.

✄ Zuerst die Geschichte!

✐ Dann verlieren wir keine Zeit! Vor hunderttausend Jahren waren wir noch nicht an der Spitze der Nahrungskette. Wir waren noch Futter, Beute für diverse Fleischfresser, weil wir keine geeigneten Waffen und das Feuer noch nicht im Griff hatten. Es muss eine schreckliche Zeit gewesen sein – von wegen früher war alles besser. Vor allem war unser Gehirn noch nicht komplex genug, um abstrakte Begriffe wie Angst, Liebe, Freude bilden zu können.

Wir haben diese Gefühle gespürt, aber konnten sie nicht verbal ausdrücken. Mangelnde Kommunikation bedeutete auch damals schon mangelnde Organisation. Vor fünfundvierzigtausend Jahren fingen wir plötzlich an, Boote zu bauen, erfanden Pfeil und Bogen, Öllampen und Nadeln, um damit Kleidung herzustellen. Was war passiert? Woher der plötzliche Intelligenzschub?

Ganz einfach: Wir haben Kochen gelernt. Sofort setzte ein Trend ein, den wir heute noch beobachten: Weg von den rohen, lebenden, in der Steppe herumlaufenden Fertigprodukten, hin zum gemeinsamen Happy Cooking. Vielleicht war eine Versorgungskrise der Auslöser – vor der letzten Antilope hatte sich eine lange Schlange gebildet. »Zweite Kassa bitte!«, schallte es durch die Steppe. Die Folge der allerorts einsetzenden Kochshows war auf jeden Fall leichter verdauliches Essen, dadurch ein kleinerer Darm, dafür aber ein größeres Hirn, durch die frei gewordene und entsprechend umgelenkte Verdauungsenergie. Der Weg für die Zivilisation war geebnet.

Wenn unser Darm rebelliert, erinnert er sich grollend an diesen Vorgang und erinnert unsere Kommandozentrale daran, was es heißt, Kontrolle abzugeben. Und wenn ich heute auf der Bühne Themen und Begriffe, die den Unterleib betreffen, verwende – es sind vor allem drei, aber im Moment fällt mir keiner ein –, werfen mir die Leute Unzivilisiertheit vor. Hängt alles mit diesem Energietransfer von unten nach oben zusammen.

Wir zähmten also das Feuer, bauten uns Waffen, vertrieben damit die Fleischfresser und fanden uns an der Spitze der Nahrungskette. Übrigens für mich die größte Errungenschaft von allen. Stell dir vor, wir wären immer noch Futter für irgendwelche Säbelzahntiger. Wenn du da einen schlechten Tag hast, ist nicht nur die Mobilbox voll und der Akku leer, du wirst auch noch am Weg ins Fitnesscenter von einem Rudel Fleischfresser angegriffen. Außerdem würden uns die ganzen Veganer und Tierschützer noch mehr auf die Nerven gehen: Lebe gesund, denn vergiss nicht, du bist wertvolles Futter für bedrohte Tiere!

✂ Aber wie war das jetzt mit dem Schweinsbraten genau? Das würde mich interessieren.

🖉 Wir sind in der Steppe. Eine Gruppe von Urmenschen schläft in primitiven Holzverschlägen, die man leicht auf- und abbauen kann. Wir sind Nomaden, ziehen herum und suchen Nahrung. Wir sammeln Früchte. Wir jagen kleinere Tiere. Wir essen sie natürlich roh. Wir haben schon Faustkeile, mit denen wir das Fleisch zerteilen können. Wir reden miteinander.

✂ Was reden wir?

🖉 Wir reden über die Gefahr. Im Hintergrund hören wir Weinen. Unsere Sippe betrauert den Tod zweier Kinder, die von Löwen gerissen wurden.

✂ Wir können gegen diese Löwen nichts machen?

🖉 Nichts. Die Faustkeile sind zu klein, und außer ein paar Steinmessern und angespitzten Stöcken, mit denen wir in der Erde nach Knollen suchen, haben wir noch nichts zuwege gebracht.

✂ Können wir die Löwen nicht erschlagen?

🖉 Wie denn?

✂ Mit großen Steinen.

🖉 Bis der Stein geworfen ist, hat uns der Löwe längst an der Gurgel. Aber vor allem: Für ein Experten-Hearing zum Thema »Wie können wir uns am besten vor Löwen schützen?« ist unsere Sprache noch zu wenig ausgereift.

✂ Wir sind fast noch Tiere?

🖉 Ja. Wir laufen die meiste Zeit durch die Steppe, den kleinen Schweinchen hinterher, die zu unserem Glück den Lebensraum mit uns teilen möchten.

✂ Das Hantieren mit Feuer ist uns noch fremd?

🖉 Ja, wir essen die kleinen Schweinchen roh. Dazu trinken wir ihr Blut. Wir beginnen mit den weichen Innereien und delektieren uns besonders am Mageninhalt: halbverdauten Kastanien.

✂ Die waren eine Spezialität. Der Mageninhalt des kleinen Schweinchens war dem Anführer des Clans vorbehalten.

✎ Halbverdaute Kastanien?!?

✄ Warum nicht? Dreihunderttausend Jahre später lassen wir Milch so lange schlecht werden, bis sie von selber steht und blauen Schimmel angesetzt hat.

✎ Du hast recht. Ich frage mich übrigens seit Jahrzehnten, woran man eigentlich erkennt, dass Schimmelkäse schlecht ist? Kommt da ein anderer Schimmel und verdrängt den blauen? Egal. Warum jagen wir Urmenschen die kleinen Schweinchen? Weil sie uns besser schmecken als das Aas, das wir üblicherweise essen.

✄ Wir essen Aas?

✎ Was bleibt uns anderes übrig?!? Wir beobachten einige Löwen bei der Jagd. Wir sehen, wie sie eine Giraffe reißen. Was machen wir Menschen? Wir verstecken uns und sehen zu, wie sich die Raubkatzen den Bauch vollschlagen. Dann müssen wir noch warten, bis die Hyänen und Schakale sich über den Rest hergemacht haben, bevor wir nach den letzten Fetzen von essbarem Gewebe suchen können. Mit unseren Faustkeilen und Steinmessern brechen wir die Knochen auf, um an das herrliche Mark zu kommen.

Eines Nachts, es ist Sommer, es hat seit Monaten nicht geregnet, zieht ein mächtiges Gewitter auf. Ein lauter Knall schreckt uns auf. Am Rand der Steppe hat ein Blitz einen Baum gespalten, und wir erkennen Feuerschein, der sich rasend schnell durch das staubtrockene Gras frisst. Funken stieben durch die Gegend, und wir sehen, wie zahlreiche Tiere die Flucht ergreifen, selbst die gefürchteten Löwen. Uns bleibt auch keine Wahl. Ängstlich nehmen wir Reißaus, und sobald wir uns in Sicherheit wähnen, tun wir das, was wir immer in so einem Fall tun. Wir kauern uns eng aneinander und hoffen angsterfüllt, das Ungeheuer möge sich bald satt gefressen haben, sich zur Ruhe legen und nicht länger die Dunkelheit stören. So sind wir jahrtausendelang vor dem Feuer einfach davongelaufen und haben uns am nächsten Tag ein neues Jagdgebiet gesucht. Keiner ist je auf die Idee gekommen, an den Ort des Feuers zurückzukehren; alles ist schwarz, verkohlt, mit Asche bedeckt und unbewohnbar. Alles Essbare vom Feuer verzehrt. Niemand hat sich je dafür interessiert, wie es im Wald wirklich aussieht, wenn das Feuer vorbei ist.

Bis eines Tages, als es wieder so ein Feuer gibt, ein mutiger Halbwüchsiger, vielleicht sind es auch zwei – ja, es sind zwei Jünglinge, soeben geschlechtsreif geworden, die zu dem abgebrannten Waldstück zurückgehen. Sie müssen gerade den Initiationsritus über sich ergehen lassen. Abgesondert von der weiterziehenden Sippe sind sie dazu gezwungen, sich alleine durchzuschlagen, ehe sie zum nächsten Vollmond wieder in die Gemeinschaft zurückkehren dürfen, nunmehr als Männer. Die Ausnahmesituation, in der sie sich befinden, beflügelt die Neugier.

✂ Aber Tausende Halbstarke vor ihnen in der gleichen Situation sind nicht auf diese abwegige Idee gekommen!

✎ Zwei Pioniere! Die ersten Abenteurer! Mein Gott, vielleicht kehren sie auch nur zurück, um zu sehen, ob die Fuchsfamilie, mit der sie sich als Buben angefreundet haben, den Brand überlebt hat.

✂ Ein bisserl Romantik hat noch keiner Geschichte geschadet, aber warum nicht gleich Bambi?

✎ Ha! Weil der Fuchs – ganz im Gegenteil zum Reh – einen Bau unter der Erde bewohnt und sich für zwei helle Burschen die Frage ergibt, ob das ausreichend Schutz vor dem Feuer bietet.

✂ *Jugend forscht*, ich verstehe.

✎ So kommen wir nie zu unserem Schweinsbraten. Aus jetzt! Sie nähern sich also dem Wald ... Oder dem, was bis vor Kurzem ein Wald war und ...

Wenn ständig einer zurückfragt, funktionieren Geschichten nicht, genauso wenig wie Witze. Also hör mir bitte zu ...

Sie nähern sich dem Wald. Sie riechen den Rauch. Es ekelt sie. Adrenalin steigt in ihnen hoch. Angst. Noch hat der Mensch nicht das heimelige, vertraute Gefühl, wenn er den Rauch von brennendem Holz riecht, noch bedeutet dieser Geruch Lebensgefahr. Doch unsere zwei mutigen Freunde werden von Neugier einerseits und von Sorge um die Füchse andererseits getrieben. Sie müssen gegen ihren Instinkt ankämpfen. Sie müssen sich zwingen, nicht wegzulaufen, wie der Rest der Sippe. Sie sind tapfer. Vielleicht halten sie sich an den Händen. Zum ersten Mal in der Geschichte der Menschheit halten sich zwei Freunde an den Händen.

✂ Sie brauchen Namen. Wir müssen ihnen Namen geben.

✐ Haben sie wahrscheinlich gehabt. Einfache Namen. Der Mensch hat zu dieser Zeit schon Dinge benannt und ohne Zweifel sich selbst auch.

✂ Sie heißen: Manu und Hoa!

✐ Wieso?

✂ Wieso nicht!?

✐ Unsere beiden Helden, Manu und Hoa, die ersten Abenteurer der Menschheit, die erkunden wollen, was mit einem Wald passiert, nachdem ihn das Feuer gefressen hat.

✂ Und die ihre geliebten Füchse wiedersehen wollen.

✐ Eine dunkle Ahnung jedoch sagt ihnen: Das Feuer zu überleben, ist unmöglich. Alle Lebewesen, so denken sie, die nicht rechtzeitig die Flucht ergriffen haben, werden von den Flammen vertilgt. Es gibt keinen Beweis dafür, noch nie hat jemand gesehen, was mit einem Tier passiert, wenn es im Feuer war, aber das Wort für Tod, das Wort, das sie verwenden, wenn einer aus ihrer Sippe leblos am Boden liegt oder von einem Löwen gefressen wurde, ist dasselbe Wort, das sie für Feuer verwenden: *Ennochá*. Wie sollen die Füchse überlebt haben, wenn Ennochá hier war? Sie stehen vor der verbrannten Erde. Es dampft und glimmt und kracht und zischt. Es hat geregnet. *Hannia*. Das Wasser, das vom Himmel fällt, nennen sie Hannia. Dasselbe Wort verwenden sie, wenn ein Junges zur Welt kommt. Ihre bisherige Erfahrung hat sie gelehrt, dass Wasser Leben und Feuer Tod ist. Hat Hannia Ennochá schon niedergerungen? Der Regen den Brand gelöscht?

Ihnen wird heiß. Das Zischen einzelner Glutherde, die sich gegen die nassen, verkohlten Baumstämme durchzusetzen versuchen, verunsichert sie. Schläft Ennochá nur? Hoa deutet Manu, still zu sein, um Ennochá nicht zu wecken. Sie treten vorsichtig auf den aschigen Boden und versuchen, all die zischenden und dampfenden Stellen zu umgehen. Ängstlich lassen sie ihre Blicke von Glutnest zu Glutnest schweifen. Das Zischen und Dampfen erinnert sie an das Schnarchen der Alten, von deren Schlafplatz sie immer möglichst Abstand halten. Sie wundern sich über die verkohlten Leiber einiger Tiere. Was hat Ennochá aus ihnen gemacht?

Unsicheren Schrittes gehen sie in die Richtung, wo sie ihre Füchse vermuten. Da dringt Hoa ein Duft in die Nase, wie er ihn noch nie zuvor gerochen hat. Das ist kein beißender Rauch, kein ekelerregender Geruch nach Asche und Ruß, den Ennochá überall zurücklässt. Er weiß nicht, woher er stammt. Von keiner Blume, keinem Kraut, keiner Beere, auch nicht den Ausscheidungen von Tieren. Es ist ein ganz eigener Geruch. Angenehm, fast erbaulich einladend, unbekannt, aber Glück verheißend. Er fragt sich, was hier so wunderbaren Duft verströmt, und folgt seiner Nase, bis er vor einem dunkelbraunen Etwas zu stehen kommt, das sich von der schwarzen Umgebung deutlich abhebt. Es ist die Quelle des Wohlgeruchs. Hoa bedeutet Manu, stehen zu bleiben. Beide beugen sich vor und erkennen ein von Ennochá nur halb verdautes kleines Schweinchen. Hoa tippt es vorsichtig mit einem verkohlten Stöckchen an, ob noch Leben in ihm ist. Es verströmt gerade seine Lebensgeister, scheint ihm, und er kann sie über seine Nase in sich aufnehmen. Das macht ihn mutig, und er will es anfassen. Er verbrennt sich die Finger. Um den Schmerz zu lindern, steckt er sie schnell in den Mund und leckt sie ab. Das wirkt Wunder wie nie zuvor. Statt Schmerz ein Glücksgefühl, das die Menschheit nie wieder verlassen wird: der Geschmack von Schweinsbratenkrusperl!

✂ Mir rinnt das Wasser im Mund zusammen.

✎ Unserem jungen Helden auch. Ihm wird plötzlich klar: Ennochá hat aus dem blutigen, zähen Schwein eine herrlich schmeckende Sache gemacht. Er beugt sich wieder hinunter, reißt ein Stück Fleisch mit Kruste heraus und stopft es sich in den Mund. Seine Zähne bringen den harten Teil der Kruste zum Knacken, das warme Fett schmilzt auf der Zunge. Noch kauend schiebt er saftiges, zartes, weiches Fleisch nach und ist überwältigt von dem neuen Hochgefühl. Ein Kitzeln, ein Vibrieren, und dann noch die Wärme, die er im Magen spürt. Als ob er von innen erleuchtet würde. Manu sieht die Begeisterung seines Freundes und tut es ihm gleich. Sie hören nicht mehr auf zu essen, bis sie vor einem Häufchen Knochen sitzen. Sie rülpsen mehrmals laut. »Das Beste war das Krusperl«, sind sie sich einig.

Zur Zeit des Vollmonds kehren sie zurück zu ihrer Sippe, und man spottet über sie. Keine Jagdabenteuer, keine wilden Geschichten von Kämpfen mit Tieren oder den Geistern der Ahnen haben sie zu erzählen, sie reden die ganze Zeit über das Essen. Als Männer hätten sie zurückkommen sollen, nicht als Haubenköche. Die weibliche Jugend wendet sich enttäuscht ab.

✂ Bis zum nächsten Gewitter ...

✎ Jawohl, bis zum nächsten Gewitter, als es wieder Schweinsbraten mit Krusperl gibt. Hoa und Manu gehen auf die Suche und bringen reichlich davon mit. Die Wirkung ist überwältigend. Sie sind die Helden.

✂ Ich verstehe! Es ist die Initialzündung unserer Zivilisation. Von da an wollen alle Schweinsbraten mit Krusperl essen und sind somit gezwungen, die Willkür des Feuers zu zähmen. In ihrer Vorstellung hat Ennochá nicht mehr ausschließlich mit Tod zu tun, er kann von nun an auch Lebensgeister wecken. Man muss nur verstehen, damit umzugehen.

✎ Genau. Aber das dauert noch einige Tausend Jahre. Es ist eine unruhige Periode, voller Spannungen. Die Menschen leben im Zwiespalt. Einerseits fürchten sie Blitz und Donner wie eh und je, andererseits sehnen sie das Feuer herbei. Die *Schweinsbraten Now!*-Bewegung hat regen Zulauf. In der Folge kommt es sogar zu Schweinsbraten-Revolten. Die abstrusesten Ideen tauchen auf; einer redet von Streichhölzern und erntet ein kollektives »Hä??«. Nach Jahrtausenden leerer Versprechen steht dem Volk nicht der Sinn nach blöden Scherzen.

✂ Da werden durch einen einmaligen Zufall – das hat es vorher nie gegeben und nachher auch nie wieder – die beiden klügsten und tapfersten Menschen zu Anführern ihrer Horde.

✎ Es ist circa fünfzehntausend Jahre nach Manu und Hoa, den Entdeckern des Schweinsbratens, die Sprache ist schon etwas komplexer, und sie leben bereits in größeren Verbänden.

✂ Weil das Volk rebelliert, müssen sie etwas unternehmen.

✎ In einer alten Geschichte, die immer dann auftaucht, wenn die Sehnsucht nach Schweinsbraten am größten ist, geht es um einen Berg, der Feuer spuckt und an dessen Flanken heißes, zähes, glühendes Blut talwärts fließt, das alles, was sich ihm in den Weg stellt, in Flammen aufgehen lässt. Die Leute fantasieren von einem Feuerberg. Not macht erfinderisch.
Unsere beiden Helden können aber bereits in der Möglichkeitsform denken. Sie sind ja die Klügsten. Was wäre, wenn es einen solchen Berg tatsächlich irgendwo gäbe?

✂ Sie nehmen die Geschichte ernst und machen sich auf die Suche nach dem Feuerberg. Sie sind nicht nur die Klügsten, sie sind auch die Tapfersten.

Ein Moment der Stille zwischen mir und Andreas. Wir sahen einander in die Augen, und es war klar: Ab diesem Augen-Blick waren wir beide die klugen und tapferen Anführer, die schon unterwegs sind, das Feuer zu finden und es zu überlisten. Klug und tapfer – diese Rolle war uns auf den Leib geschrieben. In uns wuchs die unstillbare Begierde, dreihunderttausend Jahre in die Vergangenheit zu reisen und durch die Steppe Richtung Vulkan zu wandern. Andere Kinder wollten Indianer, Astronauten oder Cowboys sein. Wir beide waren schon lange keine Kinder mehr. Wir wollten Urmenschen sein, verantwortlich für die größte Errungenschaft der Menschheit.

✐ Wir werden uns ganz nah an den Strom aus heißem Blut heranwagen müssen.

✄ Es ist lebensgefährlich.

✐ Ich weiß. Wir werden drei Holzstöcke in den heißen Blutstrom tauchen. Sie werden zu brennen beginnen. Und dann bringen wir unserem Volk das Feuer.

✄ Wird Ennochá tatsächlich mit uns kommen?

Schmunzelnd bot mir Andreas eine Zigarette an, und ich gab ihm – Feuer!

✐ Wir werden uns bemühen. Zunächst aber werden wir so etwas wie ein religiöses Erlebnis haben. Die Mächtigkeit und Gewalt des Feuerberges übersteigen unsere bescheidenen Verstandeskräfte bei Weitem, das laute Grollen im Inneren des Berges, das Zischen, der Feuerschein und die Dämpfe aus der heißen Erde überwältigen unsere Sinne vollkommen. Wir kommen uns ganz klein vor und halten den Vulkan für ein lebendes Wesen beziehungsweise einen Gott, dem wir das Feuer heimtückisch rauben müssen.

✄ Wir haben also ein schlechtes Gewissen, aber es gelingt uns. Wir sind die Helden, wir bringen unseren Leuten das Feuer.

✐ Ja, allerdings müssen wir noch zwei Mal umkehren und neues Feuer nehmen.

✄ Wieso? Was ist passiert?

✐ Wir gehen mit den drei brennenden Ästen durch die Steppe und werden zwei Mal vom Regen überrascht. Das Feuer erlischt. Also gehen wir jedes Mal zurück.

✄ Tief verunsichert, da uns scheint, irgendetwas möchte nicht, dass wir uns des Feuers bemächtigen. Der Regen ist unsere Strafe.

✐ Völlig richtig. Wir vermuten hinter jeder Ecke einen Verursacher.

✄ Und wir reden darüber, ob es denn klug sei, das Feuer einfach so jedem Erstbesten zu überlassen. Wir machen uns zu den Hütern des Feuers.

✐ Was unsere Macht als Anführer stärkt. Denn nur wer von uns beiden das Feuer bekommt, kann sich einen knusprigen Schweinsbraten machen. Und wer ist das? Alle, die uns sympathisch sind, und ein paar, die plötzlich besonders nett zu uns sind. Kurz nach der Zähmung des Feuers entstehen also die ersten gravierenden sozialen Unterschiede.

✄ Und um an Schweinsbraten zu kommen, fackeln wir einen Wald nach dem anderen ab.

✐ Wie bei jeder neuen Erfindung dauert es einige Zeit, bis wir sie zur Perfektion gebracht haben. Es setzt eine lange Periode des Waldsterbens ein, aus Gier nach dem Krusperl.

✄ Halt, damit will ich nichts zu tun haben. Ich distanziere mich. Ich spiele nicht länger die zwielichtige Rolle des Feuerbringers.

✐ Aber du bist ein Held!

✄ Ja, ein tumber Tor, der keinen Gedanken an die Folgen seiner Heldentat verschwendet. Außerdem: Hat die Entstehung der Zivilisation nicht eher mit unserem Sesshaftwerden zu tun als mit der Zähmung des Feuers?

✐ Natürlich! Und warum wurden wir sesshaft? Weil wir etwas angebaut haben. Und was haben wir angebaut?

✄ Getreide.

✐ Und was haben wir daraus gemacht?

✄ Brot?

✐ Auch. Was noch?

✄ Bier?

✐ Das Bier erblickt das Licht der Welt. Nach Tausenden von Jahren will der Mensch endlich ein Bier zu seinem Schweinsbraten.

✄ Was für ein heiliger Moment. Prost!

✐ Auf die Urmenschen!

Andächtig nahmen wir einen Schluck Bier. Es war wie ein Gottesdienst.

✐ Langsam begreift der Mensch nun, wie man Schweine zubereiten kann, ohne einen ganzen Wald abzufackeln – indem er sie züchtet und am Spieß dreht. Mit der Sesshaftwerdung beginnt die Viehzucht und damit die gesamte Zivilisation der Menschheit. Und wem verdanken wir das?

✂ Dem Schweinsbraten und dem Bier.

✐ Ohne Schweinsbraten und Bier kein Shakespeare, Mozart, Schiller, Goethe, keine Denkmäler, keine Museen, keine Handys, kein Computer ... nichts.

✂ Also sind wir Menschen doch keine Trottel.

✐ Aber freilich. Die größten Trottel. Was ist denn das Resultat unserer Zivilisation? Wir zerstören den Planeten. Wir produzieren Tonnen von Plastik, die ins Meer gelangen und dort Lebewesen verenden lassen. Noch schlimmer: Das Plastik kann nicht abgebaut werden, wird nur zerkleinert zu mikroskopisch kleinen Teilchen, die von Meerestieren aufgenommen werden. Diese wiederum werden von den Fischen gefressen, die dann wir essen. Unsere Fische sind voll mit Plastik, das auch unser Körper nicht abbauen kann. Die Meere sind in einem Ausmaß mit Plastik und Schwermetallen belastet, dass Fisch mittlerweile zum Ungesündesten gehört, was man essen kann. Der Fisch ist derart verseucht, da kann man sich gleich ein Billa-Sackerl panieren.

✂ Das ist natürlich vertrottelt.

✐ Und ob! Es entspricht aber unserem Instinkt, dem Genuss nachzujagen, koste es, was es wolle. Tun wir etwas dagegen? Nein, im Gegenteil, wir stehen erst am Anfang. Hast du schon einmal gesehen, wie ein 3D-Drucker funktioniert? Im Spritzverfahren wird flüssiger Kunststoff Schicht für Schicht aufgetragen, bis wir ein Auto aus Plastik haben, das in einer Garage aus Plastik in einem Haus aus Plastik steht. Wer das alles nicht mehr aushält, kann sich eine Kalaschnikow aus Plastik ausdrucken. Es scheint unsere Bestimmung zu sein, unsere zweite Natur. Wir wollen Plastik, wir produzieren Plastik, wir werden zu Plastik. Vermutlich, weil wir dann unsterblich sind und nicht mehr in der Erde verrotten müssen. Aus. Punkt.

✂ Und das soll alles in dem neuen Buch vorkommen?

✐ Keine Ahnung. Ich habe ja noch nicht zu schreiben begonnen, aber das wäre eventuell ein gutes Thema. Zuerst der Urmensch, dann der zivilisierte Umweltzerstörer: Vom Urmensch zum Plastikmenschen.

✂ Langweilig. Hat jeder schon gehört und nervt nur: Plastik ist bequem, und du willst es uns wegnehmen? Hast du kein besseres Konzept für dein Buch?

✐ Ich weiß nicht? Ich halte Konzepte generell für übertrieben. Mein Kollege Otto Schenk, mit dem ich gemeinsam einen Abend gemacht habe, hat mir dazu eine Geschichte erzählt: Ein Wiener Boxer, kein besonders guter, eher so der Typ aggressiver Vorstadtstrizzi, wurde vor einem seiner wichtigsten Boxkämpfe gegen einen Meister seines Faches in einem Interview gefragt, wie er ihn denn zu besiegen gedenke. Er antwortete: »I hab a Konzept.« Darauf der Interviewer: »Ja, aber Ihr Gegner hat eine starke Rechte.« Er: »Der kann ruhig a starke Rechte haben, aber i hab a Konzept.« Der Interviewer: »Ihr Gegner ist ein Meister der Deckung.« Er: »Der kann ruhig a Meister der Deckung sein, aber i hab a Konzept.« Der Interviewer: »Sehr spannend. Was ist denn Ihr Konzept?« Er: »I hau eam in die Goschn.«

Wir durften nicht laut losbrüllen, kehrten daher die Lachattacke nach innen, was nicht leicht war bei dieser gut vorbereiteten, aber ansatzlosen Punchline.

✂ Wenn der Boxer nur halb so gut ist wie sein Konzept, ist er unschlagbar.

Wir hatten aber nicht nur den Boxer vor unserem geistigen Auge, sondern vor allem Otto Schenk, wie er die schlagende Pointe setzt, die noch jeden Zuschauer umgehauen hat. Topfit und mit großem Trainingsvorsprung, den er weidlich zu nutzen weiß, attackiert er an solchen Abenden sein Publikum, das sich seinerseits gezwungen sieht, die Treffer körperlich wegzustecken: durch Lachen. Otto ist Weltmeister in allen Klassen.

Wir jedenfalls waren angezählt, groggy, nahe am K. o. Wir brauchten eine Stärkung. Noch immer vor sich hin glucksend, holte Andreas zwei weitere Bier aus seiner Hütte, und ich brachte Salami und Brot auf unsere Terrasse. Erst halb zwei Uhr nachts, hatten wir beschlossen, noch eine Kleinigkeit zu essen. Darauf ging ich noch meinen Laptop holen, denn ich wollte Andreas zeigen, dass ich doch nicht ganz ohne Konzept war.

✎ Schau. Es soll – das ist jetzt zwar kein Konzept, aber doch ein roter Faden –, es soll vor jeder Geschichte ein Gemälde stehen.

✂ Modern oder klassisch? Abstrakt oder konkret?

✎ Konkret, klassisch, historisch ... Vielleicht ein modernes, aber nicht mehr als eines.

✂ Kein Freund der modernen Kunst?

✎ Nicht unbedingt. Aber schau, hier. Das wäre doch was für das Buch.

Ich klickte mich durch meinen Laptop.

✂ Für die erste Geschichte?

✎ Nein, nur ein Beispiel. Dazu hab ich gar keine konkrete Geschichte, obwohl es doch Bände spricht. Aber ich finde, das Gemälde sollte unbedingt hergezeigt werden. Es hat so was traurig Echtes. Hier ist es:

✂ Wie grauenvoll.
🖊 Vermittelt es nicht haargenau die Stimmung einer langjährigen, unbefriedigten Beziehung?
✂ Niemand würde heutzutage in einem Lokal seiner Frau auf den Busen greifen.
🖊 Das verbietet der Anstand. Klar. Aber die Stimmung ist doch hervorragend getroffen. Ein ganz normales Pärchen, seit fünfundzwanzig Jahren zusammen, verbringt einen gemeinsamen Nachmittag. Das Gemälde heißt übrigens *Liebespaar in der Herberge*.
✂ Liebespaar?
🖊 Liebespaar. Heutzutage müsste man es *Liebespaar nach einem Besuch bei Ikea* nennen.
✂ Das wäre doch eine wunderbare erste Geschichte – wie es dazu kam, dass die beiden so misslaunig, aber doch intim, ja fast mit sexueller Spannung, zumindest von seiner Seite, im Hinterzimmer einer Taverne sitzen.

✎ Da muss schon einiges passiert sein. Mehr als die übliche Langeweile einer langjährigen Beziehung, meinst du?

✂ Unbedingt. War vielleicht Ehebruch im Spiel?

✎ Selbstverständlich! Eine der am weitesten verbreiteten menschlichen Dummheiten. Weil wir nicht für die Monogamie gemacht sind. Wir kämpfen auch hier gegen das Tier in uns.

✂ Was war aber jetzt die Geschichte der beiden? Ich bin neugierig!

✎ Keine Ahnung. Aber ich will das Buch nicht mit erotischen Pikanterien beginnen. Das birgt die Gefahr, die Leserschaft nach dieser Geschichte zu verlieren, da sie die am weitesten gehende Enthüllung menschlicher Abgründe schon hinter sich hat. Was soll denn nach einer Sexgeschichte noch kommen? Nein, nein. Ich werde die Sexgeschichte am Beginn versprechen, ankündigen und dann gegen Ende erzählen. So baut sich zumindest ein kleiner Spannungsbogen auf.

✂ Du kannst sie mir ja jetzt erzählen und dann im Buch erst am Schluss schreiben.

✎ Das stimmt.

✂ Ich würde zu gerne wissen, wer von den beiden wen betrogen hat.

✎ Schau sie dir doch an, die zwei. Sie macht einen traurigen Eindruck, gleichzeitig hat ihr zu Boden gesenkter Blick etwas von Reue. Sie schaut drein, als ob sie irgendeine Idee gehabt hätte zu einer Sache, die dann nicht so ausgegangen ist, wie sie das gehofft hat.

✂ Er kann aber auch bedeuten: Warum muss mir der jetzt auf den Busen greifen?

✎ Bedeutet er auch. Sie bereut irgendetwas und ärgert sich gleichzeitig über ihren Mann.

✂ Und er sieht drein, als ob er sagen möchte: Das passt schon! Alles wieder gut! Wir haben die Sache überwunden, es ist nichts passiert!

✎ Ja, aber was?

✂ Weiß ich nicht, ist dein Buch.

✐ Auf diese Geschichte kommen wir später zurück. Das Buch wird, wie viele andere Bücher auch, mit einem Zitat beginnen. Auf der ersten Seite, schön rechtsbündig und am besten kursiv:

Möglicherweise ist nur eine einzige Frage,
die menschliche Existenz betreffend,
von Bedeutung, ob nämlich das Leben
eine Komödie oder eine Tragödie sei.
Alles Weitere ergäbe sich aus ihrer
Beantwortung.
Aristophanes, 398 vor Christus,
Komödiendichter

✂ Kluger Mann, der Herr Aristophanes.

✐ Komödiendichter im antiken Griechenland. Sehr erfolgreich.

✂ Und woher ist das Zitat? Gibt es Tagebücher von ihm?

✐ Nein, von ihm sind nur einige Stücke überliefert. Das Zitat ist ...

✂ Aus einer seiner Komödien?

✐ Aus meinem Kopf. Ich habe es erfunden.

✂ Aha. Und warum ist es dann »von Aristophanes«?

✐ Weil es dann von größerer Bedeutung ist, als wenn ich es gesagt hätte. Außerdem kann ich mich ja nicht selber zitieren in meinem eigenen Buch.

✂ Das ist Betrug.

✐ Ich denke, es ist legitim, da er es gesagt haben könnte. Ich betätige mich sozusagen nur als Bauchredner, und was soll ein Komödiendichter denn anderes vom Leben denken? Und ist es nicht wahrhaftig die einzig bedeutende Frage?

✂ Wenn du die Leute beeindrucken willst, dann musst du einen Philosophen zitieren oder ihm das Zitat unterschieben. Behaupte, es wäre von Platon.

✐ Das könnte auffliegen, Platons *Sämtliche Werke* sind leicht zugänglich und weit verbreitet.

✂ Erstens weiß man nie bei so antiken Philosophen, ob nicht doch

44

noch irgendwelche Fragmente von verloren geglaubten Werken aufgetaucht sind, und zweitens gibt es sicher niemanden, der alles von Platon gelesen hat und sich dann auch noch alles gemerkt hat.

🖋 In unserem Jahrhundert vermutlich nicht, da hast du recht. Zur Hochblüte der Philologie im 19. Jahrhundert aber sehr wohl.

✂ Was ja – ich darf das sagen? – genau das Kennzeichen von Halb-bildung ist.

🖋 Ja, bei mir ist das ganz seltsam. Ich bin zwar kein Lehrer, aber trotzdem halbgebildet. Ich halte das wirklich für die entschei-dende Frage für uns Menschen: Komödie oder Tragödie? Wie sehe, empfinde, erlebe ich mein Leben? Warte, da fällt mir ein anderes Zitat ein, das auch infrage kommt, diesmal nicht von mir.

Ich huschte in die Badehütte, kramte aus meinem Rucksack ein Büchlein hervor, das ich antiquarisch erworben hatte, und suchte nach der unterstrichenen Stelle, um sie Andreas vorzulesen.

🖋 *»Darüber sind, wenn nicht die Gelehrten, so doch die Verständigen einig, dass die Erde nichts weniger als ein Eden, dass das ›goldene Zeit-alter‹ der Freiheit, des Friedens und der Freude wie in der Vergangenheit, so auch in der Zukunft nur ein Ammenmärchen, dass die Natur uner-bittlich und erbarmungslos, dass unser Menschenleben mit seiner jäm-merlich unbehilflichen Kindheit und seinem einsamen, gebrechlichen Alter, mit seinen Krankheiten und seinen Torheiten, mit seinen zahllo-sen Niederträchtigkeiten, Schurkereien und Freveltaten, mit seinen ruhe-losen Wünschen und unzulänglichen Befriedigungen, mit seinen boshaf-ten Verkettungen und seinen wehvollen Trennungen, mit seinen Luftspiegelungen des Ehrgeizes, mit den Verführungen des Reichtums und den Demütigungen der Armut, mit allen seinen Sorgen, Mühen, Schmerzen, geknickten Hoffnungen und bitteren Erfahrungen, sogar mit seinem sogenannten Glück, seinen flüchtigen Genugtuungen und seinen täuschungsvollen Genüssen – ja, dass diese Erde mit allem, was darauf,*

nichts als eine grenzenlose Nichtigkeit, nichts als eine schnöde Prellerei,
ein niederträchtiger Schwindel sei.«

✂ Ich komme gleich, ich hole nur einen Strick, damit wir uns auf-
hängen können. Von wem ist das?

✐ Johannes Scherr, 1817 bis 1886, Kulturhistoriker und Spaß-
bremse auf jeder Cocktailparty.

✂ Kein gutes Zitat, viel zu negativ.

✐ Aber doch im Grunde – ich meine alles in allem – sehr zutref-
fend. Diese Worte werden die meisten Menschen unterschreiben, außer sie kommen gerade von einem Lachyoga-Seminar.

✂ Abgesehen davon ist es zu lang und altmodisch geschrieben.

✐ Ich kann es ja adaptieren. Ich denke, ich werde das Zitat meinem Buch voranstellen, ein bisschen vereinfacht:

> *»Das Leben ist scheiße!«*
> *Frei nach Johannes Scherr,*
> *1876, Kulturhistoriker*

✂ Besser. Das hat Rock'n'Roll, das geht runter wie Butter.

✐ Was immer noch nicht die Frage beantwortet, ob es eine Komödie oder eine Tragödie ist. Denn beide können scheiße sein,
verstehst du. Vielleicht ist das Leben ja eine Komödie, gerade
weil es so scheiße ist, und genau das ist aber die Tragödie daran,
was natürlich scheiße ist.

✂ Die Frage wird sich nicht beantworten lassen.

✐ Wir können es zumindest versuchen. Das wäre vielleicht ein
guter Anfang.

✂ Was?

✐ Die Geschichte der Witwe von Ephesus. Tragödie oder Komödie?

II

Agrippina,
die Witwe von Ephesus

nach der Erzählung des Eumolpus
aus dem Satyricon des
Petronius
Eine Komödie
oder
Tragödie

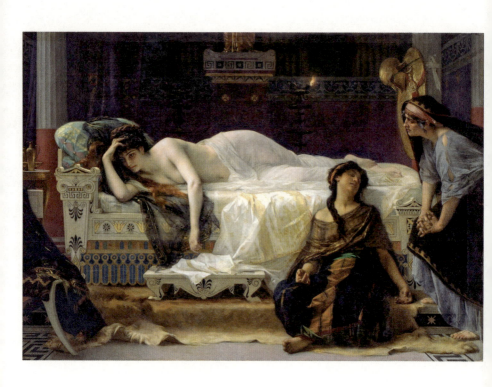

Agrippina ließ sich von ihrer Sklavin die Füße massieren. Sie waren den ganzen Vormittag durch Ephesus gelaufen, um neue Tonkrüge auszusuchen. Heute Abend gab sie ein kleines Gastmahl für ein paar Freundinnen, und da wollte sie mit neuer Töpferware Eindruck machen. Sie war erschöpft von der Einkaufstour, vom Herumlaufen und Aussuchen, vor allem aber vom Lärm auf dem Marktplatz. Ephesus war die Hauptstadt der römischen Provinz Asia und dementsprechend überbevölkert.

Es war nicht das erste Gastmahl, zu dem Agrippina, die Gattin des erfolgreichen Kaufmanns Gaius Julius, geladen hatte. Seit ihrer Hochzeit vor fünf Jahren war es das sechsundzwanzigste Ereignis dieser Art. Die Einladungen waren sehr beliebt bei den Damen von Ephesus und zogen selbst einige junge Frauen aus den benachbarten Städten an. Agrippinas Ruf, hochintelligent, freundlich und vor allem sittsam und tugendvoll zu sein, eilte ihr bis weit über die Stadtgrenze voraus. Sie war eine Frau, deren Anwesenheit die Gegenwart zu etwas Besonderem zu machen imstande war. Sie verkörperte das Gute im Menschen, die Hoffnung auf Freiheit und Friede. In ihrer Gegenwart schien es unmöglich, schlecht von den Menschen zu denken. Frauen liebten sie ebenso wie Männer, denen ihre Schönheit nur ein weiterer Beweis für den Sieg des Guten in der Welt war. Sie war das Gegenteil ihrer Namensschwester, Kaiserin Agrippina, die mit allerlei Machenschaften, bei denen oft Pilzgerichte die entscheidende Rolle spielten, ihre eigene Familie dezimiert und damit dafür gesorgt hatte, dass ihr Sohn als Kaiser Nero seit einigen Jahren über das Römische Imperium herrschen konnte und schließlich dessen Hauptstadt abfackeln konnte.

Den ganzen Tag schon war das gesamte Haus mit den Vorbereitungen zu Agrippinas Gastmahl beschäftigt. Man erwartete mehr als fünfzig Gäste, die meisten davon Frauen, neugierige Damen der ersten Gesellschaft, die sich von Agrippinas Tugend und Sittsamkeit mit eigenen Augen überzeugen wollten.

»Das kann doch nicht sein. Ich meine, sie muss doch irgendeine Schwäche, irgendeine schlechte Eigenschaft haben«, sagte die alte Witwe eines ehemaligen Senators leise zu ihrer Sitznachbarin. »Sie mag gut sein im Verbergen, aber mir macht sie nichts vor.«

»Die hat kein einziges Laster.«

»Das ist ja schrecklich!«

»Ich kann es auch nicht glauben.«

»Die tut doch nur so. Wenn der Mann außer Haus ist, müssen ihr all ihre Sklaven zu Diensten stehen. Stehen im Liegen, wenn du verstehst, was ich meine!«

Die Bewunderung über Agrippinas Tugenden schlug gelegentlich in Wut um. Ihre Tugendhaftigkeit überforderte manchmal die Umgebung. Dabei war sie nie langweilig. Sie scherzte, erzählte ihren Gästen durchaus sehr gerne derbe Schwänke und bewirtete sie auf vorzüglichste Weise mit den erlesensten Speisen.

Agrippinas Mann, Gaius Julius, der diese Anlässe stets genoss und einen gewissen Stolz auf seine Frau keineswegs verbergen wollte, zog sich an diesem Abend früh in sein Schlafgemach zurück, da er in der Magengegend plötzlich einen stechenden Schmerz verspürte, den er so nicht kannte. Als er das Tablinum, den Raum, der eigentlich ihm als Oberhaupt der Familie vorbehalten gewesen wäre, den er aber gerne seiner Frau für ihre Einladungen zur Verfügung stellte, im Begriff war zu verlassen, lächelte er freundlich, aber gequält den Musikanten zu und hielt einen Augenblick inne, denn ihm war schwarz vor Augen. Einer seiner Freunde erkannte seinen qualvollen

Zustand und bot ihm Hilfe an, die er aber ablehnte, aus Rücksicht auf die gute Stimmung ringsum.

»Es geht schon. Ich muss mich nur niederlegen«, sagte Gaius Julius.

»Darf ich dich kurz sprechen?«

»Wenn es wirklich nur kurz ist.«

»Eine Kleinigkeit. Die Abende deiner Frau sind wunderbar und bereiten der feinen Gesellschaft von Ephesus große Freude.«

»Na dann ist es ja gut.« Agrippinas Ehemann ahnte, worauf diese Unterredung hinauslaufen würde. Sein Freund war nicht der Erste, dem ein gewisser Umstand im Hause des Gaius Julius unangenehm aufgefallen war.

»Muss es denn sein, dass die Sklaven mit uns am Tisch sitzen?«

»Erstens handelt es sich nicht um Sklaven, sondern um nur eine einzige Sklavin, eine ganz bestimmte, Anahita aus Armenien, die gleichzeitig Agrippinas beste Freundin ist. Und zweitens, lieber Freund, wenn du mir helfen willst, dann lass mich jetzt zu Bett gehen, ich fühle mich nicht wohl.« Damit verschwand Gaius Julius durchs Atrium.

Der Abend nahm noch einen angenehmen Verlauf, es wurde getrunken und man hielt Reden, die vornehmlich Agrippinas Tugenden zum Thema hatten. Kurz nach Mitternacht wurde die Tafel aufgehoben, die Gäste verabschiedet, und Agrippina legte sich zu ihrem Mann ins Bett. Sie überlegte kurz, ihn aufzuwecken, um den gelungenen Abend zärtlich abzurunden, war aber dann selber zu müde. Und so merkte sie erst am nächsten Morgen, dass ihr Mann tot war.

Wie in Ephesus zu dieser Zeit üblich, folgte sie dem Leichenzug mit herunterhängenden Haaren, weinte und entblößte ihre Brust, auf die sie mit ihren kleinen Fäusten einschlug. Sie hatte ihren Mann geliebt. Wenn er auch um einiges älter gewesen war als sie, hatte doch zwischen ihnen die größtmögliche Harmonie in den meisten Dingen des täglichen Lebens und den Erwartungen an ein glückliches Leben im Allgemeinen bestanden. Als sich der Leichenzug auf die Gruft am Stadtrand von Ephesus zubewegte, fasste Agrippina einen Entschluss.

Der Leichnam wurde in einem unterirdischen Gewölbe, das man durch einen kleinen Tunnel erreichte, in einen steinernen Sarg gelegt. Üblicherweise waren dabei nur die Leichenträger anwesend, doch Agrippina folgte ihnen in die unterirdische letzte Ruhestätte ihres Gatten, dessen Abwesenheit in ihr einen stechenden Schmerz hinterließ. Die Leichenträger legten einen großen, schweren Stein auf den Sarg und wollten sich auf den Rückweg machen. Sie nahmen ihre Fackeln und warteten auf die immer noch neben dem Steinsarg kauernde und herzzerreißend weinende Ehefrau.

»Verehrte Frau, lasst es gut sein, Euer Gatte hat seine Bestimmung gefunden, die Trauergäste warten!«

Draußen vor der Gruft zerrissen sich die alte Witwe und ihre Freundin bereits das Maul.

»Was für eine Anmaßung, in das Totengewölbe des eigenen Mannes zu steigen.«

»Noch dazu mit den schmutzigen Leichenträgern.«

»Sittsam und voller Tugend, aber kein Benehmen.«

»Mit der stimmt doch was nicht.«

»Als Witwe wird sie schon sehen, wie schwer es ist. Ich meine, solange man einen Mann hat, kann man leicht keusch sein. Du verstehst, was ich meine?«

»Ihre Zusammenkünfte werden bald einen anderen Verlauf nehmen. Der wahre Hunger kommt ja erst nach dem Essen.«

»Abwechslung auf dem Speiseplan, ich freu mich drauf.«

»Dagegen ist nichts einzuwenden. Isst man ständig allein, wird man zwar dick, aber nie richtig satt!«

Die Gespräche verstummten, als man die zwei Leichenträger alleine, ohne Agrippina, aus dem Gewölbe kommen sah. Sie hatte beschlossen, bei ihrem Mann zu bleiben und die Totenwache zu halten, bis die Götter ihr die Gunst erweisen würden, ihrem Gemahl in den Tod folgen zu dürfen.

Die Trauergemeinde löste sich ratlos auf. Niemand wusste so recht, wie auf diese Entscheidung zu reagieren sei. Die einen waren empört über die Sittenwidrigkeit ihres Verhaltens, die anderen voller Anerkennung ob der großen Liebe. Alle hatten was zu reden, aber niemand wusste, was zu tun war. Im Hinterkopf dachten alle, die Zeit und der Hunger würden das Problem von alleine lösen.

Agrippina blieb einen Tag und eine Nacht in der Gruft und wollte nicht aufhören zu weinen. Ihre Eltern kamen mit zweien ihrer Brüder und insgesamt sieben Cousins und Cousinen, um sie nach Hause zu holen. Vergebens. Sie verweigerte alle Nahrung, denn in ihrer Trauer suchte sie selber den Tod.

»Deine Tochter«, rief Agrippinas Vater aus, als alle nach neun Stunden die Gruft hungrig und durstig wieder verlassen hatten. »Du hast sie zu sehr verwöhnt.«

»Aber was. Ich habe sie gelehrt, einen Ehemann zu lieben.«

»Ja, aber einen toten? Was hat dieses Kind für Löcher im Kopf?«

»Deine Löcher, die hat sie von dir. Nur nicht an der gleichen Stelle, sonst würdest du mich auch ein wenig lieben.«

»Ha!«

Zwei der Cousinen beweinten Agrippina, der Rest der Familie war in erster Linie erschöpft, hungrig und voll der Begeisterung, als sie Agrippinas Sklavin Anahita sahen, die sich ihnen mit einem Korb voll Essen und einer Öllampe näherte.

»Ich will meiner Herrin Essen bringen«, sagte sie, während sie den Korb gegen die Angriffe der Cousins verteidigte.

»Einen Apfel wenigstens!«, bettelte der dünne Cousin.

»Nimm das Brot und den Schinken!«, meinte der dicke.

Anahita gelang es, die Lebensmittel vor der hungrigen Familie zu retten, und sie flüchtete in die Gruft. Mit ihrer Fackel leuchtete sie sich den Weg. Zuerst konnte sie Agrippina nicht ausmachen. Erst als sie die Öllampe entzündet und auf den Sarg gestellt hatte, vernahm sie plötzlich Agrippinas Stimme aus der Dunkelheit. Sie weinte nicht mehr, ihre Stimme war dunkel und strahlte Kraft und Bestimmtheit aus.

»Schaff das Essen weg. Ich habe keinen Hunger!«

»Doch, du hast Hunger, Agrippina ... Herrin, Ihr habt Hunger, Ihr spürt ihn nur nicht, weil er von Eurer Trauer überdeckt ist.«

Obwohl sie seit Jahren gewohnt waren, auf einer Ebene miteinander zu verkehren, verunsicherte die angespannte Situation Anahita derart, dass sie nicht mehr wusste, soll sie jetzt als Sklavin sprechen oder als ihre Freundin.

»Ich werde mich zu Tode hungern, um meinem Mann zu folgen.« Sie kauerte sich an der dunkelsten Ecke des Sarges auf den feuchten Boden, umfasste ihre Knie und senkte den Kopf.

»Willst du denn gar nichts essen?«

»Nein!«

Anahita stellte den Korb ab, hockte sich neben Agrippina, umfasste ebenfalls die Knie, ahmte Agrippina in ihrer gesamten Haltung nach und begann ein Lied zu summen.

»Was soll das?«, fragte Agrippina.

»Ich vertreibe mir die Zeit«, antwortete Anahita, ohne aufzusehen.

»Geh nach Hause, Anahita!«

»Warum? Meine Herrin möchte in den Tod gehen, also gehe ich mit. War ich nicht immer an Eurer Seite? Hab ich nicht, seit ich denken kann, jeden Tag damit verbracht, Euch zu dienen? In meinem siebenten Lebensjahr bin ich von Eurem Vater gekauft worden. Mein Gott, ich kann mich noch erinnern, als ob es gestern gewesen wäre. Ich stand auf dem Sklavenmarkt in vorderster Reihe. Römische Soldaten hatten mich von meinen Eltern in Aquitanien geraubt und nach Ephesus verschleppt.«

Agrippina hob den Kopf, auf ihrem Gesicht mischte sich Verwunderung mit der seit Tagen anhaltenden großen Traurigkeit, was dieser wunderschönen jungen Frau, verstärkt durch den Schatten der düsteren Beleuchtung, ein hässliches Doppelkinn verpasste.

Anahita sah sie von der Seite an und konnte einen unwillkürlichen Lachimpuls gerade noch unterdrücken.

»Was soll das jetzt wieder? Warum erzählst du mir das jetzt?«, fragte Agrippina mit hoher, zittriger Stimme. Und zwar genau mit jenem

Zittern, das sich immer auf unsere Stimme legt, bevor wir weinen oder lachen müssen. Deshalb hatte Anahita kurz die Hoffnung, ihre Freundin ein wenig aufgeheitert zu haben, bis der Funke Hoffnung von Agrippinas Schluchzen wieder gelöscht wurde. »Lass mich doch in Ruhe sterben.«

Anahita ging auf Agrippinas Ausbruch von Verzweiflung nicht ein, und als ob nichts gewesen wäre, setzte sie ihre Erzählung fort. »Der Sklavenmarkt war laut und überfüllt. Dein Vater kam auf mich zu, sprach kurz mit dem Verkäufer und öffnete mit seiner rechten Hand gewaltsam meinen Mund, um meine Zähne zu prüfen.«

Agrippina hob ihren Kopf: »Du hast so stark zugebissen, dass meinem Vater der kleine Finger geblutet hat.«

»Ich bin zu Tode erschrocken, aber dein Vater hat zum Verkäufer, der mich peitschen wollte, nur gesagt: ›Die weiß sich zu wehren, die hat Charakter, die ist für meine Tochter!‹ Und hat mich mitgenommen.«

»Ich kenne die Geschichte. Er hat dir dann vorgespielt, sein Finger sei ihm wegen deines Bisses vereitert und abgefallen, worauf du ihm deinen eigenen Tod angeboten hast mit den Worten: ›Wenn dem Vater meiner Herrin der kleine Finger fehlt, dann soll seiner Tochter auch die kleine Freundin fehlen.‹ Worüber wir alle so gelacht haben und er dir seinen heilen Finger gezeigt hat.«

»Er war ein guter Mann, Euer Vater.«

»Aber warum um alles in der Welt erzählst du mir das jetzt. Ich trauere am Grab meines Mannes! Ich will ihm nachfolgen, also lass mich bitte!«

»Ich werde dich nicht alleine lassen, Herrin! Wenn es denn sein soll, so werden wir beide des Hungers sterben.«

Nach zwei Tagen und Nächten in der Gruft hatte sich unter den Ephesern die Ansicht durchgesetzt, übertriebene Tugendhaftigkeit unterscheide sich halt kaum von Wahn, und wie man wieder einmal sehen könne, sei Wahnsinn die logische Konsequenz. Die meisten beruhigte das sehr, denn sie fühlten sich in ihrem Lebenswandel bestätigt.

Freunde von Julius Gallus kamen in die Gruft, zogen aber ebenso erfolglos wieder ab wie schon zuvor Agrippinas Familie. Gegen Ende des zweiten Tages schickte der Statthalter von Ephesus zwei Stadtbeamte, den Magistrat und seinen Adlatus. Sie standen vor zwei am Boden kauernden, weinenden Frauen, denn mittlerweile war auch Anahita von Agrippinas überbordender Verzweiflung angesteckt worden. Das inzwischen betäubte Hungergefühl, der Nahrungsentzug und die Schlaflosigkeit machten den Anblick dieser zwei jungen Frauen zu einem beklagenswerten Bild des Jammers.

»Im Namen der Stadtverwaltung! Aufhören und aufstehen! Das ist ein Befehl!«

»Mitkommen! Wir gehen gemeinsam hinaus. Vor euch! Nein, hinter euch und vor uns! Also ihr vor uns ... und ... Wir gehen nebeneinander! Gemeinsam!!«

Die zwei Beamten waren durch den erbärmlichen Zustand Agrippinas und ihrer Sklavin völlig aus dem Konzept gekommen.

»Senatus populique Romani in nomine: finiendum est continuo moriendo! Im Namen des römischen Senats und Volkes: Mit dem Sterben ist unverzüglich aufzuhören!«

»Ja. Wir müssen euch darauf hinweisen, dass es in einer Gruft verboten ist, zu sterben. Hier man muss schon tot sein!«

Der Adlatus schaute fragend an sich hinunter: »Genau ... Nur einem Toten ist es erlaubt, die Gruft zu betreten!«

»Also: Erst wenn er gestorben ist, ist dem Toten ein Aufenthalt in der Gruft ... gestattet!«

»Auf jeden Fall: Ihr müsst jetzt mit hinauskommen.«

»Aus jetzt! Mitkommen!«

»Die beiden reagieren überhaupt nicht!«

»Vielleicht sind sie eh schon tot?«

»Aber nein, ich höre doch das Atmen und Geseufze.«

Die Beamten sahen sich einmal mehr gezwungen, ihre erprobte Masche auszupacken: Vertrauen durch körperliche Nähe schaffen, gleichzeitig aber bedrohlich wirken. Sie beugten sich zu Agrippina und Anahita hinunter. Einer der beiden ging sogar in die Hocke.

»Ihr wollt doch keine Schwierigkeiten mit der Exekutive bekommen?«, sagte der in der Hocke.

»Es gibt da ein neues Gesetz«, kam der Gebeugte zur Sache, »das wir anwenden werden, wenn ihr nicht einsichtig seid.«

»Ein Gesetz, das den Selbstmord unter Strafe stellt.«

»Wir wissen genau, was Sie vorhaben. Glauben Sie nicht, dass Sie vor uns etwas verbergen können. Sie wollen sich da zu Tode hungern.«

»Auf Selbstmord steht die Todesstrafe!«

Der Gebeugte schubste den Hockenden an der Schulter, um ihm zu signalisieren, dass er zu weit gegangen war und sie im Begriffe waren, sich lächerlich zu machen. In seinem Unmut war die Bewegung etwas zu heftig ausgefallen, was den Hockenden empfindlich aus der Balance brachte und ihn nach verzweifeltem Rudern mit seinen Armen, das eine Ewigkeit zu dauern schien, schließlich doch mit einem lauten Knall kopfüber auf den Boden schlagen ließ, begleitet von einem schicksalsergebenen »Na geh!«. Nun stand sein Hintern in die Höhe, und schließlich kippte er vollends zur Seite. Blitzschnell sprang er wieder auf, im Glauben, dadurch den Vorfall ungeschehen machen zu können. Das jedoch führte zu einer noch größeren Katastrophe. Durch das lange Hocken zuvor konnte sein Blut nicht richtig zirkulieren, und es war zu einem Stau gekommen, der sich schlagartig löste, als er mit dem Kopf den Boden berührte. Das Blut schoss ins Gehirn, durch das überstürzte Aufspringen sackte es aber ebenso schnell wieder zurück in die Beine. Der Beamte der Stadtverwaltung wurde blass, setzte noch zu einem nächsten Satz an, brachte nur ein »Daaasistoocch verbrrr...« heraus und ergab sich seiner längst fälligen Ohnmacht.

Der Kollege stammelte etwas von Missgeschick und einem Angriff auf die Exekutive durch die wiederholte und ständige Weigerung, aufzustehen, wodurch die Exekutive in Gestalt ihrer zwei Amtspersonen gezwungen war, sich dieser gefährlichen Hockposition auszusetzen, was auf jeden Fall ein Nachspiel haben würde. Verdrossen murmelnd, schleppte er seinen Kollegen aus der Gruft, und so waren auch sie erfolglos abgezogen.

Am fünften Tag hatte sich die Stimmung in der Stadt Ephesus gedreht. Nach so viel Standhaftigkeit konnte man Agrippinas Verhalten nicht mehr für einen vorübergehenden Wahn halten. Ihre Tugendhaftigkeit und Treue erstrahlten in neuem Licht, und man weinte vielerorts mit ihr. Ist das denn nicht ein Wahnsinn? Wenn sie wenigstens etwas essen würde! Man munkelte sogar, ein Magistrat sei vor Rührung über dieses Schicksal ohnmächtig geworden. Bei der Trauernden, so erzählte man sich in der besseren Gesellschaft, befand sich noch ihre überaus treue Sklavin, die gemeinsam mit der Trauernden Tränen vergoss, um ihren Kummer zu teilen, und auch das im Grab befindliche Lämpchen immer wieder nachfüllte, wenn es heruntergebrannt war. Ist das nicht rührend? Menschen aller Stände waren sich darin einig, Zeuge eines der leuchtendsten Beispiele von Liebe und Züchtigkeit zu sein.

Es kam die Nacht zum sechsten Tag und mit ihr der junge Soldat Daimon. Seine Aufgabe war es, auf einem Hügel ganz in der Nähe der Gruft drei Kreuze zu bewachen, auf die man verurteilte Verbrecher geschlagen hatte. Familienmitglieder oder Freunde der Hingerichteten sollten davon abgehalten werden, die Leichname abzunehmen und zu bestatten. Die Verweigerung eines Begräbnisses war Teil der Strafe. Noch ächzten und stöhnten die drei Gauner, und es war mit ihrem Hinscheiden nicht vor den frühen Morgenstunden zu rechnen.

Daimon stellte sich in einiger Entfernung von den Kreuzen auf, um auch die nähere Umgebung im Auge behalten zu können. Es war nicht das erste Mal. Er war es gewohnt, Wache zu halten, konnte sich jedoch nicht wirklich damit anfreunden. Zu bedrohlich empfand er die aufkeimende Langeweile einer durchwachten Nacht. Sollte er ununterbrochen unter höchster Konzentration und Anspannung stehen, für den Fall einer verwandtschaftlichen Freveltat eines der Angehörigen der Gauner, oder sollte er die lange Zeit der Nacht entspannt und mit immer wieder kurzem Dösen verbringen? Wie auch immer die Entscheidung ausfiel, es führten beide

Wege in unendliche Langeweile. Zuerst kamen die Gedanken, dann die Müdigkeit.

In Erwartung der Langeweile einer durchwachten Nacht streifte sein Blick plötzlich ein Licht zwischen den Grabdenkmälern hinter den drei Gekreuzigten. Er sah sich schon im Kampf mit den Angehörigen, die sich dort hinten im Grab womöglich versteckt hielten und nur auf ihre Gelegenheit warteten. Entschlossen ging er auf das Licht zu. Da konnte er, je mehr er sich der Gruft näherte, ein Schluchzen und Jammern, ein Weinen und Wehklagen vernehmen. Mehr von seiner Neugier als von seinem Pflichtgefühl getrieben, stieg er die Gruft hinab. Seine Fackel fiel zu Boden und erlosch, als er über einen größeren losen Stein stolperte. Er ging langsam dem schwachen, flackernden Schein der Öllampe und dem Wimmern entgegen. In der Gruft angekommen, begann er an seinem Verstand zu zweifeln. Er sah die dunklen Umrisse einer jungen, wunderschönen Frau, gebeugt über einen steinernen Sarg. Angewurzelt, als hätte er ein Gespenst vor sich, stand er da.

Agrippina hob ihren Blick und sah in den Umrissen des Soldaten den Geist ihres verstorbenen Mannes. Sie wurde still, ihr Weinen verstummte, und sie bewegte sich auf Daimon zu. Er konnte langsam erkennen, wie schön und traurig diese junge Frau wirklich war, bemerkte ihre Tränen und sah in ihr von Nägeln zerkratztes Gesicht. Der schwache Schimmer der Lampe, die dunstige Luft der Höhle und vor allem der ergriffene, konfuse Blick von Agrippina ließen in Daimon die Gewissheit aufsteigen, dass er einer aus dem Totenreich zurückgekehrten Seele gegenüberstand. Sie blieben eine Zeit lang stumm.

Schließlich, von der Rückkehr ihres Mannes aus dem Hades überwältigt, stürzte sie auf Daimon zu und küsste ihn leidenschaftlich. Sie sah ihren glühenden, ekstatischen Kuss als eine Art Dankesgebet an Proserpina, die Königin der Unterwelt, dafür, ihren Mann aus dem Hades fortziehen zu lassen.

Daimon wusste nicht, wie ihm geschah. Im Moment, als Agrippina auf ihn stürzte, verspürte er die Angst, die Seele dieser Frau würde in ihn fahren und ihn zu einem gequälten Besessenen machen. Als er im nächsten Augenblick ihre Zunge in seinem Mund und ihre Hand auf seiner Wange spürte, dachte er, für eine tote Seele wäre sie doch sehr kompakt, und bekam eine Erektion.

Agrippina verschlang Daimons Lippen förmlich, und von transzendenter Ekstase berauscht, von orgiastischer Erleichterung beflügelt, umfasste sie mit ihren Armen den Geist des toten Gatten, ihren Unterleib gegen den seinen pressend, und wunderte sich über die fleischliche Reaktion dieses Ätherwesens.

Ein Aufkreischen riss Anahita aus dem Schlaf, und sie sah, wie Agrippina sich von einer männlichen Kreatur losriss, zwei, drei Schritte rückwärts stolperte, über ihre eigenen Füße zu Boden fiel, nicht ohne mit dem Ellbogen die Öllampe mitzureißen, die sofort erlosch. In der Gruft herrschte völlige Finsternis.

»Herrin?«

»Anahita!«

»Ja?«

»Ein Dämon hat mich getäuscht! Ein Geist aus der Schattenwelt!«

»War das nicht ein Soldat?«

»Nein. Ein Geist in Gestalt eines Soldaten hat mir vorgegaukelt, der Geist meines Mannes zu sein.«

»Ein Geist aus Fleisch und Blut? Der Hunger hat deine Sinne verwirrt.«

»Das kann nicht sein, der Genius des Menschen stirbt mit seinem Tod.«

»Umso mächtiger muss der Dämon sein, einen Toten wiederzubeleben.«

Daimon hatte die zwei Stimmen in der Dunkelheit belauscht und erkannte nun, dass er sich in der Gruft befand, von der ganz Ephesus redete. Das waren keine Geisterstimmen, und sein Soldatenmut kehrte zurück. »Ich bin ein einfacher Soldat, nichts weiter. Mein Name ist zwar Daimon, aber ich bin kein Dämon. Und ich bin heilfroh, dass ihr auch keine Gespenster seid, wie ich jetzt weiß. Das könnt ihr mir glauben.«

In der Gruft wurde es allmählich heller, ein leises Flackern der Öllampe warf zitternde Schatten an die Höhlenwände. Anahita war es gelungen, die Öllampe wieder zum Leuchten zu bringen. Sie wollte sich von der irdischen Fleischlichkeit dieser Erscheinung überzeugen. Agrippina hatte eigentlich schon einen handfesten Beweis in der Hand gehabt, also nicht direkt in der Hand, aber doch deutlich gespürt. Sie musste nur noch sich selber eingestehen, dass sie sich in ihrer Verwirrung auf einen fremden Mann aus Fleisch und Blut geworfen hatte.

»Wie kommst du dann hierher, wenn du kein Geist bist?«

»Ich bin im Dienst. Da hängen ganz in der Nähe drei Halunken am Kreuz. Die bewache ich, damit ihre Leichname nicht gestohlen werden. Ich sah einen Lichtschein und hörte Euer Wehklagen.«

Nach einigen weiteren Erklärungen verließ Daimon kurz die Gruft, um aus seiner zurückgelassenen Tasche Essen zu holen. Das war der endgültige Beweis für Agrippina und Anahita, denn Geister legen auf Lebensmittel bekanntlich keinen Wert. Sie benötigen keine Mittel zum Leben, sie sind ja tot.

Er kam zurück mit Brot, Käse, Wein und getrockneten Pflaumen und redete Agrippina sanft zu, doch nicht in sinnlosem Schmerz zu verharren, das nütze jetzt keinem mehr.

»Wir müssen«, sagte Daimon, »alle einmal sterben. Das ist nun mal nicht zu ändern. Wir gehen alle eines Tages zum selben Tor hinaus, landen auf derselben Ruhestätte.« Er fügte noch allerlei Weisheiten hinzu, die man eben so von sich gibt, wenn man die Wunden einer Seele heilen will, sich aber hilflos fühlt. Daimons Trostworte verfehlten ihre Wirkung jedoch vollends, ja, sie riefen sogar die gegenteilige Wirkung hervor und erschütterten Agrippina auf schmerzlichste Weise. Sie schluchzte erneut, schlug sich auf die Brust, riss sich die Haare büschelweise aus und streute die Locken über den Leichnam ihres Gatten.

Daimon gab nicht auf, redete ihr weiter zu, versuchte, sie unter fortgesetzten Ermahnungen zum Essen zu bewegen. Scheinbar vergebens.

Doch die Worte waren auch an Anahitas Ohr gedrungen. Gierig streckte sie die Hand dem freundlichen Angebot entgegen. »Ich kann nicht mehr. Ich halte das nicht mehr aus. Ich habe seit Tagen Hunger!« Und damit stopfte sie sich Brot und Käse in den Mund, und mit Wein spülte sie hastig ihre ausgetrocknete Kehle. Sie drohte beinahe zu ersticken, denn gleichzeitig redete sie auf ihre Herrin ein: »Was nützt es, wenn Ihr verhungert? Wenn Ihr Euch lebendig begrabt, wenn Ihr Eure unschuldige Seele aushaucht, noch ehe es das Schicksal bestimmt hat?«

Ein kräftiger Schluck Wein und ein großer, langer Rülpser, der aus dem Rachen eines Monsters zu kommen schien, befreiten ihre Kehle von dem Kloß, der sich durch das gleichzeitige Reden und Essen gebildet hatte, sodass sie fortfahren konnte: »Glaubt Ihr, die Asche und die Schatten der Toten danken es Euch? Legt Euren Irrtum ab und tretet aus der Finsternis wieder ans Licht der Sonne! Kehrt zurück ins Leben!«

Daimon stand während Anahitas Rede etwas hilflos da, wollte die ganze Zeit Agrippina sagen, wie sehr er in sie verliebt sei und ihr Schmerz auch ihm das Herz zerreiße. Schließlich fasste er Mut. Fest entschlossen, all seinen Gefühlen und Gedanken Ausdruck zu verleihen, setzte er zu einer Rede an und sagte, auf Anahita deutend: »Genau!«

Ein tiefer Seufzer. In Agrippina löste sich etwas. Das Dunkel, der Abgrund, die stählernen Arme des Todes, die sie umfangen hielten, wichen zurück. Urplötzlich. Wie ein Ball, der in den Tiefen des Wassers festgehalten wurde, durch die Wasseroberfläche nach oben schießt. Unmittelbare Erleichterung. Aber wie der Ball, der seine Kraft verliert, sobald er die Oberfläche durchstoßen hat und nun auf dem Wasser treibt, fühlte sich Agrippina dem Auf und Ab ihrer Gefühle hilflos ausgeliefert. Noch schwankte sie zwischen dem Wunsch und der Angst, ihre Gedanken könnten wieder tief unter Wasser sinken und dort festgehalten werden.

Der Stein aber war nun ins Rollen gebracht. Das unbeholfene Gesicht des jungen Soldaten, seine Unfähigkeit, der Rede Anahitas etwas

Bedeutungsvolles hinzuzufügen, sein befangenes »Genau!« hatten etwas Rührendes und Lächerliches zugleich. Dem tiefen Seufzer folgten ein paar Schluchzer, die sich aber bald nicht mehr von kurzen Lachern unterscheiden ließen. Das entzog sich ihrer Kontrolle. Es waren rein körperliche Reaktionen, ohne Rückfrage bei Tugend und Moral. Jetzt sprach der Körper. »Also gut, kann ja wirklich nicht schaden.« Damit machte sie sich über den Rest von Daimons Proviant her. Dieser war natürlich sehr um sie bemüht und reichte ihr auf der Stelle das Brot, das er gerade noch für Anahita mit Käse und getrockneten Pflaumen belegt hatte, und reichlich Wein dazu. Er sah den beiden fressenden Grazien zu und verspürte nichts als zärtliche Zuneigung zu Agrippina, der gerade, hektisch, wie sie ihr Essen verschlang, ein Stück halb gekautes Brot aus dem Gesicht fiel, das sie sofort vom Boden aufhob und wieder in den Mund schob, was Daimons Liebe zu Agrippina nur noch weiter anwachsen ließ.

Nachdem der Hunger gestillt war und einige Becher Wein die kalte Gruft in einen angenehm gemütlichen Raum verwandelt hatten, kam die anfängliche Verwechslung wieder zur Sprache. Man scherzte und lachte. Bei aller Zurückhaltung, mit der sie ihm dann doch begegnete, schien ihr Daimon weder hässlich noch ungebildet. Sie tauschte Blicke mit Anahita, deren Augen zu sagen schienen: Bekämpfe deine Liebe nicht!

Ich habe dich doch tatsächlich für einen Geist gehalten«, sagte Daimon. »Für einen Menschen ohne Fleisch und Blut.«

»Ich dich auch.«

Das sorgte für gegenseitigen liebevollen Spott. Daimon und Agrippina waren wortlos übereingekommen, nichts läge mehr auf der Hand, als sich gegenseitig auf die Schaufel zu nehmen, sie sparten jedoch bei ihren spitzen Bemerkungen die Erwähnung des gemeinsamen Kusses aus. Sie saßen einander auf dem Boden kauernd gegenüber, und ihnen war beiden klar, sie spürten beide ganz deutlich, würde der Kuss mit auch nur einem einzigen Wort erwähnt werden, müssten sie sofort übereinander herfallen, was sie zwei Stunden später auch taten.

Als es so weit war, zog sich Anahita dezent zurück. Das heißt, sie versuchte sich hinter dem Steinsarg zu verbergen und die Geräusche der Verliebten zu ignorieren. Was ihr kaum gelang. Je heftiger sie wurden, desto weniger. Sie war gezwungen, jedem Geräusch eine eindeutige Stellung der beiden Körper, ja einzelner Körperteile zuzuordnen, und es waren welche dabei, die sie bisher noch nie gehört hatte. Endlich ließ ihre Fantasie vor ihren Augen Bilder entstehen, die es ihr erlaubten, sich mit sich selber zu beschäftigen. So fanden Herrin und Sklavin zugleich, auf ihre je eigene Weise, Frieden in der Gruft, und auch der Friedensbringer war überglücklich.

Sie lagen also beieinander, nicht nur in der Nacht, in der sie sich gefunden hatten, sondern auch am folgenden und ebenso am dritten Tag. Natürlich hielten sie die Tore der Gruft geschlossen. Alle sollten glauben, die höchst tugendsame Witwe habe neben der Leiche ihres Ehemannes den Geist aufgegeben.
Daimon genoss mit größtem Vergnügen sowohl die wunderbaren Nächte mit Agrippina als auch die Tatsache, dass alles geheim ablaufen musste. Jeden Morgen stellte er sich wieder vor die drei Gekreuzigten und hielt Wache – die beste Wache, die man nur halten konnte.
Agrippina schickte Anahita nach Hause, mit dem Auftrag, die Geschichte der Witwe von Ephesus unter die Leute zu bringen, Sie hätte sich zum Leichnam ihres Mannes gelegt und sei am vierten Tag sanft entschlafen.

Gegen Abend kaufte Daimon am Markt die allerbesten Lebensmittel und den exklusivsten Wein, um den Leidenschaften der Nacht gewachsen zu sein.

Mittlerweile hatte es sich jedoch bei den Angehörigen eines der Gekreuzigten herumgesprochen, dass die Hinrichtungsstätte des Nachts des Öfteren schon unbewacht gewesen war. Sie machten sich auf den Weg, sahen ihre Annahme bestätigt – weit und breit keine Wache – und nahmen ihren Verwandten vom Kreuz, um ihm ein anständiges Begräbnis zu bereiten. Während sie die Leiche davonschleppten, an der Gruft vorbei, fuhr ihnen ein gewaltiger Schreck in die Glieder, als sie das laute Gestöhne und Geächze der toten Seelen vernahmen, besonders als eine der Seelen rief: »Oh ja! Oh, ja! Von hinten hab ich es noch nie gemacht!«

Agrippina und Daimon lagen eng umschlungen auf dem Felllager, das er in der Gruft bereitet hatte, umgeben von mehreren Öllampen und einem niedrigen Tischchen, voll beladen mit Früchten, Kuchen und Fleischpasteten. Sie atmeten beide schwer, waren verschwitzt. Agrippina küsste Daimons Stirn.

»Du hast mir das Leben wiedergeschenkt«, flüsterte sie, sah ihm in die Augen und küsste ihn auf den Mund.

»Nein, du, du selbst bist den schweren Weg vom Tod zurück zum Leben gegangen«, meinte Daimon.

»Was ich getan habe, gehört sich nicht für eine tugendsame Frau«, wurde Agrippina traurig. »Ich werde eines Tages dafür büßen müssen.«

»Aber nein«, widersprach Daimon, »es gibt nichts zu büßen oder zu bereuen. Die Liebe ist doch nichts, was man bereuen muss.«

»Alle meine Tugenden habe ich deinetwegen über Bord geworfen.«

»Welche? Sag mir ein Beispiel.« Daimon strich mit seiner Hand über Agrippinas Bauch und ließ seine Hand auf ihrer Scham ruhen.

»Treue.«

»Treue ist eine große Tugend«, sagte Daimon, »aber die noch viel größere Tugend ist es, sich selbst treu zu sein.«

»Mäßigung«, hauchte Agrippina, die spürte, wie Daimon langsam und sanft die Finger seiner Hand in Bewegung brachte.

»Eine wunderbare Tugend. Wir werden uns mäßigen. Wir werden nicht gierig sein, nicht jeder Erregung nachgeben. Wir werden nebeneinanderliegen, uns berühren, aber es ist uns verboten, zum Höhepunkt zu kommen«, womit sein Finger tief in Agrippina drang.

»Demut, Dankbarkeit, all diese Tugenden …« Agrippina verstummte, und sie verbrachten die Nacht in höchster Erregung und Zurückhaltung. Wachten immer wieder auf und fanden sich schlaftrunken mitten im Liebesakt, den sie sofort unterbrachen, was ihre Erregung nur noch steigerte. Sie schaukelten zwischen Schlaf, Erregung und Wachheit. Immer wieder berührten sie einander, unterbrachen ihre Berührungen, um wenig später, zwischen Traum und Wirklichkeit, einander wieder zu berühren. Agrippina wachte mehrmals durch diese Berührungen auf, einmal davon, weil sie spürte, wie Daimon ihre Füße küsste und an ihren Zehen leckte.

Am Morgen waren beide voller Energie, obwohl sie das Gefühl hatten, kaum geschlafen zu haben. Sie hatten es darauf angelegt, den ganzen Tag der kommenden Nacht entgegenzufiebern, für die sie sich die gegenseitige Erfüllung aufgehoben hatten. Vielleicht war es diese Gespanntheit, vielleicht war es einfach längst überfällig, jedenfalls entspann sich, kurz bevor Daimon wie gewohnt die Gruft verließ, ein kurzer Wortwechsel.

»Wie soll es mit uns weitergehen?«, fragte Agrippina.

»Was meinst du?«

»Ich weiß nicht, ob es dir aufgefallen ist, aber wir treiben es hier in der Gruft meines Exmannes.«

»Wir sind eben ein unkonventionelles Paar.«

»Und wie lange soll das so weitergehen?«

»So lange es uns glücklich macht.«

»Was ist denn das für eine Perspektive? Wir können doch nicht unser restliches Leben in dieser Gruft hier verbringen.«

»Lass uns heute Abend in Ruhe darüber reden.«

»Ist das ein Leben für eine junge Frau? Ich sitze den ganzen Tag in der

Gruft, während du arbeitest. Du kümmerst dich überhaupt nicht um die Gruft. Wir brauchen neues Öl für die Lampen und frische Blumen.«

»Bringe ich mit, heute Abend, mein Schatz! Ich muss los. Ich muss Wache schieben.«

Agrippina wandte sich von Daimon ab, verabschiedete sich und murmelte undeutlich, aber doch deutlich genug, dass Daimon es verstehen konnte: »Statt in der Nacht Wache zu schieben, schleicht sich der feine Herr lieber in die Gruft und schiebt die Witwe!«

Daimon nahm Agrippina den Streit nicht übel, im Gegenteil, er selbst hatte schon den einen oder anderen Gedanken darauf verschwendet, wie es ihnen möglich sein könnte, ihr Glück außerhalb der Gruft fortzusetzen. Das Sonnenlicht blendete Daimon, er konnte bei den ersten Schritten, die er aus der Gruft trat, noch nicht erkennen, dass das mittlere der drei Kreuze leer war. Er zog Luft durch die Nase auf, um sich von dem Schleim zu befreien, der ihm nach den Nächten in der Gruft jedes Mal in den Nasenhöhlen saß, räusperte sich und spuckte auf die Straße. Nicht nur drückte die Gruft ein wenig auf sein Gemüt, die kühle Feuchtigkeit schien ihm auch imstande, seine Gesundheit anzugreifen.

Den Blick zu Boden gewandt, ging er auf die Gekreuzigten zu und musste, während er sich zur Wache aufstellte, feststellen: Dieses aufregende Liebesabenteuer führte dazu, dass seine Pflichtvergessenheit schamlos ausgenutzt wurde. Fassungslos starrte er auf das leere Kreuz.

Agrippina verbrachte den Tag in erster Linie damit, ihren toten Gatten zu beweinen. Das Chaos ihrer Gefühle - Lust, Schuld, Liebe, Trauer - ermüdete sie stark. Immer wieder schlief sie ein, und in den kurzen Momenten der Wachheit oszillierte ihr Innenleben zwischen Sehnsucht nach Daimon und Verzweiflung über ihren Mann. Gegen Abend hatte sie sich beruhigt und erwartete ihren Geliebten, der mit blassem Gesicht, auf dem der Ausdruck der Angst zu erkennen war, endlich die Gruft betrat. Er erzählte von der fehlenden Leiche am mittleren Kreuz und dass er sich dafür vor dem Militär verantworten werde müssen. Er gab Agrippina deutlich zu verstehen, was ihn erwarten würde: die Todesstrafe.

»Ich werde gar nicht das Kriegsgericht abwarten«, sagte er äußerst erregt, »sondern meine Pflichtvergessenheit am besten gleich mit meinem eigenen Schwert bestrafen. Bestimme mir nur ein Eckchen, wo ich sterben kann. Diese tragische Gruft soll Liebhaber und Ehemann gemeinsam aufnehmen.«

»Was soll denn das? Sei nicht so kindisch!«

»Ich werde mich nicht von den Löwen in der Arena zerreißen lassen, eher durchbohre ich mein Herz mit diesem Schwert.«

»Bist du sicher, dass darauf die Todesstrafe steht?«

»So sicher sich die Sonne um die Erde dreht.«

»Da seien die Götter vor, dass ich auf einmal den Tod von zwei Männern sehen soll, die mir die Liebsten waren. Lieber gebe ich den Toten her, als dass ich dem Lebendigen das Leben nehme.«

»Was meinst du damit?«

»Wir nehmen Gaius Julius aus dem Grab und nageln ihn auf das leere Kreuz.«

»Ist das dein Ernst?«

»Er hätte es selbst so gewollt. Hast du nicht zu mir gesagt, er würde sich sicher wünschen, dass ich wieder glücklich werde?«

»Ja ... Aber ...?«

Agrippina und Daimon hoben Gaius Julius vorsichtig aus dem Sarg und legten ihn auf die Bahre, die Daimon noch schnell besorgt hatte, trugen ihn zu dem Hinrichtungsplatz, und während Agrippina Wache hielt, nagelte Daimon ihren Exmann ans Kreuz.

Nach getaner Arbeit machten sie sich auf in die Stadt, um einige Habseligkeiten aus ihrem Haus zu holen. Sie wollten für immer aus Ephesus verschwinden. Kurz drehte sich Agripina noch um, sah ihrem toten Gatten ins Gesicht und sagte: »Schau, er lächelt ...«

Am nächsten Tag rätselte ganz Ephesus darüber, wie ein Toter es fertigbringen konnte, sich selbst wieder ans Kreuz zu schlagen. Die feine Gesellschaft entwickelte eigene Theorien, warum er wohl vom Kreuz gegangen sei, und weshalb um alles in der Welt er wieder drauf musste. Manche meinten, sie hätten von einem Mann aus Judäa gehört, der ebenfalls vom Kreuz verschwunden war. Allerdings kam der nicht mehr zurück. Zumindest nicht aufs Kreuz.

Die absurdeste Meinung hatte einer der Philosophen der Stadt. Er meinte, der Tote wäre gar nicht vom Kreuz gegangen, sondern für gewisse Zeit unsichtbar geworden, zu welchem Zweck, könne er aber nicht sagen.

III

Nächtliche Begegnung, bei der es zur Obduktion eines Witzes kommt

Mein Nachbar Andreas war während der Geschichte nicht einge-schlafen, was entweder für die Geschichte oder für ihn sprach. Ich machte eine bedeutungsvolle Pause, denn ich war begierig auf seine Meinung. Fand er die Witwe sympathisch? Waren ihm die Sex-szenen zu wenig sexuell? Nur Feigenblätter, aber keine Feige? Oder fand er den Schluss geschmacklos? Wahrscheinlich eher nicht, denn er hatte gelacht. Gerade am Schluss. Ich machte mich auf eine strenge Kritik gefasst.

✂ Cool.
✎ Ja ... Oder?
✂ Ja, cool. Was hast du noch?
✎ Einiges. Aber wie findest du die Witwe von Ephesus?
✂ Sexy. Ich mein ... traurig ... und lustig.
✎ Willst du sehen, wie sie für mich aussieht?
✂ Gibt es ein Bild von ihr?
✎ Nein. Aber ich habe ein Gemälde von einer jungen Frau gefun-den. Die ist für mich Agrippina. Hier:

✂ Sag ich ja: sexy. Hat aber auch was Trauriges. Wer ist das?
✎ Simonetta Vespucci, galt als schönste Frau von Florenz. Gemalt von Botticelli. Ich hab sie gesehen und wusste: Das ist meine Witwe. Wenn sie Schauspielerin wäre, würde ich sie sofort besetzen. Also natürlich nur, wenn sie begabt ist. Aber so schön, wie sie ist, kann sie nur begabt sein.
✂ Wirst du ihr Bild auch ins Buch geben?
✎ Nein, wozu? Das würde die Herstellungskosten nur ungebührlich in die Höhe treiben. Das zeige ich nur dir. Und ich zeig dir gleich noch eins. Diesmal von einer echten Witwe.

✂ Nicht ganz so jung und schön und fantasieanregend. So stell ich mir tatsächlich eine Witwe vor, allerdings nicht die Witwe dieser Geschichte.

✎ Das ist nicht irgendeine Witwe, sondern die Witwe schlechthin. Das ist Maria Theresia. Die Kaiserin, die eigentlich nur Königin war, weil ihr Mann der Kaiser war, als Kaiserin aber agierte, weil sie sich von ihm nicht hineinregieren ließ. Sie liebten sich eben wirklich. Nach dem Tod von Kaiser Franz I. Stephan trug sie nur noch Schwarz und sah auch nur noch schwarz. Sie hatte eine handfeste Depression, wie wir heute sagen würden. Sie war fortan die Witwe des gesamten Reiches, so wie sie bis dahin die Mutter des Reiches gewesen war. Sie legte alles Geschmeide ab, ließ ihr Schlafzimmer mit grauer Seide ausschlagen und das verwaiste Bett mit dunklen Vorhängen umgeben. Vorübergehend ließ sie sogar jedes Theaterspiel verbieten.

✂ Interessant, aber warum in dem Zusammenhang?

✐ Weil es eine lustige Anekdote dazu gibt. Die *Witwe von Ephesus* hat Joseph von Sonnenfels, einem ihrer wichtigsten Berater, nach nur sieben Monaten Amtszeit den Posten des *Theatralzensors* gekostet, den er so sehr angestrebt hatte. Der Grund dürfte eine Aufführung von Christian Felix Weißes Lustspiel *Die Matrone von Ephesus* gewesen sein, die er genehmigt hatte. Maria Theresia, in ihrer Trauer und Depression, bezog das auf sich und fühlte sich verarscht. Eine Frau, die noch in der Gruft ihres verstorbenen Mannes mit dem neuen schläft!? Das passte gar nicht. Man muss ihr zugute halten, ihre Trauer war echt und in gewisser Weise rührend. In ihrem Gebetbuch, das man auf ihrem Totenbett fand, stand von ihrer Hand geschrieben: »Der Witwenstand ist eine buß, eine zubereitung zum tod.« Und noch etwas anderes war vermerkt. Sie hatte sich ausgerechnet, wie viele Stunden das Glück ihrer Ehe gedauert hat: 258 744 Stunden. Jetzt muss man sagen, der Verstorbene wäre wahrscheinlich auf etwas weniger gekommen. Er hätte fairerweise ein paar Schäferstündchen abziehen müssen, denn dem Vernehmen nach soll er anderen Damen keineswegs abgeneigt gewesen sein, sehr zum Verdruss seiner Gattin.

Aber zurück zur Witwe von Ephesus. Wofür hast du dich nun entschieden? Ist das nun eine Tragödie oder eine Komödie?

✂ Eindeutig eine Tragödie. Ich meine: Der ist der Ehemann verstorben! – Andererseits eindeutig eine Komödie. Ich meine: Sie schläft mit diesem Daimon in der Gruft! Halt. Nein. Eine Tragödie, eindeutig. Sie hätte ja ihren neuen Liebhaber auch fast begraben müssen. Nein, warte, doch eine Komödie, weil am Schluss zum Erstaunen aller ein Toter auf ein leeres Kreuz steigt. Ich hab's: Es ist eine Tragikomödie.

✐ Du machst es dir bequem. Wenn es das eine nicht ist und das andere auch nicht, ist es eben beides. Der Begriff Tragikomödie klärt nichts, er kocht alles zu Brei. Meiner Meinung nach ist es eindeutig eine Komödie. So wie das Leben generell.

✂ Na ja, Moment. Das Leben ist doch für viele von uns eher eine Tragödie.

✎ Das kommt eben darauf an, ob wir in unserem Elend gefangen sind oder ob es uns gelingt, aus der Verzweiflung herauszusteigen, uns ein klein wenig darüber zu stellen und Distanz zu gewinnen.

✂ Was uns aber selten gelingt.

✎ Darf ich das kurz anhand eines Witzes, der ganz ähnlich gelagert ist wie die Geschichte der Witwe von Ephesus, demonstrieren? Eine ältere Dame trifft nach längerer Zeit eine ihrer besten Freundinnen wieder. Auf die Frage, wie es ihr gehe, sagt sie: »Weißt du denn gar nicht, was mir Schreckliches passiert ist?« »Nein«, sagt die andere. »Was denn?«
»Vor drei Wochen habe ich einen Schweinsbraten gemacht und wollte Kartoffeln dazu machen. Schicke meinen Mann runter in den Keller, die Kartoffeln holen. Rutscht er auf der Stiege aus, schlägt sich den Kopf an und war auf der Stelle tot.«
»Um Gottes willen«, sagt die andere, »und was hast du denn dann gemacht?« Sagt die ältere Dame: »Na ja, hab ich einen Reis dazu gemacht!«

✂ Den musst du ins Buch reinnehmen! Der ist ja wunderbar.

✎ Nein, um Gottes willen! – Ich schreib doch keine Witze in mein Buch. Ich verwende ihn jetzt nur zur Analyse des Komischen.

✂ Kann man einen Witz überhaut analysieren? Stell ich mir schwer vor. Ich meine, wenn was komisch ist, dann ist es einfach komisch, und wenn etwas nicht komisch ist, dann ist es halt nicht komisch.

✎ Bravo. Du hast soeben die Conclusio der gesamten Witz- und Humorforschung wiedergegeben. Am Ende steht immer das große Mysterium des Lachens, aber auf dem Weg zu dieser Antwort kann man einiges analysieren. Dabei zerstört man natürlich den Witz. Das ist wie eine Autopsie. Da ist der Patient schon tot. Und wenn er es noch nicht ist, dann stirbt er spätestens, wenn man ihm den Bauch aufschlitzt.

✂ Wenn man einen Witz erklären muss, ist er nicht lustig, ganz klar.

✎ Ja, er verschwindet plötzlich, wenn man ihn analysiert. Also, dann wollen wir einmal den Witz mit dem Schweinsbraten verschwinden lassen. Warum ist der lustig!?!

✂ Lass mich raten: Es ist die unerwartete Antwort.

✎ Richtig. Das alleine ist es aber noch nicht. Hätte sie auf die Frage »Um Gottes willen, was hast du dann gemacht?« geantwortet: »Dann bin ich nach Paris geflogen!«, ist es genauso unerwartet – aber überhaupt nicht komisch. »Na ja, hab ich einen Reis dazu gemacht« ist hingegen sehr komisch. Warum? Um diese Frage zu klären, müssen wir den Witz in seine Bestandteile zerlegen.

Wie jede Geschichte, so hat auch ein Witz drei Teile, die unentbehrlich sind: Angang, Mitte und Ende oder Exposition, Höhepunkt und Auflösung. Das klingt jetzt etwas lächerlich, ist aber von grundlegender Bedeutung, entspricht das doch den klassischen drei Akten.

1. Akt: Zwei ältere Damen treffen sich. Die erste kündigt eine schreckliche Geschichte an. – Exposition.

2. Akt: Sie erzählt vom Schweinsbraten und dass sie Kartoffeln dazu machen wollte und deswegen ihren Mann in den Keller geschickt hat. Das ist ganz wichtig für die Geschichte. Der Mann ist Teil der Handlung, wird von ihr mit dem Ziel, Kartoffeln zu bringen, weggeschickt, bricht sich dabei das Genick! – Höhepunkt.

3. Akt: Auf die Frage, was sie dann gemacht habe, sagt sie: »Hab ich einen Reis dazu gemacht!« – Auflösung.

✂ Ja, Moment, das ist die Struktur, das erklärt noch nicht, warum es lustig ist.

✎ Richtig. Also: Die Auflösung ist immer die Lösung eines Problems, das am Anfang auftaucht. Dieses Problem ist in unserem Fall die tragische Geschichte mit dem Mann: »Mir ist etwas Schreckliches passiert.« Die Auflösung jedoch bezieht sich auf eine unerwartete Abweichung, nämlich die Kartoffeln. Zu dem

Zeitpunkt, an dem wir davon erfahren, ein Nebenschauplatz und unwesentliches Detail der Geschichte, werden sie durch die Auflösung – sie hätte halt Reis dazu gemacht – zum Hauptproblem erhoben, und das ist wirklich komisch.

✄ Aha, das heißt dann aber, dass wenn die Kartoffeln das Hauptproblem wären, es nicht lustig wäre, oder?

✐ Sehr richtig! Der Witz wäre vollkommen unlustig, ginge er folgendermaßen: »Treffen sich zwei ältere Damen nach langer Zeit wieder. Sagt die eine: »Ach, ich konnte letztens keine Kartoffeln zu meinem Schweinsbraten machen.« Fragt die andere: »Warum denn?« »Also ich schicke meinen Mann in den Keller, Kartoffeln holen, fliegt er hin, bricht sich das Genick und stirbt!« »Um Gottes willen«, sagt die eine, »und was hast du dann zum Schweinsbraten gemacht?« »Einen Reis.«

✄ Das ist das Traurigste, was ich jemals gehört habe. Ist so ein Witz nicht ein empfindliches Pflänzchen!

✐ Absolut! Und warum? Weil es durch das von Anfang an präsente falsche Hauptthema nur mehr eine geringe Möglichkeit zur Abweichung gibt. Wir erwarten von der alten Dame, dass sie über den Tod des Gatten entsetzt, verstört und zutiefst traurig ist. Ist sie aber nicht, sondern sie löst das Problem mit Leichtigkeit und macht Reis zum Schweinsbraten, womit sie das Hauptproblem verlagert. Genau wie die Witwe aus Ephesus, die den Leichnam des eigenen Gatten dazu einsetzt, um ihren Liebhaber zu retten. Damit verlagert sie das Hauptproblem (wie werde ich mit der Trauer um meinen Mann fertig?) auf ein in der Mitte der Geschichte auftauchendes Nebenproblem (der neue Liebhaber soll hingerichtet werden).

✄ Ist das die einzige Theorie über den Witz?

✐ Nein. Es gibt noch Hunderte, aber die kenn ich alle nicht. Außerdem ist natürlich jede Theorie über den Witz nur eine Annäherung, ein Versuch.

✄ Das heißt, bei einem Witz ist nichts sicher?

✐ Doch. Dass die Pointe am Schluss kommen muss. »Treffen sich zwei ältere Damen nach langer Zeit wieder. Sagt die eine: »Wie geht es dir?« Sagt die andere: »Schlecht. Weißt du gar nicht, warum ich letztens zum Schweinsbraten Reis statt Kartoffeln gemacht habe?« »Nein, warum?« »Weil mein Mann gestorben ist.« »Um Gottes willen. Wieso?« »Er wollte die Kartoffeln holen und ist auf der Kellerstiege ausgerutscht.« – Überhaupt nicht komisch!!! Im Gegenteil. Dadurch wird der Witz von der Komödie zur Tragödie, weil wir mit etwas Alltäglichem beginnen, das sich im Laufe der Erzählung zu einer Katastrophe auswächst. Noch dazu – und das ist der springende Punkt, warum die Geschichte der Witwe von Ephesus ebenso wie der Witz von der Witwe mit dem Schweinsbraten eindeutig Komödien sind – sind beide Frauen nicht in ihrem Leid gefangen. Sie leiden offensichtlich am Ende der Geschichte und des Witzes nicht mehr. Sie haben sich über ihr Elend erhoben, das Leben geht für sie weiter auf einer höchst alltäglichen, ja banalen Ebene – das Kennzeichen der Komödie.

In der Tragödie bleibt der Mensch in seinem Leid gefangen. Othello erwürgt am Schluss Desdemona. Er kann sich nicht aus den Verstrickungen seiner Eifersucht befreien und stellt großes Unheil an. Noch dazu, und das macht es zur wirklichen Tragödie, hat ihn Desdemona gar nicht betrogen. Othello ist einer Intrige aufgesessen, angezettelt von Jago, der sich dafür rächen wollte, dass er von Othello nicht befördert wurde. Alle Beteiligten sind in ihrem Elend gefangen. Eine Tragödie. In der Komödie wird zwar gelitten, mächtig gelitten, aber letztendlich befreien sich die Protagonisten, oft ohne ihr großes Zutun, einfach durch die Umstände aus ihrem Leid.

✂ Klingt logisch.

🖉 Moment. Jetzt hab ich ein Zitat, das ich dem Buch voranstellen werde. Von Anthony Burgess, dem Autor von *Clockwork Orange*. Der ließ in einer Kurzgeschichte William Shakespeare und Miguel Cervantes aufeinandertreffen und über Komödie und Tragödie diskutieren:

>»Und die Tragödie ist das Höchste«, sagte William Shakespeare.
>»Nein«, antwortete Miguel de Cervantes verächtlich:
>»Stimmt nicht. Ist sie nicht und wird sie nie sein.
>Gott ist ein Komödiant. Gott erleidet nicht die tragischen
>Konsequenzen einer makelhaften Wesenheit.
>Die Tragödie ist menschlich. Die Komödie ist göttlich.«
>Anthony Burgess, 1989

Ist das nicht wunderbar?

✂ Göttlich! Ich glaube, die Geschichte der Witwe von Ephesus ist deshalb eine Komödie, weil sie von ihrem hohen Ideal der Treue zu ihrem Mann, selbst über den Tod hinaus, überfordert ist. Sie kann ihr Ideal nicht erfüllen. Sie scheitert. Das ist komisch.

✎ Sie scheitert am Ideal, zerbricht aber nicht daran, sondern findet einen Ausweg. Sie erleidet nicht »die tragischen Konsequenzen ihrer makelhaften Existenz«, wie Burgess sagt.

✂ Ja, das ist ein schönes Zitat, aber mehr noch: Der Spannungsbogen zwischen ihren edlen Ansprüchen und ihren fleischlichen Bedürfnissen führt zu einem Missverhältnis zwischen Sein und Schein. Zu einer menschlichen Inkongruenz. Und ist das nicht die Quintessenz der Komödie? Die Unfähigkeit des Menschen, seinen Idealzustand zu erreichen?

✎ Ist das von dir?

✂ Ja. Denke ich mir gerade.

✎ Wow. Was machst du eigentlich beruflich?

✂ Ich bin Friseur.

Ich musste lachen. Gleichzeitig war mir zum Weinen. Da beschäftige ich mich seit dreißig Jahren mit Komödie und muss mir von einem Friseur die philosophische Grundlage zu meinem Spezialgebiet erklären lassen. Er hatte nämlich recht. Inkongruenz ist die Quintessenz der Komödie. Besser kann man es gar nicht sagen! Mein Gott! Ich hätte Friseur werden sollen. Alles Harmonische ist nicht komisch. Wenn Anna Netrebko eine Arie singt – nicht komisch. Wenn Florence Foster Jenkins keinen einzigen Ton trifft – sehr komisch. Verdammt! Er philosophiert locker vor sich hin, und ich kann weiter nichts als Zitate bringen. Ich suchte meine Enttäuschung zu verbergen, konnte dann aber nicht länger zu der Sache schweigen.

✐ Wenn ich das in meinem Buch verwende, dann ... Ich meine, stört es dich, wenn ich behaupte, das wäre von mir?

✂ Aber nein, überhaupt nicht. Das wäre ja zu peinlich, wenn du als Komiker keine Theorie der Komödie parat hättest.

✐ Und du bist wirklich Friseur?

✂ Ja. Also Stylist.

✐ Ja, klar. Wer ist heutzutage schon nur Friseur?

✂ Die meisten.

✐ Ja, ja. Das meine ich nicht. Ich meine ... Wer will schon, wenn er etwas werden will im Leben, nur Friseur sein?

✂ Ist Friseur für dich ein minderwertiger Beruf?

✐ Überhaupt nicht! Im Gegenteil. Ich bewundere Friseure, also ... also ... Das ist ja ein Handwerk. Allen Handwerkern gehört meine größte Hochachtung.

✂ Ich bin Künstler – ich bin Stylist.

✐ Das meine ich ja – die Kunst des Handwerks, das Styling. Bist du schwul?

✂ Wieso?

✐ Na ja. Das wäre so ein typischer Schwulenberuf, also ... Ich meine ... eine Homosexuellen-... äh ...-Beschäftigung ... Anderen die Haare zu machen ... Nicht nur die Haare ... überhaupt ... stylish zu ... äh .... wirken ... also ... Viele Maskenbildner sind schwul.

✂ Sorry, aber ... Verzeih mir bitte, ich hab dich jetzt ... Wie soll ich sagen ... Ich bin natürlich kein Friseur. Aber nach meiner hochintellektuellen Aussage war die Antwort »Friseur« doch herrlich inkongruent.

✐ In der Tat! Und ich bin jetzt wirklich erleichtert: Das wäre ja noch schöner, dass ein Friseur gescheiter ist als ich.

✂ Natürlich bin ich Friseur!!! Ich wollte nur austesten, wie arrogant du bist.

Pause. Er lächelte.

✂ Nein, aber das macht ja nichts. Künstler müssen arrogant sein. Das steht dir zu. Ich meine, welcher normale Mensch geht auf die Bühne und lässt sich von dreihundert Leuten zwei Stunden lang bewundern?

🖋 Tausend Leute, drei Stunden lang!

✂ Du bist ja auf eine sehr sympathische Weise arrogant. Wir sitzen jetzt seit zwei Stunden hier auf der Terrasse, und es geht eigentlich dauernd nur um dich.

🖋 Sorry. Das tut mir leid. So wichtig bin ich natürlich nicht.

✂ Nein, nein, das passt schon. Ihr braucht das wahrscheinlich.

🖋 Ich brauche das überhaupt nicht. Du hast mich gefragt, worüber ich in meinem Buch schreiben werde, und ich hab halt erzählt.

✂ Das ist ja auch sehr ... wie soll ich sagen ... interessant ...

🖋 Danke. Wir können auch gerne über etwas anderes reden. Oder einfach schlafen gehen. Der Igel ist sicher auch schon im Bett.

✂ Nein. Jetzt will ich es wissen. Du musst mir jede einzelne Geschichte deines Buches erzählen.

🖋 Um Gottes willen, das dauert ja bis in die Früh.

✂ Egal, wir können uns ja dazwischen was kochen. Komm! Ihr Künstler braucht das. Ihr seid Egomanen. Ich verstehe das total. Also, schieß los: Was kommt nach der Witwe von Ephesus?

🖋 Reihenfolge habe ich noch keine.

✂ Egal. Dann einfach irgendeine Geschichte. Kommt denn nichts Autobiografisches drin vor? Ich meine, das ist doch so Mode, dass Promis über ihr Leben schreiben. Schreibst du was über dein Leben?

🖋 Nein! Ich möchte Geschichten erzählen. Kurzgeschichten. Erfundenes.

✂ Wie ein Schriftsteller?

🖊 Ja.

✂ Aber du bist doch kein Schriftsteller, du bist Kabarettist. Ich meine das jetzt nicht böse, aber ... Kurzgeschichten schreiben, ist das nicht ... Wie soll ich sagen? Kannst du das? Weißt du, was man dazu braucht?

🖊 Natürlich. Entschuldige bitte.

✂ Und was?

🖊 Einen Anfang, eine Mitte und ein Ende. Exposition, Höhepunkt, Auflösung.

✂ Spannung. Das wäre vielleicht auch nicht zu vernachlässigen. Eine Geschichte muss doch spannend sein.

🖊 Ja. Auch. Man muss wissen wollen, wie es weitergeht. Sonst vergisst der Leser aufs Umblättern.

✂ Da hab ich was für dich. Pass auf: Eine alleinstehende Frau kommt nach ihrem morgendlichen Einkauf nach Hause. Sie ist nur schnell um die Ecke in den Supermarkt gegangen, um Semmeln zu holen, drum hat sie ihren Hund, einen Dobermann, zu Hause gelassen. Schon beim Türaufsperren hört sie, wie der Hund seltsame Geräusche macht. Wie sie ins Wohnzimmer kommt, sieht sie, dass der Hund am Ersticken ist. Er keucht und japst. Er hat irgendetwas verschluckt, das ihm im Hals stecken geblieben ist. Sie versucht ihm zu helfen. Es gelingt ihr aber nicht, dieses Ding, das er verschluckt hat, rauszubekommen. Also ruft sie die Tierrettung. Die nimmt den Hund mit. Sie ist völlig fertig, und man überredet sie, zu Hause zu bleiben. Nach zehn Minuten bereits erhält sie einen Anruf vom Tierarzt. »Gehen Sie sofort aus Ihrer Wohnung!«, ruft er panisch ins Telefon. »Verstehen Sie mich? Sie müssen auf der Stelle Ihre Wohnung verlassen! Ich bin gleich bei Ihnen! Fragen Sie nicht, verschwinden Sie aus Ihrer Wohnung! Verstecken Sie sich bei einem Nachbarn!« Unter Schock läuft sie aus ihrer Wohnung und schlägt die Tür hinter sich zu. Wie ihr der Tierarzt gesagt hat, läutet sie bei einem ihrer Nachbarn an, der ihr die Tür öffnet und sie hineinlässt. Wenige Minuten später laufen vier schwerbewaffnete Polizisten die Stiege hinauf und stürmen ihre Wohnung. Um mitzubekommen, was los ist, geht sie aus der Nachbarwohnung und begegnet am Gang dem Tierarzt, der ihr alles erklärt. Als sie in der Kehle ihres Hundes nachgesehen haben, fanden sie zwei abgebissene Finger. Der Dobermann muss einen Einbrecher überrascht und ihm die Finger abgebissen haben. Und tatsächlich fanden die Polizisten in einem Kasten im Schlafzimmer einen Mann, der unter Schock stehend seine blutende Hand anstarrte.

Mein Nachbar, der intellektuelle Friseur, starrte nun mich an. Erwartungsvoll. Wahrscheinlich stellte er sich vor, dass ich jetzt vor Freude einen Luftsprung machen würde, weil er mir eine Supergeschichte erzählt hatte. Leider musste ich ihn enttäuschen.

✐ Das kenne ich. Das ist eine sogenannte Urban Legend. So was kann man nicht als Kurzgeschichte schreiben.

✂ Aber es ist spannend, oder?

✐ Ja, ja.

✂ Verkauft sich sicher gut, so was.

✐ Ja, natürlich. Ich liebe Urban Legends. Sie sind die modernen Mythen unserer Zivilisation. Die alten Griechen hatten ihre Götter, und wir haben die Spinne in der Yucca-Palme. Wenn schon Urban Legend, dann meine Lieblingslegende.

✂ Spannend?

✐ Auch. Ein junges Paar kommt an einem Sonntagvormittag in die Notaufnahme mit einer Reihe von seltsamen Verletzungen. Sie hatte auf dem Rücken eine sehr große Brandblase und eine schlimme Beule auf der Stirn. Er hingegen hatte einen blutenden Penis. Sie waren sehr verschämt und zögerten, den Ärzten den genauen Hergang des Unfalls zu erzählen. Schließlich stellte sich Folgendes heraus: Die beiden waren frisch verliebt, hatten sich vor vierzehn Tagen kennengelernt, und es hatte sofort gefunkt.

Am Samstag, dem Tag vor dem Unfall, waren sie einander auch körperlich nähergekommen und hatten eine rauschende, sehr aufregende Liebesnacht verbracht. Am Morgen waren sie aufgewacht und fielen, jung und verliebt, wie sie waren, gleich wieder übereinander her. Nach einer gewissen Zeit war dennoch die Frage aufgetaucht, ob sie nicht irgendwohin frühstücken gehen sollten. Sie entschlossen sich aber, im Bett zu bleiben.

»Soll ich uns was kochen?«, fragte er, und sie gingen nackt in die Küche. Das, was in seinem Haushalt an Lebensmitteln vorhanden war, reichte gerade mal für Palatschinken. Während des Kochens, immer noch nackt, wurden sie wieder von der Leidenschaft übermannt, und die junge Dame kniete sich vor dem Koch nieder und begann ihn oral zu verwöhnen. Er, vor erotischer Energie übermütig geworden, wollte die heiße Palatschinke mit einer lässigen Bewegung wenden, konnte sie jedoch nicht mehr auffangen. Sie klatschte brennheiß seiner Geliebten auf den Rücken. Vor Schmerz und Schreck biss sie die Zähne zusammen, worauf er ihr reflexartig die Pfanne über den Schädel zog.

Diesmal starrte ich meinen Nachbarn erwartungsvoll an. Aber er musste mich ebenso enttäuschen. Ich hatte vor Lachen Tränen in den Augen, er sah mich milde lächelnd an.

✂ Hab ich schon gekannt.

✐ Und eben deshalb soll man keine Urban Legends zu Kurzgeschichten machen.

✂ Ich finde, du solltest etwas über deinen Beruf als Komiker erzählen.

✐ Da hab ich etwas. Nicht direkt über mich, aber über den Ursprung unseres Berufes. Wir sind nämlich, also wir Kabarettisten, wir sind Abkömmlinge der Hofnarren.

✂ Du meinst jetzt so mittelalterliche Hofnarren an einem Königshof oder so?

✐ Ja.

IV

Narrheiten

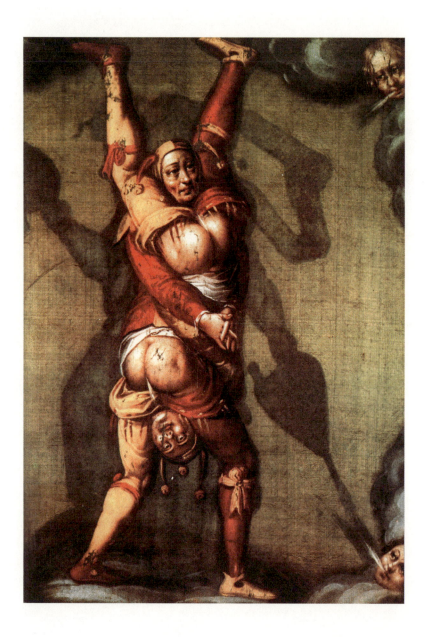

EINS

Im Scherz liegt die Wahrheit.

Leopold III. von Habsburg, Herzog von Österreich, macht auf diesem Gemälde nicht gerade ein fröhliches Gesicht. Gut möglich, ihm schwante schon sein schreckliches Ende. Zumindest mag sich das Antoni Boys, der Maler dieses Porträts, gedacht haben, als er es zweihundert Jahre nach Leopolds Tod anfertigte.

Der Herzog hatte 1386 eine gute Idee. Er plante, die Schweiz zu überfallen und in das Land einzumarschieren, um seinen eigenen Machtbereich auszudehnen. Zuerst wollte er sich mit seinem Rat besprechen und lud zu einer Ratssitzung in die Stadt Stockach. Unter seinen Beratern befand sich sein Hofnarr, Johann von Stocken. Der Herzog von Österreich fragte in die Runde, was sie denn von der Idee, die Schweiz zu überfallen und sich das Gebiet einzuverleiben, hielten.

»Lasst uns die Schweizer Bauern sieden und braten!«, war laut Augenzeugen eine Formulierung, auf die man sich schon nach kurzer Zeit euphorisch einigen konnte. Man beriet noch einige Zeit darüber, wie man den Feldzug am effektivsten durchziehen werde. Wer wann, wo und wie mit welchen Söldnern aufmarschieren könne. Der Herzog lehnte sich in seinem Holzthron zur Seite und kratzte sich am Kopf. Ein kleines Zeichen der Unsicherheit? Dann wandte er sich seinem Narren zu und fragte ihn, was er von der ganzen Sache hielte. Der Narr, ein ausgezeichneter Possenreißer, antwortete wie aus der damals noch lange nicht erfundenen Pistole geschossen mit einer Pointe, die großes Gelächter hervorrief: »Ihr Narren! Ihr beratet alle, wie ihr ins Land hineinziehen wollt, aber keiner denkt daran, wie ihr wieder rauskommen könnt!«

Die Pointe des Narren sollte sich als Prophezeiung erweisen. Es passierte nämlich Folgendes – ich zitiere wörtlich aus Carl Friedrich Flögels *Geschichte der Hofnarren* (1789): »... *als es zum Handgemenge kam, verschmachteten die Ritter in ihren Harnischen für Hitze und Durst, ehe die Reihe tot zu schlagen an sie kam; und die Bauern wälzten so viel Steine von den Bergen herab, dass mehr als 676 Edelleute, und in allem bis zu 2000 Mann erschlagen wurden, worunter sich auch der Herzog Leopold befand, dessen Körper im Kloster Königsfeld begraben liegt. Diese Schlacht geschah bei Sempach im Jahr 1386.*« Etwas, worauf die Schweizer so stolz sind, dass es heute jedes Kind in der Schule lernt.

Der Narr hat also durch seine Weisheit – eine Narrenweisheit – den Herzog zum Trottel gemacht. Hätte dieser den Witz ernst genommen, wäre er vielleicht am Leben geblieben. Die wahre Pointe ist meines Erachtens aber die Tatsache, dass jene Edelleute, die die Bauern »sieden und braten« wollten, in ihren Ritterrüstungen vor Hitze und Durst umgekommen sind. Grausam, aber doch auf eine ganz perfide Art komisch. Ironie des Schicksals. Hofnarren waren die Kabarettisten des Mittelalters, um es etwas salopp zu formulieren. Sie unterhielten den Souverän, hielten ihm den Spiegel vor, sagten ihm als Pointen verkleidete Wahrheiten ins Gesicht, karikierten bekannte Persönlichkeiten und nahmen gesellschaftliche Entwicklungen aufs Korn.

Nichts anderes machen wir Kabarettisten heute. Der Souverän ist mittlerweile das Volk, und es zahlt seine Lustigmacher für ihre Späße wie damals der Herzog, Fürst, König oder Kaiser. Wir Österreicher, die wir nie eine Revolution zustande gebracht haben, halten uns sogar einen Kaiser als Narren, dessen öffentlich-rechtlicher Auftrag es ist, sein republikanisches Fernsehpublikum bei guter Laune zu halten: Kaiser Robert Heinrich I., den Quotenkaiser.

Tomaso Garzoni schreibt in seinem 1585 erschienenen Buch *Piazza Vniversale*, die Hofnarren und deren Possen seien *»so hoch gestiegen, dass man der Schalksnarren und Possenreißer an Herrenhöfen und Tafeln mehr findet, als ansehnliche und ehrbare Leute«*, und sie hätten auch *»freieren Zutritt und mehr Gunst«* bei den Herrschaften als die Ehrbaren und Anständigen. Ein Hof würde in seiner Bedeutung fallen, hätte er keinen Narren, der *»die ganze Gesellschaft der Höflinge und der Herren selbst mit kurzweiligen Reden, geschwinden Antworten, auch mit groben Zoten unterhält und lustig macht«*.

Kurzweilige Reden heute: ein pointierter Stand-up-Monolog über die Flugangst! Geschwinde Antworten heute: improvisierte Replik auf einen Zwischenruf aus dem Publikum! Grobe Zoten heute: Wie wahrscheinlich jeder weiß, verwende ich oft deftige Begriffe! Ich bin ein Hofnarr. Was für eine Erkenntnis!

Doch weiter im Bericht von Garzoni: *»Da sitzt oft Herr und Knecht, sperren Maul und Nasen (sic!) auf und hören dem Narren zu, der allerhand Schnaken vorbringt; bald sagt er eines Bauern Testament, welches er seiner Grethe hinterlassen.«* Bis heute, fast fünfhundert Jahre später, immer noch sehr beliebt: Sketches über Landeier in der Stadt.

»Bald erzählt er die krummen Sprünge, welche jenes Arztes Weib ihrem

Manne zu Ehren in der Fastnacht gethan.« – Krumme Sprünge in der Fastnacht!? Handelt es sich dabei um eine Nummer über eine Nummer? Oder hat sich da eine berühmte Arztgattin in der Fastnacht danebenbenommen wie gelegentlich jemand am Opernball?

»Er redet von den Gesetzen wie ein Gratianus von Bologna.« – Der »Magister Gratianus« war ein gelehrter Kirchenrechtler. Man hört und sieht förmlich einen Richter oder sonst einen Rechtsverdreher in einer aktuellen Kabarettnummer.

»Er redet über die Arzneikunst wie ein M. Grillus.« – Gerne spiele ich auf der Bühne den bekannten Oberarzt aus der Privatklinik oder halte lange Monologe über die Hämorrhoide.

»Er spricht bergamastisch, als wäre er der größte Bauer in der ganzen Gegend.« – Der aufgeblasene Großbauer schimpft über die EU, von der er tonnenweise Förderungen kassiert.

Ein Lungauer Sauschneider in der Tracht eines Salzburger Bauern ergab zu Beginn des 18. Jahrhunderts die Figur des Wienerischen Hanswurst, kreiert vom steirischen Wanderarzt Joseph Anton Stranitzky am Wiener Kärntnertortheater.

»Bald macht er den Rector Magnificus in der Stellung des Leibes« – Eine Nummer über den aufdringlich seriösen Hochschulprofessor?

»... bald macht er einen Spanier in höflichen Gebärden, bald einen Deutschen im Gange, bald einen Florentiner im Reden und Schnarren, bald einen Neapolitaner im Krähen. Mit einem Worte, er kann die ganze Welt in Reden und Gebärden nachäffen. Er kann auch das Angesicht fast auf tausenderlei Weise verändern und verstellen. Bald zieht er die Augenbrauen hoch und verdreht die Augen, als wenn er schielte; bald zieht er die Lippen so seltsam zusammen, dass man glaubt, er habe eine Maske vor sein Angesicht gezogen; bald reckt er die Zunge heraus, wie ein durstiger Schäferhund in der Hitze; bald reckt er den Hals, als wenn er am Galgen hienge (sic!); bald zieht er ihn wieder ein, und biegt den ganzen Leib zusammen, als wenn er den Teufel auf den Schultern hätte. Bald schlägt er die Arme übereinander, als wenn er voller Andacht wäre; ...) Überhaupt geht seine ganze Kunst dahin, dass man lachen soll; und wenn er anfängt zu lachen, so muss jedermann, der ihn ansieht, mitlachen.«

Selten habe ich eine präzisere Beschreibung meines Berufes gelesen.

Ich kam durch eine Fußnote in einem Buch über Shakespeare auf diesen Bericht, und er ließ mich nicht mehr los. Der Hofnarr, der Lustigmacher, der Possenreißer ist der Urahne des Kabarettisten. Mein Vorfahre. Wir unterhalten nicht mehr lediglich Adel und Könige, wir sind die Narren für jedermann geworden. Doch unsere Arbeit ist im Grunde dieselbe geblieben, natürlich auch die Berufsanforderungen: schneller und scharfer Verstand, Schlagfertigkeit und die Gabe, witzig und originell zu formulieren. Leute mit dieser Begabung konnten sich in früheren Zeiten auch einen Namen als Prediger machen. Überliefert ist beispielsweise der Name Michel Menot, genannt Goldzunge, ein Franziskanermönch, der von 1480 bis 1500 in Paris Theologie lehrte und für seine Späße berühmt war. Gläubige wie Ungläubige liefen zu seinen Predigten wie zu Jahrmarktspektakeln. Er hielt sie nämlich »*in einem Kauderwelsch, das zur einen Hälfte aus Küchenlatein und zur anderen aus einem burlesken Französisch bestand, und spickte die Geschichten aus den Evangelien mit zweifelhaften Scherzen, Wortspielen und mehr oder weniger gewagten Anspielungen, die sein Publikum zum Lachen brachten*«, wie es in einem Bericht heißt. Ein wahrer Stand-up-Comedian vor dem Herrn.

Und er war offenbar nicht der Einzige, der die Kanzel als Bühne benutzte, denn der große Humanist Erasmus von Rotterdam – unter anderem auch bekannt für sein *Lob der Torheit* – pflegte über bestimmte Prediger zu spotten:»*Bei Gott, wie sie gestikulieren, wie sie die Stimme in allen Lagen spielen lassen, wie sie sich aufrichten, wie schnell sie die Masken ihrer Mienen wechseln, wie sie die ganze Kirche mit ihrem Lärm erfüllen.*« Warum bin ich noch nie in einer Kirche aufgetreten? Es muss wohl an der Kirche liegen.

Das zitierte Buch von Carl Friedrich Flögel über die Hofnarren aus dem Jahr 1789 habe ich in einem Antiquariat gefunden. Daraus möchte ich im Folgenden die Geschichte des Narren Gonella von Ferrara erzählen. Eine wahre Geschichte – so wird behauptet.

ZWEI

Die größte Dummheit

Der berühmteste Hofnarr des 15. Jahrhunderts, Pietro Gonella, stand in Diensten des Grafen Niccolò III. d'Este und dessen Nachfolger und außerehelichem Sohn Borso d'Este, Herzog von Ferrara. Zahlreiche seiner Schwänke und Streiche sind uns überliefert. Von seinen Einfällen und Späßen sagt man, sie seien meistens sehr witzig gewesen, wert, gesammelt und in Druckform wiedergegeben zu werden, obwohl oft voller Zoten und Derbheiten, bisweilen die Grenze zu schlichten Gaunereien überschreitend. Herzog Borso war ein großer Liebhaber derber Späße seiner Hofnarren, sodass in Italien noch hundert Jahre später ein Sprichwort kursierte, das man immer anbrachte, wenn jemand eine Dummheit zu begehen im Gange war: »Wir leben nicht mehr zu Zeiten des Herzogs Borso!«

Zu seiner Zeit verbrachte der Herzog kaum einen Tag ohne seinen Narren, der ihn unterhielt und mit seinen Späßen bei Laune hielt. 365 Tage im Jahr komisch sein zu müssen, und das stets vor demselben Publikum, kann selbstverständlich zu Engpässen in der Originalität und vor allem Raffiniertheit des Witzes führen. So sah sich Gonella gezwungen, jede Gelegenheit zur Belustigung beim Schopfe zu packen.

Eines Tages war er zusammen mit dem Herzog auf dem Weg zur heiligen Messe, als sie vor dem Kirchenportal an drei blinden Bettlern vorbeimussten, die ihn und den Herzog, einer nach dem anderen, um eine Spende baten. Der Herzog wollte schon zu seinem Geldbeutel greifen, da hielt ihn Gonella zurück. Er sagte zu den drei Blinden: »Da habt ihr einen halben Gulden! Ihr müsst ihn unter euch aufteilen!« Er gab ihnen aber nichts, stattdessen klatschte er einmal in die Hände, sodass jeder der drei glauben musste, er hätte einem von ihnen den halben Gulden in die Hand gegeben. Die drei Blinden bedankten sich herzlichst bei ihm und wünschten ihm Glück, Segen und Freude. »Nun lasst uns das Geld teilen«, sagte einer. »Wer es hat, der soll es wechseln lassen«, sagte der andere. »Ich habe kein Geld bekommen«, sagte jeder von ihnen. »Du musst es haben!« »Nein, du musst es haben!« »Ich habe keines!« »Ich auch nicht!« »Du Lügner!« »Betrüger!« »Selber!« Nach einiger Zeit fingen sie an, sich zu prügeln, und konnten nur mit Mühe getrennt werden. Ein wahrlich grober Scherz, politisch unkorrekt und selbst für eine versteckte Kamera in heutiger Zeit völlig undenkbar. Die Episode erinnert mich jedoch an einige Zeilen aus dem *Krüppellied* von Helmut Qualtinger und André Heller:

Wenn ich mal trüber Laune bin,
dann geh ich zu den Blinden
und lache mir den Buckel krumm,
wenn sie die Tür nicht finden.

Derartige Grausamkeiten dienten oft zur Belustigung. An manchen Höfen hielt man sich »Geisteskranke«, »Zwerge« und »krumm Gewachsene«, um sie auszulachen. Erst das Zeitalter der Aufklärung hat mit diesen verachtenden Späßen langsam Schluss gemacht. Und doch gab es noch zu Beginn des 20. Jahrhunderts sogenannte Freak Shows auf Jahrmärkten und beispielsweise auch im Wiener Prater, in denen Menschen mit Behinderungen beziehungsweise genetisch bedingten Besonderheiten wie Kleinwüchsigkeit, kompletter Gesichtsbehaarung und Ähnlichem zur Schau gestellt wurden, sodass man sich fragt, ob nicht das Mäntelchen der Zivilisation allzu dünn und fadenscheinig geraten ist, höchstens schönwettertauglich. Ähneln wir nicht, wenn es darauf ankommt, eher einer Bestie, die nur mit strengen Regeln und Gesetzen in Schach gehalten werden kann? Wenn ich mehr als fünf Hasspostings auf einmal lese, neige ich zu dieser Ansicht. Fatalerweise. Denn sie ist genau die Sichtweise des illiberalen politischen Gegners: *law and order*, und die Regeln bestimme ich, denn ich bin das Volk.
Wir müssen den Hass im Netz aushalten, fürchte ich. Solange er auch im Netz bleibt, kann es helfen, wenn man ihn als das nimmt,

was er ist: ein exklusiver Blick unter die Decke der Zivilisation. Dort, wo Konzepte wie Anstand, Benehmen und Höflichkeit keine Rolle mehr spielen, kann man Leuten beim instinktgesteuerten Denken zuschauen, sofern man ungebremste Affektausbrüche überhaupt Denken nennen kann. Kein schöner Anblick, aber lehrreich, unter anderem zum Thema Lachen und Aggression.

Aber flüchten wir rasch zurück ins 15. Jahrhundert zu Pietro Gonella, dem berühmten Hofnarren. Er war verheiratet. Viel mehr weiß man nicht über ihn. Nur, dass ihn der Herzog sehr geliebt haben muss. Hätte er sonst viele Jahre nach Gonellas Tod ein Porträt in Auftrag gegeben? Ein Hofnarr stand hoch im Ansehen, doch deswegen gleich ein Porträt malen lassen? Was hat den Herzog dazu bewogen?

Wie jeder Narr, so war auch Gonella der Einzige bei Hofe, der es wagen durfte, dem Souverän die Wahrheit zu sagen. Narrenfreiheit. Eine Tatsache, für die intelligente Regenten sehr dankbar waren, da sie nur von Arschkriechern, Karrieristen und Schmeichlern umgeben waren. Hat die Wahrheit im Narrenkostüm dem Herzog in irgendeiner verfahrenen Angelegenheit die Augen geöffnet? Wir wissen es nicht. Wir wissen nur, jemand – mit hoher Wahrscheinlichkeit Herzog Borso – hat 1445 das Porträt bei dem französischen Maler Jean Fouquet in Auftrag gegeben.

Fouquet war von 1445 bis 1447 in Italien unterwegs, bevor er Hofmaler beim französischen König wurde. Es ist sehr wahrscheinlich, dass er Ferrara besuchte und, wie damals üblich, der Herzog ein Gemälde bei ihm bestellte. Doch warum ausgerechnet Gonellas Porträt? Was mag den Herzog dazu veranlasst haben, Jahre nach Gonellas Tod?

Wir wissen nichts darüber. Das Porträt hängt in Wien im Kunsthistorischen Museum. Experten rätseln, warum es gemalt wurde. Nun bin ich alles andere als ein Experte für Kunstgeschichte, ich möchte fast behaupten, ich bin das Gegenteil. Ein Trottel der Kunstgeschichte – aber vielleicht kann ich dieses Rätsel lösen.

Und plötzlich steigt eine Fantasie auf. Ein Bild aus der Geschichte. Ein Mensch, traurig, einsam, mächtig zwar, weil Herzog von Ferrara, doch ohne jede Freude; drei Jahre nach dem Begräbnis seines besten Freundes.

Der Herzog, mit seinen zweiunddreißig Jahren in seinen besten Jahren, aber immer noch unverheiratet, saß auf seinem hölzernen Thron und deutete dem fremden, vor ihm knienden Maler, er solle sich erheben. Fouquet erhob sich, machte eine weitere Verbeugung und wartete darauf, vom Herzog angesprochen zu werden. Ein Höfling hatte für ihn beim Herzog ein Wort eingelegt und ihm seine Künste empfohlen.

»Ihr wollt mir ein Bild malen?«

»Jawohl, mein Fürst!«

Der weiße Windhund, der zu des Herzogs Füßen kauerte, ließ einen tiefen Seufzer hören, wie ihn Hunde manchmal von sich geben, dass man meinen möchte, sie erahnten das ganze Elend menschlicher Existenz.

»Das langweilt selbst meinen Hund, Monsieur«, sagte der Herzog, der seit dem Tod seines Hofnarren nicht mehr gelacht hatte.

»Was für eine vortreffliche Bemerkung!«, warf Fouquets Fürsprecher ein, der daneben stand. Dabei klatschte er eifrig in die Hände, begleitet von einem künstlichen Lachen, das deutlich zu spitz geraten war. Wenn ein Herzog scherzt, dann lacht man. Seit dem Tod Gonellas war es am Hof üblich geworden, die Bemerkungen des Herzogs, der versuchte, teils aus Sehnsucht, teils zur Bewältigung seiner Trauer, dem verstorbenen Lustigmacher nachzueifern, zu beklatschen. Natürlich fand niemand Borsos Scherze, die im Grunde gar keine waren, wirklich komisch. Aber wie gesagt, wenn ein Herzog scherzt, dann lacht man. Borso vermisste Gonella unendlich.

»Hört mir doch bitte mit diesem lächerlichen Geklatsche und Herumgehopse auf, wenn ich eine müde Bemerkung mache«, schrie der Herzog plötzlich. »Das ist nicht komisch, was ich sage. Nichts ist komisch! Seit Gonella tot ist, ist nichts mehr komisch!« Der Höfling wusste nicht recht, wie er auf diese Äußerung des Herzogs reagieren sollte. Schweißperlen standen ihm auf der Stirn, denn er konnte in seinen Gehirnwindungen keine seiner Karriere zuträgliche Reaktion abrufen, was ihn dazu veranlasste, ein zweites Mal zu klatschen und mit geschlossenem spitzen Mund ein süffisantes und dabei ziemlich dumm aussehendes Gesicht zu machen. Der Herzog spürte, wie langsam, aber bestimmt Zorn in ihm hochkam, was ihn Gonella noch stärker vermissen ließ, war er doch der Einzige gewesen, der den Zorn des Herzogs mit einem Scherz in Sekundenschnelle besänftigen hätte können. Er schrie noch, dass sein gesamter Hof weniger Geist, Esprit, Witz und Vernunft besitze als ein totes Schwein, und verließ stampfenden Schrittes den Saal.

Fouquet musste lachen und meinte nur, der Herzog wäre ein ganz witziger Kerl. Der Höfling erzählte dem Maler von dem Tod des Narren und dass der Herzog seither unleidlich geworden sei. Er müsse ihn schon sehr vermissen, meinte der Maler.

Einige Stunden später ließ der Herzog ihm ausrichten, er wäre an einem Gemälde nicht interessiert, wodurch Fouquets weitere Reise durch Italien gefährdet war. Er hatte gehofft, mit dem Auftrag seine Reisekosten oder wenigstens seine Rückfahrt nach Paris bestreiten zu können. Der Höfling klopfte ihm auf die Schulter, womit er ihm bedauernd zu verstehen gab, er solle den Herzog nicht weiter mit seiner Gegenwart belästigen und sein Glück anderswo versuchen. So schnell wollte Fouquet jedoch nicht klein beigeben. Er schlug dem Höfling eine Beteiligung an seinem Honorar vor, wenn er es fertigbrächte, ihm eine weitere Audienz beim Herzog zu verschaffen.

Tage vergingen, doch der Herzog war nicht in der Verfassung, jemanden zu empfangen. Er wollte von nichts etwas wissen, vernachlässigte seine Geschäfte, nahm an den Banketten nicht teil, verließ das Bett nicht. Es sah ganz so aus, als würde er wieder krank werden. So krank wie damals. Damals, vor drei Jahren, als er vom »schwarzgalligen viertägigen Fieber mit Starrsucht« befallen war, von dem es heißt: »Es fängt meistens im Herbste an, wird im Winter kaum geheilt, ist äußerst hartnäckig, macht leichte Rückfälle und dauert bis zur Annäherung des Frühlings fort.«

Herzog Borso lag in seinem Bett und starrte an die Decke. Wie damals. Es war wieder September. Wie damals. Die Ärzte standen vor dem Rätsel, vor dem sie schon einmal gestanden waren. Der Herzog nahm sie nicht einmal wahr und starrte weiter an die Zimmerdecke. Sie beratschlagten eifrig auf Latein und schrieben es schließlich ihrer Kunst zu, als der Herzog langsam den Kopf wandte und zur Abwechslung sie anstelle der Decke anzustarren begann. Plötzlich sprang er nackt aus dem Bett, lief durch seine privaten Gemächer in den Thronsaal und von dort in den Garten. Mägde und Knechte, der Koch und einige Händler drehten sich nach ihm um. Kurze Zeit später hetzten ihm die Ärzte, der halbe Hof und auch Jean Fouquet hinterher. Man rief ihm zu, er solle doch stehen bleiben, fragte ihn, wohin er denn wolle. Er hörte sie nicht, lief geradewegs in seinen Pferdestall, sprang auf eines der gesattelten Pferde, die für einen Ausritt der Höflinge bereitgemacht worden waren, und galoppierte aus der Stadt. Die ganze Gesellschaft stand verdutzt da. Nur Fouquet reagierte schnell, schwang sich ebenfalls auf ein Pferd und ritt dem Herzog hinterher. Sie gaben ein witziges Bild ab, der nackte Herzog, verfolgt von einem Herrn in französischer Tracht.

»Ihr schummelt, mein nackter Prinz!«, rief Fouquet. »Der Wettkampf ist nicht fair. Euer Pferd hat leichter zu tragen!«

Das zwang dem Herzog ein leichtes Lächeln ab. »Ich werde in den Fluss springen!«, rief er und zeigte auf den Fluss, den sie mittlerweile entlangritten und der zu seinem Sommerschloss führte.

»Wollt Ihr Euch ertränken?«, rief Fouquet.

»Im Gegenteil. Heilen. Ich werde mich von der Krankheit heilen!«

»Welcher Narr hat Euch diese Kur verordnet?«

Der Herzog hielt sein Pferd hart an. »Gonellaaaaa!«, schrie er beschwörend im Abspringen, rannte zum Ufer und sprang kopfüber in die kalten Fluten.

Stunden später saß der Herzog mit Fouquet im Privatgemach seines Sommerschlosses und erzählte ihm von seinem Freund, dem Narren. Ein Diener brachte ihnen heißen gewürzten Wein.

»Er war der beste Narr in ganz Italien. Manches Mal grob und zotig, aber immer komisch. Sehr komisch. Er hat einst der Herzogin, meiner Mutter, einige Possen gespielt, die ihr sehr missfallen haben. Da ihr der Sinn nach Rache stand, rief sie all ihre Kammerzofen zusammen: Jede von ihnen möge sich mit einem mächtigen Prügel wappnen und, sobald Gonella auftauche, ihm eine ordentliche Tracht versetzen. Die Zofen fanden Gefallen an dem Vorhaben und versicherten einsatzfreudig, ihre Schuldigkeit zu tun. Meine Mutter ließ nach Gonella schicken. Als er die Damen mit den Prügeln in der Hand sah, wusste er sofort, dass sie für ihn bestimmt waren. ›Ich unterwerfe mich von Herzen gerne‹, sagte er, ›allem, was ihr mit mir vorhabt. Nur bitte ich mir die einzige Gnade aus, dass diejenige von euch als Erste zuschlägt, die mich am öftesten geküsst hat, welche die ärgste von allen Huren ist und die mir vor Kurzem meine Flöte bearbeitet hat.‹ Die Zofen sahen einander verdutzt an, und es erhob sich ein Gezänk, wer denn nun Gonella geküsst oder gar Schlimmeres mit ihm getan habe. Alle beteuerten, niemals eine Hure gewesen zu sein. Unterdessen machte sich Gonella aus dem Staub und kam glücklich ohne Prügel davon.«

Fouquet musste herzlich lachen. Der Herzog ließ der Geschichte ihre Wirkung tun, ehe er zufrieden schmunzelnd fortfuhr. »Eines Tages fragte ich ihn, ob er denn wisse, welches Handwerk in Ferrara das stärkste wäre. Von welcher Profession wir die meisten hätten. Er antwortete ohne zu zögern: ›Das Handwerk der Ärzte.‹ ›Dummer Kerl‹, sagte ich zu ihm, ›derer haben wir nicht mehr als zwei oder drei in ganz Ferrara.‹ Gonella antwortete mir: ›Gut! Es steht eine Wette auf tausend Gulden.‹«

Der Herzog hielt kurz inne mit geschlossenen Augen. Ihm war, als stünde Gonella leibhaftig vor ihm, mit seinem typischen Geruch nach Rosenwasser und Gewürznelken, eine Mischung, mit der er stets seine Kleidung beträufelt hatte.

Fouquet wartete geduldig, bis der Herzog bereit war, in seinem Bericht fortzufahren.

»Ich ging auf die Wette ein, bestand aber darauf, dass er für seinen

Wetteinsatz tatsächlich gradestehen müsse. ›Keine Frage, mein Fürst!‹, meinte er mit gespielter Entrüstung und zog sich zurück. Seine Chancen, dachte ich, die Wette zu gewinnen, stünden bei null. Gab es doch tatsächlich nur zwei Ärzte in Ferrara.

Am nächsten Morgen, es war ein Sonntag, packte Gonella sein Gesicht und seinen Hals in ein Fell und setzte sich neben das Kirchentor. Wer vorbeiging, fragte ihn, was ihm denn fehle? Und jedem der Passanten antwortete er: ›Zahnschmerzen, ich habe sehr heftige Zahnschmerzen!‹ Dabei jammerte er und verzog sein Gesicht. Einmal schaffte er es sogar, dass sein linkes Auge tränte, wobei ihm allerdings der Wind und ein Sandkorn zu Hilfe kamen. Jeder bemitleidete ihn und nannte ihm ein Mittel, wie er die schlimmen Schmerzen wieder loswerden könnte. Gonella schrieb die einzelnen Personen und ihre jeweilige Heilmethode penibel auf. Nach der Messe streifte er noch den ganzen Sonntag durch Ferrara und brachte es auf dreihundert Personen, die ihm zu beinahe ebenso vielen Heilmitteln gegen seine Zahnschmerzen rieten. Er hielt alles sorgfältig auf seiner Liste fest.

Am darauffolgenden Tag erschien er, noch immer verhüllt, zur Mittagstafel bei Hofe. Sämtliche Höflinge waren anwesend, um mit mir zu tafeln. Weil jeder mit Zahnweh auf mein Mitleid zählen kann, ließ ich sofort nach Nelkenöl für Gonella schicken.

Tags darauf erschien er vollständig gesundet und überreichte mir die elendslange Liste aller in Ferrara praktizierenden Ärzte, an deren oberster Stelle ich meinen Namen fand mit Angabe der überreichten Medizin. Ich fand mich übertölpelt und um tausend Gulden ärmer.«

Nach dieser Geschichte stand der Herzog auf und gab Fouquet zu verstehen, dass es nun gut sei und er alleine sein wolle. Es war kalt. Den Herzog fröstelte. Er hatte traurige Augen.

»Ihr habt Gonella sehr geliebt«, sagte Fouquet, im Bemühen, dem Herzog noch weitere Geschichten zu entlocken.

»Ja«

»Und wie ist er gestorben?«

Fouquet konnte es nicht wissen, aber seit Gonellas Begräbnis war am Hof des Herzogs kein einziges Wort mehr über dessen Tod verloren worden. Niemand hatte es gewagt, dieses heikle Thema anzusprechen. Ein Kammerherr führte zwei weiße Windhunde herein. Der Herzog kraulte seine geliebten Weggefährten, sie leckten ihm den Handrücken. Der Kammerherr fragte, ob der Herzog gedenke, im Sommerhaus zu übernachten, wo es doch bereits September wäre, man müsse ansonsten den einzigen Kamin des Hauses unverzüglich anheizen.

Zwei Diener brachten eine Schale mit Obst. Der Herzog biss in einen Pfirsich, schmatzte, und der süße Saft rann ihm übers Kinn durch den Bart und tropfte auf den Boden. Einer der Windhunde schnupperte an den kleinen Tröpfchen.

»Jedes Mal«, sagte der Herzog, »jedes Mal beiße ich in einen Pfirsich in der Hoffnung, mich dieses Mal nicht zu bekleckern, aber immer wieder werde ich enttäuscht. Immer wieder ist der Pfirsich zu saftig. Doch kurz bevor meine Zähne die Haut des Pfirsichs berühren, hege ich jedes Mal aufs Neue die Hoffnung, ich könnte es diesmal schaffen. Vollkommen zu Unrecht, wie ich weiß.« Damit biss er erneut in den Pfirsich. »Da, schon wieder!« Nach vorne gebeugt, mit eingezogenem Bauch, den angebissenen Pfirsich weit von sich gestreckt, als wolle er die klebrige gelbe Masse in seiner Hand beschwören, fuhr er fort: »Ich weiß, wie es endet, aber die Hoffnung lässt mich wieder reinbeißen – mit voller Kraft –, weil ich mir denke: Dieses Mal habe ich Glück, dieses Mal kann ich die himmlische Süße der Frucht genießen, ohne irdische Drangsal. Ich bin aber kein Gott, und der klebrige Saft rinnt mir jedes Mal in den Ärmel. Das eben ist des Menschen Los. Eine Fruchtfliege hat mehr Genuss als ein Herzog.«

Der Kammerherr unterbrach den Pfirsichmonolog mit der allzu irdischen Frage, wann denn der Herzog speisen wolle.

»Der Pfirsich reicht für heute!«, beschied der Herzog grimmig, indem er seine Körperhaltung entspannte und den angebissenen Pfirsich angeekelt fallen ließ.

»Ihr habt den ganzen Tag über nur im Bett gelegen und nichts zu
Euch genommen, mein Fürst. Eure Ärzte raten zu einem üppigen
Mahl.«

»Ich will nichts essen!«

»Der Pfirsich reicht nicht als Abendessen.«

»Den Pfirsich wollte ich auch nicht essen. Ich wollte mich nur anpat-
zen«, entgegnete der Herzog trotzig wie ein Kind und kauerte sich zur
Verwunderung aller mitten im Zimmer auf den Boden. Die Umste-
henden, der Kammerherr, zwei Diener und Fouquet, wussten nicht,
wie sie reagieren sollten. Nach einiger Überwindung begann der Herzog, die Geschichte der größten und zugleich letzten Posse Gonellas
zu erzählen.

»Es war vor drei Jahren. Ich war krank, lag in den Klauen des viertägigen Fiebers, welches seinem Namen aber nicht gerecht wurde,
denn es hielt viel länger an. Schwarze Galle überschwemmte mich.
Der ganze Hof nahm Anteil an meiner Melancholie, aber keiner war
mehr besorgt als Gonella. Wie immer, wenn sie mit ihrer Kunst am
Ende sind, rieten mir die Ärzte zu einer Luftveränderung. Also begab
ich mich hierher auf meinen Landsitz. Ich spazierte öfter den Fluss
entlang, um mich zu zerstreuen. Düster warf ich Steine in den Fluss
und sah ihnen beim Untergehen zu. Gonella war stets an meiner
Seite, doch keiner seiner Späße kam gegen meine Krankheit an.«

Da verstummt mit einem Mal in meinem Kopf die Stimme des Herzogs. Ich greife zu dem alten Buch, zu Flögels Geschichte der Hofnarren. »Doch«, so heißt es in Flögels Bericht von 1789, »*Gonella, der
gehört hatte, dass ein plötzlicher Schrecken, das viertägige Fieber vertriebe,
beschloss an dem Herrn einen Versuch zu machen. Da er bemerkt hatte, daß
der Herzog sich alle Tage an das Ufer des Flußes, in ein kleines aus Weiden
und Pappeln bestehendes Gehölz begab, wo er dem Laufe des Flußes zusah,
der an diesem Orte weder so schnell, noch so tief, noch so hoch vom Ufer war,
als an andern Orten, faßte er den Entschluß, den Herzog allda ins Wasser zu
werfen, weil er gewiß wußte, daß keine Lebensgefahr dabei sei. Da gegenüber
eine Mühle war, so gab er dem Müller zu verstehn, daß der Herzog hier einen*

von seinen Kammerdienern ins Wasser werfen wollte, bloß um sich eine Lust, und den Kammerdiener furchtsam zu machen. Er sollte demnach, damit der Mensch in keiner Gefahr wäre, so bald er den Herzog am Ufer sähe, mit einem Kahne auf ihn zukommen, als ob er im Begriff wäre zu fischen, und den Kammerdiener aus dem Wasser in den Kahn nehmen. Nachdem er ihm dieses alles gesagt hatte, befahl er ihm die Verschwiegenheit, damit Niemand etwas erführe, weil es sonst der Herzog sehr übel nehmen würde.

Gonella verschob die Ausführung der Sache nicht lange. Als der Herzog an einem Morgen unter den Weiden am Fluße stand, und der Müller mit seinem Kahne schon ziemlich nahe war, gab Gonella dem Herzog mit beiden Händen einen Stoß in den Rücken, daß er vor sich hin in den Fluß fiel. So bald dieses geschehen, eilte er dem Bedienten zu, der mit ein Paar tüchtigen Pferden auf ihn wartete, und jagte spornstreichs nach Padua. Der Müller zog den Herzog aus dem Wasser in seinen Kahn, der mehr voll Furcht war, als daß er Schaden bekommen hätte, und von Stund an verließ ihn das Fieber. Niemand glaubte, daß Gonella die Absicht gehabt hätte, den Herzog zu ersäufen, obgleich die That sehr ausserordentlich schien.«

Doch lassen wir in unserer Fantasie den Herzog selbst weitererzählen. Er meldet sich in meinem Kopf wieder. Natürlich gibt es keinen Beleg dafür, dass der Herzog dem Maler diese Geschichte tatsächlich erzählt hat, aber ich sehe die beiden vor mir, umringt vom Kammerherrn, zwei Dienern und den weißen Windhunden, wie sie am Boden kauern und wie der Herzog von seinem besten Freund erzählt: »Eigentlich hätte ich Gonella dankbar sein müssen, er hatte mich von meiner Melancholie befreit, aber seine Tat war in der Tat außerordentlich. Er hat den Herzog von Ferrara in die Fluten gestoßen und ist weggelaufen. Das war ein Anschlag auf mein Leben, das Leben des Souveräns. Streng genommen war das Hochverrat, das allerschlimmste Vergehen. Ich war unschlüssig, konnte aber nicht tatenlos zusehen.

Also übergab ich die Angelegenheit meinem Rat, der eindeutig die böse Absicht dahinter sah. ›Aber er hat mich doch von meiner Krankheit geheilt. Das alleine war sein Ansinnen‹, gab ich zu bedenken. ›Das wissen wir‹, meinte der oberste Richter, ›doch wir müssen ein

Exempel statuieren. Wenn wir Gonella nicht verurteilen, dann werden bald andere Herzöge ins Wasser geworfen, und sicher nicht, um sie zu kurieren.‹

Schweren Herzens musste ich das Urteil mit Pauken und Trompeten in meinem ganzen Herzogtum verkünden lassen. Gonella war es bei Todesstrafe verboten, den Boden Ferraras jemals wieder zu betreten. So nahm die Tragödie ihren Lauf. Kleinmütig wie ich war, hatte ich nicht auf Narrenfreiheit erkannt und wurde so zu Gonellas Schicksal. Ich fühle mich schuldig und gleichzeitig seiner einfallsreichen Späße beraubt. Mitleid und Groll wechseln sich ab. Das ist mein Schicksal.«

Der Herzog schluchzte heftig auf, drückte Daumen und Zeigefinger seiner rechten Hand gegen die geschlossenen Augen, als könnte er auf diese Weise Tränen zurückhalten, dabei schüttelte er unablässig den Kopf, wie jemand, der damit hadert, eine Tat nicht ungeschehen machen zu können.

»Das ist mein Schicksal, und eines Herzogs nicht würdig. Mitleid ist keine Tugend für einen Herrscher, es führt die schwarze Galle mit sich.« Die Worte hatten ihn sichtbar Mühe gekostet. Er stand auf, griff sich die Hunde und verschwand mit ihnen in seinem Schlafgemach; der Kammerherr hinter ihnen her. Als dieser schon wenig später wieder hinausgeschickt wurde, fand er Fouquet noch immer in der Position von vorhin, nachdenklich und voller Bedauern, den Herzog wieder in Melancholie gestürzt zu haben, andererseits aber gespannt und neugierig auf die Fortsetzung der Geschichte, einer Komödie, die offenbar tragisch endete. So viel wusste er bereits.

»Was ist geschehen nach Gonellas Verbannung?«, wandte er sich an den Kammerherrn. Der erzählte in groben Zügen, was er wusste. Ein vollständiges Bild erhielt Fouquet aber erst in den folgenden Tagen, nachdem er verschiedene Personen, darunter auch Gonellas Frau, aufgesucht hatte.

Was war geschehen?

Gonella war schon drei Tage in Padua und wartete auf eine Nachricht aus Ferrara. Er war sich sicher, der Herzog würde, sobald ihm seine wahre Absicht klargemacht wurde, von einer Verurteilung Abstand nehmen. »Keine Frage, ich habe ihn ja kuriert und nicht ertränkt.« Gonellas Enttäuschung war groß, als er von seiner Verbannung erfuhr. Er ließ seine Frau nachkommen.

»Was willst du tun?«, fragte sie ihn.

»Ich weiß es nicht.« Er war verzweifelt. Zum ersten Mal in seinem Leben fügte sich das Geschehen um ihn nicht in eine Posse mit dem guten Ende auf seiner Seite, hatte es den Anschein.

»Jetzt können wir unser Leben in Ferrara aufgeben und wie Vagabunden hausen. Was soll aus unseren Kindern werden? Musstest du ihn auch ins Wasser stoßen?!«

»Es war eine Kur! Ein Schrecken, der ihn von seiner Melancholie geheilt hat.« Sie saßen beide in Gonellas kleinem ungeheizten Zimmer in einer Taverne in Padua. »Mein Gott, mir war schon klar, dass ich sogleich nach dem Wasserstoß fliehen musste, um nicht verhaftet und hingerichtet zu werden, aber dass er mich verbannen würde, wenn er doch von meiner wahren Absicht, ihm Gutes zu tun, unterrichtet war?!«

Gonellas Frau knurrte der Magen. Sie verließen das Zimmerchen und aßen in der Gaststube zu Abend. Zwei Dutzend Krebse für jeden, eine Schale Gemüse und zum Abschluss Früchte. Gonella biss in einen Pfirsich und patzte sich an. »Musst du in den ganzen Pfirsich beißen? Kannst du ihn nicht aufschneiden, wie jeder normale Mensch?«, so der erneute Vorwurf seiner Frau.

»Das ist eine Sache der Hoffnung, das verstehst du nicht«, meinte er nur.

Über der Frage, wie ihre Zukunft als Vagabunden aussehen würde, an welchem Galgen sie lieber hängen würden, dem von Padua oder dem von Ferrara, gingen sie schlafen. Eine Zeit lang lagen sie nebeneinander im Bett, ohne ein Wort zu sprechen. Gonella hoffte, seine Frau würde ihn berühren oder, noch besser, gleich mit dem Kopf voran unter seine Decke tauchen. Er hätte es sich verdient gehabt, auf diesen Schock hinauf. – Auch so eine Frage der Hoffnung, die du nicht verstehst. Das behielt er aber diesmal für sich, denn sie sagte nur leise und bedeutungsschwer: »Du hast unser schönes Leben kaputt gemacht.«

Das war nie seine Absicht gewesen. Sorge um den Herzog hatte Gonella zu dieser Rosskur greifen lassen, um ihn aus den Händen eines französischen Quacksalbers zu befreien, der einen Narrenstein im herzoglichen Kopf als die Ursache für seine Melancholie ausfindig gemacht haben wollte und auf einer Operation als einziger Abhilfe bestand. Die Vorbereitungen dazu liefen schon, als Gonella den Herzog ins Wasser stieß.

Jetzt konnte er nicht einschlafen, selbst die kleinste Hoffnung war enttäuscht worden. Gonella lauschte dem Atem seiner Frau und wälzte sich im Bett. Es dämmerte bereits, und seine Gedanken kreisten immer noch um den Herzog und wie er ihn wieder für sich gewinnen könnte. Seine Frau schlug ihre Augen auf, sie verrichteten ihr Morgengebet, nahmen ihren Frühstückstrunk zu sich, alles ohne ein Wort miteinander zu sprechen. Beide wussten, dass ihr Leben von nun an kein leichtes sein würde.

Gonella schickte seine Frau nach Ferrara zurück. Er hatte einen Plan gefasst. Wenn der Herzog zu besänftigen war, dann nur durch eine neuerliche Posse.

Der Bürgermeister von Padua staunte über das Anliegen des Gonella. »Ihr wollt ein Zertifikat, dass diese Erde hier die Erde Paduas ist?«

»Genau so!«

Gonella war aus Ferrara verbannt, es war ihm bei Todesstrafe verboten, die Erde von Ferrara zu betreten. Von Paduas Erde war nicht die Rede. Also kaufte Gonella einen Korbwagen, den er mit Erde aus Padua vollschaufeln ließ, fuhr damit zum Rathaus von Padua und ersuchte um Audienz beim Bürgermeister. Der händigte ihm ohne Weiteres das gewünschte Zertifikat aus. Und so fuhr er auf Paduas Erde stehend vor den Palast des Herzogs von Ferrara. Durch seinen Knecht ließ er dem Herzog das Zertifikat aus Padua zukommen und um freies Geleit bitten, damit er ihm seine guten Absichten nachträglich erklären könne.

Der Herzog lachte aus vollem Herzen und bewunderte seinen verbannten Narren für diesen Einfall. Gefolgt von seinen Höflingen und seinen beiden weißen Windhunden lief er aus dem Palast, um Gonella voll Freude zu begrüßen. Auf dem Weg durch den Thronsaal kam ihm ein lustiger Einfall. Er wollte Furcht mit Furcht vergelten.

Auf dem Platz vor dem Palast angekommen, machte der Herzog das ernsteste Gesicht, zu dem er in diesem Moment fähig war. Die dunkelste Miene, die seine Wiedersehensfreude zuließ. Gonella stand stolz auf dem Korbwagen auf Paduas Erde, sah den Herzog triumphierend an und wartete. Mittlerweile hatte sich eine Gruppe von Schaulustigen gebildet. Einige riefen Gonella aufmunternde Worte zu. Andere tuschelten darüber, wie der Herzog wohl reagieren werde. Ein älterer Handwerker rief: »Seht euch den Narren an! Riskiert, gehängt zu werden für eine Posse! Das heiß ich seinem Stand alle Ehre machen! Bravo, Gonella!« Die meisten spendeten ihm Applaus, verstummten aber, sobald der Herzog erschien, und machten die vorgeschriebene Verbeugung.

»Mein Fürst,« sagte Gonella, »Euer neuer Hofarzt ist gekommen. Ein Sturz ins kalte Wasser soll Euch ja von Eurem schrecklichen Zustand geheilt haben, wie man hört.«

»Verhaftet ihn!«, rief der Herzog seiner Wache zu, die den Befehl unverzüglich ausführte und Gonella in den Kerker warf. Noch am selben Abend wurde das Urteil verkündet: Tod durch Enthauptung wegen Hochverrats. Nach damaliger Jurisdiktion ein mildes Urteil. Hochverräter wurden üblicherweise bei lebendigem Leib gerädert und geviertelt, an jeder Extremität ein Pferdegespann.

Gonellas Verzweiflung steigerte sich ins Unerträgliche. Angst. Panik. Eine erste schlaflose Nacht. Am frühen Morgen bat er um Papier und Feder. Er wollte ein Gnadengesuch verfassen. Den ganzen Tag über feilte er an demütigen Formulierungen und unterwürfigsten Entschuldigungen. Am Abend wurde seine Frau zu ihm in den Kerker vorgelassen. Sie weinten. Er verabschiedete sich von ihr und bat sie, sein Gnadengesuch dem Herzog zu übergeben. Die zweite schlaflose Nacht.

Das wird der größte Spaß, dachte der Herzog, als er Gonellas Henker empfing. »Ich habe eine besondere Aufgabe für dich. Gonella, der Narr, soll hingerichtet werden. Ich lasse ihn köpfen, wie du vielleicht schon weißt.«

»Mein Fürst«, setzte der Henker vorsichtig an »sicher steht es mir am wenigsten zu, aber darf ich Euer Gnaden untertänigst bitten, in diesem Fall Gnade vor Recht ergehen zu lassen. Narren und Kinder dürfen die Wahrheit sagen, wie es so schön heißt.«

»Ei, ei! Ein Henker, der gegen sein Geschäft argumentiert. Bemerkenswert, aber nicht notwendig. Diese Hinrichtung ist doch nur eine Posse Unsererseits. Gonellas Nacken wird nicht mit deinem Beil in Berührung kommen, sondern mit einem Kübel kalten Wassers.« Am liebsten wäre der Herzog durch den Saal getanzt, so sehr gefiel ihm sein eigener Scherz. »Der Delinquent soll bis zuletzt glauben, hingerichtet zu werden. Mit verbundenen Augen soll er seinen Kopf hinhalten – und dann wie ein begossener Hund wieder auferstehen. Wir werden sehr lachen!«, sagte der Herzog.

»Das werden wir«, meinte der Henker, dem diese Idee ausnehmend gut gefiel. »Ein Spaß, der eines Gonella würdig ist.«

Stillschweigen wurde vereinbart. Niemand außer dem Herzog und dem Henker sollten von dem Plan wissen. Gonellas Frau wollte der Herzog in diesen Jux auf keinen Fall einweihen. Sie würde den Spaß kaputtmachen und aus Mitleid mit ihrem Mann die Sache verraten. Also lehnte er Gonellas Gnadengesuch mit harten Worten ab.

In der Nacht vor der Hinrichtung schickte der Herzog, um die Sache ganz realistisch aussehen zu lassen, einen Beichtvater zu Gonella in die Zelle, der ihm von der Ablehnung des Gnadengesuchs berichtete und ihm die Beichte abnahm. Pietro Gonella, der beliebteste Hofnarr Italiens, sah seinem Tod entgegen. Die dritte schlaflose Nacht.

Auch der Herzog konnte kaum schlafen, vor Freude und Aufregung. Um sechs Uhr früh führte man Gonella auf den Hinrichtungsplatz. Hunderte Bürger waren versammelt. Sie applaudierten ihm. Alle hat-

ten großes Mitleid mit dem Narren und hielten die Strafe für übertrieben. Es gab nicht einen, der ihm den Tod wünschte. Am wenigsten der Herzog selbst, dessen Herz wie wild klopfte und der sich das
Lachen verkneifen musste.

Gonella sah seine weinende Frau und seine Kinder. Sein kleiner
Sohn hob die Hand, um dem Vater zu winken, dann wurden ihm die
Augen verbunden. Er warf sich weinend auf die Knie und begann zu
beten. Er bat Gott um Verzeihung für seine Sünden und beteuerte
noch einmal, keine bösen Absichten gehegt, sondern einzig des Her-
zogs Gesundheit im Sinn gehabt zu haben. Die Menge war außer
Rand und Band. Man schrie und forderte Gnade für Gonella. Die
Lage drohte außer Kontrolle zu geraten. Da gab der Herzog dem
Henker schnell das Zeichen.

Der legte Gonellas Kopf auf den Richtblock, machte schön den
Nacken frei, griff sein Beil, schwang es hoch über seinen Kopf – die
Menge brodelte und die Ersten hatten das Podium gestürmt –, da
ließ er das Beil nach hinten sinken, nahm stattdessen einen großen
Eimer mit kaltem Wasser und goss einen mächtigen Schwall über
Gonella.

Die Menge johlte und jubelte.

Der Herzog lachte laut auf, bevor er die Menge mit einer Handbewe-
gung zum Schweigen brachte. »Rache ist süß!«, rief er. »Steh auf, du
Narr, der du wie ich mit dem Schrecken davongekommen bist!«

Gonella rührte sich nicht.

»Hoch lebe meine Narr Gonella!«, rief der Herzog aus, und alle jubel-
ten vor Freude.

Gonellas Kinder lachten und drängten hinter ihrer Mutter auf das
Gerüst. Sie wollten ihren Vater endlich aufstehen sehen. Der Narr
jedoch blieb reglos liegen. Pietro Gonella hatte vor Schreck einen
Herzstillstand erlitten. Er war tot.

Der Herzog wollte Fouquet kein weiteres Mal empfangen. Er litt
wieder am viertägigen schwarzgalligen Fieber mit Starrsucht, nun
aber schon seit vier Wochen. Der Maler wartete noch weitere zwei

Wochen, dann übergab er das Porträt, das er nach den Beschreibungen von Gonellas Frau und den Kindern gemalt hatte, ohne auf seine Bezahlung zu bestehen, dem Hofmeister des Herzogs.

Der letzte Satz im Bericht von 1789 lautet: »*Ganz Ferrara bedauerte Gonella, und der Herzog am meisten, der ihm ein prächtiges Leichenbegängniß halten ließ, und lange Zeit nicht zu trösten war, daß er einen Menschen getödtet, der ihm das Leben erhalten.*«

V

Nächtliche Begegnung
auf der Schaufel des Todes

✂ Ohne Tod kein Happy End!

✐ Warum kommt mir das bekannt vor?

✂ Globe Wien? *Romeo und Julia?* Sagt dir das gar nichts?

✐ Ach ja, ich hab davon gehört. Potztausend! Da haben wir wohl eine kleine Vorliebe von mir entdeckt.

✂ Aber wo ist hier das Happy End geblieben? Tod ja, dazu ein todtrauriger Herzog, aber kein Lichtblick, keine Hochzeit, nicht einmal eine Scheidung. Am Schluss steht ein Bild, das den Herzog nur umso mehr an seine Schuld und den unersetzlichen Verlust erinnert.

Wie immer, wenn die erste Reaktion auf eine Geschichte, einen Sketch oder eine Pointe völlig unerwartet ausfällt, fühlte ich mich angegriffen und reagierte etwas gereizt.

✐ Aus jedem Bild schaut uns in gewisser Weise der Tod entgegen, weil es ein erstarrter Augenblick ist. So gesehen ist jedes Porträt ein Totenbild, ganz gewiss, sobald der Porträtierte nicht mehr am Leben ist.

✂ Ein bisserl viel Tod in deinen Geschichten bisher. Grauenvoll. Was ist los mit dir?

✐ Es geht hier nicht um mich – oder dich. Hier geht es um eine großartige Geschichte, den Einfallsreichtum und den Aufwand, den Menschen getrieben haben, um lachen zu können. Lachen – diese seltsamen Geräusche, die aus dem großen Loch mitten in deinem Gesicht kommen, verstehst du?

Trotz meines beleidigenden, weil beleidigten, Tonfalls – wenn man beleidigt wird, beleidigt man am besten gleich zurück; ich sehe nicht ein, warum ich mich anders verhalten soll als jedes durchschnittliche Staatsoberhaupt –, begann Andreas zu lachen.

✐ ... wirklich äußerst seltsame Laute, die du da ... Ist ja furchtbar ...

Damit begann auch ich Geräusche auszustoßen, sodass wir beide unwillkürlich den Zeigefinger auf unsere Lippen legten:

✐/✂ »Pschscht!«

Was zunächst zu einem leichten Beben unserer Körper, dann zu einem erhöhten Druckaufbau und schließlich zu einem umso heftigeren Ausbruch führte. Als wir uns wieder gefangen hatten, setzte mein Nachbar leicht süffisant fort.

✂ Was sagt uns deine Reaktion?
✐ Dass es doch ein sehr wichtiges Thema für mich ist: Humor, Lachen und Tod. Du hast ja recht. Mir ist da eben eingefallen, wie ich auf den Tod meines Vaters reagiert habe. Wir erhielten von den Eltern meines Schwagers eine Einladung zu einem tröstenden Beisammensein. Sie luden uns in ihr Gartenhaus in Niederösterreich ein. Es war unser erster Ausflug ohne Vater. Schweigend gingen wir die Straße entlang, meine Mutter, meine Schwester und ich. Der Verlust war spürbar, deutlicher als im Moment, da ich von seinem Tod erfahren hatte. Wir gingen auf das Haus zu, und mir fiel auf, dass es an einen Friedhof grenzte. Der Garten des Hauses, in das wir geladen waren, hatte doch tatsächlich einen Friedhof zum Nachbarn. Worauf ich zu meiner Mutter und meiner Schwester sagte: »Schaut, ein Friedhof, gleich neben dem Garten. Wenn wir das gewusst hätten, hätten wir den Papa auch mitnehmen können.«

Mein Gehirn arbeitet eben so. Wie könnte man solche Schicksalsschläge sonst ertragen? Pointen sind kleine Rettungsinseln im Meer der Gefühle, die einen in solchen Situationen überschwemmen. Irgendwie hantelt man sich da durch, von Inselchen zu Inselchen, bis man wieder festen Boden unter die Füße kriegt.

✂ Oder man ertrinkt in der schwarzen Galle wie Herzog Borso von Ferrara.

✎ Ja. Obwohl, der wollte ja auch witzig sein. Ein einziges Mal.

✂ Aber es ging daneben.

✎ Ja, Gonella musste sein Leben lassen, weil der Herzog mit seinem Scherz zu weit gegangen ist. Dabei wollte er ihm doch nur seine Frechheiten heimzahlen. Als Herrscher kennt er aber keine Grenzen, sein *practical joke* unterscheidet sich kaum mehr von purer Machtausübung. Wer kann eine Hinrichtung inszenieren? Nur ein Herrscher. Ob Scheinhinrichtung oder echte Hinrichtung. Der Witz des Herrschers wird sehr schnell zur bitteren Realität. Er entscheidet ja auch, worüber gelacht wird. Um selber lachen zu können, muss er seinem Hofnarren eine gewisse Narrenfreiheit zugestehen, die er aber dank seiner Macht jederzeit zurücknehmen kann. Gonella musste annehmen, dass ihm genau das passiert ist. Der Herzog hat mit dem Kernstück seiner Beziehung zu seinem Narren gespielt – und verloren. Er hat den Spiel-Raum für Komik an seinem Hof zerstört und konnte fortan keine Unterhaltung mehr finden.

✂ Da tut er mir aber nicht sehr leid. Meine Sympathie gehört eindeutig Gonella.

✎ Ist klar. Witze werden über den Herrscher gemacht, der Herrscher macht keine Witze. Und wenn doch, kann der Untertan nur gezwungen lachen, denn er weiß nie, wann der Spaß aufhört. Das liegt nämlich in der Willkür seines Gebieters. Und vor allem: Er muss lachen. Das kennt man ja, wenn man von einem Vorgesetzten auf der Weihnachtsfeier einen Witz erzählt bekommt. Auch da hört sich der Spaß meistens auf, und wenn sich der Spaß aufhört, dann muss man lachen, sonst schadet man der eigenen Karriere.

✄ Zum Thema *practical joke* fällt mir natürlich Helmut Qualtinger ein; weil wir ja auch über die Parallelen Hofnarr und Kabarettist geredet haben. Der hatte eine diebische Freude, seine Freunde und Kollegen hereinzulegen, beispielsweise durch fingierte Telefonanrufe mit verstellter Stimme, auf Eitelkeit, Neid und Geltungsdrang seiner Opfer setzend. Legendär ist sein Streich, den er der Öffentlichkeit, vertreten durch die Presse, gespielt hat.

✐ Ja, großartig: Kobuk, der Eskimodichter auf Wienbesuch.

✄ Autor so berühmter Werke wie *Brennende Arktis*, *Einsames Iglu* oder *Die Republik der Pinguine*.

✐ Keiner kennt sie, aber keiner in der Kulturredaktion will sich eine Blöße geben. Das Internet zur schnellen Recherche steht noch nicht zur Verfügung, so spart man sich die Mühe, und alle wichtigen Zeitungen Österreichs übernehmen die gefälschte Agenturmeldung eins zu eins.

✄ An einem heißen Sommertag im Juli 1951 warten Reporter und Fotografen am Westbahnhof auf die Ankunft des berühmten Dichters aus dem Hohen Norden. Dem Zug entsteigt Helmut Qualtinger in Pelzmantel, Pelzmütze und Sonnenbrille. Auf die ebenso höfliche wie dumme Frage, wie ihm Wien gefalle, antwortet er ...

✐/✄ »Haas is!«

✄ Auch nicht ganz ohne Aufwand dieser Joke.

✐ Ich glaube, dazu braucht man so etwas wie ein Rachemotiv. Wahrscheinlich fühlte er sich zu wenig wahrgenommen von der Presse. Im Grunde aber völlig harmlos im Vergleich zu dem, was sich die Renaissance-Fürsten und ihre Narren geleistet haben. Viele dieser *practical jokes* kann man aus heutiger Sicht nur als brutal und widerlich bezeichnen. Unter anderem hatte man offenbar Spaß daran, des Lieblingstier des jeweils anderen, zum Beispiel ein Pferd, zu verstümmeln oder sich gegenseitig Speisen mit abscheulichem Inhalt vorzusetzen und das erst nach Verzehr dem Opfer zu enthüllen. Natürlich war das meist der Narr. Er genoss zwar grundsätzlich die berühmte Narrenfreiheit und war als Mitglied des Hofstaates materiell überdurchschnittlich gut versorgt – wenn es aber darauf ankam, musste er die derben Späße seines Herrn, die oft nicht haltmachten vor körperlichen Insultationen, über sich ergehen lassen.

Es war eine Machtbeziehung, und auf Augenhöhe mit einem Herzog kann eben nur ein anderer Herzog verkehren.

✂ Wahrscheinlich lagen die Herzogtümer gerade deswegen meist im Krieg miteinander.

✎ Einen Scherz aus der zweiten Hälfte des 16. Jahrhunderts, der sich in Frankreich zugetragen hat, muss ich noch kurz erzählen, weil er mit Ängsten spielt, die gerade heute wieder hochaktuell sind.

Der französische Renaissanceautor Brantôme berichtet von dem ständigen Schlagabtausch, den sich Marschall Piero Strozzi zu seiner Erheiterung mit dem berühmten Hofnarren Brusquet geliefert hat. Als nun dieser sich für einige Zeit in Rom aufhalten musste, streute Strozzi das falsche Gerücht, er sei dort ums Leben gekommen, und arrangierte für die Witwe gleich eine neuerliche Hochzeit. Brusquet bekam davon Wind und sann auf Vergeltung. Er setzte einen Brief an Kardinal Carlo Carafa auf, worin er vertraulich mitteilte, Marschall Strozzi sei zum Islam übergewechselt und plane einen militärischen Angriff auf Rom. Der Kardinal überbrachte den Brief dem Papst. Die beiden Kirchenmänner waren angeblich schon dabei, Verteidigungsmaßnahmen zu ergreifen, als sie sich eingestehen mussten, zum Werkzeug eines üblen Scherzes geworden zu sein.

✂ Nicht zu fassen! Das erinnert mich stark an die Leute, die jüngst tatsächlich geglaubt haben, man gehe jetzt daran, Gipfelkreuze durch Halbmonde zu ersetzen. Um das Abendland zu retten, veranstalteten sie einen Abwehrzauber mit einem Kreuz, das sie den vermeintlichen Gipfelstürmern aus dem Osten entgegenreckten, wie weiland einem Vampir.

🖉 Die Retter des Abendlandes, die von ihrer Ideologie her selbstverständlich antiklerikal eingestellt sind. Ein gläubiger Christ würde mit seinem zentralen Symbol nie in dieser entwürdigenden Weise umgehen. Zumindest nicht heutigentags, zu Zeiten der Kreuzzüge vielleicht schon. – Darf ich mir eine Zigarette von dir ausborgen?

Statt einer Antwort gab mir Andreas bereits Feuer. In der Erregung hatte ich zuerst zugegriffen und dann gefragt.

✂ Eigentlich ist die Nacht viel zu schön, um sich über Leute aufzuregen, die schon beim Frühstück über ihr Ego-Problem springen müssen, weil Kaffee und Kipferl Überbleibsel der Türkenbelagerung sind. – Nicht von daham, sondern vom Islam!

🖉 Ah ja, richtig! In jeder Bäckerei liegen diese Halbmonde herum. Mürb hab ich sie am liebsten.

✂ Stell dir vor, demnächst wird ein Bergsteiger mit einem Kipferl im Rucksack angetroffen, so in einer Höhe von dreitausend Metern ...

🖉 Zum Beispiel der Heinz Fischer mit seiner Margit ... oder der neue Präsident, der besteigt ja auch gerne einen Gipfel, zwischen zwei Zigaretten.

✂ ... Hubschraubereinsatz! Hubschraubereinsatz ...

🖉 ... mit anschließender Wahlwiederholung.

Eigentlich wollten wir beide weg von dem leidigen Gegenwartsthema, fanden aber keinen Ausweg und blödelten zunehmend lustlos dahin, bis ich erschöpft, aber mit Nachdruck auf meinen Buchtitel anspielte: »Ein Trottel kommt eben selten allein«. Als Andreas bekräftigte mit: »Sehr richtig! Sehr, sehr richtig!«, ergriff ich die Gelegenheit, das Fahrwasser zu wechseln.

🖉 Du wirst mich jetzt für einen Klugscheißer halten, aber ... »sehr richtig« ist ein Blödsinn. Es kann etwas nicht *sehr* richtig sein. Es ist entweder richtig oder falsch.

✂ Sagt man aber so.

✍ Ja, ja, ich weiß – ist aber trotzdem ein bisserl falsch.

✂ Aha. »Ein bisserl« falsch ist richtig, aber »sehr« richtig ist falsch?

✍ Na ja! Das war jetzt ein weiteres Beispiel. Wenn man *ein bisserl falsch* sagt, ist das natürlich auch falsch, weil ja was entweder falsch oder richtig ist.

✂ Aber was, wenn etwas eben nur ein bisserl falsch ist?

✍ Was zum Beispiel?

✂ $17 + 12 = 29{,}002$. Das ist zum Beispiel nur ein bisserl falsch, weil 29 ja richtig ist und es nur um $0{,}002$ falsch ist. Wohingegen $17 + 12 = 36\,987$ sehr falsch ist, weil es um $36\,958$ daneben ist.

✍ Na gut, aber das ist ja ein Argument für mich. Also gut, es kann etwas ein bisserl oder sehr falsch sein … Oder sagen wir lieber: erheblich und unerheblich. Wenn ich statt 29 Birnen $29{,}002$ Birnen kaufe, ist es zwar falsch, aber der Unterschied ist unerheblich: $0{,}002$ Birnen. Wenn ich aber $36{,}987$ Birnen kaufe … dann ist das erheblich falsch. Wenn ich aber 29 Birnen kaufe, dann ist das einfach richtig. 29. Punkt! Es kann nicht richtiger werden!!! Was ist richtiger? $29{,}00000$? Was ist sehr richtig!?! $29{,}000000000000000000000000000000$? Ist das richtiger als 29?? Nein. Es ist genau 29 und damit richtig! Es kann etwas also zwar ein bisserl oder sehr falsch sein, es kann nichts sehr oder weniger als sehr richtig sein.

✂ Ja, ja. Ich finde, du machst dir da ein bisserl sehr viel Gedanken … über …

✍ »Ein bisserl«!? … »Sehr viel«!?

✂ Ja. Das sagt man doch so!

✍ Ja, ja. Aber es …

✂ Ich weiß! Du musst jetzt nicht …

✍ Ich finde das ja eh großartig, dass man im Wienerischen sagt, etwas wäre *ein bisserl sehr viel*. Hervorragender Ausdruck! Ich meine, wie viel ist *ein bisserl sehr viel*? Sagen wir, jemand isst zwei Schnitzel. Wie viel ist das?

✂ Viel.

✐ Drei Schnitzel?

✂ Sehr viel ...

✐ Und zwölf Schnitzel?

✂ Na, das ist ein bisserl sehr viel.

✐ Wir sehen also, *ein bisserl sehr viel* bezeichnet eine Menge, die um vieles zu viel ist. Wenn was viel ist, dann sagt der Wiener: *viel*. Wenn aber etwas erheblich zu viel ist, sagt er: *Des is aber a bisserl sehr viel*.

✂ Dem Wiener ist aber nicht schnell was zu viel. Weil er alles ein bisserl kleiner macht, als es vielleicht ist. Er trinkt *a Krügerl, a Seiterl, a Glaserl, a Stamperl, a Tröpferl* ...

✐ »Da warmt si' sein Herzerl, da draht si sein Köpferl ...«

✂ Und so von zwei Promille aufwärts beginnt dann die Seligkeit. Er hat bestenfalls *ein Spitzerl, ein Schwipserl, a Räuscherl, an Schwül* ...

✐ Kein Wunder! Die vielen Maßeinheiten können einen wirklich verwirren, wenn man so im Schatten der Kastanien ins Grübeln kommt:

> *A Fiadl san zwa Ochdln,*
> *Und a Ochdl is fosd nix.*
> *Drei Fiadln san a Flosch'n,*
> *De mochd besdnfois an Schwibs.*

Obwohl großartig, nicht von mir. Severin Groebner. Eigentlich mag ich ja die ganzen Wienerlieder überhaupt nicht, diese selbstmitleidige Weinseligkeit, aber interessant ist schon, dass viele mit dem Sterbegedanken spielen: »Es wird ein Wein sein, und wir wer'n nimmer sein.«

✂ Womit wir endlich wieder beim Tod wären. Der Wiener würde sagen, dass wir am Ende sterben müssen, ist im Grunde unabwendbar, aber eigentlich *ein bisserl sehr viel*, eine Zumutung.

✐ Ja, aber lassen wir die Wiener. – Die im Übrigen nie außer Acht lassen sollten, dass sie in Restösterreich denkbar unbeliebt sind. Ihre Mentalität ist schon ab der Auffahrt zur Westautobahn verhasst.

Was reden sie auch immer von *Restösterreich*!

Das ist uns *ein bisserl zu viel*, denken sich die Leute in den Bundesländern – Provinz darf man ja auch nicht mehr sagen!

Seltsam, ich bin Wiener, fühle mich aber überhaupt nicht so.

Ich schon, bin aber zur Hälfte Perser, sonst wär's nicht auszuhalten. Gestatten: Swoboda-Niavarani!

Der Tod und die Scherze darüber! Swoboda, Niavarani. Oder ist das zu einfach?

Badehüttenpsychologie! – Obwohl? Annäherungsweise könnte was dran sein. Ich mein, die Wiener und der Tod! Zum Aufzählen darfst du da nicht anfangen, und das Lächerliche daran ergibt sich von selbst: Ferdinand Raimund hat sich prophylaktisch erschossen, aus Furcht vor möglicher Tollwut, nachdem ihn ein Hund gebissen hat.

Nestroy litt im Alter auf schwer pathologische Weise unter der Furcht, lebendig begraben zu werden. Und Johann Strauß hat zeitlebens unter entsetzlicher Todesfurcht gelitten. Der Walzer war offenbar sein persönlicher Abwehrzauber, komponiert sozusagen am offenen Grab. Stell dir vor, was auf vier passiert, wenn der Dreivierteltakt plötzlich aussetzt: Eins, zwei, drei ... Eins, zwei, drei – vier; man hört die Knochen förmlich in die Grube rasseln. Das muss aber in Wien noch lange nicht den Tod bedeuten, vorausgesetzt, man ist sturzbetrunken und fällt in eine Pestgrube. *O du lieber Augustin* wird übrigens auch im Dreivierteltakt gesungen. Karl Farkas sprach von einem »Pestseller«.

Das ist ja ein Triumph des Lebens, wie der am nächsten Morgen aus der Grube krabbelt. Deine Gonella-Geschichte endet dagegen mit dem Tod, und der melancholische Herzog ist ein lebender Toter. Das ist nicht mehr komisch, das kann man nicht mehr mit Humor nehmen.

Aber was bleibt uns anderes übrig? Das ist einfach unsere Situation, unsere *conditio humana*, die Bedingung, unter der wir leben. Heraklit – das ist der mit *panta rhei*, »alles fließt« – sagt es uns vor zweitausendfünfhundert Jahren bereits: Wer geboren wird, nimmt es »auf sich, zu leben und den Tod zu haben«. Banal, aber keiner nimmt es ernst. Das ist nämlich einmal nicht komisch. Dauernd sterben Menschen um uns herum. Und wer ist schuld daran? Das Leben, völlig klar. Würde ich nicht leben, würde ich nicht sterben.

✂ Die einzige Möglichkeit, nicht zu sterben, ist, nicht geboren zu werden. Aber davor warnt einen ja keiner!

✎ Es ist eine Katastrophe. Was durch die dauernden Geburten für ein Leid und Unheil in die Welt gebracht wird. Wir sterben nur, weil wir geboren sind, ganz klar. Man sollte es zur Pflicht machen, dass man sich eine Warnung auf die Geschlechtsteile tätowieren lassen muss: *Achtung! Der unvorsichtige Gebrauch dieses Geschlechtswerkzeuges kann zum Tod eines Menschen führen!* Seit dem Aussterben des Schamhaars ist auch bei den Frauen ausreichend Platz für GROSSBUCHSTABEN.

✂ Und die Hebamme müsste jedes Neugeborene schon im Kreißsaal begrüßen mit: »Gratuliere, ein großer Schritt näher zum Tod!«

✎ Und im Hintergrund kreischt Bob Dylan: »No direction home, like a rolling stone!«

✂ Ein schönes Lied! »Für ein bisschen mehr Realitätsbewusstsein im Kreißsaal!«, muss die Forderung lauten.

✎ Schon im Geburtsvorbereitungskurs! Warum bitte müssen Männer das Pferdeatmen lernen?

✂ Diese Maßnahmen könnten dazu beitragen, der postnatalen Depression den Wind aus den Segeln zu nehmen.

✎ Apropos *rolling stone*: Das ist ja auch wieder so eine Geschichte, wo der Tod eine ganz entscheidende Rolle spielt.

✂ Du meinst Sisyphos? Den wir uns als glücklichen Menschen vorstellen müssen, laut Camus.

✎ Glücklich weiß ich nicht, aber zufrieden auf jeden Fall. Wäre es anders, hätte er sich schon längst von einer Klippe gestürzt.

✂ Hätte ihm nichts genützt, er ist nämlich auf ewig dazu verurteilt, seinen Stein zu rollen.

✒ Und warum auf ewig? Weil er mehrmals – teilweise sogar erfolgreich – versucht hat, den Tod zu überlisten. Im antiken Volksglauben hatte er etwas von einem Narrenimage, ein Vorbild an Schlauheit und Schlitzohrigkeit. Ein Schalk, aber auch Urbild des menschen- und götterverachtenden Frevlers. Einmal gelingt es ihm, Thanatos, den Gott des Todes, zu fesseln, sodass niemand mehr sterben kann, so lange, bis Ares, der Gott des schrecklichen Krieges, den Tod wieder befreit hat. Als Sisyphos selbst sterben soll, verbietet er seiner Gattin, ihn zu bestatten. Daraufhin erbittet er sich scheinheilig Urlaub von Hades, dem Herrscher über die Unterwelt, um seine Frau zur Rechenschaft ziehen zu können. Natürlich kehrt er von seinem Urlaub nicht mehr zurück in die Unterwelt. Schließlich zwingt ihn Hermes zurück in die Fänge des Hades, wo er bis ans Ende aller Zeiten einen Felsblock unter größter Kraftanstrengung auf eine Anhöhe wälzen muss. Sooft der Stein den höchsten Punkt beinahe erreicht hat, rollt er wieder in die Tiefe, und der übermütige Frevler beginnt seine fruchtlose Arbeit von Neuem.

✄ Wie kann der bitte glücklich sein? Weil er nicht von Arbeitslosigkeit bedroht ist, keinen Pensionsschock fürchten muss? Weil er die Frage nach dem Sinn des Lebens ein für alle Mal geklärt hat: Sinnlosigkeit?

✒ Ja, vielleicht all das. Aber glücklich kann ich ihn mir nur in den Augenblicken vorstellen, wenn der Stein gerade ins Tal donnert. Welch ein Spektakel! Welche Schneise nimmt er diesmal? Was räumt er alles aus dem Weg? Sisyphos muss das Komische in der Situation sehen, dem Stein lachend hinterherspringen, Purzelbaum schlagend. Ihr Rachegötter, solange der Stein von selber rollt, habe ich auch meinen Spaß! Ihr finsteren Gestalten der Unterwelt, die noch keiner je hat lachen sehn! Ich wollte dem Tod ein Schnippchen schlagen – ist nicht ganz gelungen, aber das bisschen Spaß lass ich mir nicht nehmen.

✄ Er hat es falsch angestellt. Man kann dem Tod ein Schnippchen schlagen.

✎ Wie denn?

✂ Man muss den Tod herausfordern!

✎ Mit einem Schachspiel, oder was?

✂ Nein. Warte, ich hol nur schnell ein Buch. Ich bin gleich wieder da ...

Mein Nachbar eilte davon in seine Badehütte. Eigentlich ganz sympathisch, dachte ich. Nicht dumm, und es lässt sich gut mit ihm blödeln.

Wir hatten erst vor drei Wochen unsere Hütte bezogen, und ich wusste kaum etwas über ihn. Seine Lebensgefährtin war unsere einzige Bekannte in der ganzen Kolonie. Sie war eine langjährige Freundin meiner Lebensgefährtin. Ich hatte das Pärchen einige Male bei gesellschaftlichen Anlässen gesehen, fand beide nicht unsympathisch, habe mich aber weiter nicht für sie interessiert, weil man ja beste Freunde einer neuen Lebensgefährtin – wir waren erst zwei Jahre zusammen – hinnimmt wie Möbel oder Tapeten einer neuen Mietwohnung. Natürlich mit befristetem Mietvertrag, inklusive einer Option auf weitere Jahre. Eigentlich kein schlechtes Modell für eine neue Form von Ehe. Man heiratet auf gewisse Zeit, geht ein befristetes Eheverhältnis ein, mit Option auf Verlängerung. Es muss aber aktiv verlängert werden, mit erneutem Heiratsantrag, Verlobungsphase und Hochzeit. So wäre man nämlich gezwungen, nach sagen wir fünf Jahren aufs Neue darüber nachzudenken, ob man den Bund der Ehe verlängern möchte, ob das Verhältnis zueinander, die Liebe füreinander und das Leben miteinander schön, angenehm, nicht konfliktfrei, aber konfliktfähig genug ist, um es in dieser Form weiter zu verbringen.

Die Idee stammt nicht von mir, sondern von Herrn Geheimrat Johann Wolfgang von Goethe. Er legt sie in seinem Roman *Wahlverwandtschaften* einem Freund des Ehepaares Eduard und Charlotte an einem gemeinsam verbrachten Abend in den Mund. Einmal ausgesprochen, setzt die Idee – so Goethes Worte – neue chemische Verbindungen in Gang. Charlotte beginnt eine Affäre mit dem feschen

Hauptmann, der dieses neue Ehemodell offenbar verlockend genug vorgetragen hat, und Eduard mit der jungen Ottilie. Wie es weitergeht, weiß ich noch nicht, bin gerade am Lesen. Aber bis daher ist es reiner Woody Allen.

Ein Igelfurz kündigte die Rückkehr meines Nachbarn an. Er kam mit einem alten Buch unterm Arm, in den Händen zwei Bierflaschen.

✂ Gotthold Ephraim Lessing. *Sämtliche Werke in zwanzig* Bänden. Cotta'sche Bibliothek der Klassiker. Gedruckt 1899, gekauft 2004 am Flohmarkt in Wien um zwölf Euro.

✐ Sehr gut! Ich liebe alte Bücher.

✂ ... ich auch. Also. Hier haben wir das Gedicht, in dem Lessing dem Tod ein Schnippchen schlägt:

Gestern, Brüder, könnt ihr's glauben?
Gestern bei dem Saft der Trauben,
(Bildet euch mein Schrecken ein!)
Kam der Tod zu mir herein.

Drohend schwang er seine Hippe,
Drohend sprach das Furchtgerippe:
Fort, du teurer Bacchusknecht!
Fort, du hast genug gezecht!

Lieber Tod, sprach ich mit Tränen,
Solltest du nach mir dich sehnen?
Sieh, da stehet Wein für dich!
Lieber Tod, verschone mich!

Lächelnd greift er nach dem Glase;
Lächelnd macht er's auf der Base,
Auf der Pest Gesundheit leer;
Lächelnd setzt er's wieder her.

Fröhlich glaub ich mich befreit,
Als er schnell sein Droh'n erneuet.
Narre, für dein Gläschen Wein
Denkst du, spricht er, los zu sein?

Tod, bat ich, ich möcht auf Erden
Gern ein Mediziner werden.
Laß mich, ich verspreche dir
Meine Kranken halb dafür.

Gut, wenn das ist, magst du leben!
Ruft er. Nur sei mir ergeben.
Lebe, bis du satt geküßt
Und des Trinkens müde bist.

O! wie schön klingt dies den Ohren!
Tod, du hast mich neu geboren!
Dieses Glas voll Rebensaft,
Tod, auf gute Bruderschaft!

Ewig muss ich also leben.
Ewig! denn, beim Gott der Reben!
Ewig soll mich Lieb' und Wein,
Ewig Wein und Lieb' erfreun!

✐ Wein, Liebe und Tod. Eine Pointe auf Kosten der Ärzte. War Lessing ein Wiener? Hat er das Gedicht beim Heurigen geschrieben? Das Wienerlied ein Import aus Berlin?

✂ Der Tod ist der große Gleichmacher. Da spielt Geografie keine Rolle. Lessing hat dem Tod ein Schnippchen geschlagen, und wir können das auch, indem wir Gonellas Ende umschreiben.

✐ Ihm einen Wiener Schluss verpassen? Du wirst lachen, aber diesen Begriff gibt es tatsächlich. 1776 erklärte Kaiser Joseph II. das »Theater nächst der Burg«, das damalige Burgtheater, per Dekret zum Teutschen Nationaltheater, das »zur Verbreitung des guten Geschmacks und Veredlung der Sitten« beizutragen habe. Deswegen sollten die dort gespielten Stücke keine traurigen Ereignisse beinhalten und glücklich enden. Das war der kaiserliche Wunsch, der einem Befehl gleichkam. *Hamlet* wurde daraufhin mit Happy End gegeben, ebenso *Romeo und Julia.*

✄ Die Tragödie findet auf kaiserlichen Wunsch nicht mehr statt. »Zu Befehl, Euer Gnaden, wir sind schon am Umschreiben. Neuer Titel: Ödipus interruptus!«

✐ Ganz recht. Im Theaterjargon hieß so etwas fortan Wiener Schluss.

✄ Jetzt sind wir der Souverän, und es ist unser Wunsch: Wir schreiben Gonellas Ende um.

✐ Nein. Das ist eine fertige Geschichte, die kannst du nicht einfach abändern. Sie hat die Qualität einer Wandergeschichte, sie ist in der Renaissance immer und immer wieder in dieser Form erzählt worden.

✄ Die Yucca-Palme der Renaissance? Wenn es bei Hamlet geklappt hat, warum nicht auch bei Gonella?

✐ Das wäre ungefähr so, als würdest du den Titel von Fred Zinnemanns Film *High Noon* in *Happy Lunchtime* ändern! Nein. Wir müssen das tragische Ende, so wie es sich zugetragen hat, anerkennen. Es hat ja auch etwas Komisches und damit Tröstliches.

✄ Gonellas erbärmliches Ende hat etwas Tröstliches? Du kannst die Geschichte in deinem Buch auf keinen Fall so enden lassen. Das ist kein Ende! Ich weigere mich, das als Ende anzuerkennen. Bist du nicht der Autor und damit der Souverän? So hat es sich damals zugetragen? Na und? Hamlet wird König der Dänen, und Gonella ... was weiß ich ... aber lass ihn am Leben!

✐ Glaub mir, es ist das beste Ende für diese Geschichte.

✄ Nein! Es ist das schlechteste. Gonella ist der Sympathieträger, der kann doch nicht sterben!

✐ Du klingst wie ein dummer Fernsehredakteur. Die Geschichte zeigt doch, was passiert, wenn Politiker auch einmal versuchen, komisch zu sein. Es endet tödlich.

✂ Das ist mir zu viel Moral.

🖊 Es ist ja keine erfundene Geschichte, es ist der Lebensbericht von Pietro Gonella. Und er zeigt, wie sehr es schiefgehen kann, wenn Politiker versuchen, lustig zu sein.

✂ Aber ich will keine moralische Aussage. Ich will, dass er über-lebt. Ich mag ihn. Ich meine, schau ihn dir doch an.

Wir sahen uns Gonellas Porträt noch einmal an.

🖊 Na ja, seien wir uns ehrlich. Lustig schaut er schon aus, aber auch ein bisserl vernachlässigt. Die Bartstoppeln ... Also er is' ned grad das, was man eine Schönheit nennt, oder?

✂ Eine weitere Parallele zwischen Hofnarr und Kabarettist? – Ich frag ja nur!

🖊 Ich bin ja auch nur beleidigt! Nein, ich spiele ja selber damit.

✂ Wenn man mit Viktor Gernot auf der Bühne steht, ist man ja auch irgendwie gezwungen dazu.

🖊 Du hast es erfasst. Was macht aber der Gernot? Weil er auch lustig sein will, spricht er seine Nase an, seine tschechische Pfrnak. Aber natürlich, es stimmt schon, wir bewohnen zwei sehr verschiedene Körper – und wir behandeln sie auch sehr unterschiedlich. Was mich tröstet, ist ein Blick in die Geschichte der Porträtkunst. Seit der Antike findet man keinen Körper eines Adonis, der einen Philosophenkopf tragen darf, weder in Skulptur noch Malerei oder Fernsehen: Sokrates, Diogenes, Sloterdijk, Žižek. Natürlich gibt es auch andere Beispiele, nur fallen die mir nicht ein, und man kann sogar philosophisch begründen, warum wir dem wahren Weisen gerne ein ungefälli-ges Äußeres zuschreiben. Jemand, der die Wahrheit sagt, stört meist die Harmonie, fordert die herrschende Ordnung heraus, rüttelt aus dem Schlaf, ist ein Störenfried. Hässlichkeit erfüllt dieselbe Rolle im Reich der Schönheit. Sie ist ein Skandal, ein

Angriff auf die Harmonie. Deshalb kann die Wahrheit nie in reiner Schönheit daherkommen, und natürlich auch nicht nackt. Irgendeinen Makel hat sie immer zu verbergen. Nackte Wahrheit gibt es sowieso nicht. Sie kommt immer in irgendeinem Kostüm daher. Und ich finde sie halt am sympathischsten im Narrenkostüm, so wie Gonella auf unserem Porträt. An Schönheit ist der nicht gestorben.

✂ Aber er hat einen offenen, wissenden Blick und ein unheimlich gewinnendes Lächeln.

✎ Und er zwingt dem Betrachter ein ebensolches ab, was ja auch seinem Beruf entspricht. Fouquet wollte mit dieser Darstellung den Herzog wieder fröhlich stimmen.

✂ Nur die verschränkten Arme irritieren ein bisschen. Hat etwas Ängstliches, Abwehrendes, Bedrückendes, etwas engt ihn ein. Angst hat ja wortgeschichtlich etwas mit Enge zu tun. Der Offenheit seines Gesichtes im oberen Teil des Bildes steht die Beengtheit im unteren Teil entgegen.

✎ Nein, überhaupt nicht. Verschränkte Arme bedeuten, dass er ein Müßiggänger ist. Es gab damals nämlich bestimmte Konventionen in der Malerei, um die Figuren eindeutig zu charakterisieren. Verschränkte Arme: faule Sau. Und es geht uns Kabarettisten und Schauspielern bis heute so. Was glaubst du, wie oft ich gefragt werde: »Und was machen Sie eigentlich den ganzen Tag so? Beruf haben Sie keinen, gell?« Das Possenreißen entspricht eben keiner normalen Tätigkeit. Ich kann das nur bestätigen: Ich liege den ganzen Tag auf der Couch, und wenn ich aufstehe, bin ich so müde, dass ich mich gleich wieder hinlegen muss. Wenn ich dann am Abend nicht einschlafen kann, gehe ich auf die Terrasse und ...

✂ Andere Leute beschreiben mit denselben Worten ihr Burn-out.

✎ Die haben den falschen Beruf. Die machen sich zum Narren, statt die anderen zum Narren zu halten.

✂ Gonella lebt, also lassen wir ihn am Leben! Ich werde jetzt der Geschichte ein anderes Ende verpassen. Lass mich probieren ...

Jetzt schrieb mir der Friseur auch noch mein Buch um. Verpasste meiner Geschichte ein neues Outfit. Er seifte sie ein, wusch sie aus, tänzelte plötzlich mit Kamm und Schere um sie herum, schnippelte da und dort etwas weg, föhnte sie und präsentierte das neue Ergebnis im Spiegel. Während der ganzen Zeit vergaß er nicht, über das Wetter zu reden. Er war ein guter Friseur.

NARRHEITEN
Neues Ende
von
meinem Nachbar ANDREAS

Gonella spürte den spitzen, kalten Aufprall in seinem Nacken. Die Angst saß tief in seinem Herzen. Noch war ihm nicht klar, dass es sich nur um Wasser handelte, aber schon wenige Sekunden später wusste er, dass ihn der Herzog diesmal mit Erfolg reingelegt hatte. Er fragte sich, wie er reagieren solle. Er hatte Angst, seine Frisur würde nicht halten, da ihm das Wasser über den Kopf geronnen war. Jetzt aufstehen? Mit nassen, hässlichen Haaren? Das kam für Gonella nicht infrage, also beschloss er, dem Herzog und allen anderen seinen Tod vorzuspielen. Er rührte sich nicht. Er dachte an Giovanni Ferrero Giotto, den besten Haarschneider von ganz Ferrara. Ihn müsste er in seinen weiteren Plan einweihen. Gonella würde dem Herzog als Geist erscheinen, mit der besten Frisur, die man jemals in Ferrara gesehen hat. Mit bester Pomade. Vielleicht würde er sich die Haare sogar färben lassen.

✎ Stopp!

✄ Was?

✎ Verzeih mir, aber das ist lächerlich. Du kannst doch das Ende der Geschichte nicht völlig unmotiviert in einer schwülstigen Friseurromantik aufgehen lassen. Das passt überhaupt nicht. Wieso macht sich Gonella in dieser Situation Gedanken über seine Frisur?

✄ Ich erzähle die Geschichte eben, wie *ich* sie erzähle. Jeder Autor hat doch seinen ganz eigenen Blickwinkel, von dem aus er die Geschichte betrachtet. Schreibt nicht jeder aus seiner eigenen Erfahrungswelt?

✎ Ja schon – aber es muss doch irgendeinen Sinn ergeben. Das hier ist schon ein arger Fall von *déformation professionnel*.

✄ *Déformation professionnel!* O là, là! Du sprichst wie eine fransosische 'aaresneider in der Karikatür. Du schreibst doch auch aus deinem eigenen Blickwinkel. Macht das nicht eine Geschichte erst zu etwas Besonderem, wenn sie aus einem neuen Blickwinkel erzählt wird?

✎ Manchmal passt der Blickwinkel nicht ganz zur Geschichte.

✂ Du erzählst aus dem Blickwinkel des Komikers.

✎ Zum Hofnarren passend, ja. Ich glaube nicht, dass wir ihm das Leben retten können. Er stirbt am Schluss, und das ist gut so. Jede Änderung wäre schlecht. Sehr schlecht sogar.

✂ Dass er stirbt, ist gar kein Ende.

✎ Wie meinst du das?

✂ Nur, weil jemand in einer Geschichte oder einem Film stirbt, ist das nicht zwingend das Ende.

✎ Na ja. Wenn die Hauptfigur tot ist? Was soll da noch ... Ich meine, wie viele James-Bond-Filme, glaubst du, gäbe es, wäre James Bond im ersten Teil gestorben?

Die Stimmung zwischen uns erreichte ihren Tiefpunkt. Natürlich dachte er, ich würde ihn als einfachen Friseur für zu dumm halten, eine Geschichte zu schreiben. Was in keiner Weise zutraf. In so verfahrenen Situationen bewährt sich oft ein kleines Rätsel. Man spürt sofort, wie sich beim Gegenüber die Gehirnaktivität verlagert, neue Regionen angesprochen und momentane Blockaden beseitigt werden.

✎ Du! Da fällt mir etwas ganz anderes ein. Ich würde gerne in mein Buch so Rätsel einbauen. Eventuell in eine Geschichte.

✂ Was für Rätsel?

✎ Na ja. So Gedankenspiele. Keine mathematischen Rätsel, das ist langweilig. Ich meine so knifflige Aufgaben.

✂ Wie zum Beispiel?

✎ Also pass auf: Ein Mann muss einen Fluss überqueren. Dazu kann er ein Boot verwenden, in dem jedoch immer nur Platz für ihn selbst und einen Passagier ist. Er hat eine Ziege, einen Wolf und einen Kohlkopf bei sich. Wie kann er die drei über den

Fluss bringen, ohne dass ihm die Ziege den Kohlkopf oder der Wolf die Ziege auffrisst?

✂ Wie oft darf er fahren?

✐ Hin und her so oft er will, aber er kann immer nur einen Passagier mitnehmen.

✂ Okay. Er lässt den Wolf und den Kohlkopf zurück und fährt mit der Ziege an das andere Ufer. Jetzt steht die Ziege allein am einen Ufer, der Wolf und der Kohl am anderen. Er fährt zurück, holt den Kohl und ... Moment.

✐ Tricky! Wenn er nämlich jetzt den Kohl holt und ihn bei der Ziege ablädt, um den Wolf zu holen, dann frisst die ...

✂ Ja! Logisch. Ich habe es verstanden. Also noch einmal. Er nimmt zuerst den Wolf mit ...

✐ Geht nicht, denn dann ist die Ziege mit dem Kohl alleine und frisst ihn.

✂ Den Kohl kann er auch nicht als Erstes mitnehmen, weil dann der Wolf mit der Ziege allein ist und sie frisst.

✐ Richtig!

✂ Warte. Ich hab's gleich ... Darf er der Ziege vorher etwas zu fressen geben, damit sie keinen Hunger mehr hat und den Kohl nicht frisst?

✐ Nein. Er hat ja nichts dabei.

✂ Dem Wolf?

✐ Nein. Er hat auch kein Fleisch dabei.

✂ Und er muss unbedingt an das andere Ufer?

✐ Ja.

✂ Also gut. Ich muss dazu sagen, ich hasse Rätsel.

✐ Ich auch, wenn ich die Lösung nicht finde.

✂ Du weißt die Lösung?

✐ Ja. Soll ich sie dir gleich sagen?

✂ Nein. Ich meine, das würde doch der Grundidee des Rätsels zuwiderlaufen.

✐ Keine Frage. Ich finde es nur grausam, wenn man solche Rätsel stundenlang nicht lösen kann. Eigentlich liebe ich Rätsel, aber ich muss immer gleich die Lösung wissen. Und wenn ich diese Rätsel dann weitererzähle, hab ich selten die Geduld, bis mein Gegenüber die Antwort herausfindet.

✂ Wozu stellst du mir dann dieses Rätsel?

✐ Es ist mir nur so eingefallen ...

✂ Du willst doch nur davon ablenken, dass du nicht imstande bist, dem Narren Gonella das Leben zu schenken.

✐ Meine Güte, dieses Thema haben wir doch zur Genüge durchgekaut.

✂ Du leidest doch eindeutig darunter, dass der Spaßmacher ein Opfer der Obrigkeit wird.

✐ Tja, das waren damals harte Zeiten. Es gab zum Beispiel Leibeigene. Dein Leib ist mehr oder weniger Eigentum deines Herrn. Er verfügt darüber, nicht du.

✂ Es bleibt dabei. Gonella täuscht seinen Tod nur vor, um den Herzog zu erschrecken.

✐ Na gut. Du meinst, er setzt dem *practical joke* noch eins drauf, indem er ihm als Rachegeist erscheint?

✂ Ja!

✐ Inklusive vorgetäuschtem Begräbnis?

✂ Natürlich.

✐ Und der Fürst bekommt davon Wind?

✂ Könnte sein.

✐ Worauf er selbst, während ihm Gonella als Geist erscheint, einen Herzanfall vortäuscht, sodass jetzt Gonella glauben muss, er hätte den Fürsten umgebracht?

✂ Allerdings nicht, ohne dass Gonella vorher beim Friseur war!

✐ Wozu soll er zum Friseur gehen, wenn er vorgibt, ein Geist zu sein?

✂ Es sollten ihm wenigstens die Haare zu Berge stehen.

✐ Also schön. Er lässt sich von einem Barbier die Haare bleichen und pomadisieren. Der schminkt ihn auch ein wenig, damit er grässliche Ringe unter den Augen hat, und pudert ihm das Gesicht.

✂ Der Barbier hat eine Frau, die der ganzen Sache kritisch gegenübersteht und nicht haben will, dass ihr Mann in etwas hineingezogen wird. Sie meint, man könne dem Herzog doch nach allem, was passiert sei, nicht noch einen weiteren Schock zufügen. Sie sucht Gonellas Frau auf und erzählt ihr von der ganzen Sache.

✐ Diese ist natürlich schon davon unterrichtet, dass ihr Mann überlebt hat.

✂ Was sie fast noch mehr schockiert hat als sein vermeintlicher Tod. Der Geistergeschichte kann sie ganz und gar nichts abgewinnen.

✐ Deswegen rennt sie auch gleich zum Herzog, um ihm das schändliche Vorhaben zu entdecken. Sie hat nämlich ein Verhältnis mit dem Herzog.

✂ Genau.

✐ Seit zwei Jahren schon. Gonella, dieser Narr, hat nichts bemerkt.

✂ Oh nein!

✐ Was?

✂ Hat sie es gewusst?

✐ Was hat sie gewusst?

✂ Hat sie gewusst, dass ihr Mann nur zum Schein hingerichtet werden sollte? Hat seine Frau das gewusst?

✐ Ich sage, ja! Sie hat es gewusst. Sie hat gewusst, wie mit ihrem Mann verfahren werden sollte, und fand den Scherz ungeheuer lustig und auch angebracht, schließlich hat er ihren Liebhaber ins Wasser gestoßen – einen Herzog!

✂ Gonella stellt sich also tot. Wie verabredet, ist ein Arzt zur Stelle, der ihn für tot erklärt. Sein *Leichnam* wird von zwei ebenfalls eingeweihten Gehilfen des Scharfrichters weggetragen. Gonellas Frau ist entsetzt und kann nur noch herzzerreißend schluchzen. Ebenso der Herzog, denn das ist ihm zu weit gegangen, das wollte er so nicht.

✐ Moment! Hat Gonella seine Frau in seinen Plan eigeweiht, den Tod durch Erschrecken vorzuspielen?

✂ Nein. Denn er war sich nicht sicher, ob sie ihm nicht davon abraten und die Sache vielleicht vereiteln würde, um den Herzog nicht vor den Kopf zu stoßen.

✏ Das wird eine ganz andere Geschichte.

✂ Ist doch herrlich, oder?

✏ Ja, ja – ich muss es ja dann nicht so schreiben. Weiter. Also: Gonella erscheint dem Herzog als Geist, der Geist sagt, er werde ihn ein Leben lang verfolgen, worauf der Herzog vor Schreck tot umfällt.

✂ Glaubt Gonella.

✏ Glaubt Gonella. Er gibt sich zu erkennen, kniet vor seinem Herzog nieder, weint bitterlich und bereut seinen unglücklichen Scherz.

✂ Die Frau von Gonella kommt hinzu und spielt wie vereinbart einen hysterischen Zusammenbruch, weil ihr Ehemann den Herzog ermordet hat und dafür jetzt tatsächlich erhängt werden wird.

✏ Wunderbar! Sie weint und schluchzt, während Gonella festgenommen und weggebracht wird. Er weint ebenfalls. Großes Wehklagen, Großes Spektakel!

✂ Gonellas Frau kniet über der *Leiche* des Herzogs und *weckt* ihn auf ...

✏ ... und bemerkt, welch ein Jammer, dass er wirklich tot ist. Der Herzog hat den Toten mit zu viel Leidenschaft gespielt und ist mit dem Kopf gegen die spitze Tischkante geknallt. Der Klassiker. Gonellas Frau sieht Blut, kreischt und wird wahnsinnig. Gonella selbst, als der Urheber des ganzen Schlamassels, wird gerädert, geviertelt und verbrannt. Finale furioso!

✂ Sehr gut. Nur haben wir jetzt zwei Tote statt einem, und eine Wahnsinnige obendrauf.

✏ Tja, das kommt in den besten Geschichten vor. Das kann schon mal passieren.

✂ Wir wollten Gonella retten und haben auch noch den Herzog umgebracht.

✏ Manchmal geht es mit einem durch beim Geschichtenerfinden. Ich werde das Ganze überdenken.

Das gemeinsame Weiterspinnen der Gonella-Story hatte uns gutgetan nach der kleinen Missstimmung zuvor. Keiner wollte den neu gewonnenen Draht wieder abreißen lassen.

✂ Vielleicht ist es besser, wenn du die Geschichte so belässt, wie sie ist.

✏ Ganz bestimmt. Und ich werde etwas mehr Augenmerk auf die Frisuren legen. Versprochen! Aber möchtest du nicht schon lange die Lösung des Rätsels wissen?

✂ Sag nichts! Ich habe den Ehrgeiz, selber draufzukommen.

✏ Wie du möchtest.

✂ Vielleicht nach der nächsten Geschichte. Was hast du noch auf Lager?

✏ Lass mich nachdenken. Welche Geschichte soll ich dir als Nächstes erzählen, und wie soll ich sie einleiten?

✂ Während du nachdenkst, hole ich uns vielleicht eine Flasche Rotwein. Was meinst du?

✏ Wunderbar. Vergiss die Gläser nicht!

Mein Nachbar verschwand in seiner Badehütte. Ich hob meinen Blick zu den Sternen empor. Kein Wölkchen war am Himmel. Die zwei Kerzen, die uns leuchteten, stellten keine zu große Lichtverschmutzung dar, und unsere Badehütten waren weit genug von der nächsten Stadt entfernt, um einen klaren Blick auf den Nachthimmel zu ermöglichen.

Einer der Sterne bewegte sich ziemlich schnell. Unnatürlich schnell. Für die Kategorie Fixsterne viel zu schnell. Ich folgte seinem Lauf. Zuerst hielt ich ihn für ein Flugzeug, aber dafür war er zu hoch am Himmel. Er war ein leuchtender Punkt. Außer durch seine Bewegung unterschied er sich in nichts von den anderen Sternen. Was war das? Für mich in diesem Augenblick auf jeden Fall ein Unidentified

Flying Object. Ich konnte es nicht identifizieren. Sollte ich tatsächlich Zeuge eines UFO-Angriffs werden? Oder würde sich dieser leuchtende Punkt zur größten Katastrophe in der Geschichte der Erde auswachsen, und ich wäre der Erste, der ihn gesehen hat? Ich bereute es, kein Teleskop bei der Hand zu haben. Mehrmals in meinem Leben war ich versucht gewesen, mir eines zuzulegen. Zwei Mal war ich nahe dran, aber im entscheidenden Moment ließ sich jedes Mal mein Selbstbild nicht ganz mit dem romantischen Sterngucker aus vergangenen Jahrhunderten zur Deckung bringen, und Hobbyastronom kam schon wegen der Bezeichnung nicht infrage.

Ich verfolgte den strahlenden Punkt am Nachthimmel und bereute meinen Fehler zutiefst. Wenn schon die Wahrscheinlichkeit, dass es sich tatsächlich um Außerirdische handelte, gegen null ging, so war es doch mit nahezu an Sicherheit grenzender Wahrscheinlichkeit ein Komet, der in wenigen Stunden oder Tagen die Erde zerstören würde. Und ich war der Erste, der ihn gesehen hat! Was für atemberaubender Ruhm wartete da auf mich? Der Komet löscht nahezu alles Leben auf der Erde aus. Es bleiben zweihunderttausend Individuen übrig, die sich rechtzeitig dank meiner Entdeckung retten können, und die Menschheit überlebt.

Die nächste Zivilisation wird dann sicher nach mir benannt. Das Niavarani-Zeitalter. Vorzeit. Antike. Mittelalter. Neuzeit. Apokalypse. Niavarani. So wird es in den Geschichtsbüchern der Zukunft stehen. Ich schwamm gerade in diesem größenwahnsinnigen Tagtraum mitten in der Nacht, als mein Nachbar mit einer Flasche Merlot und zwei Gläsern wieder auftauchte. Diesmal ganz ohne Vorwarnung. Ich rappelte mich zurecht in meinem Stuhl und hatte das unangenehme Gefühl, schnell irgendetwas sagen zu müssen, als ob ich bei etwas Verbotenem ertappt worden wäre.

✒ Dein Igel schläft wohl schon?
✂ Wieso *mein* Igel? Außerdem hab ich ihn deutlich vernommen, wie ich in der Hütte war. Er furzt noch immer vor sich hin.
✒ Er läuft dir offenbar hinterher ...

✂ Sag, was ist mit dir los? Du siehst ganz aufgeregt aus und redest wirres Zeug.

✎ Es kommt mir, wenn ich es laut ausspreche, etwas kindisch vor, aber ... ich meine ... Könnte es nicht sein, dass ich grad einen Kometen gesehen habe, der auf die Erde zurast?

✂ Ah! Hast du einen gefunden.

✎ Ja. Hier. Er war da hinten. Man kann ihn nicht mehr sehen, weil er jetzt hinter dem Baum da ist. Aber der rast mit einer unglaublichen Geschwindigkeit über den Himmel.

✂ Das ist einer von den Satelliten. Vielleicht ist es sogar die Raumstation MIR.

✎ Kein Komet?

✂ Nein, nein. Die schnellen Sterne, die man zuerst für Flugzeuge oder UFOs hält, sind schlicht Satelliten.

✎ Na, Gott sei Dank! Ich dachte schon, das wäre unsere letzte Nacht vor dem Ende der Welt.

✂ Irgendein blöder Handysatellit, der die Signale von einem Kontinent auf den anderen schickt.

✎ Schade eigentlich.

✂ Keine Sorge, die Welt geht auch ohne Kometen unter.

✎ Was glaubst du? Weltkrieg? Hungersnot?

✂ Wir werden in unserem eigenen Dreck ersticken.

✎ Umweltverschmutzung.

✂ Alles: Plastik. Treibhauseffekt. Klimaerwärmung. Überschwemmungen. Verpestete Lebensmittel. Chemisch verunreinigtes Wasser. Der Möglichkeiten sind viele. Du hast die Wahl. Wir sind in der luxuriösen Lage, uns aussuchen zu können, woran wir zugrunde gehen.

✎ Daran erkennt man eine hoch entwickelte Zivilisation. Es geht nicht mehr darum, wie wir ein besseres, einfacheres Leben führen können. Ich meine, es ist ja in der westlichen Welt kaum mehr möglich, den Komfort des Menschen zu steigern - natürlich davon abhängig, über wie viel Geld der Einzelne verfügt. Aber generell haben wir in Tausenden von Jahren immer wieder neue Erfindungen hervorgebracht, die uns das Leben vereinfachen und den Alltag erleichtern. Der Pflug, die Dampfmaschine, der Computer. Was für ein Fortschritt! Das Wort selbst zeigt uns schon, worum es geht. Fort und Schritt. Wovon schreiten wir fort? Von der Mühsal des Lebens. Von den Beschwerlichkeiten des Mittelalters, der vorindustriellen Zeit, von der Mühsal manueller Arbeit.

Aber damit hört es nicht auf. Der Fortschritt schreitet weiter. Und dabei übersehen wir, dass wir mit all den Tablets und Gadgets und Smartphones und Apps und was der Teufel noch alles zwar weiter fortschreiten, aber nicht mehr im Blick haben, wovon wir fortschreiten. Wir schreiten nämlich schon längst nicht mehr von der Mühsal des Alltags fort, sondern schreiten ihr plötzlich wieder entgegen. Irgendwo auf dem Weg in eine bessere Zukunft sind wir in einen Kreisverkehr geraten und haben die falsche Ausfahrt genommen. Wir haben nicht aufgepasst, nicht auf uns und schon gar nicht auf diese Erde. Ein Rückschritt vom Fortschritt. Wir essen Lebensmittel, die eine längere Haltbarkeit aufweisen als ein Ikea-Regal. Wir starren auf Displays und holen uns wertlose Informationen, die uns nicht einschlafen lassen. Wir schicken uns E-Mails und sind unausstehlich, wenn die Antwort nicht Schritt hält mit der zur Verfügung stehenden Lichtgeschwindigkeit.

✂ Das macht mich wahnsinnig!

✐ Und mich erst. Ich bekomme eine Mail, und nach drei, vier Stunden schreibt der Absender eine zweite Mail, in der er mich darauf hinweist, dass er mir vor einiger Zeit eine Mail geschrieben hat, jetzt aber nicht sicher ist, ob mit der E-Mail-Adresse alles in Ordnung sei. Deswegen diese zweite Mail. Liebe Grüße soundso. – Das kommt bei mir natürlich unverschlüsselt an, genau so, wie es gemeint ist: Du faule Sau, pennst du schon wieder, oder ignorierst du mich absichtlich?

Am schlimmsten sind die Menschen, die einem eine Mail schreiben und gleichzeitig eine SMS: »Habe dir gerade eine Mail geschickt!« Was um alles in der Welt soll das? Ich schreibe ja auch keinen Brief, gebe ihn am Postamt auf, fahre dann mit dem Taxi zu der Adresse des Empfängers, läute an seiner Wohnungstür und sage: Ich habe dir gerade einen Brief geschickt!

✂ Das kommt mir bekannt vor. Ist das von dir?

✐ Ja, das ist aus einem meiner Kabarettprogramme.

✂ Das schreibst du aber nicht in dein Buch?

✐ Nein, natürlich nicht. Aber es regt mich wirklich auf. Wir glauben, es wäre ein Segen für die Menschheit, wenn alles rasend schnell geht. In Echtzeit. Möglichst alles in Echtzeit. Das genaue Gegenteil ist der Fall. Wenn alles schnell gehen muss, kommt man nämlich ins Hudeln. Und Hudeln ist für eine Zivilisation sehr schlecht. Sehr schlecht. Warum ist das Römische Imperium untergegangen? Sie haben gehudelt. Schnell ein paar Kohorten an die Grenzen schicken gegen die Hunnen, und alles ist gut. Eben nicht. Zuerst nachdenken. Der Dumme wird aus eigenem Schaden klug, der Kluge aus dem der anderen.

✂ Aber was die Klimaveränderung betrifft, müssen wir hudeln. Und zwar ultraschnell, sonst ist es zu spät. Kennst du das Lied von Udo Jürgens, *5 Minuten vor 12?*

✐ Ja, aber wie lang ist das her? – Jetzt ist es bestimmt schon dreiviertel drei.

Wir müssen nicht hudeln, wir müssen uns radikal ändern. Und zwar sofort.

✂ Wir dürften ab morgen kein Öl und keine Kohle mehr verbrennen. Nur noch Elektroautos fahren mit Strom aus erneuerbarer Energie. Und zwar in der Sekunde. Alle. Weltweit.

✐ Ja. Oder wir stehen einfach dazu, wie wir sind. Das wäre die andere Möglichkeit. Schluss mit dem Umweltschutz. Amerika ist uns da auch schon wieder einen Schritt voraus. Es ist doch ohnehin niemand wirklich bereit, sich zu ändern. Wir züchten am Balkon seltene Tomatensorten und glauben ernsthaft, damit den Planeten retten zu können? Ein Kräuterkisterl am Fensterbrett gegen die Klimaerwärmung? Das ist so, als ob man mit einem Teelöffel den Großglockner abtragen möchte. Stehen wir doch dazu, dass wir den Planeten vernichten wollen. Wir müssen uns so akzeptieren, wie wir sind. Allerdings müssen wir dann konsequent sein und den Urlaub auf einer Müllhalde verbringen. Mieten wir uns eine Woche in einer Pension neben der Müllverbrennungsanlage ein und genießen wir unsere unglaubliche Potenz, mit der es uns gelingt, einen ganzen Planeten zu schänden. Wir sind die Domina der Natur. Also genießen wir jeden Peitschenschlag.

✂ Moment! Wir Menschen sind besser, als du deinem Sarkasmus zugrunde legst. Wir sehnen uns alle nach der jungfräulichen Landschaft, nach der unberührten Natur. Im Wochenendhaus, und sei es nur eine Badehütte, hegen und pflegen wir Gottes Schöpfung, wie es sonst nur Aufgabe der Engel sein kann.

✐ Ja, mit einem Rasenmäher, vier Zylinder, selbst fahrend, und einem Rasentrimmer, zehntausend Umdrehungen pro Minute, geringer Benzinverbrauch, bequemer Elektrostarter, nur geringfügig lauter als ein Mähdrescher. Ergebnis? Fünfundzwanzig Quadratmeter Paradies, aber weit und breit kein Baum der Erkenntnis. Halleluja!

✂ Glaubst du, du bist der Einzige, der das so kritisch sieht? In der Zwischenzeit wollen wir doch alle gegen diesen Wahnsinn allerorten etwas tun.

✐ Aber nur, solange wir jedes Jahr ein neues iPhone bekommen, und das Schnitzel zu einem Preis, der ein Hohn für jedes Schwein ist.

✂ Großes, wichtiges Thema – aber daraus kann man keine Geschichte machen.

✐ Doch. Ist mir sogar eine eingefallen. Sie kommt aber erst am Ende des Buches, sie wird den Abschluss bilden.

✂ Für jetzt kann ich mir das ja einfach so vorstellen. Leg endlich los, das Vorwort war lang genug! Wie lautet der Titel?

VI

Um Gottes willen

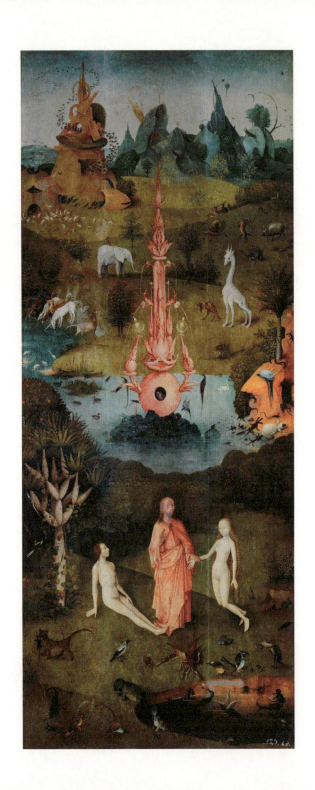

I

König Nu'usafe'e XLIV. stand bis zu den Knöcheln im Wasser, was nicht so schlimm gewesen wäre, hätte er sich nicht gerade in seinem Schlafzimmer aufgehalten. Missmutig stapfte er durch den Sumpf seines kleinen Palastes, gefolgt von seinem Diener Mu'ukalo'o, der ihm eine geöffnete Kokosnuss hinterhertrug, in der ein weißer Strohhalm steckte, auf dem ein goldener Kolibri saß – das Symbol der Va'anu'utischen Monarchie. Im Vorzimmer, das gleichzeitig als Audienzraum diente, saßen bereits der Gouverneur der Südseeinsel, Sir Andrew Mayham, und der Hohepriester Aba'asafi'i und warteten auf den König.

Nu'usafe'e XLIV. betrat den Audienzraum, so würdevoll es das Wasser, das ihm auch hier bis zu den Knöcheln stand, erlaubte. Alle Anwesenden sprangen auf, versanken bis zu den Knöcheln im Wasser und machten ihre Verbeugung vor dem König. Er setzte sich auf seinen Thron, einen Ikea-Sessel aus dem Jahre 1986, Modell Oti, der im Wesentlichen aus einem schwarzen Metallgeflecht bestand, und bedeutete seinen Beratern, wieder Platz zu nehmen. Auf zwei antiken Thronsesseln, kunstvoll vor Jahrhunderten aus Holz geschnitzt, die König Nu'usafe'e XLIV. und seine königliche Gemahlin 1988 ausgemistet hatten, weil sie nicht auf so altem Kram sitzen wollten. Der Diener Mu'ukalo'o brachte auch den Gästen eine geöffnete Kokosnuss mit Strohhalm, jedoch ohne Kolibri. Die Anwesenden sahen einander an, die Füße bis zu den Knöcheln im Wasser.

Nachdem sich die Wasseroberfläche beruhigt hatte, wurden sie der Würde ihrer selbst im Spiegelbild inne, und Gouverneur Mayham eröffnete die Sitzung mit den üblichen Worten: »Wir grüßen Nu'usafe'e XLIV., von Englands Gnaden König von Iny'ygao'og, Alleiniger Herrscher über unsere wunderschönen Inseln ...«

»Spar dir diese Scheiße! Wir stehen seit drei Tagen bis zu den Knöcheln im Wasser, und es sieht nicht so aus, als ob es besser werden würde«, schrie Nu'usafe'e XLIV., schleuderte seinen weißen Strohhalm samt Kolibri quer durch den Raum, sodass sie am anderen Ende des Zimmers ins Wasser platschten, und leerte seine Kokosnuss auf ex: »Was machen wir!?«

Gouverneur Mayham stammelte etwas von der englischen Regierung, die man zu Hilfe rufen könnte, was Nu'usafe'e XLIV. nur mit einem süffisanten Grinsen kommentierte.

»Unsere Insel geht unter. Unser Staat wird bald schon nicht mehr existieren. Wie wollen wir dieses Problem lösen!?!«, wurde er ungeduldig. »Sollen wir der Bevölkerung sagen, dass wir ab jetzt einfach alle bis zu den Knöcheln im Wasser stehen?«

Die Insel Iny'ygao'og, Hauptinsel des aus drei Inseln bestehenden Va'anau'utischen Königreichs inmitten des pazifischen Ozeans, war die erste, die durch den Anstieg des Meeresspiegels Gefahr lief, für immer zu verschwinden.

Der Hohepriester Aba'asafi'i ergriff das Wort: »Das ist ein ernstes Problem, dessen Lösung wir nicht einem irdischen Kopf überlassen können. Es gibt nur einen einzigen, der uns helfen kann: Gott. Wir müssen Gott aufsuchen.«

Stille. Fassungslosigkeit. War es tatsächlich so weit? Mussten sie sich auf den Weg zu Gott machen?

»Wir haben keine andere Wahl. Nur Gott kann das Wasser davon abhalten, unsere Insel zu verschlingen«, sagte Aba'asafi'i.

»Dann sollten wir uns auf den Weg machen«, meinte Nu'usafe'e XLIV., »und wir müssen uns unterwegs neue Schuhe kaufen. Mit Gummistiefeln können wir nicht vor Gott treten.«

II

Ambrosius Backstein, der seinen Vornamen ganz besonders in Kombination mit seinem Nachnamen hasste, da ihn der Klang an eine Figur aus einem schwedischen Kindermärchen erinnerte, saß in einem überfüllten Autobus auf dem Weg zur Arbeit. Eine Minute nach fünf Uhr früh. Er war bereits eine Minute zu spät. Während er auf das Display seines iPhones sah, bekam er eine SMS von seiner Tochter, wie jedes Jahr am 21. Dezember, eine Minute nach fünf Uhr früh, in der sie ihrem Vater zum Geburtstag gratulierte. Der Text lautete jedes Mal ähnlich: »Happy second birthday! Wir danken, wem auch immer, dass du überlebt hast! Ich denk an dich, Katharina!«

Der Bus fuhr um eine enge Kurve, Ambrosius Backstein hielt zu wenig dagegen, sein Oberkörper geriet ungebührlich in das Gesichtsfeld seiner Sitznachbarin, einer älteren Dame, der nichts anderes übrig blieb, als auf die SMS vor ihrer Nase zu blicken, ehe der Bus wieder geradeaus fuhr. Ambrosius entschuldigte sich. Die Dame wünschte ihm alles Gute zum *second birthday*.

»Danke sehr!«

»Und warum *second*, wenn man fragen darf?«

»Ich sollte eigentlich schon tot sein.«

Das Lächeln der älteren Dame fror ein, für einen kurzen Moment hielt sie sogar die Luft an.

»Aber dann hat Gott oder das Universum oder wer auch immer, wahrscheinlich der pure Zufall, es anders kommen lassen.«

Die ältere Dame atmete wieder aus.

»Gratuliere!«, war alles, was sie ob der Peinlichkeit ihrer Frage herausbrachte.

»Danke!«

»Wie schrecklich für Sie!«

Ambrosius sah sie fragend an.

»Nicht, dass Sie nicht tot sind. Ich meine ... Sie sind ja nicht tot ... Weil sie gesagt haben ...« Sie stammelte noch eine Weile, dann wurde sie von Ambrosius aus ihrer Pein erlöst: »Ich war der einzige Überlebende eines Flugzeugabsturzes.«

»Das tut mir sehr leid!«, hüpfte die reizende Dame von einem Fettnäpfchen zum nächsten. Sie hatte es natürlich genau umgekehrt gemeint und war durch ihre Worte selbst etwas aus der Fassung.

»Ich weiß, wie Sie es meinen«, tröstete Ambrosius sie, der sich selbst schon durch die eine oder andere unüberlegte, automatisierte Antwort in peinliche Verlegenheit gebracht hatte. Vor einigen Jahren hatte er einmal zufällig auf der Straße eine Bekannte seiner Mutter getroffen, deren Mann vor nicht allzu langer Zeit verstorben war, was Ambrosius' Gedächtnis nicht gleich parat hatte, sodass er sich bei der höflichen Begrüßung sagen hörte: »Und wie geht es Ihrem Mann!?« Verschlafen meldeten sich ein paar Ganglien aus einer der hintersten Ecken seines Gehirns, und er fügte automatisch hinzu: »Immer noch ... tot!?« Diese Frage ergäbe nur in einer einzigen Situation einen Sinn, wenn nämlich Jesus Christus verheiratet gewesen wäre und die Bekannte von Ambrosius' Mutter dessen Frau gewesen wäre und sie sich am dritten Tag nach der Kreuzigung getroffen hätten. Dann hätte die Bekannte - ihr Name war Hildegard, was für diese Geschichte keinerlei Rolle spielt - sagen können: »Oh nein! Gut, dass Sie fragen. Der ist auferstanden und hat die Menschheit erlöst!« Dann wäre harmloser Small Talk möglich gewesen: »Wie nett von ihm. Hat er das schon öfter gemacht!?« »Nein, nein, bis jetzt ist er nur übers Wasser gegangen!« Er hatte also keinen Grund, der älteren Dame im Bus - ihr Name war übrigens auch Hildegard, was aber für die Geschichte ebenso bedeutungslos ist - irgendetwas übelzunehmen.

»Frohe Weihnachten!«, verabschiedete er sich von ihr, ehe er ausstieg und auf den Obststand am Karmelitermarkt zusteuerte.

Der Winter machte Ambrosius zu schaffen. Weniger die Temperaturen, die dank der Klimaerwärmung seit einigen Jahren immer höher wurden und den Winter zumindest in Wien zu einer schwachen Parodie seiner selbst werden ließen, sondern vielmehr die Dunkelheit. Die zu wenigen Sonnenstunden waren es, die ihm eine kleine feine Depression bescherten.

Ambrosius Backstein war der tiefen Überzeugung, das Leben, insbesondere das seine, entbehre jeden Sinns. Die eigene Existenz auf diesem Planeten sei reiner Zufall. Vor allem litt er seit Langem schon an Appetitlosigkeit. Nicht einmal die Kruste eines saftigen Schweinsbratens vermochte mehr sein Gemüt aufzuhellen. Über allem stand die bleierne Frage: Wozu das alles? Das war keine depressive Verstimmung, es war eine handfeste Depression.

Ambrosius Backstein fragte sich, ob das Leben einfacher wäre, wenn es einen Score hätte, einen Soundtrack, eine Lebensmusik. Ein großes Orchester in einer überirdischen Sphäre, das jede Szene unseres Lebens mit der entsprechenden Musik begleitet, ganz wie in einem Film. Die Vorteile wären offensichtlich. Es läutet an der Tür, man hört Geigen, eine fröhliche, aufwallende Melodie, und man weiß sofort, in wenigen Sekunden hält man seine Geliebte in den Armen, küsst sie leidenschaftlich – und das Schönste kommt noch, denn die Melodie drängt voran, bis sie endlich ihren Höhepunkt erreicht. Hört man hingegen dunkle Beckenschläge, von schrägen Bassklängen begleitet, stellt man sich abwesend, um seinem nervenden Kollegen zu entgehen, den man leichtfertigerweise vor drei Tagen zum Brunch eingeladen hat.

Diese dem Leben unterlegte Musik könnte uns Orientierung geben, uns vor Überraschungen schützen, vielleicht so etwas wie Sinn hörbar machen, das Leben auf Schiene halten. Damit war Ambrosius aber auch schon bei den Nachteilen, wie es sich für einen Depressiven gehört. Er hatte nämlich ganz stark das Gefühl, das Leben spiele sich fatalerweise schon viel zu sehr in eingefahrenen Geleisen ab. Es wäre die Hölle, wenn man zum tausendsten Mal den immer gleichen Song hören müsste, auf dem Weg in die Arbeit, beim Zähneputzen, beim Pizzabestellen und all den Dingen, die man sinnloserweise zur Regeneration der eigenen sinnlosen Existenz halt so tun muss.

Ihm war auch unklar, ob sich die unterschiedlichen Lebensmusiken verschiedener Menschen vermischen würden, wenn sie aufeinandertreffen. Hört man nur seine Lebensmusik oder auch die seiner Geliebten? Was, wenn sie vor der Tür steht, begleitet von zitternden Bratschen und spitzen Oboentönen in Moll, weil sie sich von ihm trennen möchte, während er zur Melodie seiner Liebesgeigen der

Tür entgegentänzelt? Die beiden Soundtracks müssten sich zu einer einzigen Kakophonie verbinden, sobald er die Türe öffnete. Wenn es also, so überlegte er, einen Lebensscore gäbe, dann müsste jetzt das Adagio in g-Moll von Albinoni langsam, nebelig und feucht über den dunklen Boden kriechen. Er wusste nicht, woher diese Depression kam, und es interessierte ihn so wenig wie alles andere. Er hatte sich damit abgefunden, dass es in seinem Leben keinen Spaß mehr gab. Nichts war geeignet, ihn aufzuheitern, und die Tatsache, einziger Überlebender eines Flugzeugabsturzes zu sein, wurde ihm immer mehr zur Last.

Er schickte seiner Tochter eine SMS, in der er sich für ihre Geburtstagswünsche bedankte. Kurz hatte er überlegt, ob er den Wortlaut der letzten fünf Jahre nicht doch variieren sollte. Etwa: »Wenn du wissen möchtest, wie es mir geht, hör dir auf YouTube den Albinoni an. Es lohnt sich auf jeden Fall, auch wenn dich mein Befinden nicht interessiert.« Dazu hatte er sich natürlich nicht durchringen können und eine Kopie der sieben Wörter aus dem Vorjahr geschickt. Zum ersten Mal gingen ihm die Geburtstagswünsche zu seiner Wiedergeburt ganz gewaltig auf die Nerven.

Seit drei Jahren arbeitete er als Verkäufer in einem Obststand am Karmelitermarkt. Seine IT-Firma war pleitegegangen, und der nette alte Araber Sadigh hatte ihn gefragt, ob er bei ihm arbeiten wolle. Hauptsächlich aus Mitleid. Er brauchte keinen zusätzlichen Verkäufer, aber Ambrosius war über die Jahre hinweg ein Stammkunde gewesen, und Herr Sadigh hatte ein weiches Herz. Fast kriechend, wie das Adagio in g-Moll, schleppte sich Ambrosius von der Bushaltestelle zu seinem Arbeitsplatz. Vierundfünfzig Jahre alt und Obstverkäufer – was für eine Niederlage. Und doch war er Herrn Sadigh dankbar.

Vor dem Stand *Sahara Obst & Gemüse* sah er schon von Weitem Herrn Sadigh und dessen Neffen die zahlreichen Obstkisten aufstellen, die sie am Abend wieder wegräumen würden, wie jeden Tag. Eine mühselige Arbeit. Ambrosius entschuldigte sich für sein Zuspätkommen.

Herr Sadigh sah ihn lächelnd an: »Sie haben heute doch Ihren zweiten Geburtstag, da ist das schon in Ordnung! Gehen Sie rein, nehmen Sie Tee, wir tragen raus.«

»Nein, nein ... Ich mach das schon.«

»Es gibt auch Torte«, sagte Herr Sadigh, ließ die Kiste mit Melanzani einfach stehen und trat mit Ambrosius in den kleinen Marktstand. Neben der Waage stand eine Torte in der Form eines Flugzeuges. Eine Boeing 707 mit Marzipanflügeln und Schoko-Nuss-Fülle.

»Happy second birthday!«, rief Herr Sadigh. »Sie sind etwas ganz Besonderes, Allah hat Ihnen geholfen. Sie haben überlebt, die anderen nicht. Wie groß muss Ihre Freude darüber sein! Sie wissen, warum Sie leben! Alles Gute!«

Herr Sadigh, der während seiner salbungsvollen Rede drei Gläser Tee vorbereitet hatte, winkte seinen Neffen herbei, und sie stießen auf den Geburtstag an. Ambrosius bedankte sich halbherzig, bevor er daranging, Obstkisten nach draußen zu tragen.

»Er ist nicht gesund«, sagte Herr Sadigh zu seinem Neffen.

»Dann sollte er keine Torte essen«, meinte der Neffe.

»Die Seele, du Idiot, die Seele ist nicht gesund.«

Später am Tag, es war mittlerweile hell geworden, kein Sonnenschein, bewölkt, nur trübes winterliches Tageslicht, suchte Herr Sadigh das Gespräch mit Ambrosius über dessen Niedergeschlagenheit.

Ambrosius wich aus, schob seine Traurigkeit auf den Winter, der kein eigentlicher Winter war, mit vierzehn Plusgraden am 21. Dezember. »Das ist ja noch deprimierender«, sagte Ambrosius. »Wenn es wenigstens kalt wäre und Schnee fallen würde. Aber so ist nur alles grau. Graue Häuser auf grauem Beton ragen in einen grauen Himmel voll grauer Wolken. Depression ist da die gesündeste Reaktion der Welt.«

»Die Sonne ist immer im Herzen der Menschen.«

»Das kann nicht sein, weil die ist schon in den Orangen aus Israel«, meinte Ambrosius lakonisch.

III

Einige Tausend Kilometer östlich des Karmelitermarktes strahlte die Sonne, wie an jedem der 365 Tage im Jahr, auf die Insel Iny'ygao'og, die größte der drei Inseln des Va'anau'utischen Königreichs, deren Bewohner allesamt immer noch bis zu den Knöcheln im Wasser standen. Es war kein Leichtes für König Nu'usafe'e XLIV., seine Untertanen zu beruhigen. Es kam beinahe zu einem Volksaufstand.

König Nu'usafe'e XLIV. und sein Diener Mu'ukalo'o stapften durch das dreizehn Zentimeter hohe Wasser der Hauptstraße von Coxcomb, der unter Wasser stehenden Hauptstadt der Insel Iny'ygao'og, und konnten sich der verbalen Angriffe vieler aufgebrachter Kaufleute kaum erwehren.

»Der König eilt zu einer Sondersitzung, macht alle Platz!«, rief Mu'ukalo'o.

»Wie soll es weitergehen?«, rief einer der Aufgebrachten!

»Meine Schuhe sind kaputt von dem Salzwasser!«, rief ein anderer.

»Was heißt die Schuhe?! Meine Füße sind schon fast aufgelöst! So kann man doch nicht weiterleben!«, empörte sich eine ältere Tuchhändlerin.

»Sei doch froh!«, entgegnete ihr ein junger Konkurrent von gegenüber. »Sei froh, du hast schon so dicke Hornhaut an den Füßen, dass man dich mit Hufeisen beschlagen sollte!« Er sah sich in der Menge um, doch außer König Nu'usafe'e XLIV. konnte niemand lachen, und der auch nur, weil er vor Jahren einmal etwas mit der Tuchhändlerin gehabt hatte und ihm tatsächlich ihre rauen Füße in Erinnerung geblieben waren.

»Die Angelegenheit ist zu ernst, um Witze darüber zu machen!«, rief einer aus der Menge. »Sie ist so hoffnungslos, da kann man nur noch Witze machen«, rief ein anderer.

»Die Häuser sind überschwemmt. Die Straßen. Die Geschäfte. Der Fernsehsender. Alle öffentlichen Einrichtungen. Und wie ihr wisst, haben unsere Häuser keine Stockwerke. Alles ist ebenerdig. Wir können nichts mehr auf dem Boden abstellen und gehen mit nassen

Füßen ins Bett«, brachte es eine politisch begabte junge Frau auf den Punkt. »Der König muss die Verantwortung übernehmen!«

»Das tue ich doch! Das tue ich doch!«, beschwichtigte König Nu'usafe'e XLIV. »Ich bin auf dem Weg zu einem wichtigen Treffen. Wir wollen besprechen, was zu tun ist.«

»Platz für den König!!«, rief Mu'ukalo'o, der Diener. Eine Sitzung mit dem Hohepriester und dem Gouverneur war anberaumt. Die Frage der Finanzierung stand ganz oben auf der Tagesordnung. Die Reise zu Gott würde teuer werden und den Staatshaushalt auf Jahre belasten, was im Falle eines Misserfolges unabsehbare Folgen haben könnte. König Nu'usafe'e XLIV. und sein Diener Mu'ukalo'o hatten es eilig, wurden jedoch von der Menge aufgehalten.

»Was wird da besprochen? Das wollen wir gerne wissen!«, sagte einer der alten Händler, die gemeinsam mit dem Neffen des Königs den Hafen kontrollierten. »Haben der König und seine Berater eine Idee? Das Wasser steht uns bis zum Hals, und es wird nichts unternommen!«

»Bis zu den Knöcheln!«, warf König Nu'usafe'e XLIV. barsch ein.

»Das ist eine Metapher, Majestät! Wenn uns auf einer kleinen Insel mitten im Pazifischen Ozean, deren höchster Punkt achtundzwanzig Zentimeter über dem Meeresspiegel liegt, das Wasser bis zu den Knöcheln steht, dann kann man sagen, dass uns das Wasser bis zum Hals steht! Die ganze Insel ist überschwemmt!«

Ein aufgeregtes Raunen ging durch die Menge.

»Nun«, versuchte König Nu'usafe'e XLIV. es auf die sanfte Tour, »nicht die ganze Insel ist überschwemmt. Wie du richtig sagtest, ist der höchste Punkt der Insel achtundzwanzig Zentimeter über dem Meeresspiegel. Der Hügel mit den drei Kokospalmen ist komplett trocken. Es besteht also kein Grund zur Panik! Die Lage ist ernst, keine Frage, aber wir sind noch weit von einer Katastrophe entfernt!«

Stille. Niemand wagte König Nu'usafe'e XLIV. offen zu widersprechen. Zwar waren für einen solchen Fall keinerlei Repressalien vorgesehen, auch war es möglich, über den König Witze zu machen, ohne Strafe fürchten zu müssen, aber es gehörte einfach zum guten Ton, dem König nicht zu widersprechen.

Nach einiger Zeit ergriff die junge, mutige Frau von vorhin das Wort. »Ich denke, ich spreche im Namen all meiner Mitbürger, wenn ich sage, und damit nur das ausspreche, was sich jetzt gerade alle denken ...« Sie sah sich um. Die vielen offenen Münder sagten ihr, dass sie richtiglag. Es war ein kollektiver Gedanke, der jetzt allen Anwesenden, selbst König Nu'usafe'e XLIV., auf der Zunge lag. Langsam und bewusst jeden Ton des Vorwurfs vermeidend, sagte die junge I'na'aeu'u: »Der Hügel mit den drei Palmen steht im Garten des Königs!«

Augenblicklich traf König Nu'usafe'e XLIV. eine populäre Entscheidung und öffnete kurzerhand seinen Garten für die Bevölkerung. »Wer sich die Füße trocknen will, der ist im Garten des Königs willkommen. Ab heute ist der Garten öffentlich.«

Der Diener Mu'ukalo'o beugte sich zu des Königs Ohr und flüsterte leise: »Wir sollten Eintritt verlangen.«

Der König zögerte kurz und sagte dann: »Für symbolische zwei Dollar kann jeder, so lange er will, im Trockenen sitzen.«

Die Menge jubelte. Gäbe es einen Score des Lebens, wäre jetzt die Arie *Un Pensiero Nemico di Pace* aus dem Oratorium *Il trionfo del Tempo e del Disinganno* von Georg Friedrich Händel erklungen. Zu den barocken Klängen des Orchesters und der leicht aufgeregten Stimme des Soprans wateten König Nu'usafe'e XLIV. und sein Diener Mu'ukalo'o von der fröhlichen Menge weg, dem Haus des Gouverneurs der Insel entgegen, um die Reise zu Gott zu besprechen.

Die überschaubare Monarchie im Pazifischen Ozean hatte 674 Einwohner, davon waren 165 Anhänger der Prinz-Philip-Bewegung, deren Gott in London im Buckingham Palast als Prinzgemahl lebte, und 409 Anhänger der Delphin-Bewegung, deren Gott vor siebenundzwanzig Jahren vom Himmel gefallen war und kurze Zeit später von Naturgeistern in einem fliegenden Delphin entführt wurde, so, wie es 1776 der englische Missionar Nathaniel Tyrwhitt den Ahnen der Inselbewohner prophezeit hatte.

IV

Am Karmelitermarkt war es Mittag geworden. Die Kunden kauften, als stünde eine Hungersnot bevor oder ein Krieg vor der Tür. Es war kurz vor Weihnachten. Lebensmittel in jeder Form gingen in Massen über den Ladentisch, so auch bei *Sahara Obst & Gemüse* von Herrn Sadigh. Ambrosius Backstein war gerade dabei, den Einkauf einer jungen Mutter mit zwei Kindern im Schlepptau in Plastiksackerln zu verstauen. Ein Kilo weiße Weintrauben aus Südafrika, vier Flugmangos aus Brasilien, drei Tassen Erdbeeren aus Israel, drei Tassen Heidelbeeren aus Chile, ein Kilo Pfirsiche aus Südafrika und zwei Äpfel aus der Steiermark, für die Kinder. »Die können s' gleich so essen.« Er überreichte der jungen Mutter ihren Einkauf, nannte den Betrag, kassierte und gab das Wechselgeld heraus, wandte sich währenddessen schon dem nächsten Kunden zu, was es denn sein dürfe. Der übliche Vorgang von Neuem: Das gewünschte Obst aus der Kiste holen, abwiegen, in die Kassa tippen, in braune Papiertüten einsacken, kassieren und: »Wer ist der Nächste bitte?«

Seine Kleidung war feucht, ihm war kalt, es hatte mindestens vierzehn Grad plus, und es regnete vorweihnachtlich. Alles Umstände, die ihn an seine Jugend denken ließen.

Während er seiner Arbeit nachging, dachte er oft an seine Jugend, daran, was er alles vorgehabt hatte, was er alles erreichen hatte wollen. Was für eine Energie und unternehmerischen Geist er doch einmal gehabt hatte! Vor einigen Tagen hatte er den Versuch unternommen, seine Wohnung etwas zu entrümpeln, von altem Ballast zu befreien, und war auf einen Karton mit Schulheften und Notizbüchern gestoßen.

»Backstein Ambrosius 6B, Mathe, Bio, Deutsch etc.« Ab einem gewissen Moment hatte er aufgegeben, für jedes Fach ein eigenes Heft zu führen, aus einem praktischen Grund, den er sich von niemandem hatte ausreden lassen: Ein einziger großer Ringblock reduzierte die Gefahr, das richtige Heft aus Schlamperei nicht parat zu haben, gegen null. Dass er keine Nachahmer gefunden hatte, sprach eindeutig gegen seine Mitschüler, war seine feste Überzeugung. Er blätterte sich durch seine kindliche, selbst für ihn schwer zu lesende, lieblos hingekrakelte Schrift.

»Infinitesimalrechnung«, entzifferte er eine der vielen wellenförmig unterstrichenen Überschriften, darunter zwei, drei Formeln gekritzelt, daneben mit rotem Buntstift: »Fir wos brauch i des?«, eingeringelt mit Bleistift und einem Pfeil versehen, der quer durch das Geschriebene auf die Unterkante der Seite führte, wo mit fahriger Hand hingeworfen stand: »Um eines Tages vielleicht eine bezaubernde Mathematikerin mit langen Beinen zu beeindrucken!?« Er musste lächeln. Einige Seiten weiter, zwischen den Aufzeichnungen unter der Überschrift »Wechselwarme Wirbeltiere: Fische«, direkt unter dem Satz »Die Fischlarven haben einen Dottersack, in dem sich Nährstoffvorräte befinden, von dem sich die Larven ernähren« und über dem Satz »Dieser Dottersack ist so schwer, dass sie noch nicht schwimmen können, erst wenn der Vorrat aufgebraucht ist, können die Fischchen sich frei bewegen«, fand Ambrosius Backstein folgenden Ausruf: »Unbedingt klären wie das Leben entstanden ist!!!!!!« Mit sechs Rufzeichen, das Ganze rot unterstrichen und ohne den nach den Regeln der Rechtschreibung eigentlich notwendigen Beistrich. Rechtschreibung und Grammatik waren nie seine Stärke gewesen. Seine Rechtfertigung war immer Friedrich Schiller gewesen, von dem er gehört hatte, dass er eine sehr individuelle Rechtschreibung gepflegt habe. Immerhin ein Klassiker. Er unterschlug dabei gerne den Umstand, dass damals die Schreibregeln noch gar nicht rigide festgelegt waren. Der preußische Gymnasiallehrer, Herr Konrad Duden, hatte noch nicht sein gefürchtetes Regime über die Schüler errichtet, war zu Schillers Zeiten noch nicht einmal auf der Welt. Eine herrliche Welt somit. Jeder durfte bis zu einem gewissen Grad schreiben, wie er es für richtig hielt, was Ambrosius für eine großartige Sache hielt, damals wie heute.

Sein größtes Interesse hatte abwechselnd der Liebe und der Biologie gegolten. Ständig in eine neue Mitschülerin unglücklich verliebt, hatte er sich immer mehr der Wissenschaft vom Leben zugewandt, denn es faszinierte ihn nichts mehr, als herauszufinden, was in jenem

Moment geschehen war, in dem das erste Lebewesen, die erste lebende Substanz auf diesem Planeten entstanden war. Das ging so weit, dass er im zarten Alter von siebzehn Jahren sich mehr für die Zusammensetzung der DNA und die Vorgänge bei der Proteinbiosynthese interessierte als für die schwarzen Nylonstrümpfe seiner Mitschülerinnen. Was nicht die ganze Wahrheit war, denn in Geometrie beispielsweise musste er ständig an Lydia denken, die zwei Reihen vor ihm saß. Sie war mit ihren unendlich langen perfekten Beinen der lebende Beweis für den Lehrsatz, wonach sich zwei Parallelen in der Unendlichkeit treffen. Jawohl, dort musste die Unendlichkeit sein. Unerreichbar für ihn, aber andere gingen dort ein und aus, wie er irgendwann erfahren musste, worauf er sich mit pubertärem Eifer auf die große Frage warf, wie das Leben auf der Erde überhaupt entstehen konnte. Er wollte es tatsächlich wissen und ein für alle Mal klären.

Er blätterte weiter und sah, diesmal zwischen Aufzeichnungen über die Geschichte des Zweiten Weltkrieges, einen weiteren rot unterstrichenen Ausruf: »Was hat den Urknall verursacht und warum? – zuerst klären!!!« Er war in seiner Jugend von diesen zwei Fragen besessen gewesen, sie schienen ihm die einzigen Fragen, denen er überhaupt irgendeine Bedeutung zugestanden hatte. Bis heute hatte er nichts unternommen, um sie zu beantworten. Wie das Leben so spielt, hatte er einen Beruf ergriffen, der ihm in erster Linie Geld einbrachte. Das hatte er in eine IT-Firma investiert, auf die falschen Trends gesetzt und das Unternehmen vor nunmehr fünf Jahren in den Sand gesetzt. Hätte Ambrosius keine Exfrau und zwei Kinder gehabt, wäre er auf eine Weltreise gegangen, aber um Alimente und Unterhalt zahlen zu können, hatte er das Angebot eines ehemaligen Geschäftspartners, bei ihm zu arbeiten, angenommen. Vor drei Jahren dann der Konkurs wegen Geschäftsrückgangs. Seither verkaufte er Obst bei Herrn Sadigh.

Während er ein halbes Kilo Karotten abwog, fragte er sich, was mit seinem Interesse an der Biologie und Physik passiert war. Wo er es unterwegs aus den Augen verloren hatte und ob er nicht sein ganzes Leben verschwendet hatte.

V

König Nu'usafe'e XLIV. war drauf und dran, die Geduld zu verlieren. Der alte Streit war wieder aufgebrochen. Der Religionsstreit, der die Insel vor vielen Jahren erschüttert hatte, als ein paar aus seiner Sicht Wahnsinnige, darunter auch sein Vater, der alte König, ihre religiöse Erleuchtung gehabt hatten, die zu der Glaubensspaltung geführt hatte. Genaueres darüber kann man in dem Buch A *Brief Treatise on the Religion of the People of the Va'anu'utian Monarchy in Honour of HRH Prince Philip The Duke of Edinburgh* von Gouverneur Mayham nachlesen. Hier eine kleine Zusammenfassung der wichtigsten Punkte, die zum Verständnis der weiteren Ereignisse von Bedeutung sind:

Die ursprüngliche Naturreligion

Die ursprüngliche Religion der Bewohner der Va'anu'utischen Inseln war eine Naturreligion. Insgesamt hatten die Inseln zweihundert Einwohner, die vor siebentausend Jahren mit ihren Einbäumen hier gelandet waren. Ihrem Glauben zufolge entstand die Welt aus dem Erbrochenen der Göttin M'hanah' Bat'hanab, einer Gazelle, die am Himmel Sterne graste. M'hanah' Bat'hanab war sehr gefräßig und verschlang unzählige Sterne, weshalb es am Nachthimmel zwischen den Sternen schwarz ist. Davon wurde ihr übel, weil die vielen klitzekleinen Sterne in ihrem Magen erloschen und klumpten. So kotzte sie einen Klumpen – in der Va'anau'utischen Sprache, die allerdings seit dreihundert Jahren niemand mehr spricht, das Wort für Erde. Darauf legte sich M'hanah' Bat'hanab schlafen. Sie sah über sich die vielen Sterne, und ihr wurde wieder übel. Also erschuf sie die große Sonne, die so stark leuchtete, dass sie die Sterne endlich nicht mehr sehen konnte. Am nächsten Tag wachte sie auf und war hungrig, konnte aber die Sterne nicht sehen. Da schuf sie den Wechsel von Tag und Nacht. In der Nacht verspeist M'hanah' Bat'hanab immer noch Sterne, hält sich aber an eine strenge Diät, denn sonst würde sie ja eine zweite Erde erbrechen. Untertags schläft sie.

Der Prophet Nathaniel Tyrwhitt und sein Retter Abua Basala-hu'u
Dies war der Glaube der Inselbewohner, bis eines Tages im Jahr 1776
der englische Missionar Nathaniel Tyrwhitt auf der Insel strandete.
Er war mit Captain Cook auf dessen letzter Pazifikreise unterwegs.
Sie hatten in Tongatapu Station gemacht, wo sie am 5. Juli eine Sonnenfinsternis erlebten, und waren anschließend Richtung Tonga
gesegelt. Nathaniel Tyrwhitt war einer der Sträflinge, die zu Sklaven-
arbeit auf dem Schiff verurteilt worden waren. Als der deutsche Wan-
derprediger Abel Johannes Leutgeb, der angeheuert hatte, weil er sich
berufen fühlte, den ganzen Pazifik zu missionieren, starb, witterte
Nathaniel Tyrwhitt seine Chance. Er warf den Leichnam des Predi-
gers über Bord, zog dessen Kleidung an und bemächtigte sich so der
Identität eines Gottesmannes. Die beiden hatten einander leidlich
ähnlich gesehen, und da niemand den Prediger so recht beachtete,
fiel der Betrug erst Tage später auf, worauf man Nathaniel Tyrwhitt
flugs hinterherwarf. Zu seinem Glück wurde er Stunden später von
einem Bewohner der Va'anu'utischen Inseln, der mit seinem Einbaum auf Haifang gegangen war, aus dem Wasser gefischt. Der Retter
des Propheten, wie man ihn später nannte, hieß Abua Basala-hu'u.

Die ersten Erzählungen
Nathaniel Tyrwhitt war der erste Weiße, den man auf den Inseln zu
Gesicht bekam. Man war ihm gegenüber daher sehr skeptisch eingestellt, hielt ihn für krank und dachte, die Farbe seiner Haut sei entwi-
chen, da ein Geist in ihn gefahren sei. Abua Basala-hu'u, der Retter
des Propheten, päppelte Nathaniel Tyrwhitt wieder auf und brachte
ihm die Landessprache bei. Als Dank für seine Rettung wollte er den
Einwohnern der Inseln das Christentum schenken. Dieses Vorhaben
litt lediglich unter einem kleinen Missgeschick: Nathaniel Tyrwhitt
hatte keine Bibel zur Hand. Zwar hatte er dem deutschen Prediger
nicht nur die Kleidung, sondern auch die Heilige Schrift gestohlen,
sie war jedoch mitsamt dem kleinen Holzkästchen, in dem auch
seine wenigen anderen Habseligkeiten waren, bei dem Wurf über
Bord in den Weiten des Ozeans verloren gegangen.

So begann er, frei improvisierend aus seiner Erinnerung, von Gott, der Erschaffung der Welt, Adam und Eva, den Patriarchen, den Propheten und schließlich vom Erlöser, dem Messias, Jesus Christus zu erzählen. Diese Erzählungen fanden am Strand in der Nacht statt. Nathaniel Tyrwhitt wusste: Um die Inselbewohner von Christus überzeugen zu können, würde er zuerst ihren alten Glauben miteinbeziehen müssen, um ihn dann für immer ausrotten zu können. In der Nacht war die Göttin M'hanah' Bat'hanab unterwegs und jagte die Sterne, so der Glaube der Inselbewohner. Deswegen sei es wichtig, meinte Nathaniel Tyrwhitt, nicht untertags, wenn die Göttin schlief, hinter ihrem Rücken von Christus, dem wahren Gott, zu sprechen, sondern des Nachts, damit die Göttin M'hanah' Bat'hanab mithören konnte, denn Gott, der wahre Gott, hat auch sie geschaffen, und das sollte man ihr sagen, meinte der Prophet.

Das Wunder der Anspülung
So trafen sich die Inselbewohner jeden siebenten Tag am westlichen Strand der Insel und hörten die Geschichten des Propheten. Natürlich gab es Widerspruch. Man wollte nicht so recht einsehen, dass ein wildfremder Mann, dessen Hautfarbe selbst nach einiger Bräunung durch die pazifische Sonne immer noch einen etwas kränklichen Eindruck machte, dass dieser Mann ein Abgesandter des wahren Gottes sei. Und so tauchten Fragen über Fragen auf. »Wenn M'hanah' Bat'hanab auch von diesem Gott geschaffen wurde«, riefen sie ungläubig, »warum hat sie uns nie davon erzählt? Warum verheimlicht unsere Göttin ihren Gott?«
Der Prophet sah in die Runde und rief: »Ja! Das ist eine gute Frage!«
Es folgte eine sehr lange Stille. Ein Teil der Zuhörer wartete geduldig auf eine alles klärende Antwort, der größere Teil aber fürchtete M'hanah' Bat'hanabs Zorn. Kurz bevor der erste Zuhörer einzuschlafen drohte, rief Abua Basala-hu'u, der Retter des Propheten: »Ist diese Antwort nicht genug und ein Zeichen der großen Weisheit unseres Propheten? Er zwingt uns keine Antwort auf, er überlässt es uns, die Wahrheit herauszufinden.«

»Aber nein, er hat doch keine Ahnung, wovon er redet!«, riefen sie.
»Doch! Hat er!«, rief Abua Basala-hu'u. »Er sagt in seiner unendlichen Weisheit: Dies ist eine gute Frage! Und wahrlich, ich sage euch, es ist eine gute Frage, denn dies ist eine gute Frage!« Und alle um ihn herum wussten, dass dies eine gute Frage war, denn dies war eine gute Frage.

»Ich halte dieses ganze Geschwätz für Dummheit!«, rief einer der Inselbewohner. Er war groß, hatte schwarzes Haar und einen finsteren Blick. »Was soll denn diese Geschichte mit der Heiligen Schrift? Warum hat er sie nicht bei sich, wenn es das Wort Gottes ist!?«

Tatsächlich war dies des Propheten größtes Problem – den Ungläubigen zu erklären, warum es zwar eine Heilige Schrift gab, er aber keine bei sich hatte.

»Die ganze Sache ist doch ziemlich seltsam«, riefen sie alle. »M'hanah' Bat'hanab, unsere Göttin, soll von seinem Gott erschaffen worden sein, was sie uns aber niemals mitgeteilt hat. Weder uns noch unseren Ahnen, ja nicht einmal einem der vielen Naturgeister hat sie etwas davon gesagt. Seltsam, oder? Und dann kommt er daher und faselt was von einer Heiligen Schrift, die es in einem fernen Land, woher er angeblich kommt, geben soll, hat aber keine bei sich, weil er ins Wasser geworfen worden sei. Klingt alles ein wenig an den Haaren herbeigezogen.«

»Ja!«, riefen sie alle. »Ja! Und was soll das überhaupt sein, eine *Schrift*?«

Das nächste Problem des Propheten. Die Inselbewohner hatten keine Schrift, kein Alphabet.

Dies war die Stunde der Skeptiker. Ihr Wortführer gab zu bedenken: »Die Worte, die nichts anderes sind als Kopfgeister, die von unserem Mund in die Luft entlassen werden, wollen sie in seinem Land angeblich gefangen und zwischen zwei Holzdeckel gesperrt haben! Ha! Wie lächerlich. Noch niemandem ist es jemals gelungen, einen Kopfgeist zu fangen.«

»Richtig!«, riefen die anderen.

»Kopfgeister sind frei!«

»Sie können zwar vom Mund befreit und von den Ohren im Vorbeirauschen gehört werden, aber niemand kann sie fangen! Niemand!«

»Richtig! Nur ein Kopfgeistloser kann glauben, dass sich die Kopfgeister fangen lassen!« Alle lachten. Sie fanden die Kopfgeistlosen, diejenigen, deren Kopf noch nie von einem Geist besucht worden war, immer sehr lustig. Die waren immer für einen Lacher gut.

Nathaniel Tyrwhitt, der Prophet, stand da und wusste nicht so recht, wie er reagieren sollte. Er wollte den Inselbewohnern lediglich die frohe Botschaft, von der er selbst zutiefst überzeugt war, überbringen, die Erlösung der Menschheit durch Jesus Christus. Deshalb wandte er sich an die Inselbewohner und sprach: »Ich bin kein Prophet!« Da ging ein großes Heulen und Zähneklappern durch die Menge.

»Ich bin ein einfacher Mensch, der euch gerne sagen will, dass wir erlöst sind! Dass wir nicht in unserem menschlichen Elend gefangen sind!«

»Was denn für ein Elend? Wovon sprichst du?«, fragten sie ihn.

»Von dem Leid, das wir einander zufügen.«

»Was für Leid? Wir fügen einander kein Leid zu. Wir leben auf unseren Inseln, sammeln Kokosnüsse, fangen Fische, und jeder hat, was er braucht!«, riefen sie.

»Ja!«, sagte Nathaniel, »aber wartet, bis wir Europäer kommen und euch versklaven und ausbeuten, dann werdet ihr unsere Religion brauchen!«

»Er hat recht!«, rief der Retter des Propheten. »Ich habe von anderen Inseln gehört, da sind weiße Männer gekommen, solche wie er, und haben den Bewohnern die Brust aufgeschnitten und das Herz herausgerissen!«

»Schwachsinn!«, sagte der Skeptiker. »Das sind Horrorgeschichten, die er uns erzählt, damit wir ihm seinen Gott abkaufen! Hört doch genau hin, redet er nicht wie ein typischer Muschelverkäufer?«

Muschelverkäufer hatten einen sprichwörtlich schlechten Ruf. Andauernd versuchten sie, einem Gebrauchtmuscheln zu einem überhöhten Preis aufzuschwatzen.

»Also gut!«, rief Nathaniel. »Also gut! Wir vergessen das Ganze! Ich will euch nichts aufzwingen! Ihr habt recht. Wenn eure Göttin M'hanah' Bat'hanab gewollt hätte, dass ihr Christen werdet, so hätte sie euch etwas von Jesus erzählt.«

Als ob M'hanah' Bat'hanab Nathaniel Tyrwhitts Worte gehört hätte, reagierte sie, so die spätere Erklärung, mit dem Wunder der Anspülung. Ein kleiner Junge schrie aufgeregt und zeigte mit beiden Armen gen Himmel. Ein Regen von Sternen prasselte auf die Erde nieder. Es waren Sternschnuppen. Unglaublich viele. Der Himmel war hell. Ohne zu zögern, liefen alle Richtung Strand, wo die Sterne zu landen schienen. Zwar lagen am Boden keine Sterne, doch konnte man deutlich die Umrisse einer kleinen Kiste wahrnehmen. Es war die Kiste, in der Nathaniel Tyrwhitt die Bibel aufbewahrt hatte. M'hanah' Bat'hanab hatte sie ihrem Volk geschickt.

Das Wort Gottes

Zu des Propheten Unglück hatte sich die Holzkiste mit Meerwasser gefüllt, und der Großteil des Papiers hatte sich mit den Zigarren und den Taschentüchern zu einer matschigen Masse verbunden. Zwischen den schweinsledernen Einbänden waren lediglich ein paar Seiten der Schöpfungsgeschichte und Stellen des Evangeliums nach Matthäus lesbar geblieben. Den Rest hatte das salzige, nasse Monster verschlungen.

Und so kam es, dass der Prophet nur die Genesis und die Bergpredigt wortgetreu vor sich hatte, allerdings in der Übersetzung des Herrn Luther auf Deutsch, eine Sprache, von der er kein Wort verstand, was seiner Glaubwürdigkeit unter den Inselbewohnern nicht gerade zuträglich war.

So verkündete er aus seinem Gedächtnis die Genesis und die Teile der Bergpredigt, die ihm noch geläufig waren. Bald nach dem Wunder der Anspülung verstarb Nathaniel Tyrwhitt. Was von seinen Predigten übrig blieb, war, dass eines Tages ein weißer Mann kommen würde, der Gott sei. Und so verbrachten die Inselbewohner die Jahre von 1776 bis 1974 damit, auf ihren Gott zu warten.

Die Entstehung der Prinz-Philip-Bewegung

Nachdem das Va'anu'utische Königreich erfolgreich den Eroberungs-
versuchen der Portugiesen und Spanier durch diplomatisches
Geschick widerstanden hatte, wurde es 1822 zu einer englischen
Kolonie, die jedoch ihren eigenen Status als Monarchie beibehalten konnte, sodass der König von Va'anu'utu nicht abdanken
musste, sondern zum direkten Stellvertreter des englischen Königs
William IV. erklärt wurde. Dieser aus dem Hause Hannover stam-
mende englische Monarch war durch die Nachricht, die Inselbewohner seien christianisiert und im Besitz einer, wenn auch zerfledder-
ten, Bibel in deutscher Sprache, so beeindruckt, ja fast gerührt, dass
er auf die Abdankung des Va'anu'utischen Königs verzichtete und
lediglich einen Gouverneur für den Inselstaat entsandte. Mit ihm
kam eine Palette deutscher Lutherbibeln.

1974 kam es zu einer Glaubensspaltung, als Queen Elizabeth II. und
ihr Ehemann Prinz Philip dem Inselstaat einen Staatsbesuch abstat-
teten. Ein trauriges Ereignis, dessen Verlauf kurz geschildert sei.

Nachdem die Inselbewohner von 1776 bis 1822 keinen weiteren
Kontakt zu Europäern gehabt hatten und mit den wenigen Seiten
deutscher Bibel alleingelassen worden waren, entwickelte sich eine
eigene Mythologie, die nach dem Tod des Propheten von allen anerkannt wurde. Zwei Wochen vor seinem Tod war Nathaniel Tyrwhitt
mit hohem Fieber darniedergelegen. Von seinen Jüngern umringt,
fantasierte er im Wahn von Jesus, Maria und Gott, der heiligen
Patchwork-Familie – Josef speiste er mit dem Besuchsrecht ab. Es
erschienen vor seinen Augen die seltsamsten Bilder. So sah er, wie
Maria, die Mutter Jesu, mit ihrem Ehemann, Gott dem Herrn, einen
Streit hatte. Nathaniels Jünger, an seinem Bett versammelt, fragten
ihn, wer denn diese Frau sei? Und er antwortete im Fieberwahn:
»Die Ehefrau von Gott!« Da entbrannte ein Streit unter ihnen. Die
einen meinten, bei dieser Ehefrau Gottes könne es sich nur um
M'hanah' Bat'hanab handeln, die anderen meinten, nein, es müsse
sich um eine europäische Frau handeln, da ja Gott selbst auch Europäer sei. M'hanah' Bat'hanab, so führten sie weiter aus, hätte nie-

mals einen Europäer zum Mann genommen – wenn schon, dann einen einheimischen Inselbewohner. Dies leuchtete den meisten ein, und man einigte sich darauf, dass die Frau Gottes eine Europäerin sein müsse. Sie sei allerdings – als Frau Gottes – keine gewöhnliche Frau, sondern die mächtigste Frau unter den Europäern.

Und siehe, 1974 war die Zeit gekommen. Ein weißer Mann erschien – Prinz Philip –, und er war mit einer mächtigen Frau verheiratet, Elizabeth II. Der Vater von König Nu'usafe'e XLIV., König König Nu'usafe'e XLIII., Sohn von König Nu'usafe'e XLII., Enkel von König Nu'usafe'e XLI., der Sohn des großen Reformers der Insel König Nu'usafe'e XL., der Vater des jetzigen Königs also, stand mitsamt der ganzen Bevölkerung des Va'anu'utischen Königreichs am Strand und sah, wie Königin Elizabeth II. und Prinz Philip in einem Einbaum auf die Anlegestelle zusteuerten. Prinz Philip war in einen strahlend weißen Marineanzug gekleidet, und König Nu'usafe'e XLII. war sich sicher: Das ist Gott mit seiner mächtigen Frau.

Die Mehrheit der Inselbewohner folgte dieser Ansicht jedoch nicht und hielt am alten Glauben fest, wonach dies nicht Gott und seine Frau sein konnten, denn sie waren übers Wasser gekommen und nicht vom Himmel, wie es prophezeit worden war. Prinz Philip sei nur ein weiterer Prophet, wie Nathaniel Tyrwhitt einer war, den auch das Meer angespült hatte. Gott selbst müsse vom Himmel kommen. Auch wurde der Prinz am Ende seines Besuches nicht von fliegenden Delphinen abgeholt, wie es Nathaniel in seinem Fieberwahn gesehen hatte, sondern zusammen mit seiner Frau wieder in einen Einbaum gezwängt. Und so kam es zur Glaubensspaltung, dem Schisma von 1974. Eine kleine Gruppe bekannte sich zur Prinz-Philip-Bewegung, die Mehrheit jedoch wartete weiter auf das Eintreffen Gottes.

Wie Gott nach Va'anu'utu kam und von fliegenden Delphinen
davongetragen wurde

Am 21. Dezember 1986 war es so weit. Gott kam in das Va'anu'utische Königreich. Die Boeing 707 der Neuseeländischen Fluglinie Air New Zealand, Flugnummer NZ33, war auf dem Weg von Frankfurt nach Samoa 129 Meter neben der Insel Iny'ygao'og abgestürzt. Einziger Überlebender war der damals sechsundzwanzigjährige Ambrosius Backstein.

VI

»Ich kann mich an fast gar nichts erinnern«, sagte Ambrosius Backstein zu seinem Chef, Herrn Sadigh, und dessen Angestellten. Der türkische Kellner brachte vier schwarze Tees und begann, die Teller des Geburtstagsessens, Adana und Döner Kebab, abzuservieren.
»Ich war die meiste Zeit nicht bei Bewusstsein. Es hat mich ja aus dem Flugzeug geschleudert. Ich bin vor dem Absturz auf die Toilette gegangen. Die lange Reise von Wien über Frankfurt und Dubai hatte mir ein wenig die Verdauung durcheinandergebracht. Als die Ansage des Flugkapitäns kam, man solle sich auf heftige Turbulenzen gefasst machen, sofort zu seinen Sitzen zurückkehren und sich anschnallen, hab ich beschlossen, einfach auf der Toilette zu bleiben. Ich hatte Angst, wenn ich auf den Platz zurückginge und wir in so ein Luftloch kommen, dass ich dann nach oben schnalze und mir vielleicht das Genick brechen könnte. Also hab ich mir gedacht, ich warte die ganze Sache ab.«
»War dir irgendwann klar, dass ihr jetzt abstürzt?«
»Nein. Es ging alles sehr schnell. Also der Aufprall auf dem Wasser. Viele glauben ja, es sei weniger schlimm, ins Wasser zu stürzen als auf Land. Es ist aber genau umgekehrt.«
Wie jedes Mal, wenn er von seinem Flugzeugabsturz erzählte, untermalte er diesen Satz mit einem Gesichtsausdruck, der einen gewissen Stolz erkennen ließ – sowohl auf das Wissen über die höhere Gefährlichkeit einer Wassernotlandung als auch darauf, der einzige Überlebende gewesen zu sein.
Ambrosius' Glück hatte darin bestanden, in der Flugzeugtoilette geblieben zu sein, was zur Folge hatte, dass er durch die Druckwelle des Aufpralls mitsamt der Toilette aus dem in mehrere Stücke zerbrochenen Flugzeug geschleudert wurde. Er landete geschützt in seiner

Abortkapsel fünfundzwanzig Meter von der Insel Iny'gao'og entfernt. Die Kapsel tauchte unter, wurde wieder hochgedrückt und an den Strand gespült, wo die Bewohner schon bereitstanden, um den ersehnten Gott willkommen zu heißen. Er war aus dem Himmel herniedergefahren, wie vorausgesagt.

»Die haben mich dann aus der Toilettenkapsel gehoben und in ein Zelt gebracht, wie ich erst später erfuhr, denn ich war bewusstlos. Bin erst zwei Tage später aufgewacht, als ich mich schon wieder in einem Flugzeug befand, das mich in ein Spital in Sydney brachte, wo ich von einer Meute Journalisten erwartet wurde. Hunderte Interviews und der ganze Rummel.«

Dennoch hatte er es zu Beginn in gewisser Weise genießen können. Die Aufmerksamkeit, die ganz eigene Art von Berühmtheit. Wenn schon kein Gott, so doch ein Liebling der Götter, als einziger Überlebender. Von der österreichischen Botschaft in Australien war er früh kontaktiert worden. Man würde sich um seine Heimkehr kümmern, sobald von den Ärzten seine Reisefähigkeit bestätigt worden wäre.

Noch vor seiner Rückreise hatte er von einem österreichischen Journalisten Besuch bekommen, der den weiten Weg von Wien nach Sydney für eine Exklusivstory auf sich genommen hatte. Es gab noch keine Mobiltelefone, kein Internet und keine Digitalfotografie. Am 23. November 1986, einen Monat vor Ambrosius' Flugzeugabsturz, hatten in Österreich Nationalratswahlen stattgefunden. Die SPÖ verlor viereinhalb Prozentpunkte und kam nur mehr auf 43,1 Prozent der Stimmen, die ÖVP verlor rund zwei Prozentpunkte und kam nur mehr auf 41,3 Prozent, Gewinner waren die FPÖ, die ihre Stimmenanzahl verdoppeln konnte und auf 9,7 Prozent kam, und die Grünen, die mit Freda Meissner-Blau zum ersten Mal in den Nationalrat einzogen und auf 4,8 Prozent der Stimmen kamen. Es war eine andere Zeit. Nur zur Erinnerung.

Der Journalist hatte durch eine Bekannte im Außenministerium von Ambrosius Backsteins Absturz erfahren und seinem Chefredakteur die Geschichte vorgeschlagen. Dem gefiel sie, und er arrangierte mithilfe der österreichischen Botschaft in Sydney ein Treffen mit Ambrosius. Der genoss das erste Interview, die Möglichkeit, über sein Schicksal sprechen zu können. Darüber zu reden, dass alle anderen Passagiere tot sind, gab ihm die Gewissheit, ein Auserwählter zu sein. »Ich hatte damals allerdings keine Ahnung«, sagte Ambrosius zu Herrn Sadigh, der ihn noch auf einen Drink begleitete, nachdem sich die kleine Geburtstagsfeier aufgelöst hatte, »wer mich auserwählen hätte sollen, und wofür?«

Sie betraten ein kleines altes Beisl in der Praterstraße, eine Spelunke mit verkrachten Existenzen, die einsam vor einem Bier oder Schnaps saßen und auf ihren Smartphones herumwischten.

»Eigentlich ist jeder Mensch ein Auserwählter«, sagte Herr Sadigh.

»Jeder hat seine eigene Bestimmung.«

»Ich weiß nicht.« Er blickte sich im Lokal um. »Da, schau dir die Leute hier doch an. Er zum Beispiel.« Ambrosius zeigte auf einen jungen Mann in Jogginghose und T-Shirt. »Der vergeudet sein Leben. Und warum? Weil er keine Bestimmung hat. Weil er einfach das tut, was man eben tun muss: arbeiten, essen, schlafen, scheißen. Jeden Tag. Ohne irgendein Ziel oder einen Sinn.«

»Du kennst ihn doch gar nicht. Woher willst du das wissen?«

»Ich muss ihn nicht kennen. Ich weiß es eben.«

»Weißt du, warum du das so genau weißt?«

»Warum?«

»Weil du dieser Mann da drüben bist. Du sprichst von dir selber, wenn du über ihn sprichst.«

»Was ist das? Eine orientalische Weisheit?«

»Nein. Aber ich kenne dich doch. Was ist denn los mit dir?«

Ambrosius wusste es nicht. Der Auserwählte hatte jeden Sinn im Leben verloren. Von seinem Status als Gott wusste Ambrosius nichts. Die Bewohner der Va'anu'utischen Monarchie haben ihren Gott nur bewusstlos erlebt. Nachdem er in der Flugzeugtoilette angespült worden war, kam er in die Obhut zweier Medizinmänner. Sie legten ihm getrocknete Kräuter auf die Stirn, die sie entzündeten, um Ambrosius mit Rauch zu umhüllen. Einer der Schamanen achtete darauf, seine Stirn nicht zu versengen. Am nächsten Tag landete ein kleines

Wasserflugzeug des australischen Militärs neben der Insel. Es war der Suchtrupp, der nach Überlebenden suchte. Man führte sie zu dem Zelt, in dem Ambrosius immer noch bewusstlos lag und nach geräuchertem Speck roch. Sie brachten ihn mit einer Bahre in das Wasserflugzeug, das sofort in Richtung Sydney abhob. Im Buch *A Brief Treatise on the Religion of the People of the Va'anu'utian Monarchy in Honour of HRH Prince Philip The Duke of Edinburgh* kann man über diese Zeit Folgendes lesen: »Und die Bewohner der Insel erkannten in dem fremden weißen Mann die Erfüllung der Prophezeiung des Propheten Tyrwhitt, denn er wurde auf einem fliegenden Delphin davongetragen. Dennoch kam es zu heftigen Diskussionen. Die einen hielten an Se. Kgl. H. Prinz Philip als ihrem Gott fest, die anderen erkannten ganz klar in dem ohnmächtigen Weißen ihren wahren Gott. Dem Vorurteil, wonach ein Gott allmächtig und nicht ohnmächtig sein müsse, setzten sie einige Spitzfindigkeiten entgegen, sodass schließlich, nachdem er von dem fliegenden Delphin davongetragen worden war, König Nu'usafe'e XLIV. per Dekret die Anbetung des weißen Mannes durchzusetzen versuchte. Das hätte jedoch beinahe zu einer Revolte geführt, wären die Inselbewohner nicht zu faul dafür gewesen. Ein Aufstand gegen den König schien allen zu anstrengend und wurde im letzten Moment abgeblasen.
Die Lebenseinstellung der Inselbewohner verhinderte so einen Religionskrieg. König Nu'usafe'e XLIV. ließ aber dennoch sein Dekret zurücknehmen und den *Va'anu'utischen Religionsfrieden* ausrufen, der beide Götter nebeneinander anzubeten erlaubte. Se. Kgl. H. Prinz Philip wurde von zwei seiner Anhänger im Buckingham Palast besucht und darüber informiert, dass er ein Gott sei. Er quittierte dies mit einer seiner launigen Bemerkungen, für die er bekannt ist. ›Na, da haben sie sich ja den richtigen ausgesucht. Ich werde ihnen demnächst zehn Gebote schicken. Gebot Nummer eins: Du sollst dir Schuhe anziehen, wenn du in London herumläufst!‹
Die anderen, die Anhänger der Delphin-Bewegung, streiten bis heute, ob es erlaubt sei, sich auf den Weg zu Gott zu machen, um ihn zu besuchen.«

VII

König Nu'usafe'e XLIV. und sein Diener stapften durch das Wasser der Hauptstraße und näherten sich dem Haus des Gouverneurs, wo die Reise zu Gott besprochen werden sollte. Es stand natürlich ebenfalls unter Wasser. Im Vorzimmer schwammen zwei Perserteppiche herum. Die Köchin des Gouverneurs, eine junge Afrikanerin, grüßte den König beiläufig mit einer Verbeugung und fluchte entschuldigend: »Ich konnte nichts kochen. Das Holz ist nass. Was für eine Katastrophe. Es ist beschämend, Majestät!«

Der König bemerkte an ihren Armen, mit denen sie wild herumfuchtelte, zwei goldene Armreifen. Zu teuer für eine Köchin, sie muss die Geliebte des Gouverneurs sein, dachte er, als er diesen aus einem Nebenraum kommen sah. Der stapfte durch das Wasser des Vorzimmers und führte im ständigen Kampf mit einem der schwimmenden Teppiche den König samt Diener in den Empfangsraum, wo bereits der Hohepriester der Delphin-Bewegung, der Hohepriester der Prinz-Philip-Bewegung, der Minister für die Zufriedenheit des Volkes und der Minister für Alles Andere auf Korbstühlen saßen und mit den Füßen im Wasser planschten. Alle erhoben sich und grüßten den König. Der König nahm Platz. Alle setzten sich wieder, die Hosenbeine bis über die Knie hochgekrempelt. Die Ratsversammlung konnte beginnen, das dringende Problem endlich besprochen werden.

Ratsversammlungen verlangten die Einhaltung eines strengen Prozedere, das von den Engländern hundert Jahren zuvor eingeführt und von den jeweiligen Königen und Gouverneuren laufend erweitert worden war.

Eine ziemlich bürokratische Angelegenheit für einen kleinen Inselstaat im Pazifischen Ozean, aber man sah es immer als einen großen zivilisatorischen Fortschritt an, wenn man etwas von den Europäern übernehmen konnte, und so war die strenge Zeremonie der Ratsversammlung der ganze Stolz der Inselbewohner.

Zu Beginn wurde gesungen. Ein Gesang zu Ehren der beiden Inselgötter Prinz Philip und Ambrosius Backstein. Schon der sonst so beliebte Punkt zwei stellte diesmal ein Problem dar: ein üppiges Essen. Es musste buchstäblich ins Wasser fallen, denn es war kein trockenes Brennholz aufzutreiben gewesen.

»Daran sehen wir schon«, sagte der Minister für die Zufriedenheit des Volkes, »wie dringend die ganze Angelegenheit ist.«

»Ich muss darauf hinweisen, dass die Einhaltung des Protokolls der Versammlung für die Gültigkeit des Beschlusses von hoher Bedeutung ist!«, meinte der Gouverneur. »Wir wollen doch nicht, dass die Beschlussfindung wiederholt werden muss wegen eines Formalfehlers, wie letztens, als wir die Nachspeise ausgelassen haben, weil wir alle schon so voll waren.«

»Ja, aber wenn es gar nichts zu essen gibt«, sah sich der Minister für Alles Andere hektisch um, »dann ist ja alles ungültig, was wir heute beschließen!« Er war außer sich: »Das darf nicht noch einmal passieren!« Um die Tragweite seiner Schlussfolgerung zu unterstreichen, stampfte er mit dem rechten Fuß kräftig auf.

»Nur keine Wellen, Herr Kollege!«, versuchte der Minister für die Zufriedenheit des Volkes zu beruhigen, konnte aber seinerseits eine leichte Gereiztheit nicht unterdrücken. »Wie wir wissen, und so wird es zweifellos auch das Protokoll festhalten, konnte nichts gekocht werden, weil das Holz nass ist.«

»Warum hat man dann nicht den Elektroofen verwendet?«, gab sich der Minister für Alles Andere nicht so schnell zufrieden.

»Weil es das Protokoll so will. Essen für die Ratsversammlung darf nur auf Feuer aus Palmenholz zubereitet werden«, versicherte der Gouverneur im Tonfall des Besserwissers.

In diesem Moment kündigte eine kräftige Bugwelle das Erscheinen der resoluten Köchin an. »Ich habe Sandwiches geholt.« Damit stellte sie ein Tablett mit Gurkensandwiches ab, eine aus Großbritannien importierte Inselspezialität, die neben Kokosnusseintopf mit Garnelen und Schweinebauch, auf grünen Mangos geschmort, zu den beliebtesten Speisen zählte. Der Gouverneur beäugte die Gurkensandwiches misstrauisch: »Das geht nicht, das entspricht nicht dem Protokoll ...«

»Warum nehmen wir das Protokoll nicht, zerreißen es in kleine handliche Stückchen und wischen uns damit den Popo aus, nachdem wir protokollgemäß scheißen waren ...«, platzte dem König heute schon zum zweiten Mal der Kragen.

Die gesamte Ratsversammlung sah den König erstaunt an. »Ist das eine Anweisung Eurer Majestät, die wir demnächst in einer Versammlung ausführlich zu erörtern haben werden?«, fragte der Minister für Alles Andere zögerlich.

»Nein!«, unterbrach ihn der König barsch. »Das ist ein Ausruf der Verzweiflung. Die Insel steht fünfzehn Zentimeter unter Wasser!«

»Es sind bereits fünfzehn Zentimeter und achtundsiebzig Millimeter, Majestät«, warf der Minister für die Zufriedenheit des Volkes ein und überreichte diensteifrig dem König ein Blatt Papier mit seinen Aufzeichnungen.

Ohne ihn eines Blickes zu würdigen, verkündete der König: »Wir müssen unverzüglich handeln. Ich habe beschlossen, mit einer Delegation zu Gott zu reisen.«

Stille.

Der Minister für Alles Andere blickte erwartungsvoll zum Hohepriester der Prinz-Philip-Bewegung. Der Minister für die Zufriedenheit des Volkes blickte erwartungsvoll zum Hohepriester der Delphin-Bewegung. Rund um den Gouverneur begann die Wasseroberfläche unruhig zu werden, er rutschte nervös auf seinem Sessel hin und her.

»Ich weiß, dass wir beide unterschiedliche Auffassungen haben, wer unser Gott ist«, sagte der König streng und nahm sich vor, alles genau so zu sagen, wie er es sich zurechtgelegt hatte, »aber ich als König dieser Inseln, als König aller Bewohner, ich weiß, dass ich für das Wohl aller verantwortlich bin. Deswegen habe ich beschlossen, zu dem Gott zu reisen, an den ich glaube, um bei ihm, dem Allmächtigen Schöpfer des Universums, um Hilfe für mein Volk zu bitten. Ich werde zu Ahabu-hamha'at-hamu'u A'aheta'a reisen.«

Ahabu-hamha'at-hamu'u A'aheta'a war der Name, den sie Ambrosius Backstein gegeben hatten, was so viel bedeutet wie »Der mit dem fliegenden Delphin entschwundene weiße Mann«.

174

»Wir müssen«, sagte der Minister für Alles Andere, »die Entscheidung unseres Königs akzeptieren und unverzüglich mit den Reisevorbereitungen beginnen.«

»Moment!«, rief der Hohepriester der Delphin-Bewegung. »Wir alle wissen, was das heißt. Wir alle wissen, was für ein großes Opfer es unserer Bevölkerung abverlangt, wenn wir die Identität unseres Gottes enthüllen müssen.«

Er hatte recht. In all den Jahren waren immer wieder Versuche unternommen worden, die Identität Gottes preiszugeben, was jedoch nie tatsächlich gemacht wurde. Dazu muss man ein wenig in die Feinheiten der Theologie des Delphin-Kultes eindringen, was wir am besten mit einem weiteren kurzen Zitat aus dem schon bekannten Werk *A Brief Treatise on the Religion of the People of the Va'anu'utian Monarchy in Honour of HRH Prince Philip The Duke of Edinburgh* tun wollen. Hier finden wir in Kapitel 19: »*So bauten die Inselbewohner dem neuen Gott einen Tempel aus den Teilen, die über Wochen hinweg angeschwemmt worden waren. Darunter befand sich auch ein Koffer. Sie öffneten den Koffer, und siehe da, er enthielt die Kleidungsstücke Gottes. Sie brachten sie in den Tempel. Das Herzstück des Tempels waren zwölf Eiskästen, die sie als solche erst Jahre später erkannten. Sie stammten aus dem Frachtraum des Flugzeugs und bildeten jetzt einen Heiligen Kreis. In der Mitte stand der Heilige Kasten, der das Bild und den Namen ihres Gottes beherbergte, in Gestalt eines Reisepasses der Republik Österreich, vom Meerwasser fast bis zur Unkenntlichkeit zerfressen. Der Kasten war versiegelt. Niemandem war es erlaubt, den Namen Gottes zu erfahren. Der Hohepriester hatte nämlich einen schrecklichen Traum gehabt: Sollte jemals der Name Gottes herausgefunden werden und sich jemand auf die Suche nach ihm machen, so müsste das gesamte Volk dreizehn Monate enthaltsam leben, um nicht von einer großen Plage, einem Tsunami, dahingerafft zu werden, den interessanterweise nicht Ahabu-hamha'at-hamu'u A'aheta'a zur Strafe schicken würde, sondern M'hanah' Bat'hanab.*«

»Na und?«, rief der König. »Das ist ein Opfer, das jeder bringen kann. Es gilt, uns vor dem Untergang, vor dem Ertrinken zu retten! Dann wird eben dreizehn Monate lang nicht gevögelt!«

Der Zorn des Königs verfehlte seine Wirkung nicht. Der Hohepriester der Prinz-Philip-Bewegung und der Minister für die Zufriedenheit des Volkes bedeuteten einander mit Blicken, nichts gegen den Beschluss des Königs zu unternehmen.

»Gibt es Einwände?«, fragte der König.

»Majestät«, setzte der Minister für die Zufriedenheit des Volkes an, »wir werden Euch in allen Belangen unterstützen.«

»Die Wichtigkeit des Unternehmens steht über unserem unerschütterlichen Glauben«, sagte der Hohepriester der Prinz-Philip-Bewegung salbungsvoll.

»Gut! Ich habe immer schon gesagt, die Prinz-Philip-Bewegung ist auf dem Holzweg. Schön, dass ihr das endlich einseht. Also, dann ist alles klar?« Er sah sich um. Bedeutungsvolles Kopfnicken und ein paar offene Münder umgaben den König.

Am nächsten Tag öffnete man den Heiligen Schrein und nahm den Reisepass heraus. Der Hohepriester verlas den Namen, und bereits nach wenigen Stunden hatte man Ambrosius Backstein ausfindig gemacht. Der König meinte noch, dass der Anschluss an das Internet eine seiner besten Entscheidungen gewesen sei. Im staatlichen Fernsehen verkündete man die auf alle Bewohner zukommende sexuelle Abstinenz, was zwar großes Murren, aber angesichts der katastrophalen Lage der Insel keinen erwähnenswerten Widerstand hervorrief.

Wenige Tage später machte sich die Delegation auf die Reise nach Österreich. Der König, sein Diener, der Minister für Alles Andere, der Gouverneur und der Hohepriester landeten am 2. Jänner in Wien-Schwechat.

VIII

Theresia Backstein ahnte Schlimmes, als sie vom Thermenbereich in ihr Hotelzimmer kam und zwölf Anrufe in Abwesenheit von ihrem Exmann auf dem Handydisplay hatte. Seit der Scheidung war Weihnachten ein Problem. Ein Schmerz. Ein deutlicher Hinweis auf das

Scheitern ihrer Ehe, auf das Scheitern einer gemeinsamen Familie. Benjamin und Benedikt waren im Thermenbereich geblieben, während sie sich ausruhen wollte. Daran war jetzt nicht mehr zu denken. Dennoch zögerte sie, zurückzurufen, denn sie fürchtete, die Zeit des großen Dramas, der Verzweiflung ihres Exmannes wäre nach zwei ruhigen Jahren wiedergekehrt. Ambrosius Backstein besaß die Fähigkeit, in der Zeit vom 24. Dezember bis 31. Jänner ein guter Exmann und Vater zu sein. Selbst die Weihnachtsbescherung in der gekünstelten Patchwork-Idylle mit Exfrau, deren neuem Mann, dessen Tochter, seinen eigenen Söhnen, seiner Tochter und deren Mutter mit ihrem neuen Mann und dessen Hund meisterte er mit Bravour. Sie waren übereingekommen, die Weihnachtsfeiertage stets gemeinsam zu verbringen. Man ging eislaufen, trank Punsch, kaufte Bücher und las einander im Haus von Theresias neuem Mann Geschichten vor, was sämtlichen Kindern unsagbar auf die Nerven ging. Es kam nicht nur ein Mal vor, dass vier bis fünf Erwachsene, die nichts miteinander zu tun hatten, außer dass sie sich irgendwann von einem der Anwesenden hatten scheiden lassen, aus dem Schaden nicht klug geworden und jetzt mit jemand anderem der Anwesenden verheiratet waren, romantisch vor dem Kamin mit künstlichem Holz und Gasflammen saßen und einander *Peterchens Mondfahrt* vorlasen, während die Kinder im Nebenzimmer sich mit den coolsten YouTube-Clips zu überbieten suchten.

Diese Feiertage in Patchwork-Harmonie durchstand Ambrosius mit freundlichem Gesicht und Lächeln auf den Lippen, auch wenn er den Stiefvater seiner beiden Söhne für einen Idioten hielt, der eine Jugendstilvilla originalgetreu renovieren hatte lassen, um dann den Kamin mit Gas zu befeuern. Die Tage und Abende vom 24. bis zum 31. Dezember waren mit reichlich Punsch und einem ersten rechtzeitigen Gin Tonic für Ambrosius leicht zu ertragen. In der Silvesternacht kam dann der Zusammenbruch, gefolgt von einem heftigen Besäufnis, das jedes Mal in den frühen Morgenstunden des 2. Jänner mit mehreren vergeblichen Anrufen bei Theresia endete.

Sie legte das Telefon auf den Kopfpolster ihres Doppelbettes, schlüpfte aus dem weißen Bademantel, ging ins Badezimmer, zog ihren Bikini aus und stellte sich unter die Dusche, ohne das Wasser aufzudrehen. So stand sie eine Weile, nackt, in Gedanken ihren betrunkenen Exmann vor Augen, wie er sie mit alten Vorwürfen und verzweifelten Liebeserklärungen bedrängte. Sie hatte sich zwei Jahre nach der Geburt ihres jüngsten Sohnes Benedikt in Hans, ihren Geschäftspartner, verliebt und nach weiteren elf Monaten Ambrosius verlassen. Als Rechtsanwältin war es leicht, durch das juristische Labyrinth einer Scheidung zu kommen, als Mensch nicht. Sie liebte und trauerte gleichzeitig, wie das eben so ist, wenn man den einen für den anderen verlässt. Sie stand immer noch mit starrem Blick nackt in der trockenen Duschkabine, als neuerlich ihr Telefon läutete. Sie wartete den letzten Klingelton ab, dann öffnete sie den Wasserhahn und tauchte ab in die wohlige Wärme eines heißen Duschbads, wohl wissend, den Kokon bald wieder verlassen zu müssen.

IX

König Nu'usafe'e XLIV. war vom physischen Zustand Gottes entsetzt. Der König saß im Wohnzimmer auf einem der beiden Fauteuils mit dem Union-Jack-Überzugsmuster. Gemütlicher als sein Thron, wie er fand. Der lange Flug und das kalte Wetter in Wien hatte die Reisegesellschaft sehr erschöpft. Zuerst wollten sie sich ausruhen, um am nächsten Tag ihrem Gott würdig gegenübertreten zu können. Doch dann hatte es bei der Einreise in Schwechat sehr lange gedauert, und es hatte sich herausgestellt, dass Wien ausgebucht war. Sie konnten kein Hotelzimmer auftreiben. Also waren sie direkt zu Gott gegangen. Und siehe: Gott kniete vor der Toilette und übergab sich.
Er hatte es in der letzten Nacht übertrieben. Zuerst drei Flaschen Rotwein und dann noch die Einladung seines Nachbarn auf einen Joint. Es war neun Uhr dreißig am Morgen, und Gott hatte vor fünfundzwanzig Minuten seinen letzten kräftigen Zug genommen. Der Diener des Königs und der Hohepriester knieten sich zu ihm und

redeten beruhigend auf ihn ein, was jedoch paradoxe Wirkung zeitigte. Ambrosius Backsteins Gefühlswallungen oszillierten zwischen Panik und Verdrängung. Sein Körper versuchte verzweifelt, das Gift durch Erbrechen loszuwerden, das sich schon längst in seiner Blutbahn befand, während sein Geist die größte Anstrengung unternehmen musste, um die Wirklichkeit zu erreichen.

Ambrosius Backstein hatte Angst, panische Angst vor den Halluzinationen, von denen er sich umringt sah. Das konnte unmöglich die Wirkung von Haschisch sein. Sein Nachbar musste irgendeine andere Droge beigemischt haben. Ein Horrortrip. Anders konnte er sich die fünf dunkelhäutigen Menschen in seiner Wohnung nicht erklären.

Der Trip hatte begonnen, als er bei einer letzten Flasche Wein in der Küche sitzend verzweifelt versucht hatte, Theresia anzurufen, um all die Missverständnisse endlich auszuräumen. Sie würde ein Einsehen haben müssen und zurückkommen, seine große, seine einzige, ja, *die* Liebe des Lebens, auf der Stelle. Theresiaaaa! Statt eines Freizeichens ertönte die Türklingel. In seinem Zustand fand er das unheimlich komisch. Gleich nochmal. Es funktionierte. Dämlich kichernd, schleppte er sich zur Tür, und da standen sie, seine Dämonen. In schwarze Anzüge gekleidet. Sehr elegant. Sie knieten sich vor ihn hin und nannten ihn Gott. Da bekam er einen ersten Schweißausbruch und schwor sich, nie wieder Alkohol mit Haschisch zu mischen. Als einer von ihnen sich als König Nu'usafe'e XLIV. vorstellte, musste er sich das erste Mal übergeben.

Ambrosius stützte sich mit der Rechten auf der Klobrille ab, griff mit seiner Linken nach seinem Handy, hievte sich hoch und versuchte, den helfenden Griffen seiner zwei exotischen Halluzinationen zu entkommen. Er machte einen Satz ins Vorzimmer und schlug in voller Länge auf den Parkettboden. Sein Handy glitt ihm aus der Hand und schlitterte bis kurz vor die Wohnzimmertür. Unterwegs begann es zu läuten.

Der Diener des Königs sprang nach vor, hob das Handy auf und wartete, bis er es an Ambrosius weitergeben konnte, der sich wieder übergab, diesmal direkt auf den Parkettboden. Ohne darauf einzugehen, griff er nach seinem Handy, nahm das Gespräch an und lallte in sein Telefon.

Theresia saß in ein weißes Handtuch mit dem eingewebten Schriftzug *St. Martins Therme* gehüllt auf ihrem Doppelbett und versuchte, den Ausführungen ihres Exmannes irgendeinen Sinn abzuringen. Insgeheim war sie ein bisschen enttäuscht, dass es nicht gleich um sie ging.

»Fünf. Es sind fünf. Mehrere, vielleicht nur drei. Zwei waren mit mir am Klo.«

»Wo bist du?«

»Ich war mit zwei Schwarzen am Klo.«

»Das freut mich für dich. Lass uns morgen Abend telefonieren.«

»Ich hätte nicht kiffen sollen.«

»Leg dich hin und schlaf deinen Rausch aus!«

»Sie gehen nicht weg.«

»Wer geht nicht weg?«

»Die Delegation. Der eine mit der Krone sagt, sie sind eine Delegation!«

»Ambrosius, wo um alles in der Welt bist du?«

»Mir ist sehr schlecht. Ich hab gespieben.«

»Wo bist du? Versuch dich zu konzentrieren.«

»Sie sprechen mit mir.«

»Wer spricht mit dir?«

»Die fünf. Es sind mehrere. Vielleicht drei. Die Delegation. Sie sind schwarz. Schauen aus wie Will Smith. Mit schwarzen Anzügen, aber sie sind kleiner, viel kleiner und haben lange Bärte. Lange Haare. Sie sagen, sie sind Ureinwohner und ich bin der liebe Gott!«

König Nu'usafe'e XLIV. und der Minister für Alles Andere traten aus dem Wohnzimmer und sahen, wie Gott auf dem Boden liegend mit seiner Exfrau telefonierte. Der Diener des Königs und der Hohepriester sahen König Nu'usafe'e XLIV. ratlos an, worauf der König ebenso ratlos mit den Schultern zuckte.

»Sie reden mit mir.«

»Ja, das habe ich schon verstanden. Aber du musst mir sagen, wer das ist.«

»Erscheinungen. Weißt du? Da muss was drinnen gewesen sein. Ich hab geraucht ... Die sind mir erschienen. Ich kann sie sehen, und sie haben gesagt, ich bin Gott.«

»Beruhige dich jetzt, atme tief ein, dann gehen sie weg.«

»Tief einatmen ... Ja-a-ah. Ich pumpe mir Sauerstoff ins Hirn ...« Ambrosius setzte sich auf, sah von einem Delegierten zum anderen und holte jedes Mal tief Luft. Dazwischen ließ er vorsichtig die Luft entweichen, ihm war immer noch fürchterlich übel. Behutsam versuchte er, König Nu'usafe'e XLIV. und seine Delegation wegzuatmen. Als ihm dies aus nur uns und der Delegation verständlichen Gründen nicht gelang, kroch er auf allen vieren vor den Augen seiner Verehrer in das Badezimmer.

»Sie gehen nicht weg.«

»Atme weiter. Wo bist du?«

»Im Badezimmer.«

»Bei dir zu Hause?«

»Ja.«

»Gut. Schaffst du es, dich auszuziehen und eine kalte Dusche zu nehmen?«

»Soll ich schauen, ob sie weg sind?«

»Nein, geh unter die Dusche.«

»Ich kann sie nicht sehen, sie sind im Vorzimmer.«

»Das heißt, sie sind dir nicht nachgegangen?«

»Nein.«

»Na schau! Das ist doch schon ein Anfang.«

»Ich liebe dich, Theresia!«

»Nimm eine kalte Dusche! Komm!«

»Magst du nicht zu mir kommen? Ich vermisse dich. Du bist die Liebe meines Lebens. Ich kann ohne dich nicht sein.«

»Bist du schon ausgezogen?«

»Warum? Bist du schon da?«

»Nein. Du sollst dich kalt duschen.«

»Ich kann nicht, dann krieg ich keinen Ständer, wenn es zu kalt ist.«

»Den brauchst du auch nicht. Hör zu, ich leg jetzt auf ...«

»Nein! Ich geh duschen. Du musst mit mir duschen ... bei mir bleiben, wenn ich dusche. Mein Handy ist wasserdicht. Ich kann jetzt nicht allein sein, weißt du ... das geht nicht ... Ich vereinsame in der Dusche, ich trockne innerlich aus.«

»Leg jetzt das Handy weg und geh unter die Dusche.«

»Aber du darfst nicht auflegen. Ich liebe dich. Wenn du auflegst, ist es wirklich aus zwischen uns.«

»Ja. Keine Angst, ich bleibe dran ...«

Ambrosius legte das Handy auf den hellblauen Wäschekorb und begann sich auszuziehen. Dabei verlor er wieder das Gleichgewicht und knallte mit dem Rücken auf die Badezimmerfliesen.

»Es ist nichts passiert!«, rief er Richtung Wäschekorb, ohne König Nu'usafe'e XLIV. und seine Leute zu registrieren. »Im Liegen geht es leichter. Ich bin gleich nackt, mein Schatz! Oh, Entschuldigung, wir sind ja geschieden. Da darf man nicht mehr Schatz sagen.« Er entledigte sich umständlich seiner Hose. »Weißt du – ich muss dir das sagen. Ich muss. Wir sind geschieden, aber ... Und du bist verheiratet ... Na und? Ich onaniere immer noch auf dich ... also ... mit dir ... Ich denke beim Onanieren immer noch an unseren Sex .... Du bist immer noch die beste Vorlage ... Weißt du, dass das eine große Liebeserklärung ist!?! Versteh mich bitte nicht falsch ... Nach all den Jahren immer noch! Geschieden ... Immer noch ... Wir sind geschieden, und ich ...« Er versuchte, sich aufzurichten, um nach Hose und Unterhose nun auch Hemd und Pullover irgendwie loszuwerden.

Ambrosius Backsteins Gottesanbeter standen mucksmäuschenstill im Vorzimmer neben der Badezimmertür und wagten es nicht, sich ein Bild von ihrem Gott zu machen. Die ganze Sache war umso peinlicher, als der Hohepriester, des Deutschen mächtig, das Wort Gottes seinen Mitreisenden simultan übersetzte. Es war die Pflicht der Hohepriester, Deutsch zu lernen, hatte ihnen der Prophet doch ein paar Seiten einer deutschen Ausgabe der Bibel offenbart. Der König, sein Diener, der Minister für Alles Andere und der Gouverneur versuchten aus der Übersetzung des Hohepriesters klug zu werden. Was könnte Gott wohl mit all diesen Äußerungen meinen? Während jeder für sich versuchte, das göttliche Rätsel zu lösen, knallte Ambrosius Backstein zum wiederholten Mal auf den Badezimmerboden. Die vielköpfige Delegation spähte nun vorsichtig bei der Badezimmertür herein, aber Gott fand, dass das nicht gut war.

»Scheiße!«, murmelte Ambrosius. »Die sind noch immer da. Oida, ich muss was machen! Ich muss was machen. Ich muss was machen.« Die verheddete Hose und Unterhose an einem Bein nachziehend, kroch Ambrosius Backstein mit nacktem Oberkörper vorbei am König, dessen Diener, dem Minister für Alles Andere, dem Gouverneur und dem Hohepriester bis in sein Wohnzimmer. Die Delegierten verfolgten den kriechenden Gott mit fragenden Blicken. Der Hohepriester hatte sie mehrmals auf die besondere Situation hingewiesen, wenn Gott auf seine Geschöpfe trifft. Daraufhin hatten sie sich die unterschiedlichsten Szenarien ausgemalt. Dass Gott betrunken und nackt durch sein Vorzimmer kriechen würde, war nicht dabei gewesen.

Ambrosius Backstein fiel ein, dass er immer noch mitten im Telefongespräch mit seiner geliebten Exfrau war, und wunderte sich, dass er kein Handy in der Hand hatte. In der Hose fand er es auch nicht, also machte er sich wieder auf den Weg ins Badezimmer, auf allen vieren, den Blick fest auf den Fußboden geheftet. Er wollte seiner Halluzination nicht in die Augen schauen, falls sie nach wie vor da war. Und sie war da. Eine ganze Reihe von Füßen. Er hielt kurz inne und begann flüsternd zu zählen: »Zwei, vier, sechs, acht, zehn«, von links nach rechts und noch einmal von rechts nach links: »Zwei, vier, sechs, acht, zehn.« Dann sah er zum Minister für Alles andere auf. »Ich weiß, dass ihr alle nicht da seid. Das weiß ich. Ihr seid in meinem Kopf. Ich denke euch, weil es euch in Wirklichkeit gar nicht gibt. So ist das nämlich! Und ich rede nur mit dir. Die anderen ignoriere ich einfach.« Damit kroch er weiter. Im Badezimmer schnappte er sich sein Handy. Sein Anruf war noch aktiv. Theresia, seine Exfrau, hatte nicht aufgelegt.

»Sie sind noch da, aber ich ignoriere sie«, sagte er ins Telefon. »Mir ist es nämlich egal. Weil sie ja nur in meinem Kopf sind.«

Am anderen Ende war es still. Theresia hatte auf Lautsprecher geschaltet und ihr iPhone auf das kleine Tischchen ihres Hotelzimmers gelegt. Sie lag auf dem Bett, die rechte Armbeuge auf die geschlossenen Augen gepresst. Sie atmete heftig, denn das half alles nichts gegen die Bilder in ihrem Kopf, auf die sie gerne verzichtet hätte.

»Hallo?«, hörte sie ihren Exmann. »Hallo!«

Theresia stand auf, ging zu dem Tischchen, starrte ratlos auf das iPhone, um es dann entschlossen zu ergreifen: »Leg dich jetzt bitte hin. Du musst deinen Rausch ausschlafen! Ich melde mich morgen. Schlaf gut!« Ohne eine Antwort zuzulassen, beendete sie das Gespräch.

»Ja«, sagte Ambrosius zahm. »Ja. Ich leg mich jetzt hin.« Und er kuschelte sich in einen Berg von Schmutzwäsche, der neben dem Wäschekorb, zwischen Badewanne und Dusche lag. Nach wenigen Sekunden hatten der Alkohol und das THC endgültig über sein Bewusstsein gesiegt und ihm zu einem regungslosen, ohnmachtsartigen, aber wenig erholsamen Schlaf verholfen.

König Nu'usafe'e XLIV. machte zwei Schritte ins Badezimmer. Darf man Gott einfach so liegen lassen? Er ist doch allmächtig, vielleicht gehört das so? Man war ratlos. Gott in diesem Zustand anzutreffen, war noch verstörender als die Nachricht, dass den Zuhausegebliebenen das Wasser nun schon bis zu den Waden stand.

Die Delegation zog sich zur Beratung ins Wohnzimmer zurück. War der Mensch das Ebenbild Gottes oder Gott das Abbild des Menschen? Man tendierte zu Letzterem, die Frage blieb aber unentschieden.

»Was mich viel mehr beunruhigt«, sagte der Minister für Alles Andere: »Gott hat mich angesehen und gesagt, wir existierten nur in seinen Gedanken.«

»Ja. Und?«, fragte der König ungeduldig.

»Na ja. Wir ... wir sind von seinen Gedanken abhängig. Wenn er aufhört, uns zu denken, sind wir tot.«

König Nu'usafe'e XLIV. sah den Hohepriester erwartungsvoll an: »Was sagt der Fachmann dazu?«

»Nun. Es ist dies eine außergewöhnliche Situation, die viel Feingefühl und Improvisationstalent verlangt«, suchte der Hohepriester Zeit zu gewinnen.

»Er hat keine Ahnung, was wir tun sollen«, unterbrach ihn König Nu'usafe'e XLIV. unsanft und machte es sich auf der Wohnzimmercouch bequem, indem er sich einen Polster unter den Nacken schob und sich breitbeinig, wie es dem König eben gebührt, quer über die Couch warf, sodass der Hohepriester aufspringen musste, um ihm Platz zu machen.

»Wir warten einfach, bis Gott wieder aufwacht«, suchte der Hohepriester auf den Punkt zu bringen, was allen schon längst klar war. »Und dann werden wir mit ihm sprechen. Ihm unsere Lage erklären.«

Der Diener des Königs fragte, ob er etwas gegen Hunger und Durst besorgen solle, von einem schlafenden Gott sei ja in dieser Hinsicht nichts zu erwarten. »Gute Idee«, war man sich einig, beschloss aber dann, eines der vielen Lokale in der Umgebung zu probieren. Dem Diener des Königs wurde befohlen, Gott nicht aus den Augen zu lassen und ihre Rückkehr abzuwarten.

X

Herr Sadigh, der seinen Obststand etwas früher als gewöhnlich verlassen hatte, versuchte zum vierten Mal, seinen Mitarbeiter Ambrosius zu erreichen. Die ersten drei Male hatte er nicht abgehoben, jetzt meldete sich sofort die Mobilbox, offensichtlich war der Akku leer. Herr Sadigh war besorgt und machte sich auf den Weg zu Ambrosius' Wohnung, schließlich war sein Mitarbeiter einen ganzen Tag lang nicht aufgekreuzt. Es war achtzehn Uhr. Es wurde kälter. Kein Schneefall, aber Minusgrade.

Ambrosius Backstein erwachte aus seinem Koma kurz nach achtzehn Uhr. Der scharfe Geruch eines seiner langärmeligen T-Shirts, dessen linker Ärmel sich über sein Gesicht zog, hatte ihn aufgeweckt. Die üblichen Kopfschmerzen. Der übliche säuerlich-bittere Geschmack im Mund. Der verspannte Nacken. Die leichte Angst und Unsicherheit. Der kalte Schweiß, gleich nachdem er sich vom Badezimmerboden erhoben hatte. Das Gefühl des Schwindels. Alles da. Ihm war sofort klar, er hatte einen All-inclusive-Kater in der Ausgabe de luxe, da ihm vom Liegen auf dem harten Fliesenboden zu allem Überfluss auch noch sein Becken unglaublich schmerzte. Er griff nach dem Handy, das genauso tot war wie er selber, humpelte in die Küche und steckte es an das Ladegerät. Danach starrte er minutenlang in den geöffneten Kühlschrank, um herauszufinden, welche von den spärlich vorhandenen Lebensmitteln für ein Katerfrühstück geeignet wären. Zwar sah er vor seinem geistigen Auge ganz deutlich einen Teller mit gebratenem Speck und Spiegeleiern, dorthin zu gelangen, setzte allerdings das sinnvolle Erfassen einer Handlungskette voraus, was ihn völlig überforderte. Ham and Eggs schien ihm ein weit entfernter Planet zu sein und die Zubereitung eine Marsmission. Also trank er zuerst einmal eine Dose Coca-Cola. Die schwarze, kohlensäurehaltige Flüssigkeit stach durch die Speiseröhre in den Magen, aber der nachfolgende Rülpser hatte eindeutig belebende Wirkung, als wäre der Geist des Lebens und der Hoffnung in der Dose mit der überzuckerten Limonade eingesperrt gewesen.

Das Handy meldete sich auch wieder zurück, verlangte sofort nach Passwörtern und Sperrcodes, die vom letzten Akkukollaps noch auf einem vergilbten Zettel neben der Ladestation zu finden waren. Neun Anrufe in Abwesenheit, alle von Herrn Sadigh. Sofort rief er ihn zurück.

»Es tut mir unendlich leid ... Ich gebe es offen zu, ich habe mich versoffen!«

»Na, Gott sei Dank!«, antwortete Herr Sadigh. »Ich hatte Angst, es wäre etwas passiert.«

»Nein. Ich hab ... Ich weiß es auch nicht. Ich habe etwas übertrieben gestern. Mit meinem Nachbar noch was geraucht und dann ...« Die Erinnerung an das Telefonat mit seiner Exfrau verursachte ihm einen heftigen Schweißausbruch, begleitet von einem beklemmenden Gefühl in der Brust. »Ich glaube, ich bin meiner Exfrau ziemlich auf die Nerven gegangen. Hab sie mit Anrufen bombardiert.« Seine ultimative Liebeserklärung, Theresias Hauptrolle in seiner Wichsfantasie, war ihm nicht peinlich, da er sich nicht daran erinnern konnte. Der Film musste kurz vorher gerissen sein. Er wusste lediglich von den vielen Anrufen, und das hinterließ einen ziemlich schalen Nachgeschmack.

»Das macht doch gar nichts. Dazu hat man doch Expartner, dass man sie betrunken anrufen kann!«, meinte Herr Sadigh beschwichtigend. »Ich bin zufällig in der Nähe, wollen wir Abendessen gehen?«

»Ich bin etwas hinten nach. Ich muss erst frühstücken. Aber ich bin bereit zu einer Marsmission, wenn es dort Speck und Spiegeleier gibt. Wo treffen wir uns?«

Der Diener des Königs war, nachdem er Geräusche aus dem Badezimmer gehört hatte, leise ins Schlafzimmer geschlichen, um sich zu verstecken. Die Gesandtschaft war noch nicht vom Mittagessen zurückgekehrt. An sich kein besonderes Vorkommnis, es war Tradition, mit dem König stundenlang zu speisen. Alleine wollte der Diener jedoch Gott nicht gegenübertreten. Er sah sich in keiner Weise befugt. Er schlüpfte geschwind unter das Bett im Schlafzimmer und sah die nackten Beine Gottes hereintreten.

»Ich ziehe mich schnell an.«

»Lass dir Zeit. Ich erwarte dich im Restaurant.«

»Mein Gott, ich weiß nicht, was mir mein Nachbar gestern gegeben hat. Ich hatte eine Halluzination.«

»Hast du geglaubt, du kannst fliegen?«

»Nein. Ich habe fünf Afrikaner gesehen, die glauben, dass ich Gott bin.«

»Um Gottes willen, was habt ihr da geraucht?!«

»Keine Ahnung.«

Sie vereinbarten einen Treffpunkt, Ambrosius zog sich an, trank noch ein zweites Cola und verließ hastig seine Wohnung. Auf der Straße überfiel ihn kurz Panik. Hatte er sich ausgesperrt, die Wohnungsschlüssel liegen lassen? Er fand den Schlüsselbund in seiner rechten Hand und war erleichtert.

Tatsächlich hatte er die Tür nur zugezogen, was es dem Diener des Königs erlaubte, ihm unauffällig zu folgen. Er durfte ihn ja nicht aus den Augen lassen. Der Diener des Königs wusste nicht recht, ob er denn auch im Sinne der Delegation handelte, wenn er Gott verfolgte. Er beschloss, sich, sollte es Kritik geben, damit zu rechtfertigen, Angst gehabt zu haben, Gott könnte entschwinden und sie würden ihn nicht wiederfinden.

Es dunkelte bereits, und die Straßen und Gehsteige waren gefährlich glatt. Der Winter hatte offenbar gute Vorsätze für das neue Jahr gefasst und wollte seinem Namen doch noch gerecht werden. Dem Diener war kalt wie noch nie in seinem Leben. Auf der gegenüberliegenden Straßenseite zog, sich gegenseitig stützend und voranschiebend, die Delegation Richtung Haus Gottes. Sie waren so mit sich selber beschäftigt, dass sie das heftige Winken des Dieners nicht wahrnahmen. Der versuchte verzweifelt, Aufmerksamkeit zu erregen, aber doch von Gott, der wenige Schritte vor ihm ging, unbemerkt zu bleiben. Ein Ding der Unmöglichkeit. Gott sieht alles. Und so kam es auch. Weder der König noch der Minister für Alles Andere, auch nicht der Hohepriester und schon gar nicht der leicht betrunkene Gouverneur bemerkten ihren Diener, einzig Ambrosius Backstein blieb stehen, drehte sich um und sah, wie eine seiner psychedelischen Ausgeburten der letzten Nacht winkend auf und ab hüpfte und abwechselnd auf ihn und die restlichen Dämonen auf der anderen Straßenseite zeigte. Neuerliche Panik. Schweißausbruch. Sein Herz pochte wie wild. Endlich hatten auch der König und seine Begleiter die Lage erkannt und wechselten die Straßenseite. Gott war unterwegs. Der Gouverneur fand als Erster die beruhigenden Worte: »Herr, wir folgen dir, wohin auch immer du gehst!«

Gott wollte seinem ersten Impuls nachgeben und davonlaufen. Als ein Taxi um die Ecke bog, besann er sich eines Besseren, hielt es auf, sprang hinein und sagte: »Ins AKH, Psychiatrische Ambulanz, bitte!« Herrn Sadigh schrieb er eine SMS, ihm wäre doch noch etwas schwindlig, er müsse sich noch einmal hinlegen. Er wollte ihn nicht beunruhigen.

Auf der psychiatrischen Ambulanz des AKH erging man sich in Routine, verabreichte ein Beruhigungsmittel und setzte auf Zeit. Der Körper arbeite daran, die Halluzinogene abzubauen, dann sei alles wieder gut. Der Arzt hatte noch nicht zu Ende gesprochen, als eine Krankenschwester hereinhuschte und um einen kleinen Moment bat. Durch den Türspalt sah Ambrosius alle seine Halluzinationen im Vorraum sitzen. Mit aufgerissenen Augen und schüchtern ausgestreckter Hand versuchte er die Aufmerksamkeit des Arztes dorthin zu lenken.

»Die Herrschaften hier sagen, sie kennen Sie«, sagte die Schwester und zeigte auf König Nu'usafe'e XLIV. und sein Gefolge.

»Können Sie die auch sehen?«, fragte Ambrosius den Arzt.

»Ja. Natürlich!«

»Dann sind Sie vielleicht auch eine Halluzination«, meinte er seelenruhig. Das Sedativum hatte ihn zwar nicht von seinem Zustand befreit, es aber geschafft, dass er ihm egal war. »Alles. Das Krankenhaus, die Taxifahrt, das alles ist nur Einbildung. Ich liege in Wahrheit immer noch im Badezimmer und dämmere vor mich hin. Das ist es. Ich muss nur aufwachen. Dann seid ihr alle weg.«

Der Arzt überlegte kurz, ob er es sich nicht doch zu leicht gemacht habe und sich in Wirklichkeit einer massiven Psychose gegenübersah. »Warum machen Ihnen Ihre Freunde Angst?«, fragte er.

»Das sind nicht meine Freunde«, protestierte Ambrosius.

»Der Arzt öffnete weit die Tür und stellte halb zu ihm halb in den Vorraum die Frage: »Wer sind sie dann?«

»Verzeihen Sie, dass ich uns vorstelle«, mischte sich der Gouverneur ein. »Dies ist«, er zeigte auf den König, »seine Hoheit König Nu'usafe'e XLIV. Wir sind seine Delegation. Wir begleiten den König auf seinem wichtigen Besuch.«

»Aha. Und wen besucht er denn?«, fragte der Arzt.

»Gott«, sagte der Hohepriester. »Wir suchen Gottes Hilfe.« Geschickt nützte er die Verwirrung seines Gegenübers, um das Anliegen ihrer seltsamen Mission ausführlich zu erläutern.

Der Arzt wurde immer übellauniger. Religiöser Wahn ist bekanntlich am schwersten zu behandeln, und gleich eine ganze Sekte auf einmal, das überstieg eindeutig seine Kapazitäten. Andererseits war er amüsiert und ein ganz klein wenig geschmeichelt, dass Gott von ihm, dem berühmten Professor, Hilfe erwartete. »Eine durch und durch sympathische Religion«, feixte er in Richtung Ambrosius, während er sich seinem Bildschirm zuwandte, um die allwissende Wikipedia aufzurufen. Und siehe da: Die Inseln gab es wirklich, und auch die eine oder andere Bemerkung zu dort herrschenden Kulten fand sich. Er war erleichtert. Aus dieser Nummer war er raus. Ambrosius wurde noch ausreichend mit Flüssigkeit versorgt, und sechs verwirrte Menschen verließen gegen zwanzig Uhr die psychiatrische Abteilung des AKH.

»Das ist natürlich ein Missverständnis. Nur weil ich zufällig vor eurer Insel abgestürzt bin, bin ich doch nicht euer Gott!«, sagte Ambrosius später, als sie wieder bei ihm zu Hause im Wohnzimmer saßen.

Der Hohepriester bewies Festigkeit im Glauben: »Es war kein Missverständnis, oh Herr!«

»Muss das sein mit dem ›Oh, Herr!‹?«

»Sag Gott, dem Herrn«, meinte König Nu'usafe'e XLIV. in seiner Landessprache, »dass wir alle Englisch verstehen, dann sind wir nicht auf deine Übersetzung angewiesen.«

Der Hohepriester leistete sofort Folge, und auch Gott sprach fortan Englisch, aber gar nicht göttlich, sondern gerade mal ausreichend.

»Ich denke, dass es an der Zeit ist, einige theologische Fragen zu erörtern«, begann der Hohepriester.

»Wir sind nicht der Theologie wegen hier!«, wandte der Minister für Alles Andere ungeduldig ein. »Alles andere ist jetzt wichtiger, nur keine Theologie!«

»Ich weiß. Aber, wenn es Gott gefällt, so möchte ich ihm doch zuerst ein paar Fragen stellen, die von großer Bedeutung sind, bevor wir unser Anliegen darbringen.«

»Gerne. Ich hab zwar immer noch wahnsinnige Kopfschmerzen, aber bitte. Außerdem möchte ich noch einmal betonen, dass ich nicht

Gott bin. Ich bin nur mit dem Flugzeug bei euch abgestürzt. Wie oft noch?« Ambrosius war hungrig und verkatert.

Der Hohepriester fragte sich, ob es möglich wäre, dass Gott nicht wisse, dass er Gott sei. Eine theologisch höchst interessante, dabei doch denkbar delikate Angelegenheit. Kann man das Universum, die Erde, die Tiere und den Menschen schaffen, ohne zu wissen, dass man Gott ist?

Der Minister für Alles Andere versuchte, das Ruder in die Hand zu nehmen: »Herr, also, Verzeihung, lieber Gott, ich verstehe. In deiner allumfassenden Weisheit und Güte sagst du uns, du bist gar nicht Gott, weil du uns Nichtswürdige darauf stoßen willst, dass man ein Gespräch mit Gott nicht einfach so formlos in einem Wohnzimmer sitzend beginnen kann.«

»Wie meinst du das?«, fragte der König.

»Ein Opfer. Wir können uns doch nicht an Gott wenden, ohne ein Opfer dargebracht zu haben.«

»Wir haben noch nie ein Opfer dargebracht!«, sagte der Hohepriester.

»Ja. Vielleicht lässt Gott gerade deswegen das Meer über unsere Inseln kommen«, sagte der Minister für Alles Andere vorwurfsvoll. »Vielleicht ist es eine Strafe Gottes!«

Der Hohepriester lief rot an. Das war ein Angriff auf seine Kompetenz. »Aber nirgendwo in unseren heiligen Texten steht etwas von einem Opfer. Auch der große Prophet Tyrwhitt hat nichts davon erwähnt«, verteidigte er sich.

»Gott will bestimmt ein Opfer«, schrie der Minister für Alles Andere. Seine Aussage stand wie eine Marmorstatue im Raum. Alle sahen Ambrosius Backstein an, der mit finsterem Blick, einer hochgezogenen Augenbraue, es war die rechte, den Eindruck machte, als warte er darauf, von einem durch die Tür springenden Moderator darüber aufgeklärt zu werden, dass er in der Sendung *Wir verarschen dich!* gelandet sei.

Nachdem nichts dergleichen passierte, entwickelte sich die Gesprächspause, in der man von draußen ein Motorrad starten hören konnte, zu einem wahren Loch in der Konversation.

König Nu'usafe'e XLIV. war bereit, es zu füllen. »Ob Gott ein Opfer möchte oder nicht, fragen wir ihn am besten selber. Ich meine, wozu haben wir den weiten Weg hierher gemacht?«

Sie wurden sich nicht einig, wer sich direkt mit dieser Frage an Gott wenden solle.

»Der Herr Hohepriester vielleicht? Der es bisher verabsäumt hat, sich mit diesem Thema auseinanderzusetzen? Wer sonst?«, murrte der König.

»Niemand von euch muss mich irgendwas fragen, weil ich erstens nicht euer Gott bin und zweitens«, damit erhob sich Ambrosius Backstein von der Couch, »weil ich jetzt etwas essen gehe. Ich war gestern, wie die hier anwesende Gesellschaft sicher mitbekommen hat, etwas angesoffen und hatte noch nicht die Möglichkeit, etwas gegen meinen Kater zu tun. Lasst mich in Ruh, und gehet hin in Frieden!«

Alle sprangen auf, verbeugten sich, der Hohepriester und König Nu'usafe'e XLIV. knieten nieder: »Dank sei Gott dem Herrn!«

»Ihr könnt gerne noch bleiben oder sonst was unternehmen. In zwei Stunden bin ich zurück, bis dahin hätte ich meine Wohnung gerne wieder für mich allein.« Damit knallte er die Eingangstür ins Schloss. Die zurückgebliebene Delegation war ratlos.

XI

Tage der Enttäuschung folgten. Auf beiden Seiten. Ambrosius Backstein, der Obstverkäufer, hätte sein langweiliges, sinnentleertes Leben durchaus gerne mit dem Helden Ambrosius Backstein, dem Retter des fernen Inselstaates, getauscht, wenn er nur eine kleine realistische Chance gesehen hätte. Aber in Wirklichkeit musste er die Plagegeister so schnell wie möglich loswerden, was sich allerdings als genauso fern der Realität erwies, denn sie suchten seine Nähe und verfolgten ihn auf Schritt und Tritt. Als er mit Herrn Sadigh das gemeinsame Abendessen nachholte, saßen sie im selben Restaurant an einem Tisch in der Ecke. Als er am späten Abend nach Hause kam, warteten sie schon vor dem Haustor. Als er mit seinen Söhnen ins Kino ging, saßen König Nu'usafe'e XLIV., der Diener des Königs, der Minister für Alles Andere, der Hohepriester und der Gouverneur in der letzten Reihe und versuchten angestrengt, ihre Aufmerksamkeit von der Leinwand weg auf Gott zu richten, um nicht das kleinste Zeichen seiner Güte, die es ihnen erlauben würde, wieder mit ihrem dringenden Anliegen an ihn heranzutreten, zu übersehen. »Da siehst du mal! Gott sein ist auch kein leichter Job«, hatte Herr Sadigh gemeint, und er hatte recht. Menschen vermuteten übermenschliche Fähigkeiten in ihm, sie machten ihn verantwortlich für ihr Leid, ihr Schicksal, ihre gesamte Existenz, ja die ganze Welt. Ist das nicht zu viel für einen einzigen Gott? Die Inder beschäftigen gezählte 2427 Göttinnen und Götter. Das Ergebnis ist aber auch nicht gerade überzeugend. Vermutlich Kompetenzstreitigkeiten. Derlei ketzerische Fragen beschäftigten den Obstverkäufer, dem die verzweifelte Verfolgung nicht nur auf die Nerven ging, sondern zunehmend unheimlicher wurde.

Ambrosius saß seiner fünfundzwanzigjährigen Tochter aus erster Ehe gegenüber und tauchte rohen Butterfisch, zwischen zwei schwarze Holzstäbchen geklemmt, in eine kleine moosgrüne Schale mit Sojasauce.

»Das darf ja nicht wahr sein!«, sagte Eva und stopfte sich rohen Thunfisch auf klebrigem Reisbällchen in den Mund. »Klingt irgendwie wie eine Megaausrede«, sagte sie kauend.

»Das verstehe ich nicht. Wieso Ausrede?«

»Na ja. Du hast mir gerade erklärt, dass du dich nach Silvester so lange nicht gemeldet hast, weil eine Gruppe von Inselmenschen dich belagert, weil sie dich für den lieben Gott hält.«

»Ja. Und?«

»Na ja, entschuldige!« Sie schüttelte den Kopf und verdrehte ihre Augen.

»Nichts als die Wahrheit. So wahr ich Gott heiße!«

»Ts! Tut mir leid, aber ich kann nicht kommen, fünf Südsee-Insulaner halten mich für Gott!? Geht's noch?«

»Wenn ich es dir aber sage, mein Kind. Es stimmt.«

»Aha!«

»Ja!«

Eva war misstrauisch. Einerseits hatte ihr Vater früher oft Termine nicht eingehalten und unter zumindest einer damals fünfzehn- bis neunzehnjährigen Tochter dubios vorkommenden Vorwänden verschoben, andererseits traute sie ihm eine solche Unverfrorenheit, einfach eine Gruppe südpazifischer Urmenschen zu erfinden, auch wieder nicht zu. Es könnte an der Sache also etwas dran sein, obwohl ihr alles sehr seltsam vorkam. Sie wusste nicht mehr, ob sie ihrem Vater, wie sie es ursprünglich seit Weihnachten vorgehabt hatte, von ihrer neuen Lebenssituation erzählen sollte. Es wusste noch niemand, außer sie selbst und dem Vater des künftigen Kindes, dass der Streifen auf dem (ein wenig wie ein Fieberthermometer aussehenden) Testgerät nicht nur im Kreis, sondern auch im Quadrat erschienen war, was bedeutete: schwanger.

»Und warum?«

»Warum was genau?«

»Warum kommen die hier nach Wien?«

»Weil sie glauben, Schatz, dass dein Vater Gott ist.«

»Und das wollen sie dir einfach nur so mitteilen?«

»Ich weiß es nicht. Sie sagen, ich muss ihnen helfen.«

»Wobei?«

»Keine Ahnung. Sie haben etwas vom Untergang der Welt gefaselt und dass ihnen das Wasser bis zum Knöchel steht.«

»Du meinst bis zum Hals?«

»Nein, sie sagen bis zum Knöchel.«

»Interessant. Jede Sprache hat eigene Redensarten.«

»Es ist die Insel, wo der Absturz passiert ist, von dort kommen sie her.«

»Sie denken, du bist der Auserwählte, weil du als Einziger überlebt hast?«

»Mehr noch! Sie halten mich für Gott, weil ich vom Himmel gefallen bin.«

»Wie krass!«

So schräg die Geschichte auch war, verspürte sie absurderweise doch auch Stolz auf ihren Gott-Vater. Unsicher, ob man einem Menschen in kurzen Abständen hintereinander mitteilen kann, dass er zuerst Gott ist und dann Großvater, beschloss sie, mit ihrer Neuigkeit noch hinterm Berg zu halten.

»Willst du gar nicht wissen, was sie von dir wollen?«, fragte sie stattdessen, während sie bemerkte, wie hinter dem Rücken ihres Vaters die Tür des Lokals aufging und fünf schwarze, klein gewachsene, vollbärtige Männer in schwarzen Anzügen den *Sushi-Tempel* betraten.

»Nein, nicht wirklich«, meinte Ambrosius. »Sie verfolgen mich überallhin. Gestern sind sie wieder vor meiner Wohnung aufgetaucht. Ich habe ihnen abermals zu erklären versucht, dass ich zwar derjenige bin, der damals den Flugzeugabsturz überlebt hat, aber sonst schon gar nichts. Da stehen sie dann immer hilflos in der Gegend herum und starren mich an, bis einer mit der Frage herausrückt, was für ein Opfer ich verlange. Die haben einen Schuss.«

Die Delegation setzte sich in Hörweite an einen der freien Tische. Eva wollte ihren Vater, der gerade dabei war, sich in Rage zu reden, nicht unterbrechen.

»Was ist denn das für eine Idiotenreligion? Zu glauben, dass ein Flugzeugabsturzüberlebender aus Europa der Schöpfer der Welt sein soll, dazu gehört schon eine gehörige Portion Naivität, um nicht zu sagen Beschränktheit. Ich meine, was soll das? Mehrere Menschen haben schon Abstürze überlebt. Sind die alle Götter, oder was? Außerdem ...«, er atmete einmal durch, »... ein Europäer als Schöpfer der Welt? Die schaffen nicht einmal einen Kontinent!«

»Wovor fürchtest du dich, Papa?«, fragte Eva.

»Wie meinst du?«

»Was, glaubst du, könnten sie dir antun?«

»Äh? Gar nichts. Wieso? Gewalttätig sind die nicht.« Ambrosius ließ seine Stäbchen sinken. Durch das Nachlassen der Konzentration auf das Essen mit Stäbchen rutschte das Stück Lachs auf die Tischplatte.

»Dann kannst du ja mit ihnen sprechen«, meinte sie.

»Wozu?«

»Hör dir doch an, was genau sie wollen. Vielleicht geht's um irgendeine Art von Tourismuswerbung. Vielleicht wollen sie dich als Testimonial für ihre Fremdenverkehrswerbespots oder was in der Art.«

»Meinst du?«

»Na ja, sie sagen, ihnen stehe das Wasser bis zum Hals ...«

»... bis zu den Knöcheln!«

»... bis zu den Knöcheln ... Das heißt, sie haben wirtschaftliche Probleme. Und wer kann die besser lösen als Gott, indem er in Europa Werbung für sie macht. ›Kommen Sie in das Land Gottes – Urlaub im Paradies‹. Das wär doch was! Wir könnten gemeinsam hinfahren und den Spot dort drehen. Gott-Vater und Gott-Tochter«, wurde Eva ganz euphorisch.

»Also Moment«, wandte Ambrosius ein. »Das Land Gottes ist das Jenseits, nicht das Paradies.«

»Das Paradies ist doch das Jenseits.«

»Nein, das Paradies ist der irdische Garten Eden, aus dem Adam und Eva vertrieben worden sind.«

»Und warum hast du sie rausgeschmissen? Wirklich nur, weil sie einen Apfel gegessen haben?«

Ambrosius musste über die Ernsthaftigkeit, mit der seine Tochter das Thema verfolgte, lachen.

»Und seither wollen wir dorthin zurück. Ins Paradies, zurück zu Gott. ›Wir zeigen Ihnen, wo Gott wohnt!‹ – das wäre ein Slogan.«

Diesmal mussten sie beide lachen.

Am Nebentisch nahm man die Fröhlichkeit Gottes als ein gutes Zeichen. Möglicherweise deutete das auf eine mildere Stimmung Gottes, und der Beschluss, den sie vor dem Betreten des Sushi-Lokals in einer ausführlichen Beratung gefasst hatten, musste doch nicht in die Tat umgesetzt werden.

Sie hatten sich gezwungen gesehen, in der Dreizimmersuite des Königs eine Ratsversammlung zu improvisieren, da ihr Reisebudget beinahe erschöpft war. Sie waren zum Handeln gezwungen.

»Tja, dann gehen wir jetzt einfach zu Gott und zwingen ihn, mit uns zu reden«, war die Idee des Königs. »Wir betäuben ihn und bringen ihn auf unsere Insel.«

»Wir sollen Gott entführen?« Dem Hohepriester wurde auf einmal ganz heiß.

»Warum nicht? Wenn er sieht, in welchem Zustand sich unsere Insel befindet, kann er seine Augen nicht mehr vor unserem Elend verschließen und wird uns retten.«

König Nu'usafe'e XLIV. war von seinem Plan sehr angetan, bewahrte er ihn doch fürs Erste davor, seine Dreizimmersuite aufgeben und wie die anderen in eine Jugendherberge ziehen zu müssen. Der Gouverneur hatte sich gezwungen gesehen, diesen Vorschlag zu machen, um das Budget zu schonen.

»Gott gegen seinen Willen auf unsere Insel zu bringen, halte ich für keine gute Idee«, meinte der Minister für Alles Andere, der nichts dagegen gehabt hätte, würde auch der König in die billige Jugendherberge ziehen, in die die anderen morgen sicherheitshalber übersiedelten.

»Man kann Gott zu nichts zwingen«, war der Hohepriester überzeugt.

»Man wird Gott nicht einmal betäuben können«, war sich der Minister für Alles Andere sicher.

»Es bleibt uns nichts anderes übrig, als es zu probieren.« Das hörte sich nicht wie eine verzweifelte Feststellung an, das war ein lautstarker königlicher Befehl. Mit allem Nachdruck.

»Und womit?«, fragte der Gouverneur.

»Wir haben doch etwas von unseren getrockneten Wurzeln mitgebracht, hoffe ich!«, schaute der König streng in die Runde.

»Nicht offiziell«, versuchte der Gouverneur die heiße Kartoffel rasch weiterzugeben.

»Nicht einmal inoffiziell«, musste der Hohepriester eingestehen, der wieder einmal für alles zuständig war, weil alles andere nicht so wichtig war, wie der Minister für Alles Andere erleichtert zur Kenntnis nahm.

»Wir konnten nicht herausfinden, ob sie hier erlaubt sind, und haben sie sicherheitshalber zu Hause gelassen«, versuchte der Hohepriester eine Rechtfertigung.

»Dann werden Sie etwas Geeignetes besorgen!«

Der Minister für Alles Andere blickte König Nu'usafe'e XLIV. sorgenvoll an. »Ich?«, kam es unsicher aus seinem Mund.

»Ja. Sie sind schließlich Minister für Alles Andere.«

So saßen sie also am Nebentisch Gottes. Dem Hohepriester war die Betäubung Gottes zugeteilt worden, nachdem man zu der Ansicht gekommen war, dass es sich dabei selbstredend nur um eine theologische Angelegenheit handeln könne. Er konnte noch eine letzte Runde »Wir versuchen es ohne Betäubung« herausschinden. Dabei wollte man wieder das Gespräch suchen oder eventuell herausfinden, wie eine Opfergabe aussehen könnte. Würde man jedoch bis heute Nacht nichts erreichen, käme die »Wir betäuben Gott und entführen ihn«-Variante zum Tragen. Der Minister für Alles Andere saß da, in der Hoffnung, das Fläschchen K.-o.-Tropfen, das ihm nach einer langen Odyssee durch Wien ein Achtzehnjähriger in einer U-Bahn-Passage verkauft hatte, nicht an den Hohepriester weitergeben zu müssen.

»Nein«, sagte Ambrosius Backstein. »Ich werde nicht mit ihnen reden.«

»Warum denn, Papa?«

»Wer weiß, wie die drauf sind? Wer weiß, was da alles auf mich zukommen könnte? Ich weiß ja nicht einmal, ob die legal in Wien sind. Vielleicht ist das eine Bande Drogendealer, die mich für ihre Zwecke missbrauchen möchte.«

»Nur weil sie schwarz sind, sind sie keine Drogendealer.«

»Nur weil sie behaupten, mich für Gott zu halten, sind sie nicht automatisch keine Drogendealer.«

»Glaubst du an Gott, Papa?« Eva kannte die Antwort. Die großen Fragen waren schon seit Evas Kindheit das beliebteste Gesprächsthema zwischen ihnen gewesen. Sie wollte an seine Menschlichkeit und Empathie appellieren.

»Ich weiß, was du meinst, Kind, aber ...«

»Sag nicht immer Kind!«

»Liebe junge Frau ...«

»Eva genügt!«

»Liebe Evi ...«

»Du bist echt schon ein Pflegefall!«

»Liebe Eva, Menschlichkeit und Empathie hin oder her ... Ich fühle mich einfach nicht wohl bei dem Gedanken, dass die mich verfolgen, weil ich ihr Gott sein soll. Ich glaube vielleicht an irgendeine Ursache des Universums, Gott als Person kann ich mir aber nicht vorstellen, wie du weißt. Und wenn ich *mich* als Person hernehme, erst recht nicht. Das ist absurd. Ich sollte sie wieder auf die Psychiatrie lotsen. Der Oberarzt dort hat sich die Sache ziemlich leichtgemacht, je mehr ich darüber nachdenke.«

Eva beobachtete zwischendurch immer die Beobachter im Rücken ihres Vaters. Sie hatten Jasmintee und Sashimi bestellt und saßen schweigend mit einem Ohr am Nebentisch vor ihren Tellern mit rohem Fisch.

»Ich finde es spannend.«

»Überhaupt nicht.«

»Du bist einfach verunsichert, Papa, weil du nicht den richtigen Score dazu hast. Wenn jetzt die Geigen eine sanfte Melodie spielen würden, dann wüsstest du, dich erwartet etwas Angenehmes, Schönes.«

»Ich höre aber gerade tiefe Bässe, die Unheil verkünden.«

»Wagner?«, fragte Eva, die Wagners Musik liebte.

»Ja. Das Präludium von *Walküre*.«

»Wo man glaubt, es lande gleich ein Raumschiff und Außerirdische fangen an, Geisel zu nehmen.«

»Genau das.«

Tatsächlich kam das *Walküre*-Präludium Ambrosius Backsteins Vorstellung von einem eigenen Lebensscore am nächsten. Er lebte ständig im Gefühl, die gesamte Ration Glück, die ihm für sein ganzes Leben zugeteilt worden war, auf einen Schlag verbraucht zu haben, als er vom Himmel gefallen war und gerettet wurde. Als tränke man eine Flasche Bier in einem Zug aus, um dann draufzukommen, dass es die letzte war. Das bisschen Glück war verbraucht, jetzt lauerte überall Unheil. Und diesmal lag er damit gar nicht so weit daneben. Wie hatte seine Tochter gemeint? Außerirdische, die Geisel nehmen. Unsere Delegation kaute auf ihren Sashimi herum und wartete den richtigen Zeitpunkt ab, um Gott anzusprechen. Auf keinen Fall wollten sie Gottes Gespräch mit seiner Tochter unterbrechen, also warteten und warteten sie.

Als ihm Eva, noch immer gut gelaunt, bedeutete, er möge sich kurz umdrehen und seine Jünger doch wenigstens mit einem Lächeln begrüßen, hatte Ambrosius urplötzlich die Nase voll: »Los, wir gehen!«

Im Vorbeigehen zahlte er an der Theke, und schon waren sie auf der Straße. Die Delegation unternahm alles, um ihnen auf den Fersen zu bleiben.

»Wo laufen wir hin?«

»Zur nächsten Polizeistation.« Er war wild entschlossen, die Komödie zu beenden.

»Wie willst du das machen? Was willst du denen sagen, ohne dass sie dich auslachen?«, fragte Eva.

Statt einer Antwort drehte sich Ambrosius um, und da waren sie auch schon. Auf Englisch gab er ihnen laut und deutlich zu verstehen, dass er die Polizei zu Hilfe rufen und sie ins Gefängnis bringen werde, wenn sie ihn noch weiter verfolgen würden.

»Gottes Zorn kann fürchterlich sein. Wir müssen auf ihn hören.« Der Hohepriester war blass geworden.

»Was soll schon passieren ...?«, verlor der König seine Geduld.

»Er kann uns eine Heuschreckenplage schicken«, rief der Hohepriester.

Die Delegation ging auf Ambrosius und seine Tochter zu. Trotz seiner Drohung verlangsamten sie ihre Schritte nicht, blieben nicht stehen, drehten nicht um, liefen nicht davon – nein, sie gingen weiter auf Gott zu. Das Präludium zu *Walküre* war immer deutlicher zu hören. Ambrosius machte ein bedrohliches Gesicht. Sie kamen näher und näher und ... als sie auf gleicher Höhe waren, gingen sie an den beiden vorbei. Sie grüßten und verbeugten sich, als ob nichts gewesen wäre, und bogen um die nächste Ecke, fort aus Gottes Angesicht.

XII

Am Tag darauf bat Eva ihren Vater überraschenderweise um ein neuerliches Treffen, diesmal in einem kleinen Kaffeehaus in der Innenstadt. Und sie konnte endlich ihr kleines Geheimnis loswerden. Ihr Vater war wegen seiner Verfolger immer noch nervös. Seine neue Rolle als Großvater lenkte ihn jedoch ein wenig ab. Außer ihnen war nur ein einziger Gast im Lokal. Blond, vollbärtig, mit Sonnenbrille in einer Zeitung blätternd. Jedem aufmerksamen Beobachter wäre an diesem Mann aufgefallen, dass er den Eindruck machte, als hätte sich ein Schwarzer als Weißer verkleidet. Die Haare hellblond, der Bart fast noch blonder, die Haut aber seltsam cremefarben. Ambrosius und Eva jedoch bemerkten nichts. Zu tief steckten sie bereits im neuen Kapitel, das Eva mit ihrer Schwangerschaft aufgeschlagen hatte.

»Und er weiß es?«, fragte Ambrosius seine Tochter.

»Er weiß es.«

»Was ist dann das Problem?«

»Wie soll ich das sagen, Papa! Also, erstens waren wir noch nicht lange zusammen.«

»Was heißt waren?«

»Ich habe mich von ihm getrennt.«

»Mein Gott, warum denn? Wollte er es nicht haben? Wollte er eine Abtreibung?«

»Nein.«

»Glaubt er, es ist nicht von ihm, oder was ist los?«

»Nein. Wie soll ich es sagen? Also wir waren ein paar Wochen zusammen, und da ist es passiert.«

»In welchem Monat bist du?«

»Vierter Monat.«

»Weiß es deine Mutter?«

»Ja.«

»Was sagt sie?«

Eva zuckte nur mit den Schultern.

»Typisch«, kommentierte Ambrosius.

»Er war damals noch mit seiner Freundin zusammen.«

»Als es passiert ist?«

»Und er hat mir drei, vier Wochen danach erzählt, er sei jetzt von ihr getrennt.«

»Und das war er nicht.«

»Genau.«

»Auch nachdem er erfahren hat, dass ihr ein Kind bekommt?«

»Er behauptet, es sei so, aber ich weiß, dass das nicht stimmt.«

»Und deswegen hast du dich getrennt?«

»Nein.«

»Weswegen dann? Ich meine, blöder geht's ja nicht mehr.«

»Doch. Seine Freundin ist im siebenten Monat schwanger.«

Ambrosius formte seinen Mund zu einer Schnute, nickte neun Mal mit dem Kopf – eine gefühlte Ewigkeit – und sagte dann: »Ein Samenspender ...«

Mu'ukalo'o, der Diener des Königs, legte das kleine Aufnahmegerät auf das antike Abstelltischchen in der Dreizimmersuite seines Herrn. »Gute Arbeit«, lobte der König seinen Diener. »Du siehst mit deinen blonden Haaren entzückend aus.«

»Ich habe bemerkt«, sagte der, »wie aufgeregt Gott plötzlich war. Er schrie und tobte. Etwas muss ihm total missfallen haben im Gespräch mit seiner Tochter. Etwas muss seinen Zorn erregt haben.«

»Gut. Sehr gut. Soll ich es mir alleine anhören und dann berichten oder wollt ihr alle mithören?« Der Hohepriester war aufgeregt wie alle anderen, denn sie witterten endlich eine brauchbare Spur, den entscheidenden Fingerzeig Gottes, wie man ihn gnädig stimmen könne.

»Wir hören alle mit und du übersetzt«, befahl der König.

Nach wenigen ungeduldigen Minuten kamen sie an besagte Stelle. Gott klang hörbar aufgebracht:

»Ein Arschloch!«

»Ein dummer Mann.«

»Bin ich froh, dass du mir den nicht vorgestellt hast. Wie heißt er eigentlich?«

»Dean.«

»Dean? Ist er Amerikaner?«

»Österreicher, Dean Horvat.«

»Was für ein Trottel-Name. Ich fasse es nicht. Hat eine schwangere Freundin, betrügt sie während der Schwangerschaft und schwängert die Affäre auch gleich.«

»Und sagt ihr aber nichts, nachdem sie ihm von ihrer Schwangerschaft erzählt hat. Ich bin ihm zufällig draufgekommen.«

»Der wollte mit dir und der anderen ein Doppelleben führen oder was?«

»Ich weiß es nicht.«

»Wenn ich den zwischen die Finger bekomme, schneide ich ihm die Eier ab und ... und reiße ihm den Schädel aus ...«

Glasklar. Gott wollte Dean Horvat als Opfer. Horvat gab es viele, aber nur einen Dean Horvat. Die K.-o.-Tropfen funktionierten zuverlässig. Ein von einem kurz *ausgeborgten* Wohnungsschlüssel (es waren viele Kunden am Obststand) nachgemachter Zweitschlüssel, und schon befinden wir uns wieder im Wohnzimmer Gottes: der bewusstlose Dean Horvat an einen Sessel gefesselt, umringt von Ambrosius, seiner Tochter und der gesamten Delegation. Eva war fassungslos. Ambrosius ebenfalls. Beide verspürten aber auch so etwas wie Genugtuung, schließlich hatten sie das richtige Opferlamm gefunden.

»Herr, nimm dieses Messer und nimm hinweg seine Eier. Er sei dein Opfer!«, sagte der Hohepriester feierlich, indem er kniend Ambrosius das Messer darbot.

»Oh Herr, auch kannst du ihm die Kehle durchschneiden, dann geht das mit dem Kopfausreißen leichter«, ergänzte aufmunternd der König.

»Siehst du, die meinen es ernst.« Ambrosius blickte abwechselnd auf das Messer in seiner Hand und zu seiner Tochter. Langsam realisierte er die Absurdität seiner Situation, jenseits aller nach Befriedigung schreiender Rachegelüste. »Die glauben, ich bin Gott und scharf auf ein Menschenopfer, damit ich ihnen bei irgendetwas aus der Patsche helfe, oder wie habt ihr euch das vorgestellt?« Damit legte er das Messer weg und wandte sich der entgeisterten Jüngerschaft zu: »Schluss jetzt! Das kann nicht so weitergehen. Wir landen noch alle im Gefängnis, und dort wird mir keiner glauben, dass ich Gott bin.«

»Gott kann sich aus jedem Gefängnis befreien, sonst ist er nicht Gott«, warf der König kühn ein, was dem Hohepriester äußerst peinlich war. Gleich versuchte er, sich zu rechtfertigen: »Aber in dem Gespräch, oh Herr, sagtest du, du möchtest ihm die Eier abschneiden und den Kopf ausreißen. Wir hielten das für den Fingerzeig Gottes.«

Ambrosius schüttelte verzweifelt den Kopf: »War es nicht! War es nicht!«

Jetzt sah der Gouverneur seine Stunde gekommen und nahm all seinen Mut zusammen: »Im Namen seiner Majestät und aller Untertanen der Va'anu'utischen Monarchie möchte ich mit einer großen Bitte an unseren Gott herantreten.«

»Also schön. Zuerst aber sollten wir den Vater meines Enkelkindes losbinden und ins Bett legen. Was um alles in der Welt habt ihr dem gegeben?«

Sie brachten Dean Horvat ins Schlafzimmer. Eva deckte ihn zu und konnte es sich nicht verkneifen: »Schade eigentlich, dass er nicht wach war, als sie dir das Messer zum Kastrieren geben wollten«, flüsterte sie ihrem Vater zu.

»Die sind verrückt. Völlig verrückt«, sagte Ambrosius, während er mit Eva zurück ins Wohnzimmer ging.

»Nein, Papa, sie wollten dir ein Opfer darbringen, nur, um dich milde zu stimmen, um mit dir reden zu können.«

»Würdest du das auch sagen, wenn sie dich betäubt und gefesselt hätten?«

»Ja. Unbedingt.«

»Oder gefällt es dir nur so gut wegen dem Schock, den Dean bekommen hat?«

»Bekommen wird! Hoffentlich noch bekommen wird. Der verschläft ja seine eigene Kastration, der Sack! Aber die Insulaner sind doch irgendwie rührend, die brauchen dich dringend, sonst wären sie nicht so hartnäckig.«

»Ich weiß ja nicht einmal, was sie von mir wollen?«

»Dann frag sie doch endlich!«

Im Wohnzimmer war ein aufgeregtes Gespräch im Gange. Gott hatte sein Opfer abgelehnt, er hat sogar selbst das Opferlamm befreit und in sein Schlafzimmer gelegt. Die Delegation war höchst verwirrt. War es eine theologische Angelegenheit? War es ein diplomatisches Versagen. Wer würde die politische Verantwortung dafür übernehmen, dass man Gott derart vor den Kopf gestoßen hatte.

Sobald Ambrosius das Wohnzimmer betrat, warfen sie sich auf die Knie. Der Hohepriester fiel sogar längs auf den Bauch und streckte seine Hände über den Kopf, eine Geste großer Demut, mit der er seine Entschuldigung ausdrücken wollte.

»Könnt ihr, bitte, aufstehen und euch wie normale Menschen benehmen«, sagte Ambrosius und staunte, wie schnell sie alle wieder auf ihren Sesseln waren. Er und seine Tochter nahmen auf der Couch Platz. Es war so weit, die Aussprache mit Gott konnte beginnen. Es folgte ein langes Schweigen.

»Es ist vielleicht hilfreich«, brach Eva das Eis, »wenn ich die Moderation dieser Konferenz, oder wie man es nennen soll, übernehme.«

»Darf ich vorschlagen, dass wir diesen besonderen Augenblick in der Geschichte des Volkes der Va'anu'utischen Monarchie ...« – der Hohepriester hatte wegen des trockenen Mundes eine raue Stimme – »Verzeihung ... Ich ...« Er räusperte sich. Dann setzte er von Neuem an: »Diese wichtige Stunde in der Geschichte des Volkes der

Va'anu'utischen Monarchie, ich möchte sie ›den ersten Gottesdienst‹ nennen.« Er blickte sich erwartungsvoll um. Niemand schien etwas dagegen einzuwenden.

»Der erste Gottesdienst, bei dem Gott persönlich anwesend ist«, sagte Ambrosius zynisch. »Das ist sogar einzigartig in der Geschichte der gesamten Menschheit, würde ich sagen.«

In Erwartung eines Lachens vonseiten der Delegation schaute sich Ambrosius in der Runde um. Es kam aber keines, zu ernst und heilig nahmen sie die Worte Gottes. Stattdessen standen sie auf und applaudierten mit ernsten Gesichtern. Nach einer Weile hörten sie zu applaudieren auf und bemerkten, dass sie ungeschickt in der Gegend herumstanden, und setzten sich wieder.

»Darf ich, oh Herr, beginnen?«, drängte sich der Hohepriester dazwischen, wurde aber von Ambrosius sofort unterbrochen.

»Wie oft denn noch? Ich bin nicht …«, wollte er zu einer energischen Rede ansetzen, wurde aber seinerseits von seiner Tochter unterbrochen.

»Was Gott euch allen gerne mitteilen möchte«, griff sie moderierend ein, »ist, dass es ihm Unbehagen bereitet, als ›Herr‹ oder ›Oh Herr‹ angeredet zu werden, denn er ist ein Menschensohn, einer von euch. Deshalb bittet euch Gott, ihn Ambrosius zu nennen.«

»Ambrosius! Ambrosius!«, murmelten alle leise durcheinander und verbeugten sich dabei immer wieder.

»Ich möchte, Ambrosius, meine Entschuldigung vorbringen. Ich habe das Zeichen, das du mir gegeben hast, nicht richtig interpretiert. Ich möchte mich auch bei deinem Schwiegersohn entschuldigen«, sagte der Hohepriester in großer Demut.

»Die Entschuldigung wird angenommen, aber nenne diesen Wüstling nie wieder meinen Schwiegersohn«, donnerte Ambrosius jetzt mit bewusst tiefer Stimme, wie ein grollender Gott, der aus einer dunklen Wolke auf die Menschheit poltert.

»Wir haben den weiten Weg zu dir angetreten, um deine Hilfe zu erbitten, großer allmächtiger Ambrosius!«, fuhr der Hohepriester fort. »Unsere Insel wird vom Ozean geschluckt. Wir stehen bis zu den

Knöcheln im Wasser. Wir sind verzweifelt. Wir brauchen die Hilfe unseres Gottes, denn wir wissen nicht mehr, was wir tun sollen. Unsere Insel wird untergehen, unser Lebensraum zerstört sein. Wir haben lange gerätselt, warum du uns das Wasser geschickt hast, gütiger G... Oh, gütiger Ambrosius. Haben wir diese Strafe verdient? Schickst du uns das Wasser, weil wir gesündigt haben? Möchtest du uns auslöschen?«

Ehe Ambrosius, erschüttert von ihrer prekären Lage im Pazifik, aber mehr noch von ihrer unfassbar tragischen Verblendung, vor dem Verursacher ihrer Misere zu stehen, Worte finden konnte, nützte der stets politisch denkende Minister für Alles Andere die Gelegenheit, um ihre Verhandlungsposition zu verbessern. »Warum, oh Ambrosius, hast du den Propheten Tyrwhitt zu uns geschickt und ihm nur ein paar Seiten deines Heiligen Buches mitgegeben? Unwissenheit wird uns nicht vor gerechter Strafe schützen, wenn wir gesündigt haben. Wie aber hätten wir die Sünde als Sünde erkennen sollen ohne die Weisheit deines dicken Buches? Jammernd kommen wir zu dir und erflehen deine Hilfe in deiner unendlichen Gerechtigkeit und Güte, aber in aller Demut: Deswegen gleich eine Sintflut?«

Der Hohepriester stieß dem Minister heftig seinen Ellbogen in die Seite und bedeutete ihm streng, die Demut auch zu zeigen und sich tief zu verbeugen.

Ambrosius dachte leicht amüsiert bei sich: Du mieser kleiner Politiker, wenn ich tatsächlich Gott wäre, hätte dich gerade der Blitz getroffen! Er hatte sich wieder gefangen und versuchte, ein für alle Mal Licht in die biblische Geschichte zu bringen: »Wer um alles in der Welt ist ... wie war der Name?«

»Nathaniel Tyrwhitt, der Prophet mit den paar aufgeweichten Zetteln, der dein Kommen angekündigt hat«, war der Minister wieder am schnellsten.

»Nicht nur das«, ergänzte der Hohepriester mit entschuldigender Miene, »er hat auch vorhergesagt, dass dich ein fliegender Delphin davontragen wird.«

»Aha«, war die weise Antwort Gottes.

Der Gouverneur war unschlüssig, ob er auch diese Bemerkung festhalten solle. Er hatte den Auftrag, für spätere Generationen alles genauestens zu protokolieren, denn wann hat man schon die Möglichkeit, das Wort Gottes von ihm selbst diktiert zu bekommen. Mit einem weiteren »Aha« aber verstummte Gott.

»Ambrosius, der Allmächtige, möchte sich kurz beraten«, sagte Eva und verschwand mit ihrem Vater im Badezimmer.

»Du musst ihnen das Gefühl geben, dass du Gott bist«, meinte sie.

»Was soll das? Die machen mich dafür verantwortlich, dass ihre Insel untergeht.«

»Bist du ja auch.«

»Was?«

»Irgendwie.«

»Wieso?«

»Du verkaufst Obst.«

»Aus der Region.«

»Aus der Region um Spanien und Südafrika! – Flugzeug, CO_2, Klimawandel, Polkappen, Meeresspiegel ...«

»Das meinst du jetzt aber nicht ernst?«

»Ein bisschen.«

»Was kann ich denn tun? Ich meine ...«

Sie wurden von König Nu'usafe'e XLIV. unterbrochen, der die Badezimmertür öffnete. Er verbeugte sich kurz und klopfte Ambrosius auf die Schulter. »Verzeihen Sie meinen Leuten ihre aufdringliche Art, sie können nicht anders. Sie glauben wirklich, dass Sie Gott sind. Mir ist hingegen längst klar, dass Sie das nicht sind. Sie sind nicht allmächtig und schon gar nicht allwissend. Sie haben überhaupt keine Ahnung, was hier vorgeht und wie man uns helfen kann.«

»Na, na, na! Warum denn gleich Gott mit dem Bade ausschütten?«

Nu'usafe'e XLIV. sah in dieser befremdlichen Redewendung nur einen weiteren Beleg für seine Behauptung und ging mit herrschaftlicher Geste darüber hinweg: »Ein König sieht so etwas, und ich wäre ein schlechter König, hätte ich nicht vorgesorgt. Zur gleichen Zeit ist eine Delegation von uns in London unterwegs, die sich Zugang zu Prinz Philipp verschafft hat, was deutlich schwieriger war als bei Ihnen. Er ist aber auch nicht Gott, wie ich erfahren habe. Er trippelt ständig seiner Frau hinterher. Von Allmacht keine Spur; genauso wenig wie bei Ambrosius dem Obstverkäufer. Wir haben auf die falschen Götter gesetzt.«

»Gott sei's geklagt, das haben wir.« Die Badezimmertür stand jetzt weit offen, und der Minister für Alles Andere war im Begriff, sich entschieden Zutritt zu verschaffen: »Gott hat sich dort offenbart, wo ihn keiner vermutet hat, in Amerika, im Weißen Haus. In leuchtendem Haarkranz hat der Allmächtige schon am ersten Tag seiner Erscheinung unser Problem gelöst. Seitdem gibt es keinen Klimawandel mehr.«

»Zumindest nicht auf seiner Website«, warf Eva ein, was der Minister für Alles Andere in seinem Sendungsbewusstsein nicht einmal ignorierte.

»Dieser Gott kümmert sich ausnahmsweise einmal um seine Ebenbilder, seine Geschöpfe. Wir müssen schnellstens nach Amerika!«, wandte er sich an den König.

»Schau dich in den Spiegel. Glaubst du, er wird darin sein Ebenbild erkennen?«

»Wir könnten auf blond machen, wie unser Diener ...«, gab der Minister klein bei.

»... wie *mein* Diener, wenn schon!«, herrschte der König seinen Minister für Alles Andere an. »Außerdem überlass das Denken den anderen, damit sind wir bisher ganz gut gefahren!«

Zu Ambrosius und Eva gewandt: »Ich habe einen Plan, und ihr spielt dabei eine wichtige Rolle, trotz allem.«

»Was heißt ›trotz allem‹?«, empörte sich Ambrosius. »Obwohl ich nicht Gott bin?«

Tatsächlich wäre er just in diesem Augenblick gerne zum zweiten Mal innerhalb kurzer Zeit Gott gewesen, natürlich der strafende Gott. Durch die Badezimmertür sah er eine Gestalt mit weit aufgerissenen Augen Richtung Ausgangstür schleichen.

»Fahr zur Hölle Dean Horvat!«, donnerte er. »Deine Eier seien geröstet, und von nun an sollst du lendenlahm sein bis an das Ende deiner unfruchtbaren Tage!«

Die Tür schlug zu.

Eva schickte noch ein wütendes »Arschloooooooch!« hinterher.

Das war in Wirklichkeit der grelle Blitz vor Gottes Donnerhall, die Ursache und nicht das Echo. Gott konnte also durchaus eine Frau sein, ging es Ambrosius unnötigerweise durch den Kopf. Was die Sache nicht einfacher macht, ließ ihn der Gedanke nicht los. Die Frau und das Numinose, es war einfach schlüssig.

Der König hatte tatsächlich einen Plan, und den wollte er jetzt umsetzen, seine Körpersprache war eindeutig. »Obwohl Sie zu viel trinken, und das zu oft, habe ich gemeint ...«, setzte er mit königlicher Autorität fort, als wäre nichts gewesen.

»Es ... äh ... Es tut mir leid, dass Sie mich gleich bei unserer ersten Begegnung so erleben mussten.«

»Sie müssen sich nicht entschuldigen, jeder von uns hat seine Schwächen. Wissen Sie, ich bin das Staatsoberhaupt einiger kleiner Inseln, mich wird niemand ernst nehmen. Aber einen Weißen, und damit komme ich zur Sache ... Wenn sich ein Weißer – und eine Weiße«, ein gnädiger Blick Richtung Eva, »wenn sich Weiße unserer Sache annehmen, dann haben wir vielleicht eine Chance.«

»Eine Chance worauf?«, fragte Ambrosius.

»Gehört zu werden. Ja, wir müssen dringend nach Amerika, aber nicht ins Weiße Haus, sondern nach New York vor die UNO-Hauptversammlung. Glauben Sie mir, ich weiß, dass es sich nicht um eine Strafe Gottes handelt. Ja, nicht einmal um eine Naturkatastrophe. Es ist von Menschen gemacht. Menschen, die auf unseren Planeten nicht gut aufgepasst haben. Menschen, die hier in Europa, in Amerika leben. Das soll kein Vorwurf sein. Aber ich denke, es ist an der Zeit, etwas zu unternehmen. Denken Sie nicht auch?«

»Ich spende für Global 2000«, sagte Ambrosius.

»Papa!«, wies ihn Eva zurecht mit einem kurzen Augenrollen.

»Und für Greenpeace«, fügte er rasch hinzu.

»Das macht Ihnen vielleicht ein gutes Gewissen, macht Sie aber deswegen nicht weniger schuldig.«

Ambrosius wollte protestieren, kam aber gegen den König nicht an. Jetzt redete er und wollte nicht mehr unterbrochen werden, wie seine angehobene Stimme signalisierte: »Ja, ja, wenn sogar mein Minister für Alles Andere schon vom Klimawandel schwätzt und wie gewohnt die falschen Schlüsse daraus zieht, indem er ihn für eine Strafe Gottes hält, ist es Zeit, die Komödie zu beenden. Das moralisch-religiöse Weltbild hat mir geholfen, meine bescheidene Herrschaft über die Inseln zu legitimieren. Ich habe mich aber zeit meines Lebens mit der westlichen Kultur beschäftigt. Ich habe eure Philosophen studiert. Ich habe eure Geschichte gelernt. Ihr habt viele wunderbare Erfindungen und großartige menschliche Leistungen vollbracht. Die Dampfmaschine, den Computer, die Demokratie, die Bildung, die sozialen Leistungen des Staates. Aber ihr habt einen großen Fehler. Ihr denkt, ihr seid allmächtig. Ihr seid unverwundbar. Ihr habt euch über diesen Planeten erhoben. Ihr behandelt ihn, als wäre er eine eurer Waren. Als könne man ihn jederzeit ersetzen, wenn er nicht spurt. Ihr habt vergessen, dass ihr ein Teil dieses Planeten seid, ein Teil der Natur, ja, dass wir Menschen nicht nur ein Teil der Natur sind, sondern dass wir die Natur selbst sind. Und dass jede Verletzung, die ihr diesem Planeten antut, euch selbst verletzt. Es geht nicht um mich und mein Volk. Wir werden im wahrsten Sinne des Wortes untergehen. Na und? Viele Völker sind im Laufe der Geschichte von diesem Planeten verschwunden. Sind ausgestorben oder wurden – meistens von euch – ausgerottet. Wenn es sein soll, dann wird es passieren. Das ist nicht so schlimm, denn es mag unsere Bestimmung sein. Aber ihr seid gerade dabei, den ganzen Planeten auszurotten. Ihr seid dabei, Kriege zu provozieren. Was wollt ihr denn tun, wenn aus aller Welt Klimaflüchtlinge zu euch kommen? Dasselbe, wie mit den Flüchtlingen aus Syrien? Wollt ihr eine Obergrenze einführen? Eine Obergrenze für Umweltkatastrophen? Wollt ihr dann alle anderen erfrieren, verdursten oder verhungern lassen? Und vor allem: Niemand weiß, wie sich die Veränderung des Klimas wirklich auswirken wird. Niemand weiß, wo auf der Erde was passieren wird. Was, wenn es hier in Europa passiert? Was, wenn ihr die Klimaflüchtlinge seid? Wenn ihr zu verhungern droht? Was, wenn es in Europa zu Überschwemmungen, zu Lawinen, zu Wirbelstürmen in einem nie gekannten Ausmaß kommt und ihr von hier wegmüsst? Was, wenn euch eines Tages das Wasser bis zu den Knöcheln steht?«

XIII

Ambrosius' Handy läutete. Eine unbekannte Nummer mit der internationalen Vorwahl 0044. Er hob nicht ab, zu sehr stand er noch unter dem Bann der packenden Rede König Nu'usafe'es XLIV. Sobald er jedoch das winzige akustische Signal für »Sie haben eine neue Nachricht in Ihrer Mobilbox« vernahm, wählte er brav wie ein Pawlow'scher Hund die Nummer der Box und wartete gierig auf die Nachricht. Noch während des ersten Satzes drückte er auf das Lautsprechersymbol, damit alle mithören konnten.

»Tut mir leid, wenn ich störe, ich bin Prinz Philip. Sie kennen mich wahrscheinlich aus der Yellow Press. Ich bin der Mann, der mit sechsundneunzig in Pension gegangen ist, der über sechzig Jahre lang immer vier Schritte hinter seiner Frau herlaufen musste, weil sie die Königin von England ist. Es sind ein paar Wahnsinnige hier, deren Insel am Untergehen ist, und da habe ich mir gedacht, wir beide könnten doch etwas unternehmen. Was denken Sie? So von Gott zu Gott? Der Palast ist eigentlich dagegen, aber wissen Sie, ich habe immer getan, was der Palast von mir verlangt hat. Es ist an der Zeit, dass ich ein bisschen selbstständiger werde. Wir könnten der UNO einen Besuch abstatten. Nicht, dass wir groß was ändern könnten, dass denen die Insel nicht davonschwimmt, aber wir könnten uns ein wenig in New York herumtreiben und vor allem mit einer großen Rede über den Klimawandel diesen Affen im Weißen Haus ärgern. Außerdem machen wir damit meinem Sohn, Prinz Charles, eine Freude. Er ist ja so sehr für den Umweltschutz. Also dann, rufen Sie mich zurück. Meine Nummer haben Sie ja. Ich habe die Kennung nicht unterdrückt, schließlich sind wir ja beide Götter! Beeilen Sie sich mit Ihrem Rückruf, ich bin nicht mehr der Jüngste. God save me and my wife!«

Im Buckinghampalast hatte Seine Königliche Hoheit, Prinz Philip, Herzog von Edinburgh, aufgelegt und den Minister für die Zufriedenheit des Volkes unternehmungslustig angeblickt: »Wenn er fährt, dann fahre ich auch.«

Zwei Monate nach der flammenden Rede König Nu'usafe'es XLIV. in Gottes Badezimmer und dem launigen Anruf aus dem Buckingham Palast saßen Ambrosius Backstein, Eva, Herr Sadigh und die beiden Delegationen aus dem Va'anau'tischen Königreich, die eine von Wien, die andere von London kommend, in einem blauen Bus, der sie zum UNO-Hauptquartier in New York brachte.

Der Herzog von Edinburgh trat an das Rednerpult vor der UNO-Hauptversammlung und sprach die ersten Worte seiner Rede: »Was, wenn es hier in Amerika passiert? Oder in Europa? Oder in Großbritannien? – God save my wife! – Was, wenn wir eines Tages die Klimaflüchtlinge sind? Wenn wir zu verhungern drohen? Was, wenn es in Europa und Amerika zu Überschwemmungen, zu Lawinen, zu Wirbelstürmen in einem nie gekannten Ausmaß kommt und wir aus unseren Ländern wegmüssen? Was, wenn uns eines Tages das Wasser bis zu den Knöcheln steht ...?«

VII

Nächtliche Begegnung
mit einer grauen Zukunftsvision

🖊 Möchtest du zu dieser Geschichte etwas sagen?

✂ Muss ich?

🖊 Nein, aber vielleicht hast du ja Anregungen, Wünsche, Beschwerden. Hast du dich gelangweilt? Kann ich sie irgendwie verbessern?

✂ Ja, verbessern ist ein gutes Stichwort.

🖊 Gerne. Wie?

✂ Wäre es möglich, die Hauptfigur zu einem Friseur zu machen?

🖊 Nein. Nächste Frage.

✂ Das war jetzt nicht ernst gemeint. Es war ein Scherz.

🖊 Trotzdem: Nein.

✂ Also ich find sie nicht schlecht, aber ein bisschen sehr hergeholt. Ein Stamm Eingeborener auf einer Insel, der sich uneins ist, ob Prinz Philip oder ein Wiener Obstverkäufer sein Gott ist? Mittelmäßig erfunden. Völlig an den Haaren herbeigezogen das alles.

🖊 Aha! Da ist die Wirklichkeit wieder einmal so absurd, dass sie einem in einer Geschichte nicht abgenommen wird.

✂ Was? Willst du etwa sagen, den Stamm gibt es wirklich?

🖊 Ja! Auf einer Insel im Südpazifik gibt es eine Gruppe von Menschen, die glauben, dass ...

✂ ... ein Wiener Obstverkäufer und Prinz Philip Götter sind?

🖊 Nein, sie glauben nur von einem, dass er Gott ist.

✂ Lass mich raten ... Also entweder der englische Prinzgemahl oder ein Überlebender von einem Flugzeugabsturz. Ein Wiener ...

🖊 Ja. Und was tippst du? Welcher von beiden ist es?

217

✂ Der Überlebende. Der todessehnsüchtige Wiener, für den das stille Örtchen zur Rettungskapsel wird.

✐ Falsch. Seine Königliche Hoheit, Prinz Philip.

✂ Ich fasse es nicht. Die halten den englischen Prinzgemahl für Gott?

✐ Ja. Das ist aber das Einzige, was in meiner Geschichte der Realität entspricht. Hier der Beweis auf Wikipedia: *»Die Ursprünge der Prinz-Philip-Bewegung liegen in den ersten Aufeinandertreffen der melanesischen Bevölkerung mit europäischen Siedlern, denen als Vertreter einer höher entwickelten Kultur übersinnliche Kräfte nachgesagt wurden. Die Begegnung mit den Siedlern führte zu einer Vermischung alter Mythen über hellhäutige Naturgeister mit den neuen Erfahrungen. So verbreitete sich während der Stationierung US-amerikanischer Soldaten während des Zweiten Weltkrieges auf der Insel Tanna die John-Frum-Bewegung. Diesem Kult zufolge soll es sich bei dem Amerikaner namens John Frum um den Sohn des Berggeistes Karapanemum handeln, der nach Tanna zurückgekehrt sei, um sein Volk in eine bessere Zukunft zu führen. In den späten Fünfzigerjahren oder den frühen Sechzigerjahren entwickelte sich, ausgehend von der John-Frum-Bewegung, eine zweite Bewegung, die den britischen Prinzgemahl in den Mittelpunkt rückte. Die im Süden Tannas ansässigen Yaohnanen glauben, dass Prinz Philip in Wirklichkeit der Bruder von John Frum sei. Ihren Mythen zufolge habe einst der Sohn des Berggeistes Tanna verlassen, um jenseits des Meeres eine mächtige Frau zu ehelichen. Nach Kontakten mit den britischen Kolonialherren kamen die Yaohnanen zu der Überzeugung, dass diese Frau Elisabeth II. sein müsse, weshalb sie in Prinz Philip den lange zurückerwarteten Geist sahen. Dieser Glaube verstärkte sich 1974, als das Königspaar Vanuatu besuchte. Jack Naiva, der Häuptling des rund vierhundert Mitglieder umfassenden Stamms der Yaohnanen, zählte zu den Einheimischen, die in Einbäumen die königliche Yacht Britannia begrüßten und dabei Prinz Philip in seiner weißen Marineuniform zu Gesicht bekamen. 1978 informierte der Resident Commissioner, der höchste Repräsen-*

tant des Vereinigten Königreiches im Kondominium der Neuen Hebriden, Prinz Philip über die Existenz des Kults und übermittelte die Bitte der Yaohnanen, ihnen ein Foto des Prinzen zuzusenden. Prinz Philip folgte der Bitte und schickte eine signierte Fotografie sowie mehrere Tonpfeifen als Geschenke. Als Dank übersandten die Anhänger der Prinz-Philip-Bewegung ihrem Gott eine traditionelle Waffe, eine Nal-Nal-Keule, die zur Schweinejagd verwendet wird. Prinz Philip bedankte sich wiederum 1980 für dieses Geschenk mit einer Fotografie, auf der er die Waffe in seinen Händen hält. Diese Fotografie entstand ausschließlich für die Anhänger der Bewegung und wurde nie offiziell vom Buckingham Palace veröffentlicht. Ein weiteres Foto wurde den Yaohnanen im Jahr 2000 zugesandt.«

✂ Unglaublich, was Menschen alles glauben, wenn sie sich davon eine bessere Zukunft versprechen. Sie erfinden Geschichten, vermischen sie mit älteren Traditionen, und schließlich entsteht eine Religion daraus.

✐ Der Mensch ist eben ein Geschichten erzählendes Tier. Ein Sinn suchendes Lebewesen. Unser Gehirn denkt in Geschichten: Homo narrans. Ich hab mich immer gefragt, warum will jeder ein Buch schreiben, wo doch schon Millionen vorhanden sind. Warum strömen die Leute in die Theater, also in manche, warum bleiben noch viel mehr Menschen zu Hause und ziehen sich Fernsehserien hinein. Das hat doch industrielle Ausmaße, viel größer als die Autoindustrie. Anthropologen und Gehirnforscher bestätigen heute, was altgriechische Geschichtenerzähler und Poeten schon immer wussten: Geschichtenerzählen ist nicht bloß ein beliebter Zeitvertreib, es ist ein menschlicher Grundinstinkt, der befriedigt werden muss, wie Essen, Trinken, Schlafen oder Sex.

✂ Schlafen *oder* Sex? Schlafen *und* Sex.

✐ Ab einem gewissen Alter hat man Sex nur mehr, weil man dankbar jede Gelegenheit ergreift, sich hinlegen zu dürfen.

✂ Der Mensch, das Unsinn suchende Wesen!

✎ Den Nagel auf den Kopf getroffen! Das ist ja das Schöne, dass wir uns unsere Instinkte bewusst machen können, uns zwar nicht über sie hinwegsetzen, aber mit ihnen bis zu einem gewissen Grad spielerisch umgehen können. Das gibt uns ein gewisses Gefühl von Freiheit und Selbstbewusstheit. Natürlich sind nur wir Menschen in erster Linie Sinn und nicht Unsinn suchende Lebewesen. Ob ein Hund über sein Hundedasein und das Elend der Hunde in anderen Teilen der Welt, wo sie im Kochtopf landen, nachgrübelt, steht doch sehr infrage.

✂ Anders als bei den Pinguinen! Hast du schon einmal beobachtet, wie sie stundenlang dastehen, in ihrem schönen Frack der Kälte trotzen und nichts anderes machen als nachdenken. So stell ich mir den idealen Philosophen vor.

✎ Das überzeugt mich sofort. Mit Ausnahme der Pinguine zeichnen wir Menschen uns gegenüber den Tieren, gegenüber den anderen Tieren, dadurch aus, dass wir leicht in Verzweiflung geraten, uns deswegen Geschichten ausdenken, die unser Leben in einen größeren Zusammenhang stellen und uns das beruhigende Gefühl vermitteln, es hätte trotz aller offensichtlichen und deprimierenden Beweise des Gegenteils einen Sinn.

✂ Man hat sogar in Gräbern von Neandertalern Waffen und Werkzeuge gefunden, weil sie anscheinend an ein Leben nach dem Tod geglaubt haben. Die haben sich bereits eine Geschichte ausgedacht, eine Religion.

✎ Wahrscheinlich hat es diese Unterscheidung noch gar nicht gegeben, zwischen einer Geschichte und Religion. Mythos wäre vermutlich das richtige Stichwort. Es ist, entgegen der landläufigen Meinung, die linke Hirnhälfte, die dafür verantwortlich ist. Die rechte Hemisphäre beobachtet und registriert Fakten, die linke erfindet die Story dazu, auch und gerade dann, wenn die Fakten unvollständig sind. Das befriedigt unser Deutungsbedürfnis, denn wir wollen überall Sinn und Absicht erkennen, um uns auf dieser Welt zurechtzufinden, wie uns die neueste

Kognitionsforschung lehrt. Offenbar schießen wir da manchmal über das Ziel hinaus: Prinz Philip – ein Gott! Oh, Gott, oh Gott! Aber so unglaublich das klingt, es entspricht der Wahrheit. Diesen Inselglauben gibt es wirklich. Alles andere hat meine linke Gehirnhälfte dazuerfunden.

✂ Erfunden!? Aha! Da brauchen wir aber nicht die Nase zu rümpfen über abgelegene Insulaner, die einen sonderbaren Glauben entwickelt haben, wenn jeder erfindet, wie er es gerade braucht.

✎ Die Nase zu rümpfen brauchen wir nicht, wollen wir auch gar nicht. Aber ich nehme halt für mich in Anspruch, dass der Mensch nicht nur ein Geschichten erzählendes Tier ist, sondern auch ein Vogel ohne Flügel. Um die Gravitation – Erdenschwere wäre ein schöneres Wort – zu überwinden, benötigen wir entweder ein bisschen Fantasie oder ein paar Hunderttausend Liter hochexplosiven Treibstoff. Wem würde da die Entscheidung schwerfallen?

✂ Das heißt, die Insel ist gar nicht überschwemmt?

✎ Noch nicht. Aber es besteht die Gefahr, dass es demnächst passiert.

✂ Der Schluss deiner Geschichte ist nicht überzeugend. Viel zu kitschig.

✎ Nicht kitschig, sondern voll Hoffnung. Wenn wir schon ihren Lebensraum zerstören und sogar in ihre Religion eingedrungen sind, dann sollten wir ihnen wenigstens auch helfen, wo immer es geht. Noch dazu tun wir uns ja selbst etwas Gutes damit.

✂ Wäre nicht ein apokalyptisches Ende besser? Sogar realistischer? Eine wirklich globale Naturkatastrophe, die die gesamte Menschheit ausrottet, bis auf ein paar Überlebende, deren Geschichte du dann erzählst?

✎ Wer soll das sein, die Überlebenden? Eine Gruppe von Friseuren, die im Keller eines St. Pöltner Frisiersalons überlebt hat? Die Keimzelle einer neuen Zivilisation? Einer Zivilisation, die auf dem Zenit ihrer Entwicklung den Lockenwickler hervorbringt und mit ihrem Slogan *Frohlocke!* den Namen für ein neues Erdzeitalter abgibt?

✂ Schön langsam triffst du meinen Geschmack. Aber jetzt pass mal auf, jetzt komm ich mit meiner Erzähltheorie! Nicht meine, aber sie gefällt mir ausnehmend gut. Du wirst es nicht für möglich halten, aber auch Friseure lesen Bücher. *Bild der Frau, Brigitte, Goldenes Blatt, Autorevue* und *News* sind für die Kundschaft unter der Trockenhaube gedacht und geben nicht unbedingt einen Hinweis auf den Bildungshorizont des Ladeninhabers.

✐ Entschuldige. Ich wollte nicht ... Ich hab nur so dahingeplappert und ...

✂ Plappern. Genau darum geht es. Tratsch und Klatsch. Geschichten als Stressabbau in sozialen Gruppen. Der britische Anthropologe Robin Dunbar hat beobachtet, dass bei Schimpansen die eigene Sippe kaum mehr als fünfzig bis sechzig Mitglieder aufweist. Wächst die Zahl darüber hinaus, teilt sich die Horde in zwei kleinere auf, weil der Gruppenstress zu hoch wird. Futterneid, Konkurrenz bei der Partnerwahl und so weiter. Solange es geht, setzen die Primaten auf Besänftigung und suchen Verständigung, man will sich gegenseitig Gutes tun. Das entscheidende Mittel dazu ist die gegenseitige Fellpflege. Die ist sehr zeitaufwendig und gelingt eben nur bis zu einer bestimmten Gruppengröße. Laut Robin Dunbar hört das Lausen bei fünfzig Köpfen auf, denn das ergibt bereits 1225 potenzielle Paare, die sich gegenseitig an das Fell gehen müssen. Was darüber hinausgeht, führt zu Mord und Totschlag. Für größere Gruppen, Horden und Verbände ist ein entwickelteres Gehirn als das der Primaten vonnöten, denn dazu braucht es Sprache, wie der Anthropologe behauptet. Sprache ist demnach nichts anderes als verbales Lausen. Allerdings mit vervielfachendem Effekt. Man kann zu vielen gleichzeitig sprechen; wenn es sein muss, sogar zu der ganzen Gruppe. Man kann sogar Wissen über Ereignisse erfahren oder weitergeben, die außerhalb des eigenen unmittelbaren Erlebens stattfinden. Klatsch und Tratsch bauen Spannungen ab. Man zeigt, dass man sich freundlich gesonnen ist. Der Homo narrans betritt die Welt.

✏ Geschichtenerzählen als verbales Lausen. Nicht schlecht, und gar nicht unplausibel. Entweder hast du das großartig erfunden, oder den Dunbar gibt es wirklich.

✂ Den gibt es wirklich, ein Professor in Oxford.

✏ Er hat nur in meinen Augen die Theorie nicht weit genug getrieben.

✂ Wie das?

✏ Na ja, Fellpflege, Lausen, Tratsch und Klatsch ... Irgendwie drängt es sich doch auf ... Ich weiß jetzt auch, warum dir die Theorie so gut gefällt ...

Andreas begann zu schmunzeln und formulierte selber die Schlagzeile:

✂ »Missing Link endlich gefunden! Sie sind noch unter uns: die Friseure«.

✏ Nur eines kommt mir an der Theorie komisch vor: Warum sehne ich mich beim Friseur immer zurück in ein Zeitalter vor Erfindung der Sprache? Fellpflege in Verbindung mit Konversation macht mich alles andere als sanftmütig.

✂ Sprache zu haben, bedeutet eben nicht immer einen Vorteil. Immanuel Kant über die Paviane: »Die Amerikaner glauben alle, dass diese Affen reden könnten, wenn sie wollten, aber sie täten es nicht, um nicht zur Arbeit gezwungen zu werden.«

✏ Die lachen uns aus, die Gfraster! Andererseits gibt es ein afrikanisches Sprichwort: »Wenn die Löwen ihren eigenen Geschichtenerzähler hätten, wäre nicht immer der Jäger der Sieger.« Sie würden aus fremdem Schaden klug, nicht aus eigenem. Und das möchte ich eigentlich auch. Deswegen lass uns zu meiner Inselgeschichte zurückkehren. Zu welchen intellektuellen Höhenflügen eine die globale Katastrophe überlebende Gruppe von Friseuren aus St. Pölten animieren kann, habe ich bisher zweifellos unterschätzt, als Schluss meiner Geschichte halte ich das aber für nicht gut. Du hältst meinen Schluss für kitschig, aber das wäre wiederum mir zu kitschig. Die armen Überlebenden einer großen menschheitsauslöschenden Katastrophe, die wieder von vorne anfangen müssen. Schon zu oft in amerikanischen Blockbustern gesehen.

✂ Mir ist außerdem aufgefallen, dass wir nie wieder etwas über Ambrosius' Exfrau erfahren.

✎ Die ist nur Nebenhandlung. Das tut nichts zur Sache. Die brauchen wir nur, um der Hauptperson mehr Profil zu geben.

✂ Schade. Wäre es nicht eine herrliche Schlussszene, wenn die Exfrau über ihren Exmann schimpft, den Fernseher aufdreht und auf CNN sieht, wie er mit Prinz Philip durch die überschwemmten Gassen der Insel watet. Es läuft gerade die Reportage *Zwei Götter retten die Welt*. Wäre das nicht ein wunderbares Ende?

✎ Ja, du hast recht, das ist ein sehr schönes Ende.

✂ Und Dean, der Schwiegersohn, der sieht das auch. Er ist ein Grüner. Er wollte immer der Partei beitreten, um etwas für die Umwelt zu tun, ist aber nie dazu gekommen. Da sieht er den Großvater seines Kindes ...

✎ ... eines seiner Kinder.

✂ Nein, es ist das einzige. Es stellt sich nämlich heraus, dass das erste Kind aus der Parallelschwangerschaft gar nicht von ihm ist. Seine Freundin hat ihn betrogen und wurde von dem anderen schwanger. Evas Kind ist das einzige Kind, das er gezeugt hat. Der Enkel des Gottes. Moment, das ist überhaupt die beste Variante. Die Geschichte heißt *Theobald, der Enkel Gottes*. Der Enkel ist einer von den Überlebenden der Naturkatastrophe. Sein Großvater hat versucht, die Welt zu retten, ist aber letztendlich gescheitert. Ungewöhnliche Naturkatastrophen haben eingesetzt, in immer kürzeren Abständen, in nie gekanntem Ausmaß. Der Meeresspiegel ist erschreckend schnell gestiegen und steigt und steigt unablässig. Sobald beide Polkappen zur Gänze geschmolzen sind, kommt es zur globalen Katastrophe. Fluchtbewegungen. Die Europäer fliehen nach Afrika, wie es der König vorausgesagt hat. Dort herrscht aber Dürre und in Amerika Eiszeit. Kriege um sauberes Wasser setzen ein, um Lebensmittel. Menschen sterben in Massen, sie verhungern, erfrieren, verdursten, begehen Massenselbstmord, weil sie gerade das Ende der Welt erleben. Nur der Enkel überlebt, mit ein paar anderen. Er wird zum Anführer gewählt. Sie sitzen um ein Lagerfeuer, und er erzählt die Geschichte von Ambrosius, seinem Großvater, dem Gott, der seine Schöpfung nicht vor dem Untergang bewahren konnte.

✎ Ja, ja. Ist gut, ist gut, ist ja gut. Lass es gut sein!

Ich musste Andreas stoppen, bevor er mir die Lust an der Geschichte gänzlich verderben würde. Das war genau der Kitsch, den er mir vorgeworfen hatte. Er hatte sich da ungebührlich hineingesteigert, und ich war plötzlich sehr grantig und fragte mich, was ich da eigentlich machte, mitten in der Nacht, mit einem, der meint, an meiner Geschichte herummäkeln zu dürfen.

✎ Laut Primatenlogik gehen wir uns jetzt entweder an die Gurgel oder wir schneiden uns gegenseitig die Haare, im Sinne von Spannung lösender Fellpflege.

✂ Oder wir machen Witze über deine plötzlich schlechte Laune, schließlich verfügen wir über Sprache. Außerdem gehe ich davon aus, dass die kleinen Tierchen dein kahles Haupt schon vor längerer Zeit in Richtung fruchtbarerer Gegenden verlassen haben, und ich fühle mich allenfalls für Kopfhaare zuständig.

✎ Keine Witze über meine Behaarung. Das macht alles nur schlimmer.

✂ Ich hab's! Auf ihrer Flucht ist dir eine Laus über die Leber gelaufen. Für die ist das übrigens auch eine gewaltige Klimakatastrophe, so ein kahler Schädel.

Er gab nicht auf. Was macht man in so einer Situation? Man gibt sich einem Ritual hin, das der Homo sapiens in der Weisheit seines überdimensionierten Hirns bestimmt auch nur als Ersatz für Fellpflege eingeführt hat. Die weite Verbreitung spricht stark dafür. Man greift zur Flasche.

✎ Prost, bist eh ein Trottel!

Nach einem ausgiebigen Versöhnungsschluck kam ich auf den Schlussgedanken von Andreas' Verbesserungsorgie zurück. Ein Gedanke, der mich die ganze Zeit trotz allem nicht losgelassen hatte, wie ich mir eingestehen musste.

✎ Was ist das für ein Gott, der seine eigene Schöpfung nicht vor dem Untergang bewahren kann?
✂ Oder nicht will!
✎ Wie auch immer. Wahrscheinlich sind wir tatsächlich rettungslos verloren.
✂ Kann gut sein. Aber bis dahin versucht man, möglichst ethisch vertretbar zu leben. Nutzt's nichts, schadt's nichts! Ein wichtiger Punkt ist, nur Lebensmittel zu kaufen, die im Umkreis bis maximal hundertfünfzig Kilometer produziert worden sind.
✎ Bei mir ein Problem, die hab ich nämlich schon alle aufgegessen. Aber mein Beitrag zur Rettung der Welt: Ich habe keinen Führerschein. Nie gemacht.
✂ Ja, ja. Das rettet bestimmt den Regenwald! Denn du fährst auch nie mit dem Taxi, und es käme dir völlig abwegig vor, in ein Flugzeug zu steigen, nur um auf den Malediven Urlaub zu machen.
✎ Glaubst du an Gott?

✂ Nein, warum?

✐ Auch nicht an den Teufel?

✂ Nein, warum?

✐ Weil ich dich gleich zu ihm schicken werde, wenn du so weitermachst.

✂ Glaubst du an Gott?

✐ Zumindest nicht an Ambrosius Backstein.

✂ Ich bin mosaischer Agnostiker.

✐ Was bedeutet, dass ...?

✂ ... dass ich die Möglichkeit der Existenz Gottes nicht ausschließe: *Agnostiker*. Wenn es ihn aber gibt, dann hat er sicher noch nicht auf der Erde vorbeigeschaut: *mosaisch*.

✐ So gesehen bin ich buddhistischer Ignorantiker. Mir ist es wurscht, ob es Gott gibt oder nicht: *Ignorantiker*. Solange meine Seele unsterblich ist: *buddhistisch*. Aber Religion soll im Buch gar nicht so prominent vorkommen. Ich finde vieles an der Religion verwirrend. Vor Kurzem habe ich begonnen, die Bibel zu lesen, und schon nach den ersten Sätzen geht es drunter und drüber. Ein wahres *Tohuwabohu*. Das ist übrigens das hebräische Wort für *großes Durcheinander, Chaos*. Und genau darum soll es zu Beginn der Genesis gehen: Gott will Ordnung in das Tohuwabohu bringen. Aber er stiftet nur neue Verwirrung.

✂ *»Im Anfang schuf Gott Himmel und Erde.«*

✐ *»Und die Erde war wüst und leer, und es war finster auf der Tiefe; und der Geist Gottes schwebte auf dem Wasser. Und Gott sprach: Es werde Licht! Und es ward Licht.«* Das sind die ersten Sätze der Bibel.

✂ Was ist daran verwirrend?

✐ Warte. Gott schuf am ersten Tag das Licht. Dann geht es weiter. Es kommen die Erde und das Wasser und die Pflanzen und die Bäume und die Früchte.

✂ Und?

✐ Und dann, am dritten Tag, macht Gott Folgendes. In der Bibel steht – ich zitiere wieder wörtlich: *»Und Gott machte zwei große*

Lichter: ein großes Licht, das den Tag regiere, und ein kleines Licht, das die Nacht regiere, dazu auch Sterne.« Er erschafft die Sonne, den Mond und die Sterne.

✂ Ja? Und?

✐ Na ja, am ersten Tag erschafft er das Licht und erst am dritten Tag die Sonne. Wo kommt das Licht des ersten Tages her!?! Was ist das für ein Licht? Wozu muss er noch die Sonne schaffen, wenn es ohnehin schon ein Licht gibt, und wo ist dieses Licht jetzt hingekommen? Wir haben nur die Sonne, die uns Licht spendet, sonst nichts. Ich bin verwirrt. Aber es kommt noch ärger. Am fünften Tag erschafft Gott den Menschen. Ich zitiere: *»Und Gott sprach: Lasst uns Menschen machen, ein Bild, das uns gleich sei, die da herrschen über die Fische im Meer und über die Vögel unter dem Himmel und über das Vieh und über die ganze Erde und über alles Gewürm, das auf Erden kriecht. Und Gott schuf den Menschen ihm zum Bilde, zum Bilde Gottes schuf er ihn; und schuf sie einen Mann und ein Weib.«* Als Mann und Weib! Aber erst später, nachdem er am siebten Tag geruht hat, macht er den Adam aus einer Rippe die Eva. Wer war dann die erste Frau Adams, und wo ist sie geblieben? Die Sache ist extrem verwirrend. Der erste Mensch hat vor seiner ersten Frau, die die erste Frau war, wie es immer heißt, eine erste Frau gehabt. Man kann es auch so sagen: Eva war Adams zweite Frau. Wer aber war die erste?

✂ Lilith war die erste Frau Adams.

✐ Wer?

✂ Lilith.

✐ Kenne ich nicht. Noch nie was von ihr gehört.

✂ Jüdische Gelehrte im Mittelalter hatten schon vor dir dieses Problem mit der Bibelstelle und haben Lilith als Adams erste Frau identifiziert. Zuerst war sie nur eine Nachtdämonin. Lilith bedeutet: *die Nächtliche.* Aber seit dem Mittelalter sind sich die Gelehrten darüber einig, dass sie die erste Frau Adams war. Sie lässt jedoch ihren Mann im Stich. Sie verlässt Adam, weil er sich weigert, sie als ebenbürtig anzuerkennen. Lilith ist selbstständig, sie will keine Kinder.

✎ Selbstständig und ebenbürtig?

✄ Ja. Emanzipiert. Die erste Frau ist die erste Feministin. Und sie ist böse, eben *die Nächtliche*. Natürlich sind das alles von Männern niedergeschriebene Geschichten. So wurde im Laufe der Zeit aus Lilith ein regelrechtes Miststück. Sie lässt Adam alleine zurück, weil sie nur ihre Karriere im Sinn hat, die im Wesentlichen darin besteht, Böses zu tun; Kinder umzubringen und Fehlgeburten zu verursachen.

✎ Selbstverständlich war das Adam nicht so recht, und er hat Gott gebeten, ihm eine zweite Frau aus seiner Rippe zu machen, die schön brav und gehorsam ist?

✄ Wahrscheinlich. Muss so gewesen sein.

✎ In der Bibel steht aber auch, dass der Teufel Eva den Apfel vom Baum der Erkenntnis gereicht hat.

✄ Die Schlange war das.

✎ Nein. Eben nicht. Der Teufel wurde erst danach zur Strafe in eine Schlange verwandelt. Das heißt, vielleicht war das gar nicht der Teufel, sondern Lilith, um sich zu rächen. Eva und Adam, in dieser Reihenfolge, kosten vom Apfel, und sie werden beide aus dem Paradies verbannt. Liliths Rache sozusagen. Das ganze Elend, die Verbannung aus dem Paradies, unsere Exilantenexistenz, das Gefühl, nicht ganz heimisch zu sein auf dieser Welt, all die Müh und Plag, der Schweiß in unserem Angesicht, die Angst vor dem Sterben, das alles verdanken wir einer dummen Patchwork-Geschichte. Hätte Adam damit leben können, dass seine Frau stark und unabhängig ist, wären wir noch immer im Paradies.

✄ Lilith hat wahrscheinlich nicht selber den Apfel gereicht, aber vielleicht hat sie den Teufel dazu angestiftet. Sie hat sich danach zumindest sehr gut mit der Schlange verstanden. Schau hier.

Nach ein paar Klicks zeigte er mir dieses Bild:

Da war sie, Adams erste Frau. Liebevoll schmiegt sie sich an die Schlange, die diese dumme Eva und diesen elenden Adam reingelegt hat. Sehr verführerisch, ein richtiger Vamp. Um einiges interessanter als die Dame aus der Rippe. Sie wäre eine ausgezeichnete Obstverkäuferin und würde spielend schaffen, was bisher noch keiner Frau gelungen ist, nämlich dass ich täglich einen Apfel esse. Ich konnte das deutlich spüren. Offenbar Andreas auch.

✂ Wolltest du mich vorhin nicht irgendwohin schicken? Allemal, kann ich da nur sagen, allemal! ... Da schau her, auch auf Goethe hat sie ihre Wirkung nicht verfehlt. In *Faust 1* hat sie ihren Auftritt in der Walpurgisnacht:

Faust:	*Wer ist denn das?*
Mephistopheles:	*Betrachte sie genau! Lilith ist das.*
Faust:	*Wer?*
Mephistopheles:	*Adams erste Frau.*
	Nimm dich in acht vor ihren schönen Haaren,
	Vor diesem Schmuck, mit dem sie einzig prangt.
	Wenn sie damit den jungen Mann erlangt,
	So lässt sie ihn so bald nicht wieder fahren.

✏ Uje, die ist ja richtig gefährlich!

✂ Die nimmt sich einfach, was sie will!

✏ Eva, wo bist du? Geht's dir gut? Ich bin wieder da-a! ... Hallo, Eva-Schatz? Alles gut, dein Adam ist wieder da! Ich hab auch Äpfel, ähhh Blumen mitgebracht. Eva ...? Eeeeva ...? Evvvva! Gibt's das?!

✂ Was ich immer sage: Eine wie die andere!

Mit »Evvvva!« war ich natürlich in den Jargon des Führrrrrerrrs gefallen, und ich musste mich wie immer richtiggehend zwingen, wieder herauszukommen. So verrfüüührrrrrerrrisch ist dasss.

✏ Wirrrr fassen also zusaaammmmen: Gleich zu Beginn der Bibel haben wir ein Licht, das Gott schuf, bevor er die Sonne machte, und eine Frau, die er schuf, bevor er Eva aus der Rippe machte.

✂ Für das ominöse erste Licht gibt es keine Erklärung. Zumindest habe ich noch keine gehört. Aber man kann es Gott nicht verübeln, dass er Licht brauchte, um die Welt zu erschaffen. Sie ist auch so nicht ganz rund geraten.

✎ Tja, und dann wird die Sache noch rätselhafter. Nicht nur, dass die Kinder von Adam und Eva sich untereinander fortpflanzen und die Menschheit deshalb genetisch schlechter beinand' sein müsste als jeder Habsburger, nein, es braucht noch mehr Verwirrung: Sowie sie aus dem Paradies entlassen sind, treffen Adam und Eva auf: Riesen.

✂ Auf Adam Riese?

✎ Nein, auf Eva Zwerg ... Achtung, ich zitiere wörtlich *Genesis 6, 1–4*: »*Als sich aber die Menschen auf der Erde zu mehren begannen und ihnen Töchter geboren wurden, sahen die Gottessöhne, wie schön sie waren, und nahmen sich alle, die ihnen gefielen, zu Frauen. Da sprach der HERR: Mein Geist soll nicht auf immer im Menschen bleiben, weil auch er Fleisch ist. Seine Lebenszeit soll hundertzwanzig Jahre sein.*«

✂ Moment, Moment – da kommen auch Gottessöhne vor?

✎ Ja.

✂ Wer genau ist das?

✎ Ich weiß es nicht. Söhne von anderen Göttern oder andere Söhne Gottes. Aber warte, es wird noch rätselhafter: »*Zu jener Zeit – und später auch noch –, als die Gottessöhne mit den Töchtern der Menschen verkehrten und diese ihnen Kinder gebaren, waren die Riesen auf der Erde. Das sind die Helden, die es vor Zeiten gab, die hochberühmten.*«

✂ Verwirrend, ja, ich möchte fast sagen, extrem verstörend. Wo kommen diese Riesen her? Wer hat sie geschaffen?

✎ Eben. Entweder steht in der Genesis nicht alles drinnen, das Wort Gottes hat also Lücken, vielleicht bewusste Auslassungen Gottes. Oder Gott hat die Riesen nicht geschaffen. Dann stellt sich aber zu Recht die Frage: Woher kommen die? Sind sie von selbst entstanden oder hat Gott sie doch heimlich in einem alternativen Paradies geschaffen, aus dem sie dann auch vertrieben worden sind, oder sind sie von selber gegangen, weil ihnen im Paradies langweilig war?

✂ Wir wissen doch, dass die Bibel ein Buch ist, das von einer Vielzahl von Autoren zusammengestellt und dann erst zur Heiligen Schrift erhoben wurde.

✍ Ich weiß. Aber die hätten wirklich ein paar gute Dramaturgen notwendig gehabt. Die Handlung ist verwirrend. Man hat den Eindruck, Gott schreibt auch auf geraden Zeilen krumm.

✂ Nun ja – ich bin schon gespannt, wie dein Buch dann wirklich aussehen wird. Vielleicht enthält es für das breite Publikum etwas zu viel Historisches.

✍ Du verunsicherst mich jetzt. Glaubst du, wird den LeserInnen fad?

✂ Nein, nein, das meine ich nicht, alles interessante Sachen, aber – wie soll ich sagen? – erwartet man von dir nicht eher witzige Betrachtungen über den Alltag oder die Politik und so?

✍ Das kann schon sein. Aber dann sollen sie zu mir ins Kabarett kommen.

✂ Du spielst ja grad nix.

✍ Ich spiele nicht nix – ich spiele Shakespeare. Also, Shakespeare in meiner eigenen Bearbeitung.

✂ Du versteckst dich hinter Shakespeare?

✍ Das siehst du vollkommen verkehrt. Wenn ich *nach Shakespeare* draufschreibe, ist das eindeutig eine Bescheidenheitsgeste meinerseits. Er ist schon lange tot, und ich muss für seine Fehler geradestehen. Andererseits habe ich von Anfang an erwartet, dass die Kritiker den Erfolg ganz alleine mir zuschreiben.

✂ Aha, du gibst deinen Namen, damit er nicht in Vergessenheit gerät.

✍ Richtig. Du musst dir vorstellen: Seit dem 17. Jahrhundert hat es keine *Hamlet*-freie Minute mehr gegeben auf dieser Welt. Irgendwo läuft immer gerade eine Vorstellung, wahrscheinlich mehrere gleichzeitig. Egal zu welcher Tages- oder Nachtzeit, in irgendeiner Zeitzone rackert man sich gerade an *Hamlet* ab. – Aber davon redet ja keiner.

✂ Ein Global Player, der Typ. Hat sein Theater vielleicht deswegen Globe geheißen?

✎ Globe heißt ja nichts anderes als: Kugel, Globus, Erdkugel, Erdenrund, Erdball. Unverbesserliche dürfen auch Erdkreis sagen. »Die ganze Welt ist Bühne, und alle Fraun und Männer bloße Spieler« war sein Motto. In lateinischer Version zierte es das 1599 eröffnete Globe: »Totus mundus agit histrionem«. Um diese Zeit begriff die Welt auch erstmals so richtig, dass sie eine Kugel ist. Auf Englisch: globe. Shakespeare war gerade sechzehn Jahre alt, als Sir Francis Drake 1580 als erster Engländer von einer kompletten Weltumsegelung zurückkam. In der Folge mussten die Bewohner der Scheibenwelt in das Reich der Fantasie auswandern, und Shakespeare brachte im Globe die Welt auf die Bretter, die den Globus bedeuten. Das war eine runde Sache und ging sehr schnell um die Welt. 2014 erreichte sie auch Wien, die Welthauptstadt des Theaters. Es ist mir gelungen, dem alten Immobilienspekulanten aus Stratford ein kleines Zugeständnis abzuringen. Wir haben uns darauf geeinigt, dass ich bis auf Widerruf sozusagen auf seinem Territorium meine eigenen Gebäude, meine eigenen Stücke errichten darf. Bescheidene Hütten im Schatten seiner Wolkenkratzer.

✂ Klassisches Win-win. Er bleibt im Gespräch, und du baust auf soliden Fundamenten.

✎ Ein bisschen überdimensioniert vielleicht, die Fundamente. Ein anderer Maßstab halt.

✂ Wen wundert's? Die Engländer mit ihren depperten Yards, Feet und Inches!

✎ Verlassen wir den Kontinent Shakespeare so schnell es geht. Er ist zwar gut erschlossen, aber unendlich groß. Eine Nacht reicht da nicht aus, und ich finde, wir sollten dringend in die Antike zurück, auch wenn dein Vorwurf der Geschichtslastigkeit bereits im Raum ... auf der Terrasse steht. Weißt du, Geschichte kann sehr spannend sein. Ich habe dir ja die Geschichte der Witwe von Ephesus erzählt.

✂ Ja.

✎ Wir sollten noch weiter zurückgehen. Von den Römern zu den alten Griechen. Pass auf.

✂ Ich weiß nicht. Spätestens jetzt legen die LeserInnen das Buch weg.

✎ Schade. Dann werden sie nichts vom ältesten Witze-Buch der Welt erfahren, aus dem ich gleich ein paar Kostproben vorlesen werde.

✂ Das älteste Witze-Buch stammt von den alten Griechen?

✎ Ja. Es ist sozusagen wie die Bibel ein Sammelsurium von alten, mündlich tradierten Witzen ...

✂ Du hältst die Bibel für eine Witzesammlung?

✎ Um Gottes willen, nein. Für eine Kompilation oraler Traditionen, die irgendwann niedergeschrieben und kanonisiert wurden, wollte ich natürlich sagen. Ich will keine religiösen Gefühle verletzen, obwohl meine ständig verletzt werden. Wenn ich zum Beispiel höre, dass von den insgesamt siebentausend Heiligen, die die katholische Kirche in ihrer gesamten Geschichte kanonisiert hat, alleine zweitausend auf das Konto von Papst Johannes Paul II. gehen und jeder Zehnte davon ein Pole ist, muss doch ein Schmunzeln erlaubt sein. Vom Erhabenen zum Lächerlichen ist es eben nur ein kleiner Schritt, ebenso vom Heiligen zum Profanen. Dass der ehemalige Kardinal Wojtyła nach seinem Tod im Eilverfahren selbst zum Heiligen erklärt wurde, ergibt sich da von selbst. Meine Empfehlung lautet daher: Falls du einen Aufenthalt im Himmel planst, solltest du dich unbedingt rechtzeitig um Grundkenntnisse der polnischen Sprache bemühen, sonst könnte es dort sehr langweilig werden.

✂ Na zdrowie! – Damit kommst du durch ganz Polen. Aber was das Jenseits betrifft, schwanke ich noch zwischen Eva und Lilith.

✐ Das Buch heißt: *Philogelos*. Auf Deutsch: *Der Lachfreund*. Es handelt sich dabei tatsächlich um die älteste überlieferte Witzesammlung der Menschheitsgeschichte.

✂ Ich dachte, du hasst Witze.

✐ Wenn sie mir erzählt werden, ja. Meist erzählen die Menschen ja Witze sehr schlecht. Entweder verlachen sie den ganzen Witz, noch bevor die Pointe kommt, oder sie verirren sich in der Erzählung immer wieder in eine Sackgasse. »Kommen zwei alte Männer – nein, warte, anders. Kommt ein alter Mann zu einem noch älteren ... Nein, ich hab's gleich, ein Arzt sagt zu einem alten Mann ... Nein – jetzt, jetzt hab ich's: Ein alter Arzt trifft einen Patienten von früher. Sagt er zu ihm: »Nein, dass Sie noch leben!« Am besten wäre er hier schon zu Ende, aber dann kommt eine völlig unkomische Auflösung nachgeschoben ... Schrecklich ist das. Ich stehe dem Witz, ich muss präzisieren: dem von Laien erzählten Witz, sehr kritisch gegenüber. Es verursacht mir körperliche Schmerzen. Was nämlich den Witz oft schon kaputtmacht, ist seine Ankündigung: »Ich muss dir einen Witz erzählen, der ist das lustigste! Also, ich hab mich weggehaut.« Bei so einer Einleitung riecht der beste Witz bereits nach Verwesung. Der Witz ist ja das Gegenteil von einem Bonmot, wörtlich: *gutes Wort*. Wenn jemand in einem Gespräch eine Meldung rausschiebt, die in dieser Situation als Pointe funktioniert, ist das meistens um vieles witziger, als wenn man einen Witz erzählt. Dafür ist ein Bonmot kaum nacherzählbar, weil es eben nur in jener bestimmten Situation witzig ist. Ich muss zugeben, es ist mir oft passiert, dass ich ein Gespräch nacherzählt habe, es mit dem Bonmot beendet habe, und niemand musste lachen. Standardsatz in so einer Situation: »Na ja, da muss man dabei gewesen sein.« Selten kommt es vor, dass jemand bei einer bestimmten Gelegenheit etwas sagt, was man dann später fast wie einen Witz nacherzählen kann.

✂ Das ist eigentlich langweilig.

✐ Was?

✂ Wenn ein Komiker etwas über Witze erzählt. Das ist, wie wenn dir ein Installateur erklärt, wie die Dusche funktioniert. Davon wird man nicht sauber.

✐ Aber ich hab unter Umständen etwas zu lachen, je nachdem, welche Worte der Installateur in den Mund nimmt. Zum Beispiel: Ein Kabarettist steigt in ein Taxi – also ich, ich steige in ein Taxi und bemerke auf Anhieb, dass der Taxler nicht besonders guter Laune ist. Dennoch gebe ich meine Zieladresse bekannt, und er beginnt, bevor noch der Taxameter zum ersten Mal springt, von seiner Scheidung zu erzählen und dass es mit den Frauen sowieso ein großes Unheil wäre, weil: »Du findst jo kane mehr, die normal ausschaut. De san olle so zahndirr, des is a Wahnsinn. Letztens hab ich eine kennengelernt, die war so dünn – Oida, wann se die ausziagt, glaubst, sie is hamgangen.«

✂ Das ergibt gleich eine gute Gesprächsbasis, so von Komiker zu Komiker, aber kein *gutes Wort*.

✐ Viele *gute Wörter*! Es hat sogar etwas von Eleganz, die notwendig zu einem Bonmot gehört. Eine gewisse proletarische Eleganz, der ich viel abgewinnen kann, und inhaltlich hat er sowieso vollkommen recht. Magersüchtige Frauen als Schönheitsideal? Was gibt es Zynischeres in einer Gesellschaft, in der bald fünfzig Prozent der Bevölkerung an Übergewicht leiden.

✂ Und worüber lachten die alten Griechen? Was für Witze stehen in diesem *Lachfreund*?

✐ Insgesamt 265 Witze, aber die wenigsten zünden heute noch. Der soziale und kulturelle Rahmen hat sich doch sehr geändert. Viele Witze leben ja von unerwartetem Kurzschließen und Infragestellen von eingefahrenen Mustern, Annahmen und Werten einer Gesellschaft. Sie kitzeln sozusagen die Gesellschaft an besonders empfindlichen Stellen ihrer sozialen Haut. Da springt doch ins Auge, dass sich die antike Sklavenhaltergesellschaft der Griechen deutlicher von uns unterscheidet, als wir oft annehmen. Daher findet sich nicht viel Brauchbares für uns heute. Der *Lachfreund* entpuppt sich leider als keine Witzmaschine. Einer ist aber großartig, den kann ich dir nicht ersparen. Warte, ich les ihn dir vor, hab aber das Büchlein in meiner Reisetasche. Bin gleich wieder da.

Ich ließ meinen Nachbarn und Freund alleine im Dunkeln sitzen. Mir ging es gar nicht so sehr um das älteste Witzebuch der Menschheit als vielmehr um meinen Nachbarn, den Friseur. Während mich das Kramen nach einer frischen Unterhose regelmäßig wahnsinnig macht, finde ich Bücher immer auf Anhieb. Voll Vorfreude kam ich zurück auf die Terrasse.

✂ Hast du nichts zu essen mitgebracht? Alte Witze, aber nichts zu essen! Jetzt bin ich direkt ein bisschen enttäuscht.
✐ Bitteschön, Brot und Speck, Käse ist leider aus. Bin gleich wieder da.
✂ Stopp! Das war ein Scherz. Obwohl ...? Hast du nicht auch diesen kleinen nächtlichen Hunger?
✐ Doch, aber von klein kann keine Rede sein.
✂ Komm mit in meine Hütte. Wir schauen, was wir im Kühlschrank finden, und bereiten eine Kleinigkeit für deinen großen Hunger zu.
✐ Was Großes für den kleinen Hunger wär mir lieber.

Wir machten uns auf den Weg und fanden zwei Hühnerkeulen, Rispentomaten und Knoblauch.

✂ Perfekt. Die Tomaten geben Saft und Geschmack, der Knoblauch die Würze. Wir kochen die Hühnerkeulen, lösen dann das Fleisch herunter, braten es in Butter an und geben Tomaten und Knoblauch dazu.
✐ Gekochtes Hühnerfleisch in Butter anbraten?
✂ Ja. In Butter gebraten schmeckt alles fantastisch. Die Butter ist das Geheimnis.

Wir machten uns an die Arbeit. Er begann Wasser in einen Topf zu füllen, und ich blätterte im *Philogelos*. Der Witz, den ich ihm vorlesen wollte, war ehrlich gestanden der einzige, über den ich wirklich lachen konnte. Manche waren halbwegs verständlich, aber das, worauf sich die Pointe bezog, einfach nicht vorhanden in meinem Kopf. Zu groß der Zeitabstand. Außer der eine, der passte wie die Faust aufs Auge – aber ganz und gar nicht in diesem Moment. Mein Freund, der Friseur, stand am Herd und bereitete uns in tiefer Nacht ein gemeinsames Mahl. Das stand in der Verbundenheitsskala ein paar Stufen über gegenseitigem Zuprosten und Kreuzen von Bierflaschen. Er hätte den Spaß schon verstanden, aber es wäre mir in diesem Augenblick unpassend vorgekommen. Der Witz ging so: Ein Athener geht zum Friseur. Fragt ihn der Friseur: »Wie soll ich Euch die Haare schneiden?« Sagt der Athener: »Schweigend!« Die Friseure waren offenbar schon vor zweitausend Jahren redselige Menschen mit Doppelbegabung: Fellpflege in Verbindung mit Reden, ohne etwas zu sagen.

✂ Und wie geht der Witz?
🖊 Ich finde ihn jetzt nicht.
✂ Weißt du wenigstens noch, worum es geht?
🖊 Nein, keine Ahnung.

Während er die Hühnerkeulen ins Wasser legte, blätterte ich alibimäßig weiter in meinem Buch herum und versuchte verzweifelt, einen brauchbaren Witz zu finden. Schließlich las ich ihm einfach irgendeinen vor.

🖊 »Ein Athener verkauft einem anderen einen Sklaven. Drei Wochen später treffen sie einander wieder, sagt der Käufer: ›Euer Sklave ist gestern gestorben.‹ Sagt der Verkäufer: ›Das kann nicht mein Sklave gewesen sein, denn bei mir hat er so was nie gemacht.‹«

✂ Mörderwuchtel. Den *Philogelos* würde ich in deinem Buch mit keinem Wort erwähnen.

✏ Wieso, ist doch urkomisch.

✂ Es geht so.

✏ Humor ist immer auch Geschmackssache. Lassen wir das. Kann ich dir helfen?

✂ Die Hühnerkeulen brauchen jetzt circa zwanzig Minuten. Bis dahin wäre eine Geschichte ganz nett. Hast du noch was auf Lager?

✏ Selbstverständlich. Ich befürchte sogar, zu viele.

✂ Du kannst ja zwei Bände schreiben.

✏ Mal sehen. Ich bin mir jetzt mit diesen ganzen historischen Geschichten unsicher. Weißt du? Die Witwe von Ephesus, der Hofnarr Gonella. Vielleicht sollte ich das Buch überhaupt ganz anders beginnen. Ich meine, was haben denn diese Geschichten mit der Gegenwart zu tun. Mit der aktuellen politischen Situation? Nichts.

✂ Für die Tagespolitik ist die Presse zuständig.

✏ Nicht tagespolitisch, aber aktuell. Kann man denn in einer Zeit der Flüchtlingskrise, des Präsidenten Trump, einer zur Diktatur werdenden Türkei, immer stärker werdender Rechtspopulisten – kann man da überhaupt über etwas anderes schreiben als über diese Themen? Vielleicht sollte ich das Buch ganz anders beginnen.

✂ Wie?

✏ Hör zu!

✂ Warte, gleich. Nur noch Salz und Pfeffer ins Wasser zum Huhn. Und, ganz wichtig, ein kleines Stückchen Butter.

✏ Butter?

✂ Ja, ja. Ganz wichtig. Durch die Butter schmeckt alles um Hochhäuser besser.

✏ Aber im kochenden Wasser ist sie doch sinnlos?

✂ Butter ist nie sinnlos.

✏ Aha. Echte Butter oder Marga...?

✂ Echte Butter! Nur echte Butter. Das Fett aus der Milch.

✏ Machst du aus der Butter mit dem Wasser dann eine eigene Sauce?

✂ Nein, nein. Die Sauce muss aus dem Fleisch selber kommen. Eine eigens gemachte Sauce ist nichts. Die Sauce ist immer nur Manipulation.

✏ Und die Butter?

✂ Eine ehrliche Bereicherung. Also. Bitte. Wie geht deine politische Geschichte?

✏ Das Buch müsste schon mal ganz anders heißen. *Ein Trottel kommt selten allein* passt nicht zu meiner Zukunftsvision Europas.

✂ Es spielt in der Zukunft?

✏ Ja. Eine Sammlung von Kurzgeschichten aus dem Jahre 2043.

✂ Gar nicht so weit weg. Nur sechsundzwanzig Jahre.

✏ Der Titel: *2043 – Drei Tage vor dem Ende des Krieges.*

✂ Krieg?

✏ Ja. Pass auf: Zwei Freunde treffen sich in der Nacht vom 23. auf den 24. Mai 2043 zufällig in einer Scheune in der Steiermark. Sie kennen einander von früher. Seit drei Jahren herrscht Krieg in Europa. Die EU ist zerfallen. Nach dem Brexit kam es zum Frexit.

✂ Frankreich und England sind draußen?

✏ Sind draußen.

✂ Was ist mit Österreich?

✏ Österreich ist seit den Nationalratswahlen von 2033 komplett gespalten. Was heißt gespalten? Zerfallen. Stra. Ca. Heche, der fünfundsechzigjährige Oppositionsführer und Präsident von Facebook, hat die Wahl gewonnen, allerdings nur auf Facebook, und triggert Artikel 50 für den Öxit.

✂ Kann er das denn?

✏ Natürlich. Mit seinen acht Millionen Followern, die ihn zum Kanzler der Herzen gewählt haben, ist er zur größten Macht im Internet aufgestiegen, und diese acht Millionen schicken so lange Mails an Brüssel, bis Österreich aus der EU draußen ist.

Das lässt sich aber Wien nicht gefallen. Der vierundachtzigjährige Bürgermeister Mike Köpfl macht Stimmung für den Austritt Wiens aus Österreich, den sogenannten Wiexit.

✂ Ein Horrorszenario.

✎ Womit aber keiner gerechnet hat, ist, dass sich die Islamisten auf die Seite der extremen Rechten schlagen, weil sie draufgekommen sind, dass sie abgesehen von der Religion sehr viel gemeinsam haben. Sie hassen die *linken Medien*, sie fangen wenig mit Frauenrechten an, und die eigene Nation gilt ihnen alles. Der gemeinsame Feind heißt liberale Demokratie. Einzig die Religion steht ihnen im Weg. Aber auch da finden sie schnell eine Einigung: Die Rechten lassen sich beschneiden, und die Islamisten erlauben Burkas aus Schweinsleder. Ein Phänomen, das in ganz Europa um sich greift. Wien indes zieht das Referendum für den Wiexit durch und wird ein eigener Staat.

✂ Und dann bricht Krieg aus?

✎ Noch nicht sofort. Zunächst folgt in rascher Folge ein EU-Austritt nach dem anderen. Belgien: Bexit. Ungarn: Uxit. Polen: Poxit und so weiter. Am Schluss, im Februar 2038, besteht die EU nur noch aus Wien, Schottland und Höör, einem kleinen Dorf in Schweden. Diese sogenannte Kleine EU hat eine eigene Währung: Schilling, Kronen und Pfund. Ein Pfund sind fünfzig Kronen, und eine Krone sind zehn Schilling. Diese Union ist jetzt einzigartig in Europa, denn überall haben die Nationalisten gesiegt. Europa hält nun bei achtzig neuen Staaten. Alle wollen ihre Unabhängigkeit zurück, und ungebremstes Stammesdenken lässt die Zahl ständig anwachsen. Ganze Staaten lösen sich auf. So auch Österreich. Nach dem Österreich-Austritt Wiens macht sich Tirol zusammen mit Südtirol selbstständig: »Mander, s'isch Zeit. Damit mia wieder Herrrr im eigenen Haus sint, gell!« Die Untergrundarmee kann endlich auf ihre Tarnung verzichten, gibt jetzt nicht mehr nur den Takt vor, sie übernimmt ganz offen das Regiment. Der Name Schützenverein wird beibehalten, die Modernisierung der Waffen übernimmt Graf Bobby aus dem Herzogtum Pouilly, vormals Burgenland. Auch Kärnten und Salzburg – jetzt alles stolze Nationalstaaten, die sich nichts mehr von Brüssel, und schon gar nicht von Wien diktieren lassen müssen. Dasselbe passiert in Frankreich, Griechenland und in den meisten anderen ehemaligen EU-Mitgliedsstaaten. Europa ist ein Paradies der Grenzzäune. An der Grenze zu Oberösterreich gibt es täglich stundenlange Staus, aber es zahlt sich aus, weil jetzt endlich jeder wieder für sich ist.

✂ Was ist mit all den syrischen Flüchtlingen passiert?

✐ Die sind alle wieder zurückgegangen, als der Krieg zu Ende war.

✂ Nach Syrien?

✐ Nein, in die Türkei, wo inzwischen der gottgesandte Präsident Hatschi Halef Omar einen Karl-May-Staat eingerichtet hat. Er braucht die Syrer als Statisten für die alljährlichen Winnetou-Festspiele, die sich unter dem Motto *Von Bagdad nach Stanbul* über drei Wochen erstrecken. Den Rest des Jahres verbringen sie als Reinigungskräfte in dem auf mittlerweile zehntausend Räume angewachsenen Regierungspalast. Obwohl die Regierung nur mehr aus einem einzigen Mann besteht, sind weitere Zubauten geplant. Die Syrer arbeiten nicht ganz freiwillig, dafür aber gratis. Sie sitzen fest, weil er Doppelstaatsbürgerschaften generell nicht anerkennt und sich auf den Flüchtlingsdeal aus den Zehnerjahren beruft, wonach die Türkei in die EU geflüchtete Syrer zurücknehmen muss. Ein Türke, ein Wort.

✂ Und warum kommt es dann 2038 zum großen Krieg?

✐ Ganz einfach. Den Menschen in Europa bleibt keine andere Wahl. Sie müssen zu den Waffen greifen.

✐ Aber warum?

✂ Weil die WLAN-Verbindungen nicht mehr funktionieren. Netzneutralität ist ein Fremdwort. Der amerikanische Präsident Donald Tick-Trick-and-Track beansprucht für seine Badezimmer-Tweets und die automatisierte Verbreitung von Fake News die weltweiten Netze für sich alleine. Die Leute sind abgeschnitten von ihren Facebook-Freunden, aber vor allem von Katzenvideos.

Das geht ihnen so nahe, dass sie alle kommen, als zum Krieg getrommelt wird. Ganz buchstäblich getrommelt, denn Facebook und Flashmob geht ja nicht mehr ... Aber vor allem keine Katzenvideos mehr ... 😰😰😰😰😰😰😰😰😰😰😰😰😰😰😰

✂ Krieg gegen Amerika?

✎ Aber wo! Dazu müsste man sich auf ein gemeinsames Vorgehen einigen. Es gibt aber in Europa inzwischen eine Unzahl von Staaten. Man ist sich nicht mehr sicher, ob der Gartenzaun zum Nachbargrundstück bereits eine Staatsgrenze darstellt oder nicht. Konfliktpotenzial ohne Ende, und das praktisch vor der Haustür.

✂ Also ein Bürgerkrieg.

✎ Ja, man kann das verstehen. Die Menschen haben genug. Nach Flüchtlingskrise, Terroranschlägen und Klimakatastrophe – jetzt auch noch keine Katzenvideos!?!

✂ Klimakatastrophe?

✎ Entsetzliches ist passiert. Durch die Erwärmung des Atlantiks hat sich der Golfstrom umgedreht, und in Europa herrscht Eiszeit. London liegt unter einer zwölf Meter dicken Eisschicht. »England keine Insel mehr!«, titelt die *Sun*. Die Briten nehmen das zerknirscht zur Kenntnis und machen das Beste daraus: Über den zugefrorenen Ärmelkanal schwappt eine Flüchtlingswelle über Holland und Belgien Richtung Süden. Am Kahlenberg herrscht Lawinenwarnstufe 3. Afrika prosperiert. Alle Europäer, und auch die Briten, wollen dorthin auswandern, in die gemäßigte Klimazone, aber es werden rigoros keine weißen Flüchtlinge mehr aufgenommen. Dabei ist die Lage in Europa vollkommen aussichtslos. Seit über zwei Jahren gibt es keinen Kaffee mehr. Die Bobos wissen nicht, was sie mit ihren Espressomaschinen machen sollen. Da kommt es auch noch zu einem bedrohlichen Engpass an glutenfreien Zimtschnecken. In den Dachbodenwohnungen herrscht Hungersnot. Kein Prosciutto, kein Parmesan. Weil Österreich nicht mehr existiert, springt Ungarn in die Bresche und beginnt den Krieg. Sie fallen über ehemals belgisches Territorium her, in der Hoffnung auf Pommes frites. Heerscharen von Söldnern aus dreihundertsechzig Kleinstaaten, die bis vor Kurzem noch unter dem Namen Deutschland gelitten haben, überfallen Griechenland und holen sich Gyros und Saganaki. Unbeschreibliches Chaos in Europa.

✂ Ist das nicht viel zu übertrieben?

✐ Ja. Zugegeben, ich hab mich jetzt etwas zu sehr hineingesteigert. Aber als politische Satire?

✂ Schon etwas abgehoben.

✐ Genau das ist aber das Problem. Wir Kabarettisten müssen doch die Wirklichkeit überhöhen, um etwas auf den Punkt zu bringen. Im besten Fall ist dieser Punkt eine Pointe. Wenn die Wirklichkeit aber bereits Satire ist, bleibt uns kein Millimeter mehr nach oben. Eine europäische Gesellschaft, die im Wohlstand lebt, fühlt sich von Menschen, die vor dem Tod flüchten und um Hilfe bitten, in ihrer Existenz bedroht? Flüchtlinge, die um ihr Leben laufen, kommen zu uns, um uns ihre Religion aufzuzwingen? Willkommenskultur ist ein negatives Wort? Ja, verdammt noch einmal, wer hat uns denn da ins Gehirn geschissen?? Haben Großhirn und Stammhirn die Plätze getauscht? Wenn eine Gruppe von Menschen eine Kultur der Gastfreundschaft und des Willkommenheißens hervorgebracht hat, ist das eine großartige zivilisatorische Leistung. Die paar Nazis und die paar Terroristen reichen wirklich, damit wir unsere Werte über Bord werfen? Höher kann man es nicht treiben. Was soll ich da noch überhöhen? Der amerikanische Präsident bezeichnet sich selbst als »Hemingway der 140 Zeichen« und hält sich für ein Genie. Das ist in jeder Hinsicht entwaffnend. Da steht die Welt Kopf, so grotesk ist das. Aber das ist *mein* Job, die verkehrte Welt, da kenn ich mich ein bisschen aus. Von einem Politiker, noch dazu vom mächtigsten Mann der Welt, erwarte ich das Gegenteil, dass er die Welt, wenn sie kopfsteht, wieder auf die Füße holt. Soll ich da noch Witze machen à la »Der alte Mann und das Badezimmer«? Das ermüdet mich unendlich und ist wirklich nicht mehr lustig

✂ Schwere Zeiten für das Kabarett. Du kannst dich nicht einmal mehr über die katholische Kirche lustig machen, Papst Franziskus schafft es noch, aus denen einen Haufen Humanisten zu machen.

✎ Richtig. Wer hätte jemals gedacht, dass ein katholischer Papst weltoffener, liberaler und politisch weitsichtiger ist als ein amerikanischer Präsident. Ganz ehrlich, vor fünfzehn Jahren wollte ich noch in die USA emigrieren, jetzt überlege ich mir, ob ich wieder in die katholische Kirche eintreten soll.

✂ Ich hab eine Idee. Ich mache ein ernsthaftes Interview mit dir. Für dein Buch.

✎ Ich weiß nicht, ob das passt.

✂ Egal, wir können es ja probieren. Ein politisch brisantes Interview. Du darfst dich nicht blödelnd aus der Affäre ziehen, du musst die Fragen ernsthaft beantworten.

✎ Da muss ich mich aber sehr zusammenreißen. Also gut, du hast vier Fragen.

✂ Nur vier?

✎ Ja. Es soll ja keine tägliche Kolumne daraus werden.

✂ Gut. Erste Frage: Gehört der Islam zu Europa und damit zu Österreich?

✎ Ja. Genauso wie das Judentum, der Buddhismus, die Christen, die Orthodoxen, die Zeugen Jehovas und welche Gruppen auch immer noch als Religionsgemeinschaft anerkannt werden. Ganz einfach, weil wir Religionsfreiheit haben. Es darf hier jeder seinen Glauben leben, und damit gehört sein Glaube zu Europa. All diese Glaubensgemeinschaften stehen gleichberechtigt nebeneinander. Und all diese Gläubigen sind in erster Linie Staatsbürger Europas und damit an geltendes Recht gebunden, also wo ist das Problem?

✂ Diese Antwort war wirklich überhaupt nicht lustig.

✎ Selber schuld. Nächste Frage!

✂ Zweite Frage: Muss sich ein muslimischer Bürger oder eine muslimische Bürgerin unserer Kultur anpassen?

✐ Ja, und zwar aus eigenem Interesse. Wenn ich die Sprache des Landes, in dem ich lebe, nicht beherrsche, verbaue ich mir selbst jede Möglichkeit für ein gelungenes Leben. Aber wir müssen uns fragen, was unsere Kultur bedeutet. Wenn damit nur Schweinsbraten, Bier und Trachtenjanker gemeint sind, dann: Nein. Wenn damit Menschenrechte, Selbstbestimmung der Frauen und demokratische Wahlen gemeint sind, dann: Ja.

✂ Dritte Frage: Ist das Christentum das Fundament Europas?

✐ Nein, nicht mehr. Das Fundament Europas ist seit über zweihundert Jahren die Aufklärung und die daraus resultierende Trennung von Staat und Kirche. Das Christentum ist unser spirituelles Erbe. Unsere Kultur ist eine Kultur des freien Individuums. Das Fundament Europas sind die Menschenrechte und nicht der Glaube an die Belohnung in einem Jenseits. Das war bei uns einmal so und hat zu denselben Grausamkeiten, die heute von muslimischen Terroristen und Extremisten begangen werden, geführt. Kaum zu glauben, aber Europäer sind mit dem Kreuz in der Hand in Südamerika gestanden und haben den Indianern die Brust aufgeschnitten und bei lebendigem Leib das Herz herausgerissen. Hat das etwas mit dem Christentum zu tun? Ja. Und zwar mit einer falschen Interpretation. Das gilt auch für den Islam. Das Christentum hat all diese Grausamkeiten hinter sich gelassen. Das wird auch dem Islam gelingen. Wir brauchen Geduld und müssen unseren aufklärerischen, rechtsstaatlichen Standpunkt mit Vehemenz verteidigen. Wir dürfen die Angriffe auf unsere Toleranz nicht tolerieren.

✂ Vierte und letzte Frage: Warum haben die Rechten in manchem recht, und sind sie nicht doch die bessere Lösung?

✐ Die Rechten trauen sich, bestimmte Probleme offen anzusprechen. Sie warnen vor Entwicklungen, die andere übersehen haben. Aber sie haben die komplett falschen Lösungen. Sie leben von der Krise und nicht von der Bewältigung der Krise.

Und selbst wenn sie einmal eine richtige Lösung anbieten, gilt: Auch ein blindes Huhn findet manchmal ein Korn. Deswegen sollte man aber nicht gleich alle Hühner blenden. Das wäre der falsche Weg. Nationalismus ist – um bei der Metapher zu bleiben – äußerst kurzsichtig, wenn nicht gar blind.

✄ Das politische Verhör ist beendet.

✐ Gott sei Dank! Ich platze vor Pointen. Habe mich extra zurückgehalten.

✄ Eigentlich dann doch schade.

✐ Von einem Komiker erwartet man keine ernsthaften politischen Aussagen. Manche Facebook-User auf meiner Site (es sind wirklich nur User, keine Fans) werfen mir jedes politische Statement vor. Es sind meistens Fake-Profile. Wenn man genauer nachsieht, merkt man das.

✄ Bekommst du Hasspostings?

✐ Ja, aber nicht nur! Einer hat sogar einmal geschrieben »Fahr nach Hause, Du Kümmeltürk!« Hab ich zurückgeschrieben: »Lieber Hasser. Erstens bin ich Kameltreiber, und zweitens, was mach ich im fünften Wiener Gemeindebezirk?«

✄ Bist du in Österreich geboren?

✐ Ja. Hier geboren, hier aufgewachsen, hier sozialisiert. Halber Perser, halber Österreicher, genetisch gesehen. Wobei – ganz genau genommen: durch die Familie meiner Mutter, deren Vater von einem tschechischen Einwandererehepaar, meinen Urgroßeltern, abstammt, eigentlich ein Viertel Böhme, ein Viertel Österreicher und eine Hälfte Perser. Ein schönes Tortendiagramm für die Freunde von PowerPoint.

✄ Also ein echter Österreicher. Ein Österreicher ist meistens zu einigen Prozent Tscheche, Kroate, Slowene, Ungar oder Italiener.

✐ Außer er ist Tiroler. Dann ist er gar kein Österreicher, sondern eben Tiroler, der halt zu Österreich gehört. Und ein Salzburger ist in erster Linie Salzburger. Ich finde das ja politisch nicht korrekt, man sollte nicht einfach abwertend Tiroler oder Salzburger

248

sagen. Es muss für die Tiroler heißen: Österreicher mit Berghintergrund und für die Salzburger: Österreicher mit Mozarthintergrund.

✂ Dann sind die Kärntner Österreicher mit Kasnudelhintergrund.

✎ Das sagt sich leicht, ist aber ein schwieriges Thema. In Wahrheit sind die Kasnudeln nichts anderes als Riesenravioli, ein Import aus Italien.

✂ Haben die Kärntner irgendetwas außer Jörg Haider selber hervorgebracht?

✎ Und selbst der war gebürtiger Oberösterreicher. Eindeutigkeit hingegen herrscht im Fall der Burgenländer. Politisch korrekt muss es heißen: Österreicher mit Witzhintergrund.

✂ Und die Vorarlberger?

✎ Die sind Vorarlberger mit dem Arlberg im Hintergrund. Sie brüsten sich gerne, dass sie es nach Mailand weniger weit haben als nach Wien. Die einzigen wirklichen Österreicher sind die Niederösterreicher und die Oberösterreicher. Übrigens hieß dieses Gebiet, also ungefähr dieses Gebiet, sozusagen das österreichische Kernland, im frühen Mittelalter *Marcha orientalis*, was man leider mit *Ostmark* übersetzen muss, und war Teil des Herzogtums Bayern. Das war so gegen das Jahr 900, als auch Salzburg und Innsbruck bayerisches Territorium waren und Graz im Herzogtum Kärnten lag. Die fremde Religion, die damals in dieses Gebiet eindrang, nannte sich Christentum, und einige Hundert Jahre später hat eine Schweizer Adelsfamilie dieses Land für sich erobert, das waren die Habsburger. Davor aber noch, im Jahre 907, kam die Marcha orientalis zu den Magyaren. Also sind die Ober- und Niederösterreicher auch irgendwie Ungarn. Wenn man nur weit genug in die Geschichte zurückgeht, war alles Ureigene einmal fremd.

✂ Die Hühnerkeulen sind durch.

Wir nahmen die Keulen aus dem Wasser, auf dem einige Butteraugen schwammen. Andreas bereitete eine Pfanne vor, ich löste das

Fleisch von den Knochen. Er gab eine ziemlich große Scheibe Butter in die Pfanne. Und noch eine. Und noch eine. Dazu Knoblauch, Tomaten, Basilikum und zwei, drei Spritzer Balsamicoessig. Dann legten wir das Hühnerfleisch dazu, und es begann zu brutzeln. Wir sahen andächtig dabei zu, wie sich das Ganze durch einen chemisch-physikalischen Prozess langsam in eine Köstlichkeit verwandelte.

✂ Was ist dann eigentlich *österreichisch*?

✏ Du meinst, was ist unsere nationale Identität?

✂ Auch. Was bedeutet es, ein Österreicher zu sein?

✏ Es bedeutet, in einem der schönsten Länder der Welt zu leben, mit einer Hauptstadt, die in den letzten Jahren regelmäßig zur lebenswertesten Stadt gewählt wurde. Zur österreichischen Identität gehört das Privileg, raunzen zu dürfen und nicht alles super finden zu müssen, was in diesem Land passiert. Es ist der Luxus, im Paradies zu leben und es scheiße finden zu dürfen. Stolz darauf zu sein, nicht immer stolz sein zu müssen. Die Liebe zu diesem Land durch Grantigkeit und Missmut zeigen zu können. Aber eigentlich sind wir Österreicher ziemlich coole Säue: Wir schicken Conchita Wurst zum Song Contest, den sie dann auch noch gewinnt, wählen einen ehemaligen Grünen zum Präsidenten, und zum ersten Mal in der Geschichte titelt eine britische Zeitung: »Austria is the Hope of Europe«. Das war nicht immer so. Im Gegenteil. Die letzen zwei Weltkriege haben wir angezettelt. Zuerst durch den österreichischen Kaiser und dann durch einen Braunauer Obdachlosen. Sollte ein dritter ausbrechen, können wir uns dieses Mal zurücklehnen und mit hinter dem Kopf verschränkten Armen der Welt zurufen: I sog's glei – mir warn's ned! Wir haben einen Bundeskanzler, der zusammenhängende Sätze sagen kann und der Visionen für eine gerechtere und sozialere Welt hat.

✂ Das klingt ein bisschen so, als ob du ein Linker wärst.

✏ Wenn es nur ein bisschen so klingt, dann hab ich mich nicht

250

klar genug ausgedrückt. Wobei ich es eher so sehen würde: Ich bin weder rechts noch links, und schon gar nicht in der Mitte. Ich bin bei der Vernunft und der Menschlichkeit, und wenn sich jemand ebenfalls auf dieser Seite befindet, ist es mir egal, ob er rechts oder links oder in der Mitte ist. Und ich bin auf der Seite von Immanuel Kant, von dessen Tausenden Gedanken ich nur einen einzigen zu verstehen imstande bin, den aber dafür umso besser: »*Aufklärung ist der Ausgang des Menschen aus seiner selbst verschuldeten Unmündigkeit. Unmündigkeit ist das Unvermögen, sich seines Verstandes ohne Leitung eines anderen zu bedienen. Selbst verschuldet ist diese Unmündigkeit, wenn die Ursache derselben nicht am Mangel des Verstandes, sondern der Entschließung und des Mutes liegt, sich seiner ohne Leitung eines andern zu bedienen.*« Gerade heute brandaktuell. Einen kleinen Zusatz müsste man eventuell anbringen: Selbst verschuldet ist diese Unmündigkeit auch, wenn die Ursache am Mangel der Entschließung und des Mutes liegt, ab und zu die Couch vor dem Fernseher zu verlassen. Für viele ist es ja die einzige Verbindung zur realen Welt, wenn der Pizzamann an der Tür klingelt.

✂ In Ewigkeit, Amen.

✐ Zu pessimistisch, zu ernst, ich weiß. Wie lange muss das Hühnerfleisch noch brutzeln?

✂ Ist gleich so weit. Zehn Minuten noch.

✐ Wirkliche zehn Minuten oder zehn Minuten der Wiener Linien?

✂ Hä?

✐ Ich hab einmal mitgestoppt auf der Anzeige in einer Straßenbahnhaltestelle. Da hat sich eine Minute plötzlich auf über mehr als sechs Minuten gedehnt. Die Leute haben sich schon gekrümmt, nicht nur Zeit und Raum.

✂ Ist eben alles relativ. Aber sag, was ich mir schon die ganze Zeit denke: Wirst du ... wenn du jetzt sogar die Wiener Linien ... wirst du auch mich in dein Buch einbauen? So als Nachbar in Neusiedl am See?

✐ Na ja. Ich wüsste nicht, wie.

✂ Dir wird schon was einfallen.

✐ Hast du eigentlich das Rätsel mit dem Wolf, dem Schaf und dem Kohlkopf schon gelöst?

✂ Nein. Das hab ich ganz vergessen. Wie war das noch einmal?

✐ Ein Mann muss einen Fluss überqueren. Dazu kann er ein Boot verwenden, in dem jedoch immer nur Platz für ihn selbst und einen Passagier ist. Er hat eine Ziege, einen Wolf und einen Kohlkopf bei sich. Wie kann er die drei über den Fluss bringen, ohne dass ihm die Ziege den Kohlkopf oder der Wolf die Ziege auffrisst?

✂ Wie oft darf er fahren?

✐ Hin und her so oft er will, aber er kann immer nur einen Passagier mitnehmen.

✂ Nein. Ich kann das nicht. Das ist mir zu blöd ...

✐ Also gut, ich sage es dir. Er fährt zuerst mit der Ziege an das andere Ufer und lädt sie aus. Der Wolf und der Kohlkopf bleiben zurück. Als Nächstes holt er den Wolf, fährt mit ihm ans andere Ufer. Er lädt den Wolf aus, nimmt aber die Ziege wieder mit zurück ans andere Ufer. Am Ausgangspunkt angelangt, lädt er die Ziege aus und nimmt den Kohlkopf an Bord. Den liefert er am anderen Ufer ab. Jetzt steht der Wolf mit dem Kohlkopf da, während er die Ziege wieder abholt. Niemand frisst oder wird gefressen.

✂ Sehr gut. Das kommt mir jetzt wie eine Parabel auf die Probleme unserer Zeit vor. Wir müssen so viele Dinge lösen, die sich gegenseitig im Weg stehen und scheinbar unvereinbar sind. Vielleicht müssen wir manchmal einfach mit der Ziege zurückfahren. Was uns wie ein Umweg vorkommt, bringt uns in Wahrheit der Lösung näher.

✐ Herr Nachbar, Sie sind ein Genie. Das ist die Lösung. Ich sehe schon, wie unser Bundeskanzler bei der nächsten EU-Ratssitzung auf die Frage, wie wir die Bankenkrise lösen können, antwortet: »Meine Damen und Herren, Österreich schlägt vor: Wir fahren mit der Ziege zurück!«

✂ Aber vielleicht ist es so. Vielleicht müssen wir durch dieses Aufleben des Nationalismus durch, um an das Ziel eines wirklich vereinten Europas zu kommen.

✍ Vielleicht sind die Nationalisten die Ziegen, mit denen wir zurückfahren müssen, damit wir gemeinsam in der Zukunft ankommen? Weil wir sie natürlich mitnehmen müssen, weil sie genauso zu uns gehören wie der Islam.

✂ Aber wie passen die Briten in diese Metapher? Der Brexit, das ist doch mehr, als mit einer Ziege im Boot wieder zurückzufahren? Das ist Schiffbruch mit Ziege.

✍ Der Brexit ist eher den Fluss verlegen, damit man kein Boot braucht. Aber das ist eben very british. Die hatten ein Empire, die sind große Unternehmungen gewohnt, die verlegen auch einen Fluss, damit eine Ziege ans andere Ufer kommt.

✂ Vielleicht muss die EU zerbrechen, damit daraus etwas Besseres entstehen kann.

✍ Ja, aber bei aller Liebe: Trotz der vielen unmöglichen Verordnungen und des übermächtigen bürokratischen Dschungels, was kann es Besseres geben als über siebzig Jahre keinen Krieg in Europa? Um genau zu sein: in den Ländern der Europäischen Union. Und ja, das ist etwas sehr Seltenes: so lange kein Krieg. In Europa war fast dauernd irgendein Krieg. Wenn die Franzosen gerade nicht gegen die Engländer gekämpft haben, dann Preußen gegen Österreich. Wenn nicht Deutschland gegen Frankreich gekämpft hat, dann England gegen Spanien. Vom Burgundischen Erbfolgekrieg über die Ungarneinfälle, den Langobardenfeldzug, den thüringisch-hessischen Erbfolgekrieg, den Reichskrieg gegen den Böhmenkönig Ottokar II., den Pommersch-Brandenburgischen Krieg, den Hundertjährigen Krieg Frankreichs gegen England, den Ersten Waldemarkrieg zwischen Dänemark und der Hanse, den Sächsischen Bruderkrieg, den ersten, zweiten und dritten, vierten, fünften, sechsten und siebten Hugenottenkrieg, die Türkenkriege, den Spanischen Erbfolgekrieg, die Bauernkriege, den Dreißigjährigen Krieg, den Österreichischen Erbfolgekrieg, den Deutsch-Dänischen Krieg bis zu den Jugoslawienkriegen am Ende des 20. Jahrhunderts; und das sind nur zehn Prozent von den in Wikipedia aufgelisteten Kriegen.

✂ Ein ganzer Arsch voll Kriege.

✐ Eben. Ist doch schon was, dass wir uns darauf geeinigt haben, in Europa damit aufzuhören.

✂ Wollen wir eine Friedensspeise zu uns nehmen, weißer Mann?

✐ Nur wenn für beide genug da ist. Sonst muss ich dir leider den Schädel einschlagen. – Komm, mach schon, Hunger macht mich aggressiv.

Wir richteten an: Tomaten-Butter-Hühnchen mit Knoblauch und Basilikum. Jeder mit einem Teller, einer Gabel und der Hälfte eines türkischen Fladenbrots ausgerüstet, nahmen wir wieder auf der Terrasse Platz. Während wir aßen, dazu Rotwein tranken und dankbar waren, gerade nicht in einen Erbfolgekrieg verwickelt zu sein oder vor einfallenden Langobarden, angelockt vom Duft unserer nächtlichen Mahlzeit, davonlaufen zu müssen, fragten wir uns, ob nicht der Mensch sich maßlos überschätzt und sich seines Wohlstandes zu sicher ist. Ob unsere Spezies Homo sapiens nicht um eine Spur zu überheblich ist.

✐ Dazu habe ich eine Geschichte. Es ist fast ein Märchen.

✂ Oh!

✐ Genau. Es ist die Geschichte von den zwei Doppelgängern. Ich schlucke nur runter, tunke den Teller auf und ...

VIII

Die Doppelgänger

I

Der alte Antiquar stieg in seinen Keller hinunter, um nach den Büchern zu sehen, die nicht zum Verkauf bestimmt waren, von denen er sich nicht trennen durfte. Es war Mittwochnachmittag, das *Geschlossen*-Schild baumelte an der Eingangstür. Es war wieder an der Zeit, aus einem dieser Texte laut vorzulesen, denn der Antiquar war einer der ganz wenigen, die die Sprache Henochs noch beherrschten, und wenigstens solange er lebte, sollte sie gepflegt werden. Das war sein Auftrag.

Er holte aus einem alten, dunklen, mit geschnitzten Teufelsfratzen verzierten Holzschrank eine Flasche Rotwein, öffnete sie und schenkte sich ein Gläschen ein. Nachdem er einen alten, siebentausend Euro schweren Schwarten aus dem Regal genommen hatte, machte er es sich an einem Tischchen mit Lesepult bequem, nahm einen Schluck und klappte den Folianten auf. Es handelte sich um *Fasciculus temporum* von Werner Rolevinck, einem Kartäusermönch aus Köln, gedruckt 1490. Der Hauptteil war für heute nicht weiter von Interesse, ein historischer Abriss von der Erschaffung der Welt bis zum Ende des 15. Jahrhunderts. Er überblätterte ihn, betrachtete kurz die Abbildung der Arche Noah, um dann zu der Geschichte zu gelangen, die laut vorzulesen er sich für heute zur Pflicht gemacht hatte. Es handelte sich um *Der kaiserliche Doppelgänger* aus dem beigebundenen Buch *Gesta Romanorum*. Wäre jemand dabei gewesen, so hätte er bemerkt, dass der alte Antiquar die Geschichte in Latein las, sie jedoch fließend in die henochische Sprache übersetzte, die Sprache, in der Gott mit den Engeln spricht.

II

Es herrschte einst der mächtige Kaiser Jovinianus. Als er einmal auf seinem Bette lag, schwoll sein Herz ganz unglaublich vor Hochmut, und er sprach bei sich: ›Gibt es denn einen anderen Gott als mich?‹ Über diesem Gedanken befiel ihn der Schlaf.

Christian Hofstätter lag mit stolzgeschwellter Brust im Bett seiner jüngst erworbenen Villa im neunzehnten Wiener Gemeindebezirk. Seine Frau kam zurück aus dem Badezimmer und schlief sofort ein. Sie hatte sich nicht lange geziert, denn sie wusste inzwischen: Wenn am nächsten Tag große Entscheidungen anstanden, hatte er als ersten Schritt dazu den unbedingten Drang, sich ihrer zu versichern. In seinen Worten: »sie zu beglücken«. Sie dachte zwar jedes Mal: Wer beglückt hier wen? Aber was soll's, ihr war klar, er wollte das Gefühl der Macht, der Verfügungsgewalt über andere, die er als Gründer, Hauptaktionär und Generaldirektor seines Konzerns selbstverständlich besaß, vor solch großen Herausforderungen gewissermaßen am eigenen Leib spüren. Sie stand ihm zur Verfügung. Abgesehen davon war er ein verständnisvoller Ehemann, der seine Frau, seine zwei Töchter und seinen Jüngsten liebte, was ihn allerdings nicht gegen gelegentliche Affären immunisierte. Dass seine Frau als Erste unter die Dusche durfte, war sein kleines Zugeständnis.

Jetzt musste er sich wohl oder übel auch noch ins Bad bemühen. Unter dem warmen Strahl der Dusche ging er noch rasch den morgigen Tag in Gedanken durch. Ein großes Meeting stand an, und im Anschluss daran eine Rede vor versammelter Mannschaft. Er zweifelte nicht daran, alle von seiner Strategie, wie man den Konzern auch heuer wieder auf Wachstumskurs halten könne, ohne viel Diskussion überzeugen zu können. Was im Klartext Entlassungen, die Auslagerung gewisser Bereiche nach Asien, Jonglieren mit Billiglöhnen hieß, würde er in bewährter Weise als einen Mix aus unabänderlichem Preisdruck auf dem Weltmarkt und einem Appell an trotzigen Optimismus und Zusammengehörigkeitsgefühl der verbleibenden Mitarbeiter verkaufen.

Er glitt wieder unter die Decke und fand sich gleich darauf an der Schwelle zwischen Traum und Wirklichkeit, diesem angenehmen Bereich zwischen Schlaf und Bewusstseinsresten des Tages. Ein wohliges, angenehmes Gefühl, beinahe ein Glücksgefühl. Nein, es war Glück. Er wurde sich seines Glückes bewusst. Er fühlte das Privileg, Chef zu sein. Besitzer zu sein. Er spürte Macht über sein eigenes Schicksal und das vieler anderer Menschen in seinem Umkreis. Er konnte Leute entlassen. Optimieren, optimieren und noch einmal optimieren. Ein weißer, reicher Mann in Europa. Seine Frau, seine Kinder, seine Villa, seine Betriebe, sein Einfluss, seine Geliebten. Sein Machtgefühl wurde in diesem Dämmerzustand größer und größer, schwoll an ins Unermessliche. Bald dachte er sich größer als die Welt, hielt sich für grenzenlos mächtig. Plötzlich konnte er seine Macht sehen, vollkommen real und gegenständlich, getaucht in die Farbe Rot. Dunkelrot. Er sah sich als Herrscher von Gottes Gnaden, ganz in Purpur gehüllt. In diesem Meer von Rot schlief er schließlich ein.

Des Morgens früh aber stand Kaiser Jovinianus auf, rief seine Ritter zusammen und sprach zu ihnen: »Meine Lieben, es wird gut sein, Speise zu uns zu nehmen, denn ich bin gesonnen, heute auf die Jagd zu gehen.« Diese nun waren bereit, seinen Willen zu erfüllen, nahmen Speise zu sich und begaben sich auf die Jagd. Während aber der Kaiser zu Pferde saß, ergriff ihn eine unerträgliche Hitze, so daß es ihm vorkam, er müsse sterben, wenn er sich nicht in kaltem Wasser baden könne. Er schaute sich um und erblickte von weitem ein breites Gewässer. Da sprach er zu seinen Soldaten: »Bleibt hier, bis ich mich abgekühlt habe.« Hierauf gab er seinem Pferd die Sporen, sprengte eilig zu dem Wasser, sprang vom Pferde, legte alle Kleidungsstücke ab, trat ins Wasser und blieb so lange darin, bis er ganz abgekühlt war.

Christian Hofstätter stand sehr früh am Morgen auf, frühstückte mit seiner Frau und den drei Kindern auf der Terrasse seiner Villa. Die Sonne schien, die Stimmung der Kinder war ausgelassen. Die zwei Mädchen warfen sich einen verschwörerischen Blick zu und flöteten gleichzeitig los: »Gehen wir schwimmen! Bitte gehen wir wieder einmal alle zusammen irgendwohin schwimmen. Warum gehen wir nicht einfach in ein Schwimmbad?« Das klang nach abgekartetem Spiel. Er musste schmunzeln. Der große Pool im Garten war erst im Planungsstadium.

»Wie stellt ihr euch das vor?«, kam ihm seine Frau zuvor. »Wir haben viel zu tun. Papa hat gerade heute einen sehr wichtigen Tag in der Firma. Warum sollten wir das tun?«

»Weil wir es können!«, posaunten die beiden aus voller Kehle.

Das war sein Spruch. Sein Credo. Wenn zum Beispiel die Verkaufszahlen wieder einmal merklich angestiegen waren, stellte er seinen Mitarbeitern die Frage: »Warum beherrschen wir den Markt?« Und stets kam die Antwort von ihm selber: »Weil wir es können!«

»Weil wir es können!«, hallte es in ihm nach. Die Kinder hatten etwas Wichtiges begriffen. Er war gerührt.

»Weil wir es können!«, wiederholte er mit fester Stimme und erinnerte sich gleichzeitig an seine angenehme Machtfantasie vom Vorabend, die ihn in den Schlaf geleitet hatte. Das wäre doch der ultimative Beweis seiner Macht: Die Vorstandssitzung mit anschließender großer Rede vor versammelter Mannschaft ist um eine Woche verschoben.

Er gab sofort in der Firma Bescheid, ließ seinen Assistenten in der Schule, in der seine Frau unterrichtete, anrufen, um sie krankheitshalber zu entschuldigen, packte seine drei Kinder, und schon waren sie auf dem Weg zu einem Freibad an der Donau.

»Ist doch witzig«, sagte er im Auto, »einmal wie ganz normale Menschen ins Bad zu gehen, oder?«

»Normale Menschen arbeiten am Donnerstagvormittag«, gab seine Frau zu bedenken.

»Eben deshalb ist es ja so cool. Weil wir keine normalen Menschen sind. Hört mir gut zu, Kinder. Wir sind die Elite. Wir teilen uns selbst ein, wann wir arbeiten und wann nicht. Und warum?« Er drehte sich zu den Kindern um, die im Chor riefen: »Weil wir es können!«

Zufrieden lächelnd fuhr er weiter.

Plötzlich war ihm unerträglich heiß. Er drehte die Klimaanlage auf Maximum. Ohne Erfolg. Er schwitzte und ihm wurde leicht schwindelig. Im Bad angekommen, sagte er zu seiner Familie: »Ich muss mich sofort abkühlen.« Aus der Umkleidekabine lief er sofort Richtung Wasser, sprang in die kühlen Fluten der Donau und blieb dort, bis er sich besser fühlte.

Während Kaiser Jovinianus aber noch im Wasser verharrte, kam ein Mann herbei, der ihm in allem, an Gesicht und Gebärden, ganz ähnlich war, legte seine Kleider an, bestieg sein Roß, ritt zu den Rittern und wurde von allen als die Person des Kaisers angesehen. Wie nun die Jagd zu Ende war, begab er sich mit den Rittern nach dem Palast.

Danach stieg Jovinianus alsbald aus dem Wasser heraus und fand weder Pferd noch Kleider vor. Er wunderte sich und ward sehr traurig, denn er war nackt und sah niemanden, und er dachte bei sich: ›Was soll ich tun? Ich bin erbärmlich hintergangen worden.‹

Den ganzen Tag über verspürte Christian ein Unwohlsein, immer wieder hatte er Schweißausbrüche, die er im Wasser der Donau zu lindern suchte. Gegen Abend, er war wieder im Wasser und schwamm vor sich hin, sah er plötzlich, wie in der Ferne ein Mann, der ihm selbst bis ins kleinste Detail ähnelte, auf seine Familie zuging. Er wechselte ein paar, für Christian unhörbare, Worte mit seiner Frau. Sie umarmte und küsste ihn, sie rafften die Handtücher und Badeutensilien zusammen und verschwanden Richtung Umkleidekabinen. Wenige Minuten später beobachtete er völlig perplex, wie seine Familie das Bad verließ, als wäre es das Normalste auf der Welt.

In der Zwischenzeit war Christian aus dem Wasser gekommen und konnte nicht fassen, was er mit eigenen Augen soeben gesehen hatte. Sie waren weg. Mit ihnen auch seine Kleidung. Er hatte nichts mehr anzuziehen. In Badehose, ohne Ausweis und Geld, verließ er das Bad.

Was soll dieser Schwachsinn, dachte er. Wer war das? Und wieso sind sie mit ihm mitgegangen? Eine Entführung? Würde der Fremde seiner Familie Gewalt antun? Er war außer sich.

Endlich faßte Kaiser Jovinianus sich wieder und sprach: »Hier in der Nähe wohnt ein Ritter, den ich in den Ritterstand erhoben habe; zu dem will ich hingehen und mir Kleider und ein Pferd verschaffen, und so will ich dann nach meinem Palaste reiten und zusehen, auf welche Weise und durch wen ich so zuschanden gemacht worden bin.« Jovinianus machte sich also ganz nackend nach der Burg jenes Ritters auf den Weg und klopfte an das Tor. Der Pförtner fragte nach dem Grunde seines Pochens, und Jovinianus sprach: »Öffnet das Tor und sehet, wer ich bin.« Der machte das Tor auf, und als er ihn erblickt hatte, erstaunte er und sprach: »Wer bist du denn?« Der aber versetzte: »Ich bin der Kaiser Jovinianus, gehe hin zu seinem Herrn und sage ihm, er solle mir Kleider leihen, denn ich habe Kleidung und Pferd eingebüßt.« Der Pförtner entgegnete: »Du lügst, schändlicher Spitzbube! Vor deiner Ankunft ist der kaiserliche Herr Jovinianus schon mit seinen Rittern auf dem Wege nach seinem Palast hier vorbeigekommen; mein Herr hat ihn begleitet, ist aber bereits zurückgekehrt und sitzt jetzt bei Tische. Daß du dich aber als den Kaiser ausgibst, das will ich meinem Herrn melden.« Der Pförtner trat vor seinen Herrn und berichtete ihm die Worte des Fremden. Wie dieser das vernahm, befahl er, ihn hereinzuführen. Und als das geschehen war und der Ritter ihn betrachtet hatte, erkannte er ihn nicht, der Kaiser aber erkannte ihn recht wohl. Darauf sagte der Ritter: »Sage mir, wer bist du denn und wie ist dein Name?« Der aber antwortete: »Ich bin der Kaiser Jovinianus und habe dich seinerzeit in den Ritterstand erhoben.« Der andere sprach: »O du schändlicher Spitzbube, mit welcher Frechheit wagst du es, dich Kaiser zu nennen? Eben vor dir ist mein Herr, der Kaiser, nach seinem Palast geritten; ich habe ihn auf dem Wege begleitet und bin jetzt zurückgekehrt. Daß du dich aber selbst den Kaiser genannt hast, dafür sollst du nicht straflos ausgehen.« Hierauf ließ er ihn tüchtig durchpeitschen und nachher aus der Burg werfen.

Christian war dem Taxifahrer nicht ganz geheuer. Was für eine seltsame Geschichte. Jemand hätte seine Familie entführt, die aber freiwillig mitgegangen sei?

»Warum rufen Sie nicht die Polizei?«

»Der Mann hat auch mein Handy. Alles. Meine Kleider, mein Geld, meinen Ausweis.«

»Und Ihre Frau ist einfach so mitgegangen?«

»Ja. Sie hat ihn umarmt und geküsst.«

»Dann hat er sie nicht entführt, sondern verführt.«

»Wollen Sie mir nicht Ihr Handy borgen?«

»Wen rufen Sie an?«

»Meine Frau.«

»Ja gut, aber nicht zu lange. Wenn ein Kunde kommt, muss ich losfahren.«

»Scheiße.«

»Was?«

»Ich weiß die Nummer nicht auswendig.«

»Ja, das ist natürlich dumm. Wollen Sie nicht zurück ins Bad gehen und nachsehen, ob die noch da sind?« Muhammar, der Taxler, steckte das Telefon wieder weg und stieg in seinen Wagen.

»Nehmen Sie mich mit?«

»Ohne Geld und nur in Badehose?«

»Bitte.«

»Hören Sie, ich hab heute dreizehn Euro Umsatz gemacht. Ich kann mir das nicht leisten, einen verrückten Obdachlosen mitzunehmen.«

»Ich bin kein Obdachloser. Ich bin Chef eines Großkonzerns.«

»Ja, klar. Die laufen ja immer in Badehose herum und erzählen irgendwelche Geschichten, damit sie gratis mit dem Taxi fahren können.«

»Ich zahle Ihnen das Zehnfache des angezeigten Fahrpreises plus zwanzig Prozent Trinkgeld.«

»Nein, danke!«, rief der Taxler und knallte die Autotür zu. Christian stand ratlos da, wusste überhaupt nicht, was er tun sollte. Ein Fahrgast kam, und das Taxi war weg.

Er ging eine Weile Richtung Innenstadt, als ihm plötzlich einfiel, dass sein Chauffeur hier in der Nähe wohnte. Er hatte ihm erst vor einem Monat eine Gehaltserhöhung gewährt, und aus Dankbarkeit waren er und seine Frau auf Kaffee und Kuchen bei ihm eingeladen gewesen.

Nach über einer Stunde, er hatte sich drei Mal verlaufen, stand er vor dem richtigen Haus. Er klingelte an der Gegensprechanlage.

»Ja?«, meldete sich eine männliche Stimme, die Christian als die seines Chauffeurs erkannte.

»Ich bin's.«

»Wer ist da?«

»Ich.«

»Wer?«

»Christian Hofstädter.«

»Chef?«

»Ja.«

»Ich mache Ihnen auf.«

Er fuhr mit dem Lift in den zweiten Stock. Von der Nachbarin seines Chauffeurs erntete er missbilligende Blicke. Ein Mann in Badehose? Der Chauffeur stand in seiner Wohnungstür und sah Christian feindselig an.

»Was wollen Sie?«

»Ich brauche einen Anzug und etwas Bargeld.«

»Und warum, glauben Sie, sollte ich Ihnen das geben?«

»Meine Frau und meine Kinder wurden entführt.«

»Wer sind Sie? Was tischen Sie mir da für eine erbärmliche Geschichte auf. Verlassen Sie sofort das Haus, sonst muss ich die Polizei rufen.«

»Ich bin es. Ich!«, deutete Christian verzweifelt auf sein Gesicht. »Ich bin Christian Hofstädter, und Sie sind mein Chauffeur.«

»Sie spionieren mir nach? Ich ruf jetzt … «

»Was soll denn das? Ich bin Ihr Chef!«

Christians Chauffeur trat einen Schritt zurück und wollte die Tür energisch schließen, was Christian verhindern konnte, indem er sich dagegenstemmte. Es kam zu einem kleinen Gerangel.

264

»Hören Sie, ich kenne Sie nicht. Sie sind nicht Christian Hofstätter. Ich habe keine Ahnung, wer Sie sind. Meinen Chef habe ich vor zwei Stunden mit seiner Familie nach Hause gebracht. Also bitte, verschwinden Sie von hier«, sagte der Chauffeur schnaubend.

Christian versuchte, in die Wohnung einzudringen, und rempelte seinen Chauffeur zur Seite, der holte aus und verpasste Christian einen Kinnhaken. Er taumelte zurück ins Stiegenhaus. »Ich rufe jetzt die Polizei!«, damit schlug sein Chauffeur die Tür zu. Christian war fassungslos. Seine Nase blutete. Er stand zitternd, immer noch in Badehose da und wusste nicht, wie ihm geschah.

Also geschlagen und vertrieben, weinte Kaiser Jovinianus bitterlich und sprach: »O du mein Herrgott, wie ist das möglich, daß der Ritter, den ich doch erst in den Ritterstand erhoben habe, mich nun nicht mehr kennt und mich so schrecklich hat auspeitschen lassen?« Da fiel ihm ein: ›Hier in der Nähe wohnt ein Herzog, einer meiner Räte. Zu dem will ich mich aufmachen und ihm meine Not kundtun; durch ihn werde ich Kleider bekommen und in meinen Palast zurückkehren können.‹

Als er nun an das Burgtor des Herzogs gelangt war, pochte er an, und der Torwächter, der das Klopfen hörte, schloß das Tor auf. Als er einen nackten Mann erblickte, wunderte er sich und sprach: »Mein Lieber, wer bist du, und weshalb bist du so nackend hierhergekommen?« Jener versetzte: »Ich bin der Kaiser, ich habe durch einen Zufall Kleider und Pferd eingebüßt und komme darum zu deinem Herzog, daß er mir in meiner Not beispringe; deshalb bitte ich dich, meine Sache deinem Herrn vorzubringen.« Als der Türhüter dies gehört hatte, wunderte er sich, trat in den Saal und hinterbrachte alles seinem Herrn. Der Herzog versetzte: »Laß ihn hereinkommen!« Als er hereingeführt wurde, erkannte ihn niemand, und der Herzog sprach zu ihm: »Wer bist du?« Und jener erwiderte: »Ich bin der Kaiser und habe dich zu Reichtum und Ehren gebracht, als ich dich zum Herzog machte und dich zu meinem Rat bestellte.« Der Herzog aber sprach: »Elender Tor!« Erst kurz zuvor bin ich mit meinem Herrn, dem Kaiser, nach seinem Palaste geritten und eben von da zurückgekehrt; daß du dir aber eine solche Ehre angemaßt hast, dafür sollst du nicht ungestraft ausgehen.« Er befahl, ihn ins Gefängnis zu werfen und mit Wasser und Brot zu beköstigen; nachher aber ließ er ihn aus dem Verlies herausholen, tüchtig durchprügeln und schließlich aus seinem Lande treiben. Als er nun so davongejagt worden war, da seufzte und klagte er über die Maßen und sprach bei sich: ›Weh mir, was soll ich tun, denn ich bin zu aller Schimpf und Schande des Pöbels geworden? Es wird am besten für mich sein, nach meinem Palast zu gehen; die Meinigen dort werden mich gewiß erkennen, und sollte auch das nicht sein, so wird mich wenigstens meine Frau an bestimmten Zeichen wiedererkennen.‹

Christian Hofstätter, Millionär, Generaldirektor und Hauptaktionär, war unschlüssig, ob er noch einmal bei seinem Chauffeur anläuten solle, entschied sich dann aber dagegen. Er irrte durch die Straßen, schämte sich seiner Nacktheit, konnte die vernichtenden Blicke der Passanten auf seiner Haut spüren und fing an zu laufen, ohne zu wissen, wohin. Vier Straßen weiter kauerte er sich völlig erschöpft in einer Sackgasse auf den Boden und weinte. Warum konnte dieser Albtraum nicht ein Ende haben? Wie konnte es sein, dass ihn sein Chauffeur nicht erkannt hatte? Was war mit seiner Frau und den Kindern passiert? Hatte ihn jemand seiner Identität beraubt? War er oder war sein Chauffeur verrückt geworden? Konnte er nicht endlich auf den sicheren Boden seines mächtigen Ichs zurückkehren?

Am späteren Abend, es hatte bereits abgekühlt und er fror ganz leicht, machte er sich auf den Weg zu einem seiner Abteilungsleiter, den er erst vor Kurzem in diese Position gehievt hatte und von dem er daher Dankbarkeit erwarten durfte.

Jürgen Mannhardt war zu diesem Zeitpunkt mit ein paar Freunden italienisch essen, ganz in der Nähe seiner Wohnung in der Innenstadt. Sie verließen gerade das Lokal, als ihnen ein Mann in Badehose entgegenkam.

Christian ging auf Jürgen Mannhardt zu. Einer seiner Freunde zog aus seiner Brieftasche einen Zwanzigeuroschein und gab ihn Christian: »Hier, kaufen Sie sich was zum Anziehen.«

»Ich muss mit Herrn Mannhardt sprechen.«

Jürgen hörte Christian nicht und ging weiter.

»Jürgen, der Obdachlose möchte dich sprechen.«

»Ich bin kein Obdachloser, ich bin sein Chef«, trug Christian zur allgemeinen Erheiterung bei.

»Was wollen Sie von mir?«, fragte ihn Jürgen.

»Kann ich dich unter vier Augen sprechen?«

»Sie haben gerade zwanzig Euro bekommen – ich denke, das reicht.«

»Darum geht es nicht. Ich bin's!« Christian erwartete eine Reaktion. Nichts. Jürgen und seine Freunde gingen weiter, Christian lief ihnen nach.

»Jürgen!«

»Woher wissen Sie meinen Namen?«

»Ich bin's doch. Christian.«

»Was für ein Christian?«

»Hofstätter, dein Chef, verdammt noch einmal. Jetzt reicht es mir aber! Habt ihr euch alle gegen mich verschworen?« Christan war dabei, seine Fassung zu verlieren.

»Hey, hey, hey!«, ging ihn einer von Jürgens Freunden an. »Zwanzig Euro sind genug. Bei aller Liebe, Sie sind sicher unverschuldet in die Obdachlosigkeit geraten, das ist uns klar, aber nicht unverschämt werden, ja?«

»Ich bin dein Chef, Jürgen ...«

Jürgen griff nach seiner Geldbörse. Nicht um dem armen Teufel noch etwas zu geben – ihm war der Gedanke gekommen, der Bettler könnte ihm seine Geldbörse gestohlen und auf seiner Visitenkarte nachgesehen haben, denn woher wüsste er sonst seinen Namen. Und den Namen seines Chefs? Die Geldbörse war noch da.

»Hören Sie, ich weiß nicht, woher Sie meinen Namen wissen und warum Sie meinen Chef kennen, aber es reicht jetzt.«

Jürgens Handy klingelte. Er sah auf das Display: Christian Hofstätter. Er hob ab.

»Ja?«

Jürgen drehte sich von Christian weg, um ungestört zu telefonieren. Mit Christian, seinem Chef, der ihn an das auf übermorgen verschobene Meeting mit den Leuten von der Werbeagentur erinnerte. Zwei Mal während des Gesprächs drehte er sich um und sah zu Christian. Er fragte sich, ob er seinem Chef gegenüber die kuriose Situation mit dem Bettler erwähnen sollte, wollte ihn aber mit einer solchen Nebensächlichkeit nicht aufhalten. Sie beendeten das Gespräch. Jürgen wandte sich wieder an Christian.

»Wie heißen Sie?«

»Christian Hofstätter, ich bin Generaldirektor und Mehrheitsaktionär der Firma Hofstätter GmbH. Ich bin dein Chef, Jürgen. Wieso erkennst du mich denn nicht. Freitag ... Freitag vergangene Woche waren wir Tennis spielen, und du hast mir erzählt, deine Tochter hat mit dem Geigenunterricht begonnen und wie schrecklich das ist, wenn sie am Abend übt. Und du hast ihr eine Taschengelderhöhung versprochen, wenn sie es auf Nachmittag verlegt, bevor du nach Hause kommst.«

Höchst angespannt hatte Jürgen zugehört. Jetzt stürzte er sich auf Christian, packte ihn an der Gurgel und presste hervor: »Was wollen Sie? Spionieren Sie mir nach? Was soll das?«

»Ich brauche deine Hilfe, Jürgen. Jemand hat meine Frau und meine Kinder entführt. Heute Nachmittag im Bad.«

»Aha. Und warum habe ich dann gerade mit meinem Chef Christian telefoniert?«

»Ich weiß es nicht. Bitte, glaub mir doch!«, ergriff Christian hilfesuchend Jürgens rechten Arm.

»Lassen Sie mich los!«

»Es ist schrecklich für mich. Ich weiß nicht, was passiert ist. Da gibt sich jemand für mich aus. Ich kann doch nicht mit dir telefoniert haben, wenn ich hier neben dir stehe.«

Jürgens Freunde redeten auf Christian ein. Sie lösten Jürgens Arm aus Christians starkem Griff, und nach einem heftigen Wortwechsel kam es zu einem Handgemenge. Christian brüllte wütend und schlug um sich. Jemand rief die Polizei. Wenige Minuten später wurde Christian verhaftet und verbrachte die Nacht auf einer Polizeistation. Der amtshabende Wachbeamte ließ ihn lange warten. Man hatte ihm eine Decke gegeben. Da er keinen Ausweis bei sich hatte, steckte man ihn in eine Zelle.

Am nächsten Tag versuchte er seine Situation zu erklären. Man gab ihm etwas anzuziehen und brachte ihn im Polizeiauto zu seinem Haus. Christian war überzeugt, seine Frau würde ihn wiedererkennen.

Hierauf ging der nackte Kaiser allein zu seinem Palast und klopfte an das Tor. Auf das Pochen hin öffnete der Pförtner; als er ihn aber erblickte, sprach er zu ihm: »Sag, wer bist du?« Jener erwiderte: »Ich wundere mich, daß du mich nicht erkennst, da du doch so lange Zeit bei mir gewesen bist.« Der andere sprach: »Du lügst! Bei meinem Herrn, dem Kaiser, bin ich lange gewesen.« Und jener versetzte: »Der bin ich! Und so du meinen Worten nicht glaubst, bitte ich dich um Gottes willen, daß du zur Kaiserin gehst und ihr sagst, sie möge mir bei diesen Zeichen meine kaiserlichen Gewänder senden, weil ich durch einen Zufall alles verloren habe; die Zeichen aber, welche ich ihr durch dich sagen lasse, kennt außer uns beiden niemand auf Erden.« Da sprach der Torwächter: »Ich zweifle nicht, daß du toll bist, weil mein Herr, der Kaiser, in diesem Augenblick bei Tafel sitzt und neben ihm die Kaiserin. Indessen, da du gesagt hast, du wärest der Kaiser, will ich es dennoch der Kaiserin berichten, und ich bin gewiß, daß du hart bestraft werden wirst.« Der Pförtner begab sich zur Kaiserin und meldete ihr alles, was er gehört hatte. Sie aber war sehr entrüstet, wendete sich zu ihrem Herrn und sprach: »Herr, hört etwas Merkwürdiges! Geheime Dinge, die öfters zwischen uns vorgegangen sind, läßt mir ein liederlicher Kerl, der am Tore steht, durch den Pförtner berichten und sagt, er sei der Kaiser und mein Herr.« Als der Kaiser das gehört hatte, befahl er dem Torwächter, jenen vor das Angesicht aller Anwesenden hereinzuführen. Als der so nackt hereingebracht wurde, sprang ihm ein Hund, der ihm vorher sehr zugetan gewesen war, an die Kehle, um ihn zu erwürgen, wurde indessen von der Dienerschaft daran gehindert, so daß jener weiter kein Leid von ihm erlitt. Ferner hatte er einen Falken auf einer Stange, der zerriß seine Kette und flog zum Saale hinaus, sobald er ihn erblickte. Da sprach der vermeintliche Kaiser zu allen, die im Saale saßen: »Meine Teuren, hört meine Worte, die ich zu jenem Landstrei-

cher sagen werde: Sage mir, wer du bist und weshalb du hierherkamst!« Jener sprach: »Herr, das ist eine wunderliche Frage. Ich bin der Kaiser und Herr dieses Ortes.« Da sagte der Kaiser zu all denen, welche an der Tafel saßen und um dieselbe herumstanden: »Sagt mir bei eurem Eid, den ihr mir geleistet habt: Wer von uns ist euer Kaiser und Herr?« Darauf entgegneten jene: »Herr, bei dem Eid, welchen wir Euch geleistet haben, wir haben hierauf eine leichte Antwort zu geben: Jenen Spitzbuben haben wir niemals gesehen, Ihr aber seid unser Herr und Kaiser, den wir von Jugend auf kennen, und darum bitten wir Euch einstimmig, diesen zu bestrafen, damit sich alle daran ein Beispiel nehmen und eine solche Anmaßung nicht wieder versuchen.« Da wandte sich der Kaiser zur Kaiserin und sprach: »Sage mir, meine Gebieterin, bei der Treue, die dich mit mir verbindet, kennst du jenen Menschen, welcher sich Kaiser und dein Herr nennt?« Sie aber versetzte: »Lieber Herr, warum fragst du mich solches? Bin ich nicht länger als sechsundzwanzig Jahre mit dir zusammengewesen und habe mit dir Kinder gezeugt? Jedoch über eines wundere ich mich, wie nämlich jener Gauner zur Kenntnis der uns allein bekannten Geheimnisse gelangt ist.«

Hierauf sprach der Kaiser zu dem, der hereingeführt worden war: »Mein Lieber, wie konntest du es wagen, dich selbst für den Kaiser auszugeben? Wir fällten den Urteilsspruch, daß du heute einem Pferde an den Schweif gebunden werdest, und wenn du noch einmal dich erfrechst, dergleichen zu äußern, werde ich dich zum schimpflichsten Tode verurteilen!« Er rief seine Trabanten und sprach: »Geht und bindet ihn an den Schwanz eines Pferdes, tötet ihn aber nicht.«

Und also geschah es. Nachher aber ging ihm all dies mehr, als man glauben kann, zu Herzen, und gleichsam an sich selbst verzweifelnd rief er: »Verflucht sei der Tag, an dem ich geboren bin! Meine Freunde haben mich verlassen! Meine Gattin und meine Söhne kennen mich nicht mehr!«

Die junge Polizistin stand vor Christians Haustür und wartete, dass ihr geöffnet würde. Christian blieb mit dem Polizisten im Auto sitzen. Er wusste, dass Malinka, ihre Haushälterin, öffnen würde. Seine Frau und die Kinder würden beim Frühstück sitzen.

»Warum kann ich nicht gleich mit hineingehen?«

»Das überlassen Sie schon uns, wie wir das machen.«

»Das ist mein Haus, das ich mit meinem Geld gekauft habe. Wieso, verdammt, kann ich nicht einfach anläuten und zu meiner Familie gehen? Das ist grotesk.«

»Bitte verhalten Sie sich ruhig.«

»Verhalten Sie sich normal!«, gab Christian gereizt zurück und konnte sehen, wie Malinka der Polizistin öffnete. Die Exekutivbeamtin wechselte mit der Haushälterin ein paar Worte, nickte, sah kurz Richtung Polizeiauto und gab Malinka die Hand, um sich zu verabschieden. Christian sprang aus dem Auto, raste auf sein Haus zu, stieß die Polizistin und Malinka zur Seite und stürzte im letzten Moment, bevor die Tür ins Schloss fallen konnte, in sein Vorzimmer, von wo aus er seine Frau, seine Kinder und zu seiner großen Verwunderung sich selbst am Küchentisch beim Frühstück sitzen sah.

Nun ist unser Gehirn mit einer außerordentlichen Fähigkeit ausgestattet: Es denkt in Geschichten. Es stellt Zusammenhänge her, ob wir wollen oder nicht. Manchmal auch dort, wo es gar keine gibt. Fehlende Informationen werden einfach ergänzt, um ein stimmiges Bild zu generieren. Wir reimen uns die Wirklichkeit mehr oder weniger zusammen.

Wenn wir zum Beispiel einem leibhaftigen Dinosaurier begegnen, wissen wir sofort, dass er aus irgendeinem Museum oder einem geheimen Genlabor entsprungen sein muss. Entweder handelt es sich um eine roboterhafte Nachbildung mit viel Mechanik in den Eingeweiden oder um Jurassic Park.

Sollten wir in einem Restaurant auf die Toilette gehen und beim Verlassen derselben plötzlich auf einer bunten Wiese stehen, dann gibt es zwar für einige Momente gewaltige Verwirrung im Gehirn, aber bald werden wir nach kausalen Zusammenhängen suchen und uns fragen, wie man es geschafft hat, die Toilette in so kurzer Zeit unbemerkt aus dem Restaurant zu hieven beziehungsweise das ganze Haus drum herum abzureißen. Am Ende werden wir uns darauf einigen, in einem Werbespot für Klopapier oder bei der *Versteckten Kamera* gelandet zu sein. Nur ein paar Science-Fiction-Fans werden auf die Idee kommen, auf der Toilette einen Wechsel in eine andere Dimension oder in ein Paralleluniversum vollzogen zu haben. Für den Fall aber, dass man sich selbst begegnet, gehen unserem Hirn die Lichter aus, denn das Ich selbst, dasjenige, das denkt, sich Erklärungen zusammenreimt, steht plötzlich infrage. Der Kurzschluss, der in den Ganglien entsteht, lässt uns komplett durchbrennen. Christian sah sich selbst in ein Toastbrot mit Honig beißen, als er auf sich zuging, unvermittelt mit der Faust zuschlug und seinem Gegenüber, das ihm wirklich bis ins kleinste Detail glich, die Nase zu zertrümmern suchte. Er konnte hören, wie die Polizistin und ihre Kollegen in die Küche stürmten. Sie waren dabei, ihre Dienstwaffen zu ziehen. Seine Frau und die Kinder kreischten auf, der Jüngste begann vor Schreck zu weinen. Mit einem weiten Sprung schaffte es Christian bis zur Verandatür. Wie in einem mittelmäßigen Actionfilm warf er seinen beiden Verfolgern eine Lampe in den Weg. Durch diese kleine Irritation schaffte er es schließlich bis in den Garten seines Nachbarn und von dort in dessen Garage mit dem roten Jaguar, einem Oldtimer aus den Sechzigerjahren. Der Schlüssel steckte. Er atmete schwer, zitterte, konnte das Gesicht des Mannes, das sein eigenes gewesen war, nicht vergessen. Bei dem Faustschlag war er ihm so nahe gekommen, dass er ihn riechen konnte. Die Mischung aus Körpergeruch und Eau de Cologne war ihm nur zu vertraut.

Eine Stunde später war er zur Fahndung ausgeschrieben. Anzeige gegen unbekannt. Hausfriedensbruch, Diebstahl, wahrscheinlich Drogen.

Christian hatte sich in eine Kirche geflüchtet, kauerte in einer Ecke am Boden und starrte auf das eingetrocknete Blut an seiner rechten Hand. Das Blut seines Doppelgängers. In diesem Moment versuchte sein Gehirn nach einem erfolgreichen Neustart wieder Zusammenhänge herzustellen. Er musste es irgendwie schaffen, von dem Blut eine DNA-Analyse machen zu lassen. Nur so könnte er beweisen, dass dieser Mann, der ihm sein Leben gestohlen hatte, nicht er selbst war.

»Kann ich Ihnen helfen?«, fragte der Priester, der sich zu ihm hinuntergebeugt hatte.

Als er so sprach, dachte der Kaiser: ›Hier in der Nähe wohnt mein Beichtvater, zu dem will ich mich aufmachen; vielleicht daß er mich erkennt, da er ja öfter meine Beichte gehört hat.‹ Er begab sich zu dem Einsiedler und klopfte an das Fenster seiner Klause. Jener fragte: »Wer ist da?« *Und er antwortete:* »Ich bin es, der Kaiser Jovinianus: Öffne dein Fenster, auf daß ich mit dir reden kann!« *Wie jener seine Stimme hörte, öffnete er das Fenster, als er ihn aber erblickte, schlug er es mit Heftigkeit wieder zu und sprach:* »Hebe dich weg von mir, Vermaledeiter, denn du bist nicht der Kaiser, sondern der Teufel in Menschengestalt!« *Wie jener das hörte, stürzte er vor Schmerz zu Boden, zerraufte sich Haupthaar und Bart und rief:* »Weh mir, was soll ich tun?«

»Pater Lorenz?« Christian erkannte in dem Geistlichen den Priester, der vor vielen Jahren ihn und seine Frau getraut hatte.
»Kennen wir uns?«, fragte der.
»Ja. Christian Hofstätter. Sie haben mich und meine Frau verheiratet.«
Der Priester sah ihn lange an. »Sie sind nicht Christian Hofstätter. Sie sind verwirrt.«
»Können Sie mir helfen?«
»Gerne. Wie?«
»Ich. Ich brauche etwas Geld. Ich muss ... darf ich Ihr Handy benutzen?«

Noch am selben Abend saß Christian seinem Freund Dr. Hartmann in einem kleinen Arztzimmer im AKH gegenüber. Sie tranken Kaffee, grässlichen Kaffee aus einem Automaten.
»Nehmen wir an, Sie haben recht ...«
»*Du* ... *du* hast recht. Ich bitte dich, wir kennen einander seit zwanzig Jahren.«
»... du hast recht. Jemand, der genauso aussieht wie du, hat deinen Platz eingenommen.«

273

»Ja. Genau das ist passiert.«

»Dann sollten wir nach einer logischen, wissenschaftlichen Erklärung suchen.«

»Ich brauche dringend die DNA-Analyse.«

»Die Blutproben befinden sich in unserem Genlabor.«

»Wie lange dauert das noch?«

»Wir haben das Ergebnis morgen Abend.«

»Ich schwöre, ich bin Christian Hofstätter.«

»Keine Panik. Lassen Sie uns gemeinsam nachdenken.«

»Warum erkennst du mich nicht? Niemand erkennt mich. Niemand.«

»Was könnte passiert sein, dass plötzlich jemand auftaucht, der wie Sie aussieht?«

»Wie *du*.«

»Wie du.«

Während sie miteinander sprachen, tippte Dr. Hartmann eine SMS an seinen Freund Christian Hofstätter: »Hi. Wie geht's dir? Alles in Ordnung?«

»Also. Gehen wir die Sache logisch an. Erstens: Dieser Mann ist ein Doppelgänger, der Ihnen ... dir zum Verwechseln ähnlich sieht.«

»Er riecht wie ich.«

»Bitte?«

»Ich habe ihn gerochen.«

»Wann?«

»Heute früh. Ich war bei mir zu Hause. Er hat mit meiner Familie gefrühstückt. Ich ... ich hab ihm eine auf die Nase gegeben. Weißt du, ich wollte sein Blut, damit wir es untersuchen können. Damit wir wissen, wer das ist.«

»Aha. Also gut, er riecht wie du.«

Er schickte eine weitere SMS an einen Kollegen aus der Psychiatrischen Abteilung. »Brauche kurz eure Hilfe. Verwirrter Patient. Fehlt euch jemand?«

»Was schreibst du da?«

»Mit meiner Frau. Sorry«, sagte Dr. Hartmann beiläufig und legte das Handy weg.

»Der Doppelgänger hat also deine Familie getäuscht.«

»Vielleicht ist es gar kein Doppelgänger«, sagte Christian. »Vielleicht bin das wirklich ich, nur in einer anderen Wirklichkeit. Vielleicht bin ich in ein anderes Universum geraten.«

»Sie sind ... Du bist nicht aus diesem Universum?«

»Keine Ahnung. Vielleicht.«

»Kannst du dich erinnern, woher du meine Telefonnummer hast?«

»Wir kennen einander seit zwanzig Jahren. Du hast seit damals dieselbe Nummer. Es ist die einzige, die ich noch auswendig kann.«

»Ja. Okay. Kann es sein, dass irgendetwas passiert ist in den letzten Tagen, irgendetwas Traumatisches, das dich in einen Schockzustand versetzt hat?«

»Du glaubst, dass ich verrückt bin?«

»Nein. Ich versuch nur draufzukommen, was passiert ist.«

»Vielleicht ist es ein von langer Hand geplanter Coup.«

»Wie?«

»Vielleicht hat man mir DNA entnommen und mich geklont.«

»Wann sollte das passiert sein? Er ist doch genauso alt wie du!«

Ein Brummen war zu hören. Dann ein zweites. Er hatte Antwort auf seine SMS bekommen.

»Meine Frau, Entschuldigung.« Dr. Hartmann nahm sein Handy. Christian: »Hallo! Danke, liege mit den Kindern auf der Couch. Alles bestens. Wieso? Willst du etwas trinken gehen? Wird heute schwer, kann nicht mehr weg. Muss die Frau beruhigen. Hatten heute früh einen Polizeibesuch, weil ein psychisch Kranker behauptet hat, er wäre ich.« Hannes, Dr.: »Soll ich dir jemanden vorbeischicken? Hier fehlt niemand.«

Christian riss Dr. Hartmann das Handy aus der Hand und las die zwei SMS.

»Arschloch!«, rief er und rannte aus der Tür. Dr. Hartmann verständigte die Polizei. Christian rannte aus dem riesigen Gebäude des AKH. Er wusste nicht, wohin. Er war verloren. Es schien ihm immer logischer, dass er tatsächlich in ein anderes Universum geraten war. Alles war ihm fremd. Die Autos, die Straße, die Häuser. Sie hatten andere Farben, andere Formen. Sie waren in Rot getaucht. Rot wie in jener Nacht, als sein Größenwahn sich vor dem Einschlafen ins Unermessliche gesteigert, er sich gottgleich gefühlt hatte. Er rannte wie besessen. Er wusste nicht, warum, aber allmählich spürte er ein Ziel. Er sah einen Mann in einem Keller, über ein altes Buch gebeugt laut lesend. Er konnte seine Worte fast schon vernehmen. Es war Nacht. An einer Straßenecke sah er einen weißen Hirsch. Er rannte noch schneller. Er folgte dem weißen Hirsch bis zum Eingang des Antiquariats, der trotz des *Geschlossen*-Schildes offenstand. Der Hirsch war verschwunden. Er ging hinunter in den Keller. Und da war er, der alte Mann, der in der Sprache der Engel aus einem alten Buch vorlas. Er konnte alles verstehen.

Mit einem Mal erinnerte der Kaiser sich, wie sein Herz sich neulich, als er auf seinem Bette lag, vor Hochmut überhoben und er so gesprochen hatte. ›Gibt es einen andern Gott außer mir?‹ Alsbald pochte er an das Fenster des Einsiedlers und sprach: »Um des Gekreuzigten willen hört bei verschlossenem Fenster meine Beichte.« Jener aber sprach: »Ich bin es wohl zufrieden.« Er beichtete nun unter Tränen sein Leben und vornehmlich, wie er sich über Gott erhoben und gesagt habe: er glaube, daß kein anderer Gott sei als er selbst. Da nun Beichte und Absolution vorüber waren, öffnete der Einsiedler sein Fenster, erkannte ihn und sprach: »Gepriesen sei der Allerhöchste, jetzt kenne ich Euch! Ich habe hier einige Kleidungsstücke, die lege an und gehe zum Palast; dort werden sie dich, wie ich hoffe, erkennen.« Der Kaiser kleidete sich an, begab sich nach seinem Palast und klopfte an die Pforte. Der Torwächter öffnete und empfing ihn aufs ehrenvollste; jener aber sprach: »Kennst du mich denn?« Und der erwiderte: »Gar wohl, bester Herr! Nur wundere ich mich, daß ich den ganzen Tag hier gestanden habe und Euch nicht aus dem Hause gehen sah.« Jener trat nun in den Saal, und alle, die ihn erblickten, neigten ihr Haupt. Der andere Kaiser aber war bei seiner Frau im Gemach. Ein Ritter aber, der aus dem kaiserlichen Gemach trat, schaute ihn genau an, kehrte hierauf in dieses zurück und sprach: »Mein Herr, im Saale steht ein Mann, vor welchem alle das Haupt beugen und ihm Ehre erweisen, und der gleicht Euch in allem so sehr, daß ich durchaus nicht weiß, wer von euch beiden der Kaiser ist.« Wie das der Kaiser hörte, sprach er zu der Kaiserin: »Gehe hinaus und siehe zu, ob du ihn kennst.« Sie begab sich hinaus, und als sie ihn erblickte, verwunderte sie sich, eilte in das Gemach zurück und sprach: »Herr, ich gestehe Euch: wer von euch beiden mein Herr ist, kann ich durchaus nicht unterscheiden.« Jener aber sprach: »Da das so ist, will ich hinausgehen und die Wahrheit an den Tag bringen.« Als er hierauf in den Saal getreten war, faßte er jenen bei der Hand, ließ ihn neben sich treten, berief alle Edlen, welche im Saale waren, nebst der Kaiserin zu sich und sprach: »Bei dem Eide, welchen ihr mir geleistet habt, sagt mir jetzt: Wer von uns beiden ist der Kaiser?« Zuerst antwortete die Kaiserin: »Mein Herr, mir kommt es zu, zuerst zu antworten; Gott in der Höhe ist mein Zeuge: Ich weiß durchaus nicht, wer von Euch mein Herr ist.« Und ebenso sprachen alle. Jener aber sprach: »Ihr Lieben, höret mir zu: Dieser Mann ist euer Kaiser und Herr! Er hat sich aber einstmals gegen Gott erhoben; deswegen hat ihn Gott gezüchtigt, und die Menschen konnten ihn nicht mehr erkennen, bis er seinem Gott Genugtuung leistete. Ich aber bin sein Schutzengel und der Wächter seiner Seele; ich habe sein Reich verwaltet, solange er in der Buße war. Nunmehr ist seine Buße vollendet, und er hat für seine Sünden Genugtuung gegeben; von nun an seid ihm gehorsam – ich empfehle euch Gott!« Und alsbald verschwand er vor ihren Augen. Der Kaiser aber dankte Gott, lebte sein ganzes übriges Leben in Frieden und gab im Tode Gott seinen Geist zurück.

Am nächsten Morgen saß Christan Hofstätter mit seiner Familie beim Frühstück. Er mache einen erschöpften Eindruck, meinte seine Frau. Er habe schlecht geschlafen, gab er ihr zur Antwort, ein Traum habe ihn geplagt.

Später an diesem Tag bekam er von seinem Freund Dr. Hartmann eine SMS. Er las und verstand: »Hi. Der Typ, der gestern bei mir war, das musst doch du gewesen sein. Die DNA-Proben sind identisch. Was war denn das für ein blöder Scherz von dir?!? Ruf mich an.«

IX

Nächtliche Begegnung
mit einem schwarzen Huhn am Kopf

✂ Wie findet man eine so alte Geschichte?

✐ Durch Zufall in einem Antiquariat. Ich kaufe oft manisch Bücher, verbringe Stunden im Keller eines Antiquariats. Durchstöbere alte Schmöker und stoße auf Autoren, von denen ich noch nie gehört habe. Herrlich ist das.

✂ So wird es dir auch gehen. Du wirst in zweihundert Jahren in irgendeinem Antiquariat herumliegen, und ein Wahnsinniger, der noch nie etwas von dir gehört hat, wird sich dein Buch kaufen.

✐ Ja, ja, das kann schon sein. Vor allem muss er ins Antiquariat gehen, weil es keine einzige Festplatte aus dem 21. Jahrhundert mehr geben wird, die man noch lesen kann. Ich kann nicht einmal meine Festplatten von vor fünfzehn Jahren lesen. Hingegen: Wie alt schätzt du, ist das älteste Buch in meiner Sammlung?

✂ Tausendzweihundert Jahre.

✐ Bist du wahnsinnig? Nein. Aus rein finanziellen Gründen kommen nur gedruckte Bücher infrage, also Bücher nach Erfindung des Buchdrucks. Handkopierte Bücher sind wunderschön, aber da muss man ein exzentrischer Millionär sein. Bei einem exzentrischen Alleinverdiener reicht es nur für Gedrucktes.

✂ Na ja, dann sagen wir ...

✐ Mein ältestes Buch ist vierhundertachtzig Jahre alt. Es wurde 1537 gedruckt, fünfundvierzig Jahre nach der Entdeckung Amerikas und achtundzwanzig Jahre vor der Geburt William Shakespeares.

281

✂ Eine Bibel?

✎ Nein. Eine Hausapotheke. Der Titel lautet: *Thesaurus Pauperum.*
Einn fürtrefliche und volkomne Haußapoteck / gmeiner gbreuchlicher
Artzney / zu ieden leibsgebrechen / für all getrewe leibärtzt / fürnem-
lich aber für dz armlande volck / unnd gemeynen man. Der Autor
hieß Hieronymo Braunschweig. Gedruckt wurde das Buch 1537
von Christian Egenolf in Frankfurt am Main. Warte, ich zeige
dir einige Bilder davon.

Auf meinem Laptop suchte ich nach den Fotos von meinem Schatz –
also Bücherschatz, versteht sich. Eine Festplatte hat doch auch ihre
guten Seiten, dachte ich. Ich kann ja nicht das Original in eine Badehütte mitnehmen. Zu Hause gehe ich regelmäßig meinen Gästen auf
die Nerven, weil ich sie zwinge, die alten Schinken zu bestaunen. –
Das Gute daran ist allerdings, dass sie dann recht bald zu gähnen
beginnen und ich oft schon vor der Nachspeise wieder allein bin und
in den Schmökern versinke.
Ich war in meinem Element, obwohl Bilder auf dem Laptop wirklich
nur ein schwaches Surrogat für meine eigentliche Liebe sind: altes
Papier zwischen Pappdeckeln. – Ein bisschen so wie Porno schauen
im Gegensatz zu echtem Sex.

✎ Hier das Titelblatt.

Getruck zu Franckenfurt am Meyn
Bei Christian Egenolff.
Anno M. D. XXXVII.

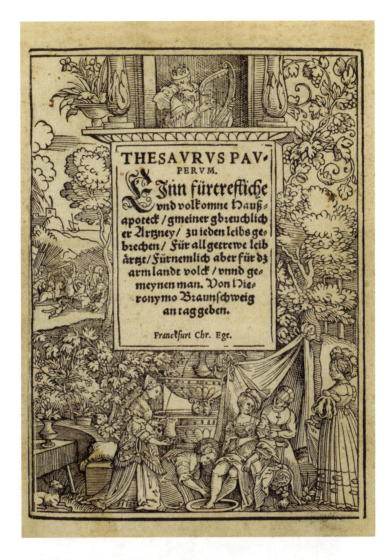

- ✂ Also ein Medizinbuch für das Volk. Hast du es gelesen?
- 🖉 Nicht ganz. Aber ich hab einige sehr interessante Stellen gefunden. Blättern wir weiter:

Die erste Doppelseite zeigt drei Holzstiche. Sozusagen zur Verzierung der Hausapotheke. Links oben eine Szene aus dem alltäglichen Leben. Hier im Detail:

Der Vater ist krank und liegt im Bett. Der Arzt deutet auf die Arznei, die den Kranken heilen soll, er macht dabei ein sehr zuversichtliches Gesicht. Das soll dem Kranken, der dieses Buch zur Hand nimmt, oder dessen Arzt vermitteln, dass es sich bei den im Buch enthaltenen Rezepturen um genau die richtige Arznei handelt. Der kranke Vater schaut nicht gerade sehr begeistert drein, weshalb vermutlich der ältere Sohn am Bett des Vaters betet – damals ein von den Ärzten oft und gern verschriebenes Heilmittel. Der kleine Bub überreicht seiner Mutter ein Spielzeug, wahrscheinlich will er spielen, was sie mit einem strengen Blick verbietet. Am Nachtkästchen eine Urinflasche mit der Urinprobe des Kranken. Damals *das* Mittel für die Diagnose. Es gab sogar eigene Tabellen, welche Farbe des Urins welche Erkrankung anzeigt.

Darunter finden wir ein Bild von einem Apotheker in seinem Apothekerladen, umgeben von Regalen, vollgestellt mit Arzneien und Tinkturen. Er selbst ist gerade dabei, eine Mischung in einem Mörser zuzubereiten.

An der Decke hängt interessanterweise ein ausgestopftes Krokodil.

Dieses Krokodil soll uns zeigen, dass der Apotheker entweder selbst weit gereist ist und deshalb Kräuter und Essenzen aus aller Welt kennt, vor allem aus dem Orient, oder dass er zumindest orientalische Händler kennt, die ihn mit den neuesten Arzneien versorgen.

✂ Erstaunlich, dass man schon damals auf exotische Heilmittel gesetzt hat. Das Krokodil ist quasi das Ayurveda von damals.

✐ Orientalische Ärzte waren hochgeschätzt. Die europäischen Bader und Chirurgen haben in erster Linie amputiert. Das war ja eine Profession, von ein und derselben Person ausgeübt: Bader und Chirurg. Die haben Haare geschnitten, Bärte rasiert und Gliedmaßen amputiert.

✂ Einmal waschen, schneiden und föhnen, bitte – und wenn Sie mir bitte den linken Fuß oberhalb der Ferse abschneiden, ich hab solche Hühneraugen!

✐ Die Apotheker haben dafür versucht, mit Kräutern und Gewürzen zu heilen. Auf dem nächsten Bild sehen wir eine klassische Szene, wie wir sie aus vielen Historienfilmen oder Fernsehserien kennen. Während der Kranke verzweifelt leidet, berät sich der Arzt mit einem Adeligen und einem Geistlichen darüber, was zu tun sei.

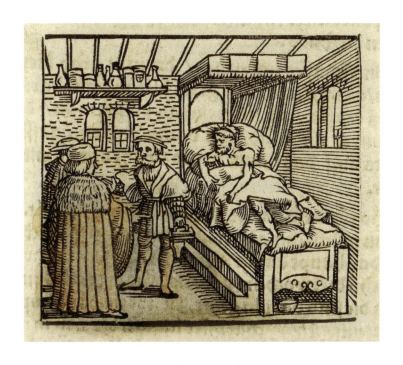

- ✂ Ein Zeichen dafür, dass der Arzt in den höchsten Kreisen verkehrt und daher vertrauenswürdig ist.
- 🖋 Genauso wie der Autor dieses Ratgebers für Kranke und deren Angehörige. Das Buch war übrigens in Verwendung. Es dürfte von einem Arzt benutzt worden sein, der zahlreiche Anmerkungen an den Rand geschrieben, wichtige Sätze unterstrichen und ganze Passagen angestrichen hat. Wer das wohl gewesen sein mag?

Hauß apoteck.

in das haupt. Auch seind vil leut die von natur ein kranck
haupt haben/wiewol sie nit vil trincken/dz in doch der wein
ins haupt schlegt vnd in manchen weg das beschicht. Zu dē
ersten das in der wein zu starck ist. Zu dem andern/das ihn
die stuben zu warm seind/oder inen etwan die son dz haupt
gekrenckt hat. Oder so sie in heissen stuben seindt in eim gros
sen geschrey/des nit gewont haben/vnnd inen der wein vn=
wissend in das haupt schlegt. Ist nun die truncken heit von
heisser natur/so salb im sein haupt mit rosen öly/oder viol
oly vndereinander vnd salb im sein haupt vnnd schläff da
mit wol/vnd gib im dann zu trincken magsat wasser/das
das gestossen ist mit rosen wasser/auß gemenge wie ein milch
Darnach setz im sein füß in ein warm wasser/vnd reib sie im
mit salg/vnd mit eim wüllen tůch/dañ so schmier sie im mit
viol öl/das im den dunst zu thal von dem haupt ziche. Dar
nach so mach im stůlgang mit alaun zapffen/oder seiffen
zapffen/oder mit ey er rotter vnd salg.   Sein tranck soll
sein gersten wasser/oder viol sirup mit noch so vil lobs was
sers zu trincken. Diß alles ist das meist teil darum gesproch
en ob man sich besorger/das man wüst wie man dem möchr
zu hilff kommen.

Wir lesen so man ißt drei mandel kern/das der mensch
nit leichtlich trincken würt. Wer die kranckeit an im weiß
der sol sein selbs dester baß warnemen/das im die vnzucht
nit wider far/wann es ein ieden trinckt an leib vnd sel/an
eren vnd an witz/zc.

So ein mensch grossen durst heer/vnnd nit döriffe genůg
trincken/sol er den durst leschen/also das er nem kiselstein/
vnnd sol die in kalt wasser legen/vnnd die sollen sein in der
grösse als ein baumnuß der thů ie einen in den mundt/zc.
Fürn

Hauß apoteck.

een artzney/nach dem es im eben küpt/dz es im nicht schad
vñ das man sein dester minder geb/vnd dañ ie mer vnd mer.
Welcha kinde Peonien körner bei im tregt/dem selbigen
mag der böß geist kein schaden zufügen.

Item v. oder vij. Peonien körner gestossen mit wein/den
getruncken nimpt hin den siechtagen incubus/das ist einn
suche oder fantasey die den menschen truckt im schlaff das
er nit reden/noch sich bewegen mag.

So ein mensch wanwitzig oder vnsinnig wer von fanta=
sey des haupts/vnd sein vernunfft weit vonn einander zer
spreitet were/vnd gantz arm wer. Wilen dann die weiten zer
spreiten sinn wider zůsamen bringen. So nim ein groß breit
becken/len dz an ein wand also dz es dalhellig an der wand
lent/vnd thů wasser in ein gieß faß/vnd setz es hoch auff ein
schaffe/vnnd dehu das hänlin ein wenig auff/also das ie ein
eröpffen nach dem andern fall mitten auff den gelenken bo
den des beckens das er klingel/vnd stets das wasser widder
auß dem becken spritzt/vnd leg den krancken in die selbig ka
mer/das er nit mag gesehen/vnnd man sol wenig zu im re
den/so richt er alle sein vernunfft vff den fal vnd klanck des
beckens/also das er gern wissen wolt was es wer. Vnd al=
so werden die weit zerstrâwten sinn wider zůsamen vnnd in
ein sinn gebracht. Vnd wañ das wasser außtröpffet/so fül
das gieß faß widerumb. Auch möcht man im geben der ede
len ochsen zung wasser.

Von allen franckheicen der augen.

WElchem die augen wee thůn/dz ge
schicht von den vier complexion.
so einer zu feucht ist/so das ist von
blůt seind im die augen schwer/das von inen rint ist gar vn
sau

✂ Hast du eine Geschichte über ihn?

✐ Nein. Aber das wäre natürlich ein wunderbares Buch: ein Buch über das Leben eines Buches – das antike Sprichwort »Habent sua fata libelli«, was auf Deutsch in etwa heißt: »Die Büchlein haben ihre Schicksale«, auf ein einzelnes Buch angewendet. Über seine Besitzer, seine Leser, all die Menschen, die damit in Kontakt gekommen sind. Das Leben eines Buches von 1537 bis 2017. Inwieweit hat das Buch das Schicksal seiner Besitzer geteilt? Wer war der Drucker? War er ein glücklicher Mensch? Verheiratet mit einer jungen Frau oder vielleicht Witwer? Und die junge Frau, die sich jetzt um ihn und die vier Kinder kümmern musste – war das seine Schwägerin? Wer war der erste Besitzer? Ein Arzt, der sich im Geheimen mit Alchemie beschäftigt hat und dann verurteilt wurde, als man ihm dahintergekommen ist? Was ist mit seinen Büchern passiert? War das Buch dann eine Zeit lang in einem Kloster? Haben es Nonnen aus der Bibliothek geholt, weil eine der Schwestern krank war, eine schwangere Adelige, die man ins Kloster abgeschoben hat, weil das Kind unehelich war? Das sind schon drei verschiedene Schicksale, die es zu beschreiben gilt, und wir sind noch nicht einmal im Jahr 1550. Sehr spannend, aber mindestens ein Tausend-Seiten-Roman.

✂ Oder eine sehr kurze Twitter-Story, hundertvierzig Zeichen: »Hätte Sebastian, der Sohn des Buchbinders, gewusst, dass des Grafen Bibliothek niederbrennen würde, er hätte Braunschweigs Haußapoteck nicht ausgeliefert.« – Wahrscheinlich um zwei Wörter zu viel. Müsste man prägnanter formulieren, unter Zuhilfenahme von Denglisch, dem Zwitter aus Deutsch und Englisch. Ein Zwitter auf Twitter.

✐ Da gehört er auch hin. Kommen wir lieber zurück zu unserem Medizinbuch. Gleich zu Beginn finden wir das Register:

Register.

Register vnd inhalt / was nach orde
nung in diſem bůch begriffen. (a) bedeut die
erſte. (b) die ander ſeit des blats.

¶ Von dem haupt vnd ſeinen zůgeeygneten	i a
Vom haupt har	
Schüppen des haupts	
Vnheylſam haupt	i b
Leüß vnd niß des haupts	ij a
Hauptwee mancherhand vrſach	
Verſtopffung des haupts	v a
Vil ſchlaffen	v b
Schlaff widerſtehen	vj b
Hauptwee von vil nißen	vij a
Geſchwer im haupt vnd hirn	vij a
Schwindel des haupts	viij a
So einer nit ſchlaffen mag	viij a
Vnrůwig ſchlaffen	ix b
Schlag oder tropff	ix b. x a
Erlämbte glider vnd gleych widerbzingen	x b
Hend zittern	xj a
Sicherung fürn ſchlag	
Trunckenheyt	xj b
Durſt leſchen	xij a
Fallend ſiechtagen	xij b
Vnſinnigkeit rath thůn	xiij a
¶ Von kranckheyten der augen	xv b
¶ Kranckheyten vnnd zůfell der ohren	xvij b

A ij

Interessant scheint mir folgende Erkrankung und deren Heilung.
Nach der *Trunckenheit* und vor *allen kranckheiten der augen* gibt es
ein Kapitel mit dem Titel *Zu erkennen ob ein Mensch onsinnig /
besessen sei von dem bösen geist / vnnd wie man ihm helffen soll.* Ich
zitiere wörtlich: »*Insania ist ein unsinnigkeit / kumpt etwan vonn bösem
essen / oder von überigen trincken / odder so einn mensch in grosser hitz
trincket kalten tranck / oder vonn überigem schleim der ein menschen in
den magen leit von der ungedawten speiß / oder von hitziger speiß /
alsdann ist knoblauch oder pfeffer. Oder so ein mensch von ein vnsinnig*

thier gebissen würt / oder von vngesundem lufft / oder zorn / oder überi-
ger traurigkeit / oder etwan von fauler feuchtigkeit / auch etwan ein
mensch nit mag zu stühl gehen / vnd lang gewert hat / vnd die materi
bei ihm erfauelt ist / und die dünst auffgezogen seind in das haupt /
davon ihm das hirn bedempfft oder er fauelt ist / darvonn dann der
mensch sinlos oder wüten wird. Kumptes von blut / so singet der mensch
vnd ist fröhlich / vnd ist im zu zeiten wie er in dem himmelreich sei /
oder wie ein mensch zu ihm redet / wie dz er gott oder eine engel sei /
oder dz sie mit vil guts umbgehn / oder gar reich seint an golt vnd an güt.«

✄ Es handelt sich also hierbei um das Kapitel über die psychischen Erkrankungen, die man damals entweder als Unsinnigkeit bezeichnete oder als Besessenheit.

🖉 Genau. Da sehen wir wieder einmal, wie sehr der Mensch auf Irrwegen gewandelt ist im Laufe der Geschichte. Wovon, glauben wir 1537, wird ein Mensch unsinnig? Von schlechtem Essen oder übermäßigem Trinken oder wenn ein Mensch bei großer Hitze zu schnell etwas Kaltes trinkt. Wenn man unverdaute Speisen im Magen liegen hat, vor allem Pfeffer und Knoblauch. Von ungesunder Luft, Zorn, übermäßiger Traurigkeit. Oder aber, wenn man nicht auf die Toilette geht und sich der Stuhl in den Gedärmen staut und verfault, wodurch sich ein Dunst bildet, der in das Gehirn aufsteigt. Wenn es vom Blut kommt, dann singt der Mensch und ist fröhlich, denkt, er wäre im Himmelreich, hält sich unsinnigerweise für Gott oder einen Engel, oder glaubt, er wäre ein reicher Mann.

✄ Ja und was schlägt unser Arzt, Hieronymo Braunschweig, für Heilmethoden vor gegen die weit verbreitete Unsinnigkeit?

🖉 Da gibt es Verschiedenes. Fangen wir mit der harmlosen Kur an. Braunschweig gibt dem einfachen Menschen folgenden medizinischen Ratschlag: *»Auch so ist gut / daz er in seiner speiß brauch ie ein wenig würz also gemacht.«*

✄ Hä? War der Drucker betrunken?

🖉 »Es kann auch sehr hilfreich sein, seine Speisen mit Gewürzen anzureichern.«

✂ Du übersetzt gerade vom Deutschen ins Deutsche. Besser gesagt, vom 16. ins 21. Jahrhundert.

✐ Er schreibt weiter: »*Nimm saffran ein quentlin / Zimet ein halb lot / Negelin ein halb quintlin / Zucker zwei lot.*« Das klingt eigentlich ganz gut und hilft bestimmt sehr gegen die *onsinnigkeit*, die von der *kelte* kommt, »*so trauret er alle zeit / weynet vil / vnnd förchtet sich, vor dem er sich nit förchten soll*«. Klingt nach einer Depression mit Angstzuständen.

✂ Und dagegen hilft die Gewürzmischung?

✐ Safran, Zimt, Nelken und Zucker. – Wenigstens eine kleine Gemütsaufhellung dürfte da schon drin sein. Des Weiteren verschreibt er einen *trunck* mit »*ein halb quintlin saffran angestoßen / zimet ein lot / gebranten wein ein lot. Und tu das in ein halbes maß wein / und sol es ein güten trunck trincken / so man will schlaffen gehen / und morgens nüchter.*« Branntwein mit Gewürzen in Wein gleich nach dem Aufstehen wird wohl auch ein wenig helfen. Allerdings verschreibt er dieses Rezept auch für die schwierigeren Fälle: »*Ist im zu zeiten so er hölzern und helmlein sicht wie das es schlangen oder krotten seint (...) Etwan krewet er als ob er ein henn odder ein han were / etwan billet er als ein hunde und des gleichen vil thörichter hat er an im.*«

✂ Wenn sich also jemand für ein Huhn oder einen Hund hält, dann soll er auch mit demselben Gewürztrunk behandelt werden?

✐ Erstaunlich, nicht wahr?

✂ Aber ich muss sagen, ich bin sehr froh, dass keine grausamen Heilmethoden zur Anwendung kommen.

✐ Warte ab. Wenn wir weiterlesen, kommen wir bei den *onsinnigen* bald zu folgendem Absatz: »*So ein man onsinnig sei und man nit weyß wovonne das kumpt. So nimm ein bockslung / und binde si im also warm um das haupt / legt im das wüten.*« Reihenweise liefen also um 1537 wütende Irre mit einer Schafslunge auf dem Kopf herum und erhofften Besserung. Es kommt aber noch besser: »*... oder ein schwartze hen an dem rucken auffgerißen*«. Manche liefen auch mit einem am Rücken aufgeschnittenen schwarzen Huhn auf dem Kopf herum. »*Ist es aber ein fraw oder jungfraw / so nimm ein geißlung.*« Wütende Frauen und Jungfrauen liefen mit Lammlunge am Kopf herum. Es geht weiter: »*Wo ein mensch vnnsinnig ist vnd wütend würt (...) so wär im gut dz man von stund an ein schwartze henne also lebendig an dem rucken vffriß / vnnd sie im also warm vnd blütig avff sein haupt bünde / das erwermet im sein hirn und haupt.*«

✂ Da kommt also der Arzt, der brav seine *Haußapoteck* von Hieronymo Braunschweig studiert hat, und schlitzt einem schwarzen Huhn bei lebendigem Leib den Rücken auf, um es dann dem Kranken auf den Kopf zu setzen?

✐ Ja. Das wärmt ihm das Köpfchen – genau so hab ich es verstanden. Zuerst setzt er ihm die blutende Henne auf, und dann gibt er ihm den Safran-Zimt-Nelken-Wein.

✂ Find ich großartig. Ich meine, das ist ja *die* Kur für einen wütenden Menschen. Mit einem Hendl am Kopf macht er sich lächerlich. Da kann er noch so wüten, wenn er schon nicht geheilt wird, so bringt er doch die ganze Familie zum Lachen.

✐ Wunderbar ist auch die Kur für jemanden, der »*wanwitzig oder vnnsinnig wer von fantasey des haupts / vnnd sein vernunft weit von einander zersperet were / und ganz arm wer*«. Also wenn jemand halluziniert oder auch einfach nur zu viel Fantasie hat und dadurch etwas sagt, was für andere der Vernunft zu widersprechen scheint.

✂ Und da hat wahrscheinlich im Jahr 1537 gereicht, wenn man gesagt hat, dass sich die Erde um die Sonne und um sich selber dreht.

✐ Diese Ansicht war ketzerisch und wurde für eine schwere Geisteskrankheit gehalten.

✂ Spielen wir das kurz durch. Ein junger Mann, der um 1535 in der Nähe von Frankfurt lebt, ein einfacher Buchdruckergeselle, sagen wir. Er liest etwas und ist fasziniert von der tatsächlich etwas verrückten Idee, dass sich die Erde um sich selbst und um die Sonne dreht. Am Abend beim gemeinsamen Abendessen mit seinem Meister und dessen Familie (er wohnt, wie im 16. Jahrhundert üblich, als Geselle unter dem Dach seines Meisters) erzählt er von seinen Ideen. Die Frau des Meisters macht sich ernsthaft Sorgen, dass ihm die »*vernunft weit von einander zersperet were*« und holt den Arzt. Was hat der dann mit – nennen wir ihn Heinrich – gemacht?

🖋 »*Wiltu dann die weiten zerspreiten sinn wider zusamen bringen. So nim ein groß breit becken / len dz an ein wand also dz es dalhellig an der wand lent / und thu wasser in ein gießfaß / vnnd setz es hoch auf ein schafft / vnnd thu das hänlin ein wenig auff / also dz ie ein tropffen nach dem andern fall mitten auff den gelenten boden des beckens das er klingel / und stets das wasser widder aus dem becken spritzt / und leg den kranken in die selbig kamer / das er nit mag gesehn / vunnd man sol wenig zu im reden / so richtet er alle sein vernumfft auf den fall und klank des beckens / also das er gern wissen wolt was es wer. Vnd also werden die weit zersträweten sinn wider züsamen vnnd in ein sinn gebracht. Vnnd wanen das wasser außtröpffet / so fül das gießfaß widerumb. Auch möchte man im geben der edlen ochsenzung wasser.*«

✂ Aha. Unser Patient liegt also in einer Kammer und hinter einem Vorhang lehnt an der Wand eine Wanne, in die von oben langsam aus einer Art Gießkanne Wasser tröpfelt. Und er soll von dem dabei entstehenden Geräusch also derart abgelenkt werden, dass seine Wahnvorstellungen wieder verschwinden.

🖋 Und er soll eine Ochsenzungensuppe essen.

✂ Ich glaube, dass er davon eher zornig wird und irgendwann die Geduld verliert.

🖋 Worauf man ihm eine schwarze, blutende Henne aufsetzt.

✂ Was ihn depressiv machen wird.

🖋 Und da setzt jetzt wieder unser bewährter Arzt Hieronymo Braunschweig ein, denn auch für die Traurigkeit gibt es in diesem Kapitel eine Heilung.

✂ Da bin ich aber jetzt schon gespannt. Muss man ihm einen am Rücken aufgeschnittenen Truthahn aufsetzen?

✎ Nein.

✂ Eine Schlange umhängen?

✎ Nein. Hör zu: »*Welche von trauren vnd betrübnuß vnsinig seind worden / zu denen soll man gütlich reden und sie frölich machen.*«

✂ Endlich ein Ansatzpunkt für dich. Der traurige Heinrich wird auf den Jahrmarkt geschickt, wo die Gaukler und Komödianten sind.

✎ Du wirst staunen, wie diese Behandlung weitergeht: »*Vnnd soll inen vil guts geloben / vnd etwas geben. Seint es mannen so sol man inen mit hübschen frawen freud machen / vnnd sol inen frawen erlauben / das benimt inen den zorn.*«

✂ Man soll ihnen mit hübschen Frauen eine Freude machen. Sex auf Krankenschein?

✎ »*Sein es aber frawen / so sol man inen mit mannen freud machen / vnd sol sie inen erlauben / so werden sie tugenhafft und kummen wider.*«

✂ Wo hat der seine Ordination, der Doktor Braunschweig?

✎ Kaum zu glauben, auf welchen Irrwegen die Menschen durch die Geschichte mäandern.

✂ Na ja, so eine erotisch aufregende Affäre kann einen schon aus der Depri holen, da haben die damals nicht so unrecht gehabt.

✎ Durchaus. Sie haben ja noch nicht gewusst, dass Hormone, Eiweiß und Botenstoffe unsere Gefühle steuern. Mittels Beobachtung, Erfahrung und Hausverstand haben sie aber häufig ins Schwarze getroffen, genauso oft allerdings auch daneben. Vieles war natürlich Aberglaube, wie wir heute sagen würden, damals war es Medizin.

✂ Das wird er sich auch nicht gedacht haben, der Herr Braunschweig, dass man vierhundertachtzig Jahre später sein Medizinbuch vorwiegend lustig finden wird.

✎ Die Irrwege der Menschheit sind vielfältiger Natur. Und sie haben sehr lange gedauert. Es ist erstaunlich, was im Jahre 1739 noch alles als historische Tatsache durchgehen konnte. Zum Beispiel in der Chronik über Wien von Mathias Fuhrmann mit dem Titel: *Alt- und Neues WIEN, Oder Dieser Kayserlich- und*

Ertz-Lands-Fürstlichen Residentz-Stadt Chronologisch- und historische Beschreibung Von den mittleren- Biß auf gegenwärtige Zeiten. Ein Geschichtsbuch mit Inhalten aus den Bereichen Politik, Gesellschaft, Religion und Sensationelles.

Es beginnt ganz realistisch. Da wird das politisch überaus wichtige Treffen zwischen Kaiser Maximilian und König Ladislaus von Ungarn am 16. Juli 1515 im Bild dargestellt, als wäre der Kupferstecher live dabei gewesen, allerdings mit einem zeitlichen Abstand von gut zweihundertzwanzig Jahren. Kaiser und König begegneten einander auf einem Hügel. Ein jeder in seiner Sänfte.

Selbstverständlich wird über die Pest berichtet, die 1679 in Wien wütete. Der Kaiser pilgerte nach Mariazell, können wir da lesen, und in Wien wurde am Graben eine Dreifaltigkeitssäule errichtet, die sogenannte Pestsäule.
Ein Stich zeigt die Entsorgung der Toten.

Große Pest in Wien

Dann finden wir einen Bericht über ein missgebildetes Schwein, das in Wien geboren wurde.

Einer Schweine Misgeburth

Auf Seite 1419 erfahren wir dann, dass man 1723 bei Aushubarbeiten zwei sehr große Zähne gefunden hat. Heute gehen wir davon aus, dass es sich um Dinosaurierzähne gehandelt haben muss. 1739 nahm man es als Beweis, dass in Wien einst der Riese Mordechai gelebt hat und dies seine Kauwerkzeuge waren.

Meine Lieblingsstelle allerdings handelt von dem Bäckerjungen Conrad Haußler. Der hat 1570 an der Fronleichnamsprozession teilgenommen, die vom Stephansdom durch die Stadt gezogen ist. Während der Prozession hat er »*das Hochheylig Sacrament so in der Prozession herumb getragen ergerlich gelästert*«, worauf ihn der leibhaftige Teufel »*von der Erd gehoben*« und durch die Lüfte befördert hat, um ihn dann in einiger Entfernung neben einem Nussbaum auf die Erde fallen zu lassen, wo er »*halb toter und sprachlos gefunden worden*«. Dieses wichtige Ereignis wurde natürlich auch im Bild festgehalten.

✂ So weit die historischen Fakten. Es stellt sich natürlich die Frage, wie sehr die Menschen in fünfhundert Jahren über unsere Wissenschaften und Wahrheiten lachen werden.

🖉 Die werden Milliarden von Selfies finden und sich fragen, wozu die gut waren.

✂ Die Historiker werden sich durch einen digitalen Dschungel aus sinnloser Information kämpfen müssen, natürlich unterstützt von Algorithmen, die sich wahrscheinlich über ihre eigenen Anfänge abhauen werden. Wer weiß, vielleicht wird man Facebook für eine Religion halten.

🖉 Und das mit gutem Grund. Da gibt es die große Facebook-Gemeinde, und man darf Teil davon sein, man ist willkommen und bekommt tatsächlich unmittelbar Feedback und Zuneigung wie von keiner anderen göttlichen Instanz zuvor. Auch die gelegentliche Exkommunikation, der Ausschluss aus der Gemeinschaft, was ja letztlich nichts anderes bedeutet wie Ausschluss aus der Kommunikation, die Höchststrafe in Form eines Shitstorms, kann göttliche Dimensionen annehmen. – Aber ich bezweifle sehr, ob von uns überhaupt etwas übrig bleibt.

✂ Wobei es in deinem Fall durchaus sein könnte, dass man dich in fünfhundert Jahren noch kennt. Als berühmte Person hinterlässt du ja zahlreiche Spuren in diversen Medien.

🖉 Vielleicht auf den Society-Seiten. Nicht im Kulturteil. Ich bin nur ein Komiker. Ein Kasperl. Ich überlebe im allerbesten Fall in einer theaterwissenschaftlichen Dissertation mit dem Titel *Pickelhering, Hanswurst, Kasperl und Kabarett – Eine Untersuchung derber Volkskomik von 1500 bis 2000*, wo ich unter Umständen auf einer Liste mit vergessenen Volkskomikern aufscheinen werde, zwischen William Kempe und Joseph Anton Stranitzky. Und das wird mir eine Ehre sein.

✂ Zwischen wem?

🖉 Siehst du, genau das meine ich. Du bist gebildet, bist kultiviert und interessiert, aber du bist bisher ohne die beiden Namen auch ganz gut durchs Leben gekommen. Kein Lehrer hat dich je damit belästigt. Sie haben das Publikum gerockt, wie wir heute sagen würden, haben aber keinen Eingang gefunden in den Kanon des literarischen Dramas. Und allein das gilt als Kultur. Sie waren Unterhaltungsprofis, aber keine Schriftsteller.

✂ Und woher kennst du die zwei?

✐ Aus alten Büchern. Der eine war Shakespeares Clown, der andere hat in Wien die Figur des Hanswurst etabliert. Beide äußerst beliebt und große Zugnummern. – Na ja, damit etwas die Zeit überdauert, muss man halt etwas zwischen zwei Deckel pressen, ein bedeutendes Buch schreiben.

✂ Was für eins zum Beispiel?

✐ Ein Buch über Shakespeare.

✂ Wäre dringend notwendig. Es gibt ja kaum was zu ihm.

✐ Die Welt wartet darauf, ich weiß. Derzeit erscheinen weltweit jährlich im Schnitt tausendzweihundert Werke über Shakespeare am Buchmarkt und circa fünftausend akademische Schriften plus weitere zahllose Zeitschriftenartikel. Schon seit 1939 spricht man von einer Shakespeare-Industrie. Man kann regelrecht eintauchen und augenblicklich ertrinken in Sekundärliteratur. Die einzige Möglichkeit, irgendwann unbeschadet wieder aufzutauchen, besteht darin, seine Gedanken zu ordnen. Und das gelingt noch immer am besten durch Schreiben – wenn man die nötige Disziplin hat, das heißt zeitig ins Bett geht und sich regelmäßig zu einer festgesetzten Zeit an den Schreibtisch setzt. Wie bei einem Bürojob.

Andreas blickte betont umständlich auf seine Armbanduhr.

✂ Verstehe!

✐ Ich habe in den letzten Jahren unglaublich viel gelesen und recherchiert. All das ließ einen Dschungel an Büchern, Informationen, interessanten Aspekten, aufregenden historischen Tatsachen, behaupteten Wahrheiten, gewagten Theorien, neuen Spekulationen und weiteren Recherchen entstehen. Shakespeare hat mich regelrecht aufgesogen. Eine Sucht. Was macht man damit? Ludwig Tieck, der berühmte Shakespeare-Übersetzer, hat sich diesem Problem schon Anfang des 19. Jahrhunderts gegenübergesehen, als er an Goethe schrieb: »*Die Materialien haben sich mit jedem Jahr angehäuft, es fordert jetzt fast mehr Kunst, wieder wegzulegen, als herbeizuschaffen.*« Denn, wie er weiter ausführt, all dieses Wissen wäre niemandem zuzumuten. In meinem Fall könnte ich nur von Halbwissen reden, weil ich die Hälfte gleich wieder vergessen und Fakten durcheinandergebracht habe.

Mittlerweile besitze ich über fünfhundert Bücher zu Shakespeare und an die zweihundert Bücher über englische Geschichte im 16. und 17. Jahrhundert, die sich in meinem Arbeitszimmer stapeln. Vielleicht ein Viertel davon habe ich gelesen und mir vor lauter Aufregung und Gier nach Neuem keine Notizen gemacht. Ich wollte so schnell wie möglich weiterlesen. Ich lese heute in einer Geschwindigkeit, in der ich früher Bier getrunken habe. Damals erklärte sich dankenswerterweise immer der Wirt zuständig für Notizen, in Stricherlform am Bierdeckel. Das Vergessen am nächsten Tag war allerdings noch ausgeprägter als heute nach der Lektüre. Dennoch erwache ich noch immer mit einer Art Kater. Schwerer Kopf und ein Gefühl der inneren Leere, weil alles zugemüllt ist mit Informationen und fremden Gedanken.

Das einzige Mittel gegen diesen Kater, so scheint es, ist zu schreiben. Man muss sich die Autorität und Autorschaft über sich selbst wieder zurückerobern, indem man das für sich Brauchbare aus der Fülle herauspickt und etwas daraus macht, auch wenn der Schatten Shakespeares übermächtig ist.

✂ Warum eigentlich Schatten? Ich dachte, Shakespeare ist die Sonne! – Du bist etwas aufgeregt.

✐ Ja, immer wenn ich von Shakespeare rede! Natürlich ist er die Sonne. Er ist der Goldstandard des Theaters und der dramatischen Literatur, so viel hab ich begriffen. Schau: Shakespeare kann man mit dem Verstand begreifen oder in der Seele spüren.

Er war ein Schauspieler, Theaterbesitzer, Shareholder des Globe und ein Stückeschreiber. Ich werde mich davor hüten, mich mit Shakespeare zu vergleichen ... - das kann nur zu seinen Ungunsten ausgehen. Natürlich nicht! Aber auch ich bin Schauspieler, Autor und Besitzer eines Theaters, Shareholder des Globe Wien. Ich will also von einem Kollegen berichten, mit dem mich weder sein Genie noch die Einzigartigkeit in der Weltliteratur verbindet. Leider! Einerseits wäre ich gerne Shakespeare, andererseits wäre ich dann schon seit über vierhundert Jahren tot. Einerseits unsterblich, aber andererseits wüsste ich nichts davon. Was mich aber trotz allem mit Shakespeare verbindet, sind die Sorgen eines Theaterbesitzers, die Ängste eines Schauspielers und die Verzweiflung eines Autors. Es ist ein Gefühl seelischer Verbundenheit, nicht im Genie, aber im Wahnsinn.

✄ Trotzdem! Keine gute Idee. Bücher über Shakespeare gibt es wie Sand am Meer, wie du selber gesagt hast.

✐ Meines wäre ja nur ein bescheidener, sehr persönlicher Bericht darüber, wie es kam, dass ein eingefleischter Shakespeare-Verweigerer, ich möchte fast sagen Shakespeare-Hasser, zu einem besessenen Shakespeare-Fan wurde.

✄ Ein Buch über dein Paulus-Erlebnis. Wer hat dich bekehrt? Was hat dich erleuchtet? Ist dir der Barde selbst erschienen?

✐ Nein. Ich wollte eine Frau beeindrucken.

✄ Aus Liebe zu Shakespeare?

✐ Ja, genau. - Großartig! Das ist der Titel des Buches: *Aus Liebe zu Shakespeare*. Untertitel: *Wie ich aus Liebe zu einer Frau zu Shakespeare fand, und seitdem beide liebe.* Genau so war es nämlich. Der Titel lässt sich aber auch schlicht lesen als: Aus Liebe zu Shakespeare habe ich dieses Buch geschrieben. Perfekt! Danke!

✄ Bitte! Alles nur aus Liebe zu Shakespeare.

✐ Ich habe alles, was mit Hochkultur zu tun hat, die längste Zeit vermieden. Habe bis zu meinem fünfundvierzigsten Lebensjahr nicht ein einziges Stück von Shakespeare gesehen oder gelesen und mich sogar in meinem Soloprogramm *Enzyclopaedia Niava-*

ranica über Hamlet lustig gemacht – auf YouTube immer noch zu sehen. Natürlich aus einem Minderwertigkeitskomplex heraus, denn maturalos muss ich mein Dasein fristen und leide dadurch unter ständiger *Trottelangst*. Angst kann bekanntlich zu Aggression führen, folglich wurde ich auf die Hochkultur zornig, verfluchte sämtliche Subventionen und verweigerte standhaft Shakespeare. Ich weiß nicht, wie viele Kollegen und Freunde zu mir gesagt haben, ich müsse unbedingt *Hamlet* lesen oder wenigstens die Verfilmung von *Viel Lärm um nichts* sehen. Keine Chance. War mir alles wurscht! Ich blieb standhaft, sah lieber *Jurassic Park* und las die Theaterstücke von Neil Simon. Ließ mir von Verlagen *Pension Schöller* und *Charleys Tante* schicken und weihte mein Leben der leichten Muse.

✂ Schämst du dich dafür?

🖋 Dass ich keine Matura habe? Ein Schulkollege, den ich in der sechsten Klasse Gymnasium im Stich gelassen habe, hat mir einmal gesagt: »Während wir in der Schule herumgehängt sind, hast du die Zeit für Bildung genutzt.« Diese Sichtweise ist mir sehr sympathisch.

✂ Ich meinte eigentlich die leichte Muse.

🖋 Das schon gar nicht. Überhaupt nicht! Ich habe es bis heute nicht bereut. Es ist die Liebe zum Lachen, die Liebe zur Komödie, die Liebe zu diesem Geräusch, das Hunderte Menschen machen, wenn sie lachen. Auf meiner Skala der schönsten Momente im Leben kommt das Ereignis des befreiten kollektiven Lachens im Publikum gleich nach dem Orgasmus. Und ich hoffe, man glaubt mir, ich bin zu multiplen Lachern imstande. Theaterspielen ist für mich wie Sex. Vor allem der Part, wo ich mich danach verbeuge. – Nicht von mir, hab ich von Steve Martin, der es von Peter Sellers hat, der es seinerseits von Sir Laurence Olivier über Danny Kaye gehört hat, der es angeblich in einem Buch über David Garrick, den berühmtesten Shakespearedarsteller des 18. Jahrhunderts, gelesen hat, der wiederum behauptet hat, am Hofe von König Charles II. hätte 1667 ein unbekannter Komiker diese Pointe erzählt, die jener von seinem Urgroßvater gehört hat, der wiederum Stein und Bein geschworen hat, Richard Burbage, der Star in Shakespeares Company im 16. Jahrhundert, habe sie ihm als Originalzitat von Henry Winslow, einem völlig unbekannten, in keinem einzigen historischen Dokument erwähnten Schauspieler, mitgeteilt, der einmal an einem Donnerstag um halb vier Uhr am Markt von Stratford-upon-Avon einer Tante von William Shakespeare begegnet ist, von der man nicht weiß, ob sie wirklich seine Tante war, ja, die Shakespeare-Forschung weiß nicht einmal, ob es sich bei der Dame um eine Dame gehandelt hat ...

✂ Und du hast dir nie einen Shakespeare angeschaut in deiner Jugend?

✎ Um Gottes willen – »alles, nur kein Shakespeare!« Mit diesem Ausruf habe ich schon in jungen Jahren einen Theaterbesuch in London verhindert. Meine Cousine Natasha, geborene Engländerin mit österreichischer Mutter und chinesischem Vater, wollte mir den heiligen Nationaldichter bei einem meiner zahlreichen Besuche in England unbedingt näherbringen. Ohne Erfolg. Ich weigerte mich, diesen alten, verstaubten, langweiligen Dichter anzusehen. Es zog mich zu den Komödien im West End und nicht zur englischen Traditionspflege. So musste meine Cousine tränenlachend einen Abend mit dem Stück *It Runs in the Family* über sich ergehen lassen. Eine schlichte Farce von Ray Cooney, dem die Nachwelt auch keine Kränze flechten wird, weil er *nur* leichte Unterhaltung produziert hat. Wobei ich – ganz ehrlich – nie verstanden habe, was an leichter Unterhaltung so schlecht sein soll. Bei der Ernährung zum Beispiel achten wir immer mehr darauf, Leichtes zu essen, ohne Fett, ohne zu viel Zucker, ohne Gluten, und ja keine Milchprodukte. Alles Schwere wird vermieden. Bei der Kunst schaut man auf leichte Kost von oben herab und verdirbt sich lieber mit einem schweren, unverständlichen Stück den Magen. Lieber mit unverdaulicher Hochkultur eine Theatergastritis riskieren, als nach einer leichten Komödie gut schlafen. Wobei das ein wenig geflunkert ist. Ich muss zugeben, dass ich in meiner Jugend ein einziges Mal im Burgtheater ein Stück von Shakespeare gesehen habe: *Othello.*

✂ Und?

✐ Ich hab sogar Jagos ersten Auftritt auswendig gelernt, bin aber bald an einem Wort hängen geblieben, das mir alles weitere auf Jahre hinaus vermiest hat. Dabei war es mir nicht um das Stück oder den Autor zu tun, es ging mir einzig um die Rolle des Bösewichts. Ich stand also eines Nachts in der Zimmer-Kuchl-Kabinett-Wohnung meiner Großmutter – im Zimmer oder in der Kuchl oder im Kabinett, so genau weiß ich es nicht mehr, auf jeden Fall vor dem Spiegel der Psyche meiner Oma, heute sagt man Schminktischerl (zur Psyche, nicht zur Oma) – und hörte mich Shakespeare deklamieren, wobei ich die Rolle des Rodrigo still gelesen und nur Jago laut gesprochen habe:

Rodrigo: *Du hast mir stets gesagt, du hassest ihn!*
Jago: *Verachte mich, wenn's nicht so ist!*
Drei Mächtige aus dieser Stadt, persönlich
Bemüht, zu seinem Leutnant mich zu machen,
Hofierten ihm – und auf Soldatenwort,
Ich kenne meinen Preis – das kommt mir zu.
Doch er, verliebt in seinen Stolz und Dünkel,
Weicht ihnen aus, mit Schwulst, weit hergeholt,
Den er staffiert mit grausen Kriegssentenzen,
Und kurz und gut,
Schlägt's meinen Gönnern ab; denn »Traun«, so spricht er
»Ernannt schon hab ich meinen Offizier!«

Traun!?! Was macht die Trabantenstadt von Linz im *Othello?* Gut, bei Shakespeare liegt Böhmen am Meer. Im Geografieunterricht hat er nicht aufgepasst, aber das wusste ich damals noch nicht. Es ergab außerdem einfach keinen Sinn hier, das Wort *Traun.* Wer oder was ist *Traun* in diesem Zusammenhang!?!

Ich war fassungslos. Zugegeben, ein sehr kleines Wörtlein. Einsilbig. Eigentlich harmlos. Über das könnte man sich als Schauspieler hinwegschummeln, es unter den Tisch fallen lassen, falls zufällig einer auf der Bühne steht. Aber die Szene spielt auf der Straße, wieso sollte da ein Tisch stehen? Wenn man Glück hat, ist es eine moderne Inszenierung, und es gehen hinten zwei Nackte vorbei, sodass niemandem auffällt, dass man keine Ahnung hat, wie man das Wort *Traun* betonen soll, weil man ja auch nicht weiß, was es bedeutet. Ich hab mir damals schon gedacht, man müsste diese Texte umschreiben, sie heutigen Verhältnissen anpassen, zumindest den sprachlichen Verhältnissen. Und dann habe ich herauszufinden versucht, was denn dieses kleine Wörtchen an dieser Stelle bedeuten könnte.

Zur Erinnerung: Hätte im Jahr 1985 jemand das Wort *googeln* oder *Wikipedia* in den Mund genommen, er wäre sofort als Alien identifiziert und in Quarantäne genommen worden. So unglaublich es klingt, es gab weder Internet noch Smartphone. Information und Spezialwissen waren in großen, schweren Lexika verpackt. Eine Recherche war mit einem Gang in eine große Bibliothek verbunden und konnte Tage in Anspruch nehmen. Hatte man aber schließlich die Information, war man Informationsträger und entsprechend stolz darauf.

Das wäre eine Möglichkeit gewesen, machten aber nur Musterschüler, und ich hatte gerade die Schule abgebrochen. Ich ging lieber mit jugendlichem Selbstvertrauen und Größenwahn, das heißt mit großer Leidenschaft und purer Verzweiflung, an die Sache heran. Ich habe sozusagen mit der ersten Stufe meiner Shakespeare-Forschung damals begonnen. Außer das mit dem jugendlichen Selbstvertrauen hat sich bis heute an der Herangehensweise nicht viel geändert.

Was um alles in der Welt hieß *Traun*? Ich dachte mir, man muss doch nur logisch nachdenken. Worum geht es in diesem kurzen Stück Text? Rodrigo sagt, Jago habe ihm stets gesagt, er hasse ihn. *Ihn* kann natürlich nur Othello sein. Jago erzählt darauf,

dass drei Lobbyisten (»*Mächtige aus dieser Stadt*«) bereits bei General Othello für ihn, Jago, Werbung gemacht hätten (»*bemüht, zu seinem Leutnant mich zu machen, hofierten ihm*«). Othello aber, großkotzig und eingebildet, wie er nun einmal ist (»*verliebt in seinen Stolz und Dünkel*«), redet herum und faselt was von »*Kriegssentenzen*« (kann man sich ungefähr vorstellen, was das sein soll), obwohl er, Jago, es wert wäre, verdient hätte, worauf er sein Soldatenwort gibt. Aber Othello schlägt es ihm und seinen Gönnern ab. Jago fühlt sich übergangen. Denn »*Traun*«, so sagt er, »*ernannt schon hab ich meinen Offizier!*« Othello wirft also ein kleines Wörtchen ein. Einen Ausruf? Ein unbedeutendes Füllwort, damit die Metrik stimmt? Ich probierte herum:
»*Schlägt's meinen Gönnern ab; denn ›Do wirst jetzt deppat schaun‹, so spricht er, ernannt schon hab ich meinen Offizier!*« – Nicht ganz, dachte ich mir.
Traun? Traun? Traun? Hmm?
»*...; denn, ›So isses‹, spricht er, ernannt schon etc.*« Nein.
»*...; denn, ›Wos soll i mochn?‹ oder ...; denn ›Öha!‹, so spricht er ...*«
Ich kam auf keinen grünen Zweig und habe Shakespeare aufgegeben, des kleinen Wörtchens *Traun* wegen. Denn diese Texte sind voller kleiner, mittlerer und auch großer Wörter, die man nicht mehr versteht, und das führt zu einer kleinen, mittleren oder auch großen Frustration. Ich muss zu meiner Verteidigung sagen, ich war erst achtzehn Jahre alt, und *Traun?* In diesem Alter braucht man dieses Wörtchen nicht. Wer wissen will, was *Traun* heißt, kann es ja googeln, denn: Traun, das Internet ist nützlich. Wer nicht bei der Freiwilligen Feuerwehr Traun landen will, muss »traun grimm« eingeben, denn in Band 21 (T-Treftig) des *Deutschen Wörterbuchs* von Jacob und Wilhelm Grimm aus dem 19. Jahrhundert steht die Lösung des Rätsels. Früh in meiner Karriere habe ich also den größten Dichter und Theatermenschen der Weltgeschichte links liegengelassen. Es war mir zu blöd. Er war mir zu blöd. Ich hatte aber natürlich immer ein schlechtes Gewissen und das Gefühl, dass doch ich

der Blöde war. Aber ist es nicht auch in der Liebe manchmal so, dass man einem Menschen begegnet, in den man sich verlieben könnte, sich vielleicht schon ein ganz kleines bisschen verliebt hat, doch dann sieht, hört oder bemerkt man einen kleinen nebensächlichen *Störfaktor*, und die Hormone blasen zum Rückzug? Eine klitzekleine Winzigkeit, die dem Menschen objektiv betrachtet nicht zum Nachteil gereicht oder ihn beeinträchtigt, aber für eine Liebesbeziehung unmöglich macht. Diese Kleinigkeit hat mir und Shakespeare dazwischengefunkt, und unsere Liebesbeziehung ließ fast zwanzig Jahre auf sich warten.

✂ Und wo ist es dann zwischen dir und Will passiert?

✎ In London. Es war am Anfang einer Beziehung, im ersten Hormonrausch. Die Dame, die ich gerade im Begriff war *anzubraten* – nennen wir sie ...

✂ Ist es die, mit der du jetzt immer noch zusammen bist?

✎ Ja, da drinnen schläft sie. Ich glaube, sie will in meinem Buch nicht persönlich genannt werden – nennen wir sie also ...

✂ Am besten nach einer Shakespeare-Figur.

✎ Schwierig. Wie wäre es mit Lady Macbeth?

✂ Wird die nicht umgebracht?

✎ Schlecht. Kleopatra?

✂ Bringt sich die nicht um?

✎ Auch nicht besser. Julia – schlecht, gibt sich auch selber den Dolch.

✂ Ophelia?

✎ Wird wahnsinnig, ertränkt sich – was nicht unbedingt ein Selbstmord war, es kann auch sein, dass sie nur ausgerutscht ist. Auf jeden Fall tot. Schlecht.

✂ Desdemona? Vergiss es, wird erwürgt.

✎ Madame Fuddelfut? Ganz schlecht – eine Puffmutter.

✂ Rosalinde?

✎ Rosalinde!

X

Aus Liebe zu
Shakespeare

Rosalinde fragte mich, ob wir nicht ins National Theatre gehen sollten, zu *Edward II.* von Christopher Marlowe. Nun muss ich gestehen, das war völliges Neuland für mich. Das National Theatre hatte ich noch nie betreten. Intellektuelles Regietheater interessiert mich nicht. Dass es das in London ohnehin fast nicht gibt, konnte ich zu diesem Zeitpunkt nicht wissen, weil ich bis dato nur Komödien und Musicals im West End besucht hatte. Ich versuchte mich, trotz großer Verliebtheit und aufregender Zweisamkeit, irgendwie aus der Affäre zu ziehen. Ich musste *Edward II.* vermeiden, ohne meine geliebte Rosalinde zu enttäuschen. Also sagte ich: »Ja – klar, sehr gerne!« Das Problem war, ich konnte sie nicht einfach alleine ins Theater gehen lassen, wenn ich an ihr dranbleiben wollte. Noch nicht. In vier Monaten vielleicht oder spätestens in einem Jahr, in zwei Jahren ganz sicher, auf gar keinen Fall aber, bevor man das erste Mal voreinander gefurzt hat. Das ist mein Gradmesser für Intimität. Solange man diese Zone nicht erreicht hat, kann man seine Angebetete nicht alleine ins Theater gehen lassen, auf gar keinen Fall. Außerdem war ich ja verliebt, sehr verliebt. Zwei Stunden ohne sie, das kam gar nicht infrage. Zwei Stunden! Erst an der Theaterkasse bemerkte ich es: Die Vorstellung dauerte sogar drei Stunden. Um Gottes Christi willen! Drei volle Stunden. Drei Stunden lang altes elisabethanisches Englisch, von dem man mehr als neunzig Prozent nicht versteht, nicht einmal, wie meine Cousine mir versicherte, wenn man in England geboren und aufgewachsen ist. Drei Stunden, in denen einem vorkommt, dass alle Schauspieler auf der Bühne nur *traun, traun, traun, traun, traun, traun, traun* sagen.

Die Theaterkarten waren gekauft, ich verzweifelt, die Geliebte voll der Freude. Mir blieben weniger als vierundzwanzig Stunden, um einen Plan auszuhecken. Ich musste es irgendwie schaffen, sie alleine ins Theater gehen zu lassen, ohne dass sie das Gefühl hatte, alleine ins Theater zu gehen. Was aber sollte andererseits ich in diesen drei Stunden machen? Würde ich diese drei Stunden ohne meine Geliebte aushalten, geschweige denn genießen können? Wir waren noch lange nicht in der Phase, in der jede Minute allein zu sein ein Segen ist, in der man länger als notwendig auf der Toilette sitzen bleibt, um ein wenig Erholung von der Frau und den Kindern zu bekommen. Ohnehin befand ich mich immer noch ein wenig in der Balzphase und war durchgehend damit beschäftigt, Eindruck zu schinden. Ich rate übrigens jedem Mann, diese Phase nie zu beenden; ein schwieriges Unterfangen, aber es zahlt sich aus. Nicht dass es mir jemals gelungen wäre, aber ich habe es mir jedes Mal wieder aufs Neue vorgenommen. Selbstverständlich schreibe ich dieses Buch auch nur, um meine Frau zu beeindrucken.

Wir stolzen Kartenbesitzer schlenderten also noch ein wenig an diesem wunderschönen sonnigen Nachmittag die Themse entlang Richtung Waterloo Station, überquerten die Jubilee Bridge und beschlossen, uns im Café der National Portrait Gallery einen kleinen Snack zu genehmigen, der sich dann zu einem üppigen Five o'Clock Tea mit verschiedensten Sandwiches, darunter das berühmte Gurkensandwich, einem Scone mit Clotted Cream und noch weiteren süßen und salzigen Kleinigkeiten auswuchs. Es war das erste Mal, dass ich einen Fuß in die National Portrait Gallery setzte, wenigstens in das dazugehörige Café.

»Was machst du immer, wenn du so lang in London bist?«, fragte mich Rosalinde. Eine sehr gute Frage. Was mache ich eigentlich in London? Mein letzter Aufenthalt vor einem Jahr hatte zweieinhalb Monate gedauert. Was um alles in der Welt hab ich da eigentlich gemacht?

»Weißt du, ich liebe London. Ich liebe London so sehr, dass ich nichts Bestimmtes machen muss. In London reicht es mir, einfach zu sein. In London bereitet mir die Tatsache, die pure Tatsache der eigenen Existenz unendliche Freude. Irgendein Philosoph hat einmal gesagt, es gibt im Leben Glücksmomente, die unerwartet und plötzlich auftreten, in denen man begreift, dass man existiert. In denen einem klar wird, dass man ist. Man empfindet Freude an der Tatsache, dass man lebt. Da muss man nichts Bestimmtes tun, und es muss auch nichts Bestimmtes passieren, man muss weder einem schönen Sonnenuntergang beiwohnen, noch muss der Vollmond besonders spektakulär aus den Wolken brechen, man muss sich in keiner besonderen Landschaft aufhalten, es ist eben nicht an ein bestimmtes Ereignis gebunden, es wird einem nur ganz deutlich klar: Ich existiere! Das ist es also, wofür ich lebe! Ganz im Sinne von *to be*, ohne den berühmten skeptischen Nachsatz. Vergangenheit und Zukunft treten in den Hintergrund. Der schmale Grat der Gegenwart, auf dem wir uns üblicherweise wie Seiltänzer bewegen, rechts und links umgeben von Nicht-Sein, dem Nicht-Mehr der Vergangenheit und dem Noch-Nicht der Zukunft, weitet sich plötzlich und wird bewohnbar, für einen *ewigen Moment*. Ich glaube, dieser Philosoph hat auch gesagt, man verspüre in diesem glücklichen Zustand keine Angst vor dem Tod. Wahrscheinlich, weil die eigene Existenz in diesem Moment den Tod miteinschließt. Der Tod verschwindet hinter dem Horizont des Lebens.

Und so ähnlich geht es mir in London. Weißt du, meistens wenn ich in London bin, passiert nichts Besonderes. Was heißt nichts Besonderes, es passiert gar nichts. Ich bin einfach nur in London, liege im Wohnzimmer auf der Couch, schaue BBC, fahre kurz in die Stadt hinein, kaufe mir ein Buch, trinke einen Tee, fahre wieder nach Hause, lege mich wieder auf die Couch, schau BBC, gehe schlafen, und am nächsten Tag mach ich dasselbe noch einmal. Ich erfreue mich einfach an meiner eigenen Existenz.«

»Du vergammelst also in London.«

Meine philosophische Ausführung inklusive halbem Shakespeare-Zitat hatte nicht den gewünschten Eindruck hinterlassen. Mit ihrer Blitzanalyse aber hatte sie voll ins Schwarze getroffen.

»Du erfreust dich nicht deiner Existenz, du hast eine Lebenskrise.«

»Na ja, nein, ich mache ja in Wien auch nichts Besonderes, wenn ich keine Vorstellung habe. Außerdem gehe ich sehr oft durch die Stadt und erinnere mich daran, was ich hier in dieser Stadt schon alles erlebt habe. Ich spaziere vom Oxford Circus in die Charing Cross Street, gehe zur Buchhandlung Foyles, kaufe mir ein Buch und erinnere mich dabei daran, wie ich vor Jahren vom Oxford Circus in die Charing Cross Street spaziert bin, zur Buchhandlung Foyles, und mir dort ein Buch gekauft habe. Ich bin eben ein sentimentaler Hund.«

»Ich liebe es, dass du so viele Bücher liest!«

Von Lesen hatte ich nichts gesagt. Ich kaufe hauptsächlich, aber das ließ ich in diesem Moment unter den Tisch fallen. Eines meiner wirklich großen Lebensprobleme ist: Ich habe so viele Bücher, die zu lesen mich wahnsinnig interessieren würde, komme aber nicht dazu, weil ich den Großteil meiner Freizeit dazu verwende, Bücher zu kaufen. Ich kaufe ständig Bücher. Es vergeht kaum eine Woche, in der ich nicht mindestens drei bis vier Bücher kaufe. Was soll ich denn tun? Sie springen mich an. Sie rufen nach mir. Sie wollen, dass ich sie aus ihrer luftdichten Plastikhülle befreie und zu mir nach Hause nehme, wo sie dicht aneinandergedrängt in Doppelreihen auf hässlichen schwarzen Billy-Regalen darauf warten, von mir zärtlich durchgeblättert und von mir beschnüffelt zu werden. Ja, ich schnüffle an Büchern.

Wir plauderten noch eine Zeit lang über Bücher. Ich machte Rosalinde ein Kompliment über ihre Belesenheit und wie wunderbar ich es fand, dass sie, als sie zum ersten Mal in meine Wohnung kam, mehr Zeit vor dem Bücherregal verbracht hat als mit mir auf der Couch. Wir hatten damals festgestellt, dass wir, sollten wir jemals zusammenziehen, sehr viele Bücher doppelt haben würden. Was für ein Zeichen! Wenn ein Mann und eine Frau dieselben Bücher zu Hause stehen haben, ist die Wahrscheinlichkeit, dass es zur Trennung kommt, schon um fünfzig Prozent verringert. Und selbst wenn, gibt es weniger Streitereien, wem welches Buch gehört, aber vor allem

entstehen weniger Scheidungsbücher, die sich entscheiden müssen, bei wem sie im Regal stehen wollen.
Rosalinde blätterte im Programmheft und sagte: »Ein fescher Bursch!«

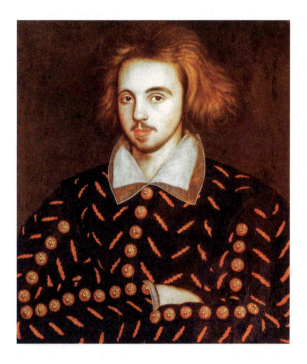

Christopher Marlowes Porträt prangte auf der Titelseite. Mein erster Gedanke war nicht der eines Theaterinteressierten, sondern: »Aha, den findet sie also fesch.« Ich verspürte einen Stich in meiner Brust. Eifersucht auf einen Toten. Wie vertrottelt ist das? Was soll sein? Soll sie halt so lange Tischerl rücken, bis er ihr als Geist erscheint. Normalerweise sind die körperlos.
»Kennst du seine Biografie?«, fragte sie mich.
»Ja, ja, der war doch mit Shakespeare befreundet.«
»Auch.«
Rosalinde vertiefte sich noch mehr in den Artikel über den coolen, feschen Dramatiker aus dem 16. Jahrhundert. Ich googelte auf meinem Handy nach Christopher Marlowe zu horrenden Roaming-

gebühren. Um das gleiche Geld hätte ich mir seine Biografie wahrscheinlich als antiquarische Rarität aus dem 17. Jahrhundert kaufen können. Der erste Satz, der mir auf Wikipedia in die Augen sprang, lautete: »*Aufgrund der Eleganz seiner Verse und durch die von subtiler Erotik und Leidenschaft geprägte Grundstimmung wird Hero and Leander zu den schönsten poetischen Schöpfungen der englischen Renaissance gezählt.*«

Aha. Mit welcher poetischen Schöpfung, geprägt von subtiler Erotik, könnte ich dagegenhalten, außer dem Wort *pudern*? Das verunsicherte mich total. Warum hat sich diese wunderschöne, elegante, hochintelligente Frau mit mir eingelassen? Sie hat einen Doktortitel in Translationswissenschaften. Sie versteht viel von Literatur und Malerei, ist begeistert von moderner Kunst, wandert sehr gerne und trinkt an zwei Abenden weniger Alkohol als ich in zwölf Minuten – dafür manchmal mehr rauchigen, torfigen, herben, bitteren, irischen Whisky ... Was will sie von mir? Bin ich nur das Objekt einer empirischen Studie? Möchte sie herausfinden, wie es ist, mit einem derben Spaßmacher zusammen zu sein? Hatte sie den sensiblen Lyriker und Pfeife rauchenden Romancier schon hinter sich?

Ich konnte sie auf gar keinen Fall alleine ins Theater gehen lassen. Was, wenn sie sich nach der Vorstellung mit Christopher Marlowe trifft? Sie gehen etwas trinken in eine von diesen Tavernen, in denen sich das Theatervolk immer herumtreibt. Er stellt ihr auch noch seinen Freund und Kollegen William Shakespeare vor, sie plaudern angeregt, Shakespeare erzählt, dass er gerade an einem Liebesdrama arbeitet, Romeo und Julia und die beiden Turteltäubchen würden ihn so sehr an seine Hauptfiguren erinnern. Gewiss, beide Herren, die meine Fantasie entzündet hatten, waren seit vierhundert Jahren tot, aber Eifersucht hat in den meisten Fällen nichts mit Logik zu tun. Es sei denn, ich komme gegen vier Uhr früh überraschend in die Taverne, nachdem ich Rosalinde schon stundenlang in größter Sorge gesucht habe, und muss mitansehen, wie sie mit William Shakespeare eng zusammensteckt und heiße Küsse tauscht, weil er doch der bessere Dramatiker ist.

»Wow!«

»Was denn?« Verlegen fuhr ich zusammen. Die Fantasie war mit mir durchgegangen. Aufwachen! Bauch einziehen! Aufrecht sitzen! Mein hormongesteuertes Hirn gab mir Befehle im Sekundentakt. Also versuchte ich, Haltung anzunehmen, obwohl die andere Hälfte meines Gehirns mir ständig zuraunte, dass selbst das bei mir komisch aussieht.

»Der muss ein bewegtes Leben gehabt haben. Er könnte ein Spion für den Staatssekretär Francis Walsingham gewesen sein.«

Auch das noch, dachte ich, feinsinnig, poetisch, fesch, cool und auch noch ein James Bond.

»Und er war angeklagt, atheistische Schriften verfasst zu haben.«

Und auch noch ein Vordenker der Aufklärung – da kann ich mit meinem Lebenslauf *scheißen* gehen, um auch mit dem anderen Wort aus meinem poetischen Repertoire zu punkten.

»Am 30. Mai 1593 wurde er in einer Taverne wegen eines Liebesstreites erstochen.«

Keine Frage, das war ich. Ich bin in diese Taverne gekommen, rasend vor Eifersucht, und habe Christopher Marlowe erstochen. So schnell ist die Geschichte umgeschrieben. Marlowe war eine Gefahr – ich musste auf jeden Fall mit ins Theater.

Wir spazierten nach unserem Five o'Clock Tea durch Soho und stiegen am Piccadilly Circus in die U-Bahn bis Baker Street, dort wechselten wir die Linie und fuhren mit der Metropolitan Line nach Hause, in das Haus, das ich von meiner Cousine Natasha für einige Jahre gemietet hatte. Die Fahrt dauerte ungefähr eine Stunde, und wir nutzten sie beide, um zu lesen. Rosalinde im Programmheft zu *Edward II*. Sie verbrachte mir eindeutig zu viel Zeit mit diesem siebenundzwanzigjährigen Draufgänger. Ich vertiefte mich in mein Buch, das ich am frühen Nachmittag gekauft hatte. Oder besser gesagt, ich vertiefte mich in das Plastiksackerl von Foyles, in dem sich die fünf Bücher befanden, die ich am frühen Nachmittag erbeutet hatte. Eine Biografie des römischen Staatsmannes und Philosophen Seneca, zwei Bände Komödien von Georges Feydeau in englischer Übersetzung, den ersten Band des fünfbändigen chinesischen Romans *The Story of the Stone* von Cao Xueqin und *The Journey through Wales*, einen mittelalterlichen Reisebericht von Giraldus Cambrensis, Schriftsteller, Erzdiakon und Historiker (1146–1223). Ich fischte eines der Bücher heraus, es war der Giraldus Cambrensis, und begann zu lesen. Ich lese ein Buch zuerst quer. Orientiere mich, blättere vor und zurück und versuche mir einen Überblick zu verschaffen, sozusagen einen ersten Eindruck zu gewinnen. Ich schlug das Buch auf und landete im elften Kapitel. Der erste Satz, den ich zufällig las, lautete:

In einem plötzlichen Anfall von Wut und auf Rache sinnend, packte er eines Tages das Kind des Burgherrn, dessen einzigen Sohn und Erbe, und schleppte es auf die oberste Zinne eines der Wachtürme.

In so einem Fall gerate ich in ein Dilemma. Der Satz hat sofort mein Interesse geweckt. Allerdings befand er sich auf Seite 143. Soll ich jetzt von Anfang bis zu dieser Stelle lesen oder einfach mit dem elften Kapitel anfangen, damit ich weiß, warum er so eine Wut hatte und den Sohn des Burgherrn auf die Zinnen verschleppte, und vor allem, was er sich davon versprach? Wer war *er*? Giraldus selbst? Ich entschloss mich, nur das Kapitel elf, *Haverfordwest and Rhos* zu lesen. Zwei Städte in Wales von denen ich noch nie etwas gehört hatte. Zuerst erzählt Giraldus vom Besuch des Erzbischofs und dessen Predigt für die Einwohner, und dann wurde ...

... das Wort Gottes verkündet auf höchst eloquente Art und Weise vom Erzdiakon von St. David, jenem Mann, dessen Name auf der Titelseite dieses Buches prangt, kurz gesagt von mir selbst. Eine große Menschenmenge war versammelt, einige von ihnen waren Soldaten, die anderen Zivilisten. Manche unter ihnen fanden es seltsam, und einige meinten wahrlich, es grenze an ein Wunder, dass, als ich, der Erzdiakon, das Wort Gottes zuerst in Latein verkündete, dann in Französisch, auch jene, die keine dieser Sprachen verstehen konnten, ebenso zu Tränen gerührt waren wie die anderen und nach vorne eilten, um das Zeichen des Kreuzes zu empfangen.

Nicht uneitel, der Herr Erzdiakon. Dann erzählt er noch von einer alten Dame, die ganz gerührt war, von einer Begebenheit auf der Burg von Haverfordwest, um dann endlich zu der wahren Geschichte über den blinden Gefangenen auf dem *Castellum Radulphi* in Frankreich zu kommen. Ich las die Geschichte und war von ihrer Grausamkeit einerseits, von ihrem dramaturgischen Aufbau und ihrer Schlusspointe andererseits sehr beeindruckt.

Zu Hause angekommen, schoben wir einige Hühnerkeulen in das Backrohr, währenddessen ich Rosalinde diese Geschichte von der Rache des blinden Gefangenen auf der Burg Radulphi erzählte. Ich hatte das Buch mit in die kleine Küche im ersten Stock des Hauses genommen und las zwischendurch immer wieder einige Passagen vor, um meine schon etwas ausgeschmückte Version mit dem Original zu untermauern.

»Also, die Geschichte geht so: Der Lehnsherr von Châteauroux hatte einen seiner Feinde auf seiner Burg gefangengenommen, einen einflussreichen Feldherrn und tapferen Krieger, der den Burgherrn immer wieder durch kleinere Scharmützel herausgefordert und mit der feindlichen Übernahme seiner Burg gedroht hatte. Der Burgherr griff zu einem damals üblichen und sehr probaten Mittel, einen Feind für immer auszuschalten, ohne ihn gleich töten zu müssen: Er wurde geblendet und kastriert. So war sichergestellt, dass er nie wieder ein Heer befehligen konnte, und es war ihm auch die Möglichkeit genommen, Nachkommen zu zeugen, die hätten Rache üben können. Er war viele Jahre lang gefangen auf dieser Burg. Nach einiger Zeit durfte er für Stunden seinen Kerker verlassen und sich innerhalb der Burgmauern frei bewegen. Obwohl er blind war, fand er sich bald in allen Gängen und Winkeln zurecht und kannte sogar die Treppen, die auf die Wachtürme führten.«

In einem plötzlichen Anfall von Wut und auf Rache sinnend, packte er eines Tages das Kind des Burgherrn, dessen einzigen Sohn und Erbe, und schleppte es auf die oberste Zinne eines der Wachtürme. Er versperrte alle Türen hinter sich. Da stand er, sich gegen den Himmel deutlich abhebend,

und drohte damit, den Sohn herabzustürzen. Großes Geschrei brach aus,
und alle kreischten vor Angst und Kummer. Der Vater des Buben kam
gelaufen; niemand war bestürzter als er. Der Vater machte alle nur erdenk-
lichen Angebote, in dem Versuch, die Befreiung seines Sohnes zu erreichen.
Der Gefangene antwortete, er werde den Buben nicht freilassen, bevor
nicht der Burgherr sich eigenhändig die Hoden abgeschnitten hatte, einen
Verlust, den er selbst erleiden musste. Der Burgherr fuhr verzweifelt fort,
dem Gefangenen Angebote zu machen, doch vergeblich. Schließlich wil-
ligte er zum Schein ein und ließ seinem Unterleib einen mächtigen Schlag
versetzen, um den Eindruck zu erwecken, er hätte sich verstümmelt. Und
alle, die dabei waren, stöhnten bei dem Anblick.

»Er hat also beschlossen, den blinden Gefangenen reinzulegen«, sagte
Rosalinde.
»Ja. Er lässt sich einen Hieb versetzen – wahrscheinlich am Ober-
schenkel –, damit er blutet«, mutmaßte ich.
»Wozu, der Gefangene ist doch blind?«
Frau Rosalinde ist in dramaturgischen Fragen immer sehr streng, was
unsere Zusammenarbeit bei meinen Theaterstücken zu einem Vergnügen macht. Es gibt nichts Besseres für einen Autor als eine strenge
Dramaturgin.
»Weil!«, antwortete ich wie aus der Pistole geschossen, »weil der Trick
ja echt wirken muss. Der Gefangene sieht zwar nichts, aber er kann
hören. Die einzige Möglichkeit, dies zu erreichen, bestand darin,
dem Burgherrn vor versammelter Menschenmenge eine Wunde
zuzufügen, den Anwesenden einen Schock zu versetzen, damit sie
akustisch adäquat reagierten, nämlich mit unterschiedlichen Ausrufen des Entsetzens. Die Geräuschkulisse musste spontan und nicht
vorgetäuscht sein. Blinde haben da ein sehr ausgeprägtes Sensorium.«
»Ja, so geht es. Sehr gut. Weiter!«
»Also. Wo waren wir? Genau: Er ließ sich also einen mächtigen
Schlag versetzen, um den Eindruck zu erwecken, er hätte sich verstümmelt. Und alle, die dabei waren, kreischten und stöhnten bei
dem Anblick heftig. Der blinde Gefangene aber wollte Gewissheit

und fragte den Burgherrn, in welchem Körperteil er den stärksten Schmerzen verspürt habe. In seinen Lenden, antwortete der Burgherr fälschlicherweise. Daraufhin packte der Gefangene den Jungen am Kragen, machte einen Schritt nach vorn und drohte, ihn runterzuwerfen. Dem Vater unterdes war klargeworden, er werde so seinen Sohn nicht retten können. Der Burgherr ließ sich also einen zweiten Hieb versetzen. Wieder schrie die Menge entsetzt auf, er blutete mächtig, und diesmal sagte er zu dem blinden Gefangenen, verspüre er den schlimmsten Schmerz in seinem Herzen. Aber auch das war die falsche Antwort. Worauf der Blinde den Sohn des Burgherrn ganz nah an die Kante der Brüstung schob.«

Das dritte Mal, um seinen Sohn zu retten, schnitt sich der Vater tatsächlich selbst die Hoden ab. Laut schrie er dem Blinden zu, den schlimmsten Schmerz habe er in seinen Zähnen verspürt.»Jetzt glaube ich dir«, sagte der Blinde,»denn ich weiß, wovon ich spreche. Nun habe ich Rache genommen für das Unrecht, das mir angetan wurde, zumindest teilweise, und ich kann freudentränenvoll dem eignen Tod ins Antlitz blicken. Du kannst nun keinen weiteren Sohn mehr zeugen, und an diesem hier sollst du dich auch nicht mehr erfreuen können.« Kaum hatte er diese Worte gesprochen, stürzte er sich selbst von den Zinnen und riss den Sohn des Burgherrn mit sich. Ihre Körper zerschmetterten von dem grauenvollen Sturz. Der Burgherr ließ später an der Stelle, wo die Körper auf dem Erdboden aufgeschlagen waren, eine Kapelle bauen, um die Seele seines Sohnes zu retten.

Die Hühnerkeulen waren fertig und wir setzten uns ins Wohnzimmer an den Esstisch. Ich war gespannt, was Rosalinde zu dieser Geschichte sagen würde. Auch überlegte ich, ob es möglich wäre, aus dieser Rachetragödie eine Komödie zu machen.

Was für eine Art von Komödie könnte das sein? Wie ist es möglich, diese unmenschliche Gewalt, diese grausame Geiselnahme, dieses tragische Schicksal des Gefangenen, den unerhörten Schmerz des Vaters und die unmenschlich große Angst des Kindes, die in dieser Geschichte gar nicht erwähnt wird, als Komödie zu erzählen? Was für eine Form würde man dafür verwenden? Wäre es eine Parodie? Eignet sich die Form einer Tragikomödie dafür? Könnte man die Geschichte genau so, wie sie erzählt wurde, auf die Bühne bringen? Hängt es nur von der Art der Darstellung ab, ob es eine Tragödie oder eine Komödie wird, oder ist die Tatsache, dass einem diese Frage überhaupt in den Sinn kommt, nicht allein der historischen Distanz geschuldet, die unser formalisiertes Rechtssystem vom Gedanken der Rache trennt? Wir sind nicht unmittelbar von der Ausrottung unserer ganzen Verwandtschaft bedroht, wegen einer Fehde, an deren Ursprung sich kaum einer erinnern kann. Wir sind ja nicht in Albanien. Warum dann unsere Faszination an Verbrechen und Rache? Weil wir blutige Rachefantasien haben, die auszuleben uns ein blasser, blutleerer, undurchschaubarer Paragrafendschungel hindert? Statt eines ehrlichen Kampfs Mann gegen Mann ein Kampf zwischen Mann und einer ganzen Mannschaft, einem System an Rechtsvertretern und Rechtsverdrehern.

Anscheinend denken wir nach wie vor am liebsten in dramatischen Geschichten. Einem Boxkampf kann jeder folgen, einem Prozess, der sich über Jahre zieht, nur Spezialisten. Stürzen sich deswegen unsere Medien auf jedes Verbrechen? Weil da jemand stellvertretend für uns scheinbar souverän agiert, sich im Moment des Verbrechens nicht schert um Gesetze und soziale Zwänge? Der Verbrecher agiert ja im Moment des Verbrechens wie ein König in einem Königsdrama. Der steht zwar tatsächlich über dem Gesetz, hat aber auch meist nur ein kurzes Leben. Andere wollen seine herausragende Position einnehmen. Die Rollen sind aber klar verteilt, alles ist übersichtlich, der Bösewicht deutlich erkennbar. Man kann mit dem Finger auf ihn zeigen. Aber wer einen Stein auf die Medien wirft, bekommt stets zwei zurück: Wo fließt mehr Blut als am Theater? Am Schlachthof vielleicht und bei Nitsch, aber der sieht das ja auch als Theater. Theaterblut ist sogar ein eigener Begriff. Und selbstverständlich sollte auch das Theater sein wie ein Boxkampf: anschaulich, mitreißend, nachvollziehbar und dem Publikum die Möglichkeit bietend, Partei zu ergreifen – frei nach Brecht. Es würde mich überhaupt nicht wundern, wäre die Urszene, aus der sich die Tragödie entwickelt hat, ein Box- oder Ringkampf gewesen. Die Urszene der Komödie ist das Stolpern, da bin ich mir sicher.

Diese Fragen beschäftigen mich tatsächlich sehr oft. Gibt es ein Thema, das man nicht als Komödie bearbeiten darf? Hat uns nicht Roberto Benigni mit seiner Tragikomödie *Das Leben ist schön* bewiesen, dass man selbst ein Thema wie den Holocaust in einer Komödie verarbeiten kann? Weil man Tränen lacht und Tränen weint. Ist es nicht das, was die Komödie mit der Tragödie verbindet? Jeder tragische Moment hat auch seine komischen Aspekte, und die Komödie entsteht aus der Absurdität des menschlichen Leidens. Wir lachen *mit* der geschundenen Kreatur und nicht über die geschundene Kreatur.

Was ist eigentlich der wesentliche Unterschied zwischen Komödie und Tragödie? Ist eine Komödie nicht nur dann komisch, wenn es wehtut, wenn sich der Protagonist vor Schmerz und Verzweiflung windet? Wenn die menschliche Existenz zum Chaos wird, dann können wir lachen. Ich habe noch nie davon gehört, dass die Hauptfigur einer Komödie ein bequemes und beschauliches Leben führt, in dem nichts passiert, was diese Idylle stören könnte. Eine Komödie muss immer zerstören: die glückliche Liebe, den wirtschaftlichen Erfolg, die aufregende Affäre, die schöne Familienfeier, das Weihnachtsfest, den erholsamen Urlaub ... Das darf aber nur so weit gehen, dass ein mögliches Happy End immer in Sicht bleibt. Aus rein theaterpraktischen Gründen. Das Publikum wird nur dann über unglückliche Situationen und Missgeschicke lachen können, wenn nicht die Gefahr besteht, dass die gute Laune etwa durch ein trauriges Ende bloßgestellt werden könnte. Das oft als unrealistisch, simplifizierend und kitschig gescholtene Happy End ist quasi die Lebensversicherung einer Komödie und sollte nicht verachtet werden. Letzten Endes ist Komik auf das Happy End angewiesen. Es ist die Lizenz zum Lachen. Natürlich gibt es auch andere Formen von Komik, aber ein Theater, das vom Lachen des Publikums und nicht von Subventionen lebt, tut gut daran, sich daran zu erinnern.

Für Märchen gilt übrigens Ähnliches. Die meisten sind nur zumutbar, wenn die Zuhörer, ob Kinder oder Erwachsene, von vornherein wissen, am Ende wird es auch diesmal heißen: »Und wenn sie nicht gestorben sind ...«

Dieser Schutzschirm erklärt, warum es kaum eine Komödie gibt, in der nicht unglaubliche Not herrscht. Das obligate Happy End kommt als Forderung von der Publikumsseite und nicht notwendigerweise aus dem Inhalt des Stückes, dachte ich mir. Also müsste es doch theoretisch möglich sein, auch aus der allergrößten Not des Burgherrn eine Komödie zu machen. Was den Schluss betrifft, mit den am Boden zerschellten Körpern, hatte ich meine Bedenken. Es wäre natürlich kein abendfüllendes Theaterstück, sondern eher ein Einakter, eine Farce zum Thema Kastration unter dem Titel *Klingelingeling, hier kommt der Eiermann!* Ich distanzierte mich augenblicklich von mir selber, da es sich dabei nur um eine deutsche Sketch Comedy handeln könnte mit Markus Maria Profitlich als Burgherrn, Mario Barth als blindem Gefangenen und Otto Waalkes als Sohn. (Ich entschuldige mich bei Otto Waalkes, dass ich ihn mit den anderen beiden in einem Satz genannt habe.) Ich kam zu keiner besseren Lösung und fragte Rosalinde, wie ihr die mittelalterliche Geschichte gefallen habe.

»Coole Geschichte«, meinte sie, »aber im Vergleich zu Shakespeare harmlos.«

»Na ja, so großartig ist der Shakespeare auch wieder nicht.«

»Was hast du von ihm gelesen?«

»Eben nichts, weil es mir zu unverständlich ist. Die ersten vier Seiten von *Hamlet* haben mich schon überfordert. Den ersten Monolog aus *Othello*, die Rede des Jago, hab ich mal auswendig gelernt.«

»Kennst du *Titus Andronicus*?«

»Nicht persönlich. Wieso? Hat er gesagt, dass er mich kennt?«

Zugegeben, ein wahnsinnig alter Witz – aber einer meiner Standardschmähs. Rosalinde meinte, es handle sich dabei um eine ordentliche Rachetragödie, so wie die Geschichte vom blinden Gefangenen und dem Burgherrn, nur eben ordentlich: *shakespeareisch.*

»Also hör zu, und sag mir dann, ob du Shakespeare fad findest: Titus Andronicus, ein äußerst erfolgreicher römischer Feldherr, kehrt siegreich vom Kampf gegen die Goten zurück nach Rom. Als Gefangene hat er Tamora, die Gotenkönigin, und ihre drei Söhne bei sich. Kaum ist er in Rom angekommen, lässt er den ältesten Sohn von Tamora töten. Als Opfer für seine eigenen im Krieg gefallenen Söhne, worauf Tamora ihm und seiner Familie Rache schwört. Rom wählt einen neuen Kaiser. Kaiser Saturninus heiratet Tamora, was ihr die Gelegenheit gibt, ihre blutigen Plan in die Tat umzusetzen.«

Ich hörte Rosalinde gespannt zu.

»Möchtest du die Geschichte gleich weiterhören, oder sollen wir bis nach dem Essen warten?«

»Schlimmer als die Selbstkastration kann's ja wohl nicht werden«, meinte ich lakonisch.

»Du wirst schon sehen. Schade eigentlich, dass wir keinen *Black Pudding* essen, würde besser dazu passen.«

Black Pudding ist die englische Variante der Blutwurst. Ja, die Engländer machen aus Schweineblut Pudding.

»O, I do love black pudding, I must say. It's delicious, isn't it?«, gab ich mit bestem britischen Akzent, dessen ich fähig bin, zum Besten.

»Weiter mit *Titus Andronicus.* Tamora ist also mit dem Kaiser verheiratet und beginnt damit, ihren Feind, der ihren Sohn getötet hat, zu vernichten. Lavinia, die Tochter des Titus Andronicus, wird von den beiden überlebenden Söhnen der Tamora - ich weiß jetzt nicht mehr, wie die heißen - vergewaltigt. Um zu verhindern, dass Lavinia von der Tat berichten kann, schneiden sie ihr die Zunge heraus und hacken ihr die Hände ab.«

»1:1 - Hände gegen Hoden«, meinte ich sachlich.

»Na Moment, das ist schon mehr. Vergewaltigung plus Zunge rausreißen, plus Hände abhacken - das ist ein 2:1 für Shakespeare.«

»Nein, nein. Hoden abschneiden plus Sohn runterstürzen gegen Vergewaltigung plus Zunge rausreißen plus Hände abhacken - das ist ein beachtliches 2:3. Ich geb zu, das geht eine Stufe über ›Oida bist du deppat, is des grausam!‹ hinaus - Punkt für Herrn Shakespeare. Das heißt nicht viel. Weißt du, das bedeutet noch lange nicht, dass er der Bessere von den beiden ist. Aber du hast recht, die Rache ist um vieles grausamer als bei Giraldus Cambrensis' Geschichte. Ich finde nur, Shakespeare wird generell überschätzt. Mein Gott, ja, was für eine schlimme Rache: Sie wird vergewaltigt und ihr werden Zunge und Hände abgeschnitten. Ist natürlich schrecklich, aber deswegen muss man Shakespeare nicht gleich zu einem Genie erklären. So was könnte Quentin Tarantino auch einfallen.«

1:0 für mich. Eloquent, wie ich nun mal war, parierte ich Rosalindes Angriff ohne größere Mühe.

»Wenn du mit deiner Schmähung Shakespeares fertig bist, kann ich dir ja erzählen, wie das Stück weitergeht.«

»Ach so, ich dachte, das war's schon.«

»Nein. Wir sind erst im zweiten Akt.«

»Aha. Und wie viele Akte gibt es?«

»Fünf«

»Na dann, bitte ...«

Ich wollte mich noch darüber auslassen, dass ich es übertrieben fand, ein Stück in fünf Akten zu schreiben. Wahrscheinlich sind die Aufführungen auch deswegen immer zu lang. Wenn man im Theater sitzt, ist alles, was über hundertzwanzig Minuten hinausgeht, eine Zumutung. Mein Sitzfleisch schläft in der Regel schon nach neunzig Minuten ein, kurz danach der Rest meines Ichs. Dem Gesetzgeber ist dieses Phänomen nicht verborgen geblieben, er schreibt den Theatern Fluchtwege vor, für alle, denen aus Langeweile der Hintern brennt. Man sollte viel öfter davon Gebrauch machen. Optimal sind zwei Mal fünfzig Minuten. Eine Länge, an die ich mich allerdings selbst nie halte. Meine Soloprogramme sind meist um einiges länger, aber auch nur, weil das Publikum so viel lacht und ich kein Spielverderber bin. Nichts von alledem erwähnte ich, so gespannt war ich auf die nächsten drei Akte von *Titus Andronicus*.

»Wo waren wir? Lavinia wurde also geschändet und verstümmelt, als Rache für den Tod von Tamoras ältestem Sohn. Die Schuld an dieser Tat wird den Söhnen von Titus in die Schuhe geschoben. Der Kaiser verurteilt sie zum Tode. Daraufhin hackt sich Titus eine Hand ab, um den Kaiser gnädig zu stimmen. Hilft aber nichts. Der Kaiser lässt die beiden Söhne des Titus hinrichten. Mittlerweile ist Lucius, der letzte überlebende Sohn des Titus, zu den Goten gereist und hat dort eine Armee zusammengestellt, mit der er gegen Rom ziehen möchte, also gegen Kaiser Saturninus und seine Gemahlin Tamora. Es kommt zu einem Abendessen im Hause des Titus, bei dem zwischen dem Angreifer und den Römern verhandelt werden soll. Eine Falle. Denn Titus hat die beiden Söhne der Tamora abgeschlachtet und zu einem Pie verarbeitet. Titus tritt übrigens als Koch verkleidet auf und serviert die Pastete selbst. Tamora, der Kaiser und die anderen Gäste essen die Pastete ... Wir sind bereits im fünften Akt, und es kommt zu einem Massaker. Zuerst tötet Titus Lavinia, seine eigene Tochter, damit sie nicht mit der Schande leben muss. Daraufhin fragen ihn der Kaiser und Tamora, warum er denn Lavinia getötet habe, und Titus sagt, dass Tamoras Söhne sie vergewaltigt hätten. Der Kaiser befiehlt, dass man die Söhne seiner Frau sofort holen solle, er wolle sie bestrafen. Darauf klärt ihn Titus Andronicus auf: ›Nun, vor euch sind sie, da, gebacken als Pastete: Wovon feinschmeckerisch die Mutter aß, das Fleisch aß, das sie selbst geboren hat.‹ Und er ersticht die Kaiserin Tamora. Daraufhin ersticht Kaiser Saturninus den Titus. Worauf Lucius, Titus übriggebliebener Sohn, den Kaiser ersticht. Lucius wird Kaiser von Rom, weil alle anderen tot sind, und lässt den Leichnam Tamoras den Tigern zum Fraß vorwerfen. Hier endet die Rachetragödie des Titus Andronicus.«

Ich weiß es nicht mehr hundertprozentig, aber ich glaube, ich bin kurz ohnmächtig geworden. Oder zumindest stand ich kurz davor. Die von mir über alles geliebte Frau knabberte weiter an ihrer Hühnerkeule. Ich bilde mir ein, sie war noch etwas blutig. Ich brachte den ganzen Abend keinen Bissen mehr runter. Mir war etwas übel. Mein Magen vergab Punkte an Shakespeare. 7:2, musste ich klein beigeben.

»Ich gebe zu, das Ergebnis ist eindeutig«, meinte ich gequält. Gleichzeitig fragte ich mich, ob die im Burgtheater wissen, dass sie Stücke von einem Autor spielen, der Schundliteratur geschrieben hat. Eine Mutter, die ihre eigenen Söhne als Pastete verspeist, so was fällt nicht einmal Quentin Tarantino ein. Das ist doch der Stoff, aus dem die schlimmsten Splatter-Movies sind. So was ist Hochkultur? Vielleicht hatte Rosalinde da etwas verwechselt, und es handelte sich um eine Episode aus der Serie *American Horror Story.*

»Shakespeare wollte sein Publikum unterhalten, dem kam es nicht darauf an, großartig Moral auf die Bühne zu bringen oder die Menschen zu belehren. Der wollte sie einfach unterhalten, schließlich musste er jeden Tag dreitausend Plätze im Theater füllen«, erklärte Rosalinde.

»Willst du damit sagen, Shakespeare war ein Kommerzschwein?«

»Nein. Er war ein Genie. Ein Genie, das seine Stücke auf der Bühne geboren hat und nicht an irgendeinem Schreibtisch. Er war ja auch Schauspieler und durch und durch ein Mann des Theaters. Er dachte in Theaterkategorien: *All the world's a stage* ... In seinem Globe stand jeden Tag ein anderes Stück auf dem Spielplan, und im Schnitt wurde alle zwei Wochen ein neues Stück einstudiert. Ganz wichtig war auch der Fechtunterricht, um als Schauspieler bestehen zu können.«

Ich muss gestehen, ich war beeindruckt und verunsichert zugleich. Jeden Tag dreitausend Zuschauer zu unterhalten und gleichzeitig der bedeutendste Autor der Weltliteratur zu sein, wie soll denn das gehen? Das Interesse war geweckt. Ein Theatermann, der auf der Bühne die Sachen entwickelt und nicht am grünen Tisch, das kannte ich, das war mir sympathisch. Der musste auch sämtliche Kniffe beherrschen, von dem konnte man eventuell was lernen. Andererseits sah das nach einem billigen Trick meiner angebeteten Rosalinde aus. Würde sie mich tatsächlich mit dieser Geschichte, die eher nach mittelmäßiger amerikanischer Fernsehserie denn nach Weltliteratur roch, für die Werke des William Shakespeare gewinnen können? War ich in einen intellektuellen Hinterhalt geraten? Vielleicht arbeitete Rosalinde ja mit einer international gesuchten Literaturwissenschafterbande zusammen, die rechtschaffene Komiker und Volksschauspieler entführt und sie in einer entlegenen Bibliothek in der Umgebung von Weimar so lange einsperrt, bis sie sämtliche Fußnoten ihrer mehrbändigen Shakespeare-Kommentare auswendig gelernt haben. Ich rechnete jeden Augenblick damit, dass vier bewaffnete Literaturprofessoren mein Haus in London stürmten und mich in einem geschlossenen Lieferwagen kidnappten. Vorher würden sie mich mit einem Vortrag über *Sämtliche Shakespeare-Inszenierungen des Wiener Burgtheaters mit mindestens zwei nackten Darstellerinnen, unter besonderer Berücksichtigung Hamlets zögerlicher Reaktion auf Ophelias neue Unterwäsche* stark sedieren.

Aber die Falle hatte längst zugeschnappt. Während sich Rosalinde im Badezimmer fürs Zubettgehen zurechtmachte, war ich in der Bibliothek meiner Cousine – drei schwarze englische Billy-Regale vom englischen Ikea – auf der Suche nach einem Buch über William Shakespeare. Wenn ich schon seine Stücke nicht gelesen hatte, so wollte ich doch unbedingt wissen, wer dieser Mann war, der mit seinen Theaterstücken die Menschen so gut unterhalten konnte und sozusagen im Vorübergehen Weltliteratur schuf – ohne es zu wissen, und mit Gewissheit auch, ohne es zu wollen. Im Gegensatz zu uns, die wir vierhundert Jahre nach ihm leben, konnte er keine Ahnung davon haben, dass er, William Shakespeare, in der *Shakespeare-Zeit* lebte. Hätte er das nämlich gewusst, wäre ihm mit ziemlicher Sicherheit keine einzige Zeile eingefallen. Der Druck, kreativ sein zu müssen, ist schon hoch genug, wenn man einen Text bis Dienstag nächster Woche fertig haben muss. Wie hoch ist dann der Druck, wenn man bis nächsten Dienstag der Welt Weltliteratur schenken soll, ganz zu schweigen von dem Stress, seinem eigenen Zeitalter, der Shakespeare-Zeit, in den Augen der Nachwelt gerecht werden zu müssen.

»I was«, wie der Engländer sagt, »hooked.« Ich hing am Haken. Rosalinde hatte die Angel ausgelegt, und ich hatte angebissen. Noch aber konnte ich den Haken ausspucken, noch hatten mich die Intellektuellen nicht an Land gezogen. War das etwas für mich? Ist das mein Element? Gehöre ich nicht in die leichte Muse wie der Fisch ins Wasser? Soll ich mich wirklich blamieren, indem ich zur Bewältigung meiner Midlife-Crisis, statt einen Porsche zu kaufen, Shakespeare studiere? Was mache ich mit einem Porsche? Ich habe keinen Führerschein. Und was mache ich mit Shakespeare? Ich habe keine Matura. Würde ich mich nicht auf zu gefährliches Terrain begeben? Sollte ich mich nämlich wirklich mit William Shakespeare befassen, und auch nur auf irgendeine Art Gefallen daran finden, würde das unweigerlich, größenwahnsinnig wie ich bin, zu einer eigenen Shakespeare-Produktion führen. Ich würde mich nicht damit zufriedengeben, ein, zwei Stücke zu lesen, ich würde sie auf die Bühne bringen wollen. Ich würde also ohne Führerschein einen Porsche fahren.

Aber noch waren wir sehr weit davon entfernt. Im Bücherregal meiner Cousine konnte ich kein einziges Werk über oder von William Shakespeare finden. Was soll man davon halten, wenn nicht einmal eine geborene Engländerin etwas vom Nationaldichter zu Hause hat? Als ich ins Schlafzimmer kam, lag Rosalinde bereits mit Christopher Marlowe im Bett. Sie wollte unbedingt den Artikel über seine Biografie fertig lesen. Über der abgeschnittenen Zunge, den Vergewaltigungen und der Menschenpastete hatte ich unseren morgigen Theaterbesuch schon komplett vergessen. Ich fragte mich, ob ich in der Lage wäre, eine Nierenkolik vorzutäuschen. Sollte ich jetzt schon vor dem Einschlafen ein bisschen vorbauen? Mit einem Satz wie: »Ich weiß nicht, glaubst du, hab ich Fieber?« Ich müsste es schaffen, Rosalinde dazu zu bringen, von selbst auf den Gedanken zu kommen, ein Theaterbesuch wäre meiner Gesundheit nicht zuträglich. Wenn man als Mann in einer Beziehung zu einem Ereignis oder Event nicht mitgehen möchte, muss man die Fähigkeit besitzen, die Lebensgefährtin derart zu manipulieren, dass sie einem verbietet, das Haus zu verlassen. Dabei ist es ganz wichtig, vehement zu widersprechen, das macht die vorgetäuschte Krankheit realistischer. Man muss darauf bestehen, *eh nichts zu haben* und unbedingt mitkommen zu wollen. Das darf man allerdings nicht übertreiben, das wäre zu auffällig. Man darf nur ein bisschen Traurigkeit vortäuschen, an diesem gesellschaftlichen Ereignis nicht teilnehmen zu können. Dann muss man unbedingt wieder die Krankheit herunterspielen: »So schlimm ist es nicht. Ich hab schon nichts.« Ganz wichtig ist der Satz: »Ich muss ja nicht lange bleiben. Ich komme auf jeden Fall mit, und wenn es mir zu anstrengend wird, kann ich ja nach Hause fahren, und du bleibst noch ein bisschen.« Auf gar keinen Fall darf man den Gedanken aussprechen, man ziehe in Erwägung, einen Arzt aufzusuchen, denn dann ist die Lüge aufgeflogen. Ein Mann geht nur zum Arzt, wenn er weiß, dass es unheilbar ist.

Während ich mir also Gedanken darüber machte, wie ich einem dreistündigen Theaterabend in elisabethanischem Englisch entkommen könnte, war meine Lebensgefährtin über Christopher Marlowe eingeschlafen.

1:0 für mich, triumphierte ich im Stillen, ohne zu bedenken, dass sie vermutlich schon von ihm träumte.

XI

Nächtliche Begegnung,
diesmal sehr kurz

✂ Das heißt, du bist aus Eifersucht mit ins Theater gegangen? Sehr romantisch!

✐ Nein – ich wollte sie beeindrucken. Und was dann passiert ist, war unglaublich. Ich war nämlich derjenige, der beeindruckt war. Von der Vorstellung. Und ich dachte, wenn schon Marlowe, von dem alle sagen, er sei nicht so großartig wie Shakespeare, mich so stark beeindrucken konnte, was passierte dann, wenn ich Shakespeare begegne? Ich hab mir am nächsten Tag bei Foyles eine Ausgabe mit dem Namen *No Fear Shakespeare* gekauft. Links altes elisabethanisches, rechts modernes Englisch. Und ich konnte nicht aufhören zu lesen: *Macbeth, Hamlet, Richard III.* – in zwei Tagen.

✂ Und darüber möchtest du ein Buch schreiben? Klingt mehr nach einer Homestory in der Yellow Press.

✐ Ja – vielleicht sollte ich das noch überdenken.

✂ Das wäre kein Buch über Shakespeare, das wäre ein Buch über den Beginn einer romantischen Liebe. Ich finde das ja großartig, dass ihr euch über abgeschnittene Hände und Hoden und gebackene Kleinkinder gefunden habt.

✐ Ist das nicht wunderschön?

✂ Zum Kotzen kitschig!

✐ Du hast recht. Kein Shakespeare-Buch. Vielleicht einen Roman.

✂ Worüber?

✐ Über die letzten 24 Stunden vor dem Tod.

✂ Krimi?

✐ Nein. Ich hasse Krimis. Eher eine Art philosophischer Thriller.

✂ Lass hören.

XII

Die letzten 24 Stunden

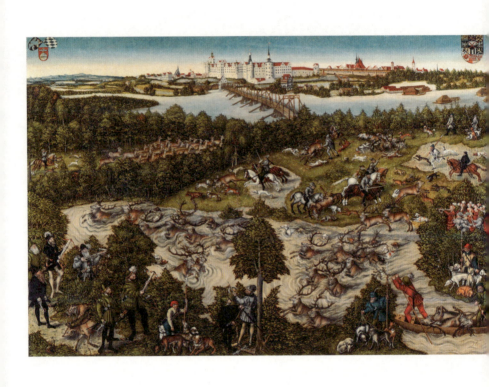

Eustace (Hans)

An: vinzenz98@bartok_privat.at; ronnie@heller.com, patrickschoeneberger@patrickschoeneberger.at;
Kopie: butler@caltex.co.uk
Betr.: Was ist mit euch??? Ich werde 50 ...

An die Gang!!
Wie kann man mehr als zehn Jahre nichts von sich hören lassen!?! Mein Gott, ich weiß es doch auch nicht. Ich habe eine Ausrede, die keine Ausrede ist, weil es ja stimmt – heißt aber trotzdem Ausrede, oder? What the fuck! Ich rede ja kaum mehr deutsch. I even dream in English! Nein. Stimmt nicht. Was wollt ich sagen?? Ah ja, meine Ausrede, warum ich euch H*r*ns*hn* nicht angerufen habe: Ich arbeite hart!!! Und zwar daran, mein Geld auszugeben.

Ihr habt wahrscheinlich über mich in der Zeitung gelesen. Ja. Das bin ich!!! Aber egal, was ich erreicht habe, ich bin immer noch euer kleiner Scheißer! Oder war es »der Baron«? Wir sind wirklich mal adelig gewesen ...
Mein Gott – ihr merkt schon, ich bin in einer tiefen Lebenskrise, weil ich an unsere Jugend denke. Ja, ich gebe es ja zu, ihr wart mir bis jetzt scheißegal, aber ich vermisse euch unendlich. Unsre Zeit, unsere Zukunftsträume, unsere Abenteuer. Unsere Gespräche über Frauen, Sex, das Leben und unsere wunderbaren Weinverkostungen, an die sich keiner jemals erinnern konnte. Ich weiß nicht, wie es mit euch ist, ich verkoste immer noch recht gerne.
So – jetzt zu meinem Anliegen. Ich muss euch wiedersehen. WIR müssen einander wiedersehen. Ich lade euch herzlichst zu meiner Geburtstagsfeier ein.
Wann: 23.04 bis 28.04.2016
Wo: Lasst euch überraschen

Treffpunkt 23.04.2016, Flughafen Wien, Privatlounge. Ich schicke euch meinen Flieger. Es wird euch mein Butler (JA!! ICH HABE EINEN BUTLER!!!) 🙂 in Empfang nehmen. Ist ein sehr netter Kerl. Randjeed Beaumont. Ein englischer Inder. Er ist ein Genie.

Nehmt euch eine Woche frei! Die Reise ist eine Überraschung für euch. Ich stoße dann unterwegs dazu, und wir verbringen ein paar nette Tage in England auf meinem »Schlösschen«.

Bitte keine Geschenke, ich habe alles. Ihr seid mein Geschenk. Bitte, schön verpacken.

U. A. w. g.

ICH LIEBE EUCH!! (hab schon ein bisschen was getrunken – das ist o. k., bin gerade in Bangkok, da ist es schon Abend!!!)

Auf bald,

euer kleiner Scheißer

Eustace Hallam Estate Inc.

12–16 Randolph Avenue

W9 AD1 London

Noch 284 Stunden

Nur einer der drei Empfänger dieser Mail antwortete sofort auf die Einladung von Eustace Hallam, der eigentlich Hans Neuburg hieß, sich aber sehr bald nach seiner Ankunft in England einen englischen Namen zugelegt hatte, da er es für seine Karriere im Vereinigten Königreich als förderlich ansah.

Patrick

An: Hans (Eustace)

Betr.:   I kumm sicher …

Hi!

Bin froh, wenn ich einmal aus Wien rauskomme. London hab ich noch nie gesehen, und dich auch schon eine Ewigkeit nicht.

Wissen die anderen, dass wir uns vor drei Jahren getroffen haben? Von mir nicht. Hab nichts erzählt. Auch nicht von dem Geld, das du mir geborgt hast. Werde ich dir bald zurückzahlen können.

Wir werden den Trip bald besprechen. Gib mir doch bitte schnell Bescheid, ob die anderen von dem Geld wissen. Danke.

Grüße dich,

Patrick

Zwei Minuten später:

butler@caltex.co.uk

An: Patrick

Kopie: Eustace (Hans)

Betr.:   your request

Dear Mr. Patrick Schöneberger,

may I introduce myself. I am Randjeed Beaumont (you can call me Henry), Mr. Hallams Butler, and I will be in charge of organizing everything concerning your visit to the UK.

Mr. Hallam wants you to know, that he maintained silence on the borrowed money.

Please don't hesitate to contact me for further information.

Looking forward to serve you and your friends,

with kind regards

Randjeed, the Butler

Weitere drei Minuten später bekam Patrick Schöneberger zwei WhatsApp-Nachrichten.

»Was machen wir mit dem Idioten?« von Vinzenz Bartok und »Da fliegen wir hin, dem räumen wir die Bude aus!« von Ronnie Heller.

Noch 278 Stunden

Sie verabredeten ein Treffen noch für den Abend desselben Tages. Ronnie nahm die Rampe, die von der Erhöhung hinter der Bar auf das Bodenniveau seines Lokals führte, mit beachtlicher Geschwindigkeit, balancierte in der einen Hand das Tablett mit drei Getränken, während er mit der anderen seinen Rollstuhl manövrierte. Er war seines Wissens der einzige gelähmte Barmann auf der ganzen Welt. Die Freunde bewunderten seine Geschwindigkeit, Sicherheit und Eleganz, die er an den Tag legte. Obwohl sie ihn jetzt bereits seit mehr als fünfzehn Jahren im Rollstuhl erleben konnten, verblüffte er sie immer wieder aufs Neue.

»Alles Übung! Das geht ganz leicht«, sagte Ronnie mit einem stolzen Lächeln auf den Lippen. Er rollte an den Tisch, stellte die Getränke ab und verstaute das Tablett in einer Vorrichtung an der Seite seines Rollstuhls. Er servierte derart gekonnt, dass man nicht seine Behinderung wahrnahm, sondern die Anmut seiner Bewegungen, als seien er und der Rollstuhl eins. »Der Vorteil, wenn man im Rollstuhl sitzt, ist, man kann besoffen nicht umfallen! Meine Herren, prost!«

Sie erhoben ihre Biergläser. Es war Dienstagabend, die Bar war geschlossen. Sie waren alleine. Ronnie hatte den Treffpunkt vorgeschlagen. Er müsse noch die Steuer machen und wolle nicht »zu weit wegrollen«. Er hatte sich die Bar mit dem Geld gekauft, das er vor mittlerweile schon zehn Jahren im Lotto gewonnen hatte. Er sah es als eine Art Wiedergutmachung des Schicksals an. Ronnie war nicht von Geburt an gelähmt. Es war ein Unfall gewesen. Er glaubte nicht wirklich an das Schicksal. Er nahm es einfach hin. Nach der Verzweiflung war die Versöhnung gekommen. Es war eben sein Leben. Mittlerweile war er davon überzeugt, dass es für ihn kein besseres Leben gab. Immer öfter fiel es ihm schwer, sich daran zu erinnern, wie es war, als er noch gehen konnte. Es war eine Selbstverständlichkeit geworden. Er vermisste es nicht, das Gehen. In wenigen sentimentalen Momenten sehnte er sich danach, seine Beine zu spüren. Nicht zu laufen, nein, nur die Berührungen auf der Haut seiner Schenkel zu spüren. Manchmal hätte er sich am liebsten ein Messer in den Schenkel gerammt, nur um zu fühlen, dass auch das ein Teil von ihm war.

»Er soll doch seinen fünfzigsten Geburtstag mit den Leuten feiern, mit denen er die letzten zwanzig Jahre verbracht hat. Was sollen wir denn mit ihm anfangen?«, meinte Patrick Schöneberger.

»Er weiß ja gar nicht, ob wir noch untereinander Kontakt haben«, nahm Vinzenz einen weiteren Schluck Bier.

»Das wird er sich denken können. Schließlich leben wir drei in derselben Stadt«, bemerkte Ronnie.

»Wo wohnt er überhaupt?«, fragte Vinzenz.

»Keine Ahnung. Auf seine verschiedenen Anwesen verteilt wahrscheinlich«, meinte Patrick. »Er hat eine Wohnung in London, eine in Paris und zwei Schlösser; eines in England, eines in Südfrankreich.«

»Woher weißt du das?«, fragte Vinzenz.

»Hab ich in der Zeitung gelesen«, sagte Patrick. »Er ist unter den hundert reichsten Menschen der Welt!«

»Er ist vor allem unter den hundert größten Idioten des ganzen Universums«, warf Vinzenz ein.

»Er hat es immerhin zu ein paar Milliarden gebracht.« Patrick bewunderte Eustace Hallam.

»Der ist doch immer noch derselbe Bauernschädel, der er in seiner Jugend war. Nur jetzt eben ein steinreicher Bauernschädel«, konstatierte Ronnie.

»Du meinst also, dass er so einen starken Charakter hat, dass ihn das viele Geld nicht verändert hat.«

»Ja. Er war immer schon ein Arschloch«, meinte Vinzenz.

»Ein sympathisches Arschloch«, fiel Ronnie ein.

»Ja, ja«, sagte Vinzenz.

»Er ist überhaupt kein Arschloch«, beharrte Patrick.

Nach einer kurzen Stille rollte Ronnie wieder hinter die Bar.

»Wichtige Entscheidungen soll man nur betrunken treffen. Wodka?«

Die beiden anderen suchten kurz nach guten Gründen, warum sie an einem Montagabend keinen Wodka trinken sollten, fanden keine und stimmten Ronnie zu. Während er einschenkte, machte er eine Bemerkung über die in letzter Zeit anwachsenden Bäuche seiner beiden Freunde.

»Ihr müsst euch mehr bewegen«, sagte er, während er mit drei Wodka am Tablett um die Ecke schoss.

»Ich lass mir doch nicht von jemandem, der den ganzen Tag nur sitzt, sagen, ich soll mehr Bewegung machen«, empörte sich Vinzenz.

»Ja, ja. Der Gelähmte ist der Fitteste von allen. Tut das eigentlich sehr weh?«

Ronnie blickte in die Runde, hob sein Glas, und sie leerten den Wodka in einem Zug. Sofort wurde eine weitere Runde nachgeschenkt. Die Wirkung des Alkohols setzte nach einiger Zeit eine Diskussion über die Möglichkeit einer *Eskapade* in Gang.

Eskapade hatten sie in ihrer Jugend ihre gemeinsamen Abende genannt, die, meist von heftigem Alkoholkonsum getragen, erst in den frühen Morgenstunden endeten. Es gab aber Kriterien, die einen Abend erst zu einer Eskapade machten. Nicht jeder Abend, an dem getrunken wurde, war eine Eskapade. Entscheidend war mindestens eine Aktion, zufällig oder absichtlich, für die man sich am nächsten Tag schämte. Etwas, das man unbedingt weitererzählen möchte, es aber besser sein lässt, weil das Bild, das das Gegenüber von einem hat, darunter leiden könnte. Es durfte nichts sein, wofür man ins Gefängnis kam, zumindest nicht für lange. Ein Abend, der den Namen *Eskapade* verdiente, musste unbedingt eine riskante Aktion beinhalten. Auf das Wort *Eskapade* waren sie durch Vinzenz' Großmutter gekommen. Sie führte die schlechten schulischen Leistungen ihres Enkels auf seine Eskapaden zurück, die man ihm austreiben müsse.

»Wir sind keine Buben mehr«, sagte Vinzenz halb bedauernd, halb ernüchtert.

»Ich muss morgen sehr früh aufstehen«, versuchte Patrick, der Mittelschullehrer für Physik und Philosophie, der Realität ins Auge zu blicken.

»Wieso?«, fragte Ronnie: »Musst du nachsitzen?«

»Nein. Ich hab die erste Stunde. Eine achte Klasse. Maturavorbereitung.«

Jeder Abend, der sich zu einer Eskapade ausweitete, hatte fast immer mit der Absicht begonnen, *heute nicht zu lange bleiben zu wollen*. Man kann fast sagen, die besten, denkwürdigsten Eskapaden begannen damit, dass man sich eine gute Nacht wünschte und noch schnell die letzten Drinks bestellte. Eskapaden fingen mit den letzten Drinks an. Die letzten Drinks waren immer die ersten, die eine Eskapade einläuteten.

»Tja, dann trinken wir einen letzten und gehen schlafen!«, sagte Ronnie und rollte bereits wieder hinter die Bar.

»Nein. Um Gottes willen!«, winkte Vinzenz heftig ab.

»Wie heißt es in der Bibel? Die Letzten werden die Ersten sein«, brachte Ronnie es auf den Punkt, und allen war klar, worauf sich das bezog. »Das war doch immer so?«

»Ja. Eben. Darum lassen wir das heute.«

»Ja. Wir sind vernünftig und nehmen eine große Flasche Wasser. Prickelnd, wenn es geht.«

»Was ist nur aus euch geworden?« Ronnie holte eine Flasche Wasser aus der Kühllade, rollte zu seinen Freunden zurück und knallte sie auf den Tisch.

»Was antworten wir Hans?«, erinnerte Patrick an den Zweck ihrer Zusammenkunft.

»Ich kann die Bar locker eine Woche zusperren.«

»Ich hab Maturavorbereitung.«

»Ich bin in der Kanzlei sehr beschäftigt. Könnte natürlich theoretisch weg ... Aber ... Wollen wir ihn überhaupt wiedersehen? Das ist doch die eigentliche Frage.«

Hans Neuburg alias Eustace Hallam hatten sie mehr als fünfzehn Jahre nicht gesehen, und sie waren schon längst nicht mehr *die Gang*. Der Begriff war ihnen irgendwann peinlich geworden. Am Weg zum Erwachsensein hatte er seine Bedeutung verloren, und es war nur ein ziemlich lächerliches Wort übrig geblieben.

»Was erwarten wir uns davon?«, fragte Ronnie.

Diese Frage ließ sich nicht zufriedenstellend beantworten. Sehnsucht nach der verloren gegangenen Jugend schien noch die beste Erklärung zu sein, die sie letztlich bewog, die Einladung anzunehmen und das Unbehagen, das jeder eingestand, hintanzustellen.

Eustace Hallam war reich. Sehr reich. Wie reich er war, ist jemandem, der selbst nicht reich ist, gar nicht zu erklären. So hatten sie keinen Begriff davon, wie unfassbar reich er wirklich war. Aus der Sicht eines Bill Gates war Eustace Hallam nicht besonders reich, sondern verfügte gerade über genug Geld, um gut leben zu können. Aber Eustaces gutes Leben musste seinen ehemaligen Schulkollegen wie obszöner Luxus vorkommen.

»Eben genau das ist das Problem mit dem Reichtum«, sagte Vinzenz. »Er ist subjektiv.«

»Fühlst du dich reich?«, fragte ihn Ronnie.

»Ja. Absolut. Ich empfinde mein Leben als reich. Reich an Erlebnissen, reich an Begegnungen.«

»Ja. Aber nicht reich im Sinne von: Ich kaufe mir eine Vierhundert-Quadratmeter-Wohnung im ersten Bezirk, auch wenn ich sie gar nicht brauche?«

»Nein, natürlich nicht. Was soll diese Scheiße? Wozu kaufe ich mir eine Wohnung, wenn ich sie nicht brauche?«

»Zum Spaß«, meinte Ronnie. »Ich meine, der hat einen Butler. Wie geil ist das!«

»Er hat nicht nur einen Butler, er hat auch eine Köchin«, kam Patrick etwas ins Schwärmen. »Das ist für mich ein Zeichen von wahrem Reichtum, wenn man es sich leisten kann, eine Köchin zu engagieren. Wie cool ist das?«

Patrick Schöneberger war der Älteste von ihnen. Er war zur »Gang« gestoßen, als er die fünfte Klasse Realgymnasium wiederholen musste. Er war praktisch das erste Mitglied der Bande, denn bis dahin hatte sie nur aus Ronnie, dem Chef, und Hans als seinem Stellvertreter bestanden. In dem jungen Patrick war nach dem Sitzenbleiben eine Wandlung vorgegangen. Sowohl für seine Eltern als auch für ihn selbst unerwartet, gehörte er plötzlich zu den Klassenbesten. Das entscheidende Nichtgenügend hatte er pikanterweise in Physik eingefangen, dem Fach, das er mittlerweile selbst an einem Gymnasium unterrichtete und das ihn schon immer am meisten interessiert hatte. Philosophie blieb eine Art Hobby, mehr Lebenshilfe als Schulfach. Er blieb ein guter Schüler und wurde ein guter Lehrer, in erster Linie bemüht, seine Schüler nicht zu langweilen. Jungen Leuten durch langweiligen Unterricht Zeit zu stehlen, hielt er für »organisiertes Verbrechen«, wie er sich ausdrückte, »organisiert vom Staat und ausgeübt von seinen pragmatisierten Dienern«. Seine Ansichten waren radikal, seine Kraft und sein Wille, etwas zu verändern, was über seinen unmittelbaren Wirkungskreis hinausging, beschränkt. Magister Patrick Schöneberger war kein Revolutionär, eher ein bequemer Nörgler. Er bewunderte Eustace Hallam für alles, was er in seinem Leben erreicht hatte, und war ihm obendrein sehr dankbar, dass er eine nicht unbeträchtliche Summe von ihm hatte borgen können, ohne ihm sagen zu müssen, wofür.

»Eine Köchin wird nicht die einzige Angestellte sein, die Eustace sich leistet«, sagte Vinzenz Bartok. »Ich finde ihn unappetitlich reich. Er ist so reich, dass er sich eigentlich dafür schämen müsste.«

Vinzenz Bartok, der Rechtsanwalt und Schutzpatron aller Entrechteten, hegte keinerlei positive Empfindung mehr für Eustace Hallam, seit er ihn um eine gewisse Summe, eine hohe Summe, für ein Hilfsprojekt in Indien gebeten hatte und der Milliardär Eustace Hallam es nicht für wert befand, die vierhunderttausend Euro zu spenden. Er habe seine eigenen Charity-Projekte und könne allein nicht die ganze Welt retten.

Vinzenz war erst auf der Universität zur Gang gestoßen. Die Dreiergruppe, Ronnie, Hans und Patrick, hatte Vinzenz mit Freude in ihren Kreis aufgenommen. Neue Ideen für eine Eskapade waren immer willkommen.

»Mister Hallam wird uns nach Strich und Faden verwöhnen«, war sich Patrick sicher. »Er lässt uns von seinem Butler in seinem

Privatjet abholen. Ich meine, wie cool ist das? Wisst ihr, was das kostet?«

»Nein. Ich bin ein kleiner Scheidungsanwalt, ich habe keine Ahnung, was ein Privatjet kosten könnte«, sagte Vinzenz. »Mehr als eine durchschnittliche Scheidung bestimmt.«

»Mehr als du in deinem ganzen Leben verdienst, wahrscheinlich!«, legte Ronnie noch eins drauf.

»Betrachten wir das Ganze einfach als eine wunderbare Eskapade«, versuchte er die anderen von diesem Trip zu begeistern. »Ich glaube wir müssen es so sehen, dass diese Einladung für vier alte Säcke, wie wir das sind, eine der seltenen Gelegenheiten ist, sich wie junge Burschen zu fühlen.«

»Ich dachte, die Einladung ist längst schon angenommen«, erhob sich Vinzenz und zog mit fragendem Blick in die Runde seine Jacke an.

»Ja. Dann. Alles klar!«, brachte Ronnie heraus. »Ich wollte uns nur noch einmal vor Augen führen, wie großartig das von Hans ist.«

»Von Eustace!« Mit dem Beharren auf diesem feinen Unterschied wollte Vinzenz noch einmal sich und den anderen verdeutlichen, dass seine Zustimmung nicht ohne Vorbehalt war.

Die Runde löste sich auf. Es war nicht notwendig, diesen Abend zu einer Eskapade auswachsen zu lassen, wartete doch auf sie alle in wenigen Tagen eine herrliche Möglichkeit, so richtig Gas zu geben.

Noch 226 Stunden

Ronnie my boy
An: Eustace

Hey, Mr. Billionär! (schreibt man glaub ich anders)
Wir haben uns bei mir im Lokal getroffen, und ich soll dir von der Gang ausrichten, dass wir uns schon alle sehr auf dich freuen.
Noch mehr natürlich auf deinen unglaublichen Reichtum!

Du wirst arm sein, wenn wir wieder zurückfliegen, wir werden dich komplett plündern.

Wir erwarten Luxus hoch 10!!!! Wir wollen uns mit lebendigen Schwanen-küken nach dem Scheißen den Arsch auswischen (das hab ich wo gelesen, dass die ganz reichen Bonzen das so machen 😊 😊 😊).

Nein, ganz im Ernst: Wir würden auch kommen, wenn du ein armer Schlucker wärst und es nur fish and chips gibt. Freude!!!!

Die zwei Ehemänner müssen den Termin noch mit ihren jeweiligen Frauen und Familien abklären, aber wenn alles klappt, werden wir pünktlich am Flughafen sein.

Sollen wir eigentlich dir direkt schreiben oder nur dem Butler!?!

Es grüßt dich der Rest der Gang

Ronnie, Vinzenz und Patrick

Eustace Hallam

An: Ronny my boy

Hey, Ronnie my Boy!!

Man schreibt *billionaire,* und es bedeutet – nur damit kein Irrtum aufkommt, *Milliardär,* und die Bezeichnung stimmt für mich nicht ganz, denn ich hab ja mehr als eine … 😊 (Manchmal kann ich es selbst nicht fassen, ich bin immer noch der kleine Bub aus dem 12. Bezirk – aber egal, davon kann ich ja dann erzählen, wenn wir uns sehen.)

Ohne Frage werde ich euch verwöhnen. Was die Schwäne zum Arschauswi-schen betrifft, so muss ich leider anmerken, dass das in der High Society schon längst out ist. Der neue Schrei ist Folgendes: Wir essen nur Steaks von Tier-arten, die vom Aussterben bedroht sind, und wischen uns den Arsch mit ech-ten historischen Stoffen aus dem Mittelalter. (Ich hau mich weg!!!!)

Ihr werdet alle staunen, wie normal so ein Milliardärsleben ist. Habe keinen überbordenden Luxus. Aber für euch ist mir das Beste nur gut genug. 😊

Freue mich auf euch alle!

Euer Hans Eustace Hallam!

PS: (eigentlich braucht man bei einer mail ja kein PS, denn ich könnte das ein-fach oben reintippen. Finde es aber cool, so ein PS) also Post Scriptum:

Ich werde euch von Randjeed in einer Limousine abholen lassen. Er kommt früher, als erwartet, in Wien an, und bevor er nur herumlungert für mein Geld, soll er euch abholen.

Love! Eustace!

Noch 144 Stunden

Der Hirsch strahlt Würde aus und Erhabenheit. Sein mächtiges Geweih flößt uns Respekt ein. Der Hirsch ist anmutig und elegant. Er steht stolz auf einer Lichtung und wirft seinen Kopf zurück, um Größe zu demonstrieren. Der Hirsch ist weiß. Zumindest in Vinzenz Bartoks Fantasie. Er war sich nicht sicher, ob es überhaupt weiße Hirsche in freier Wildbahn gibt oder ob sie nur in Plastik über dem Eingang ländlicher Gaststätten hängen. Ob Fabelwesen oder nicht, in Vinzenz' Kopf war er Wirklichkeit. Seit seiner frühesten Jugend fühlte er sich zu ihm hingezogen. Es war sein Lieblingstier. Drei Tage nach dem Treffen in Ronnies Bar träumte Vinzenz von einem weißen Hirsch, der irgendwie in seine Wohnung eingedrungen war.

Der Traum verstörte ihn mächtig, hatte er doch im weißen Hirsch bisher nie eine Bedrohung gesehen. Das Tier in seinem Traum jedoch war eine Bestie. Aggressiv und unberechenbar. Es hatte die ganze Einrichtung zerstört und Vinzenz' siebenjährigen Sohn, den jüngsten seiner drei Söhne, mit einem heftigen Stoß seines Geweihs verletzt. Er blutete aus dem Bauch. Vinzenz suchte verzweifelt nach einem Gegenstand, mit dem er den Hirsch vertreiben konnte. Er lief in die Küche und riss die Lade mit den Fleischmessern auf. Sie krachte auf den Boden. Der Hirsch hob seinen Kopf und sah Vinzenz in die Augen. Mit einem schnellen Satz sprang er, den Kopf gesenkt, Geweih voran, auf Vinzenz zu. Er konnte die Blutspritzer seines Sohnes auf dem weißen Fell sehen. Er stand wie paralysiert da, konnte sich nicht bewegen ... Kurz bevor er vom Geweih zerrissen wurde, schreckte Vinzenz aus dem Schlaf.

Während des Frühstücks googelte er »weißer Hirsch« und musste feststellen, dass es sich nicht um ein Fabelwesen handelte, sondern um ein leibhaftiges Wildtier. Während seine drei Söhne sich um Toastbrot für Eier und Speck stritten, tippte er »Weißer Hirsch Symbol Traum Bedeutung« in sein Handy. »*Der Hirsch gilt als Krafttier, das Weisheit, Einfühlungsvermögen und Kreativität verkörpert. Wer im Traum einen Hirsch sieht, beschäftigt sich daher möglicherweise mit der eigenen Kreativität und wird bald einen Einfall haben, der ihn voranbringt. Der Hirsch kann auch den damit verbundenen Erfolg und nahendes Glück symbolisieren, gleichgültig, ob der Träumende ihn nur sieht oder selbst erlegt. Stellt er dagegen einem Hirsch nach, ohne ihn zu fangen, steht dies für vergebliche Wünsche oder Vorhaben, denen der Träumende erfolglos nachläuft. Misshandelt er das Tier im Traum, so tritt er gleichsam seine eigenen Pläne mit Füßen und wird Misserfolg ernten.*« Es machte keinen Sinn für Vinzenz. Warum wurde er im Traum von seinen eigenen Plänen, seinem eigenen Einfall angegriffen? Was hegte er für Pläne, offensichtlich unterbewusst, die seinen jüngsten Sohn verletzen könnten?

»Wolltest du dich nicht scheiden lassen?«, fragte ihn wenige Stunden später ein Arbeitskollege.
»Das ist zwei Jahre her, und es war nicht wirklich ernst gemeint.«
»Träume sind Schäume, auch die Albträume. Hast du irgendeinen Film gesehen, in dem ein Kind verletzt wird?«
»Nein!«
»Vergiss es einfach.«
»Träume bedeuten immer etwas. Wir verarbeiten unsere Gefühle und psychischen Zustände.«
»Ein Hirsch ...?«, meinte sein Kollege und nahm dabei einen Schluck Wasser aus der bunten Plastikflasche, die ihm seine Frau gekauft hatte, aus Angst, er würde eines Tages dehydrieren und es nicht mehr nach Hause schaffen. »Ein Hirsch hat doch ein Geweih.«
»Er hatte ein riesiges Geweih.«
»Hast du deine Frau betrogen?«

»Wieso?«

»Der Hirsch war deine Frau, der du Hörner aufgesetzt hast!«

»Ich habe meiner Frau keine Hörner aufgesetzt.« Das war die Wahrheit.

»Dann hat deine Frau dich betrogen. Du ahnst etwas und hattest deshalb im Traum diese Vision.«

»Langsam, langsam – jetzt ist es schon eine Vision? Es war einfach ein Traum. Außerdem wäre dann ja ich der Hirsch gewesen, der Gehörnte.«

»Wie du als Scheidungsanwalt weißt, sind beide Varianten denkbar.«

Vinzenz' Frau hatte ihren Mann genauso wenig betrogen wie er sie. Nicht, dass sie beide nicht ab und zu daran dachten. Sich vielleicht sogar mit potenziellen AnwärterInnen zum Kaffee trafen. Aber das war es auch schon.

In seiner Mittagspause klemmte er sich wieder hinter den Computer und googelte weiter nach der Bedeutung des weißen Hirsches. Die Sache ließ ihn nicht los. Es kamen einige Informationen zutage, die ihm keine Antwort auf seine Frage waren, was daran gelegen haben mag, dass er nicht einmal genau wusste, was seine eigentliche Frage war. Er wusste jedenfalls nichts damit anzufangen, dass der Hirsch der Bezwinger des Drachen sei. In einigen mittelalterlichen Schriften wird der *cervus* als Feind des *draco* bezeichnet. Ein weißer Hirsch als Besieger des Bösen. Der Hirsch verfolgt eine Giftschlange. Sie flüchtet sich in eine Spalte in der Erde. Der Hirsch schnaubt, hält kurz inne. Dann läuft er zu einer Quelle, füllt sein Maul und seine Nase mit Wasser, kommt zum Versteck der Schlange zurück und bläst das Wasser in die Erdspalte, was die Giftschlange aus ihrem Versteck treibt, worauf sie der weiße Hirsch mit seinen Hufen zertrampelt und ihr Blut auf das weiße Fell seiner schlanken Beine spritzt. Es kann auch sein, dass der Hirsch die Schlange verschluckt, zur Quelle läuft und trinkt und trinkt und sie in seinem Magen ertränkt.

Der Hirsch ist ein Retter. Der Hirsch ist der Erlöser. Besonders seltsam schien ihm die Geschichte des römischen Oberbefehlshabers

Placidas. Dem erschien im Jahre 118 ein Hirsch mit einem leuchtenden Kreuz im Geweih. Placidas fiel vom Pferd und hörte die Stimme Jesu Christi.

»Vielleicht ist es etwas Religiöses«, sagte er am Abend zu seiner Frau.

»Du bist doch nicht plötzlich religiös?«, meinte sie.

»Nein. Bin ich nicht. Aber wer weiß. Vielleicht ist mir ja im Traum Christus erschienen?«

»Als Hirsch, der in unsere Wohnung einbricht?«

»Die Wege des Herrn sind unergründlich! Es gab einen römischen Feldherrn, zu dem hat Christus gesprochen, nachdem ihm ein weißer Hirsch erschienen war.«

»Wenn du die Stimme Gottes hörst, solltest du in die Psychiatrie gehen. Das ist eine psychotische Störung.«

»Es war einfach nur ein Traum.«

Lydia war Ärztin. Kinderchirurgin. Sie hatte den ganzen Vormittag einen siebenjährigen Jungen operiert und war müde und abgekämpft.

»Ich habe morgen wieder Nachtdienst, aber am Sonntag hab ich frei.«

»Sonntagabend muss ich zu einer Besprechung. Der Prozess fängt am Montag an.«

»Dann gehen wir zum Brunch ins Kunsthistorische Museum.«

»Mit den Buben?«

»Mit den Buben.«

Er war sich nicht ganz sicher, ob seine Frau den Seufzer, der ihm angesichts dieses Vorhabens entfuhr, bemerkt hatte. Den Trip zu seinem Schulfreund Eustace Hallam – er hatte seiner Frau lange vor ihrer Hochzeit von ihm erzählt, aber nie die ganze Dimension und Tragweite der Gang ausgebreitet –, den Geburtstagstrip musste er bei ihr noch durchbringen.

Die Hirsche, die Vinzenz Bartok am Sonntagnachmittag, zwei Tage vor seiner Abreise nach England, zu sehen bekam, hatten alles von ihrer Erhabenheit verloren. Ihre Augen waren angstvoll aufgerissen. Hunde und Reiter auf Pferden hetzten die keuchenden Hirsche auf den schmalen Fluss zu. Verängstigt sprangen sie ins Wasser, um sich zu retten, während von der gegenüberliegenden Seite Jäger mit Armbrüsten auf sie schossen. Hunde sprangen ins Wasser und schnappten nach den Hälsen der mächtigen Hirsche. Jäger in Booten fischten die toten Tiere aus dem Wasser. Andere wurden in eine Falle getrieben und abgeschlachtet. Vinzenz Bartok begann die Hirsche zu zählen, die sich auf dem Gemälde befanden.

Es war also Sonntag geworden. Er war mit seiner Frau und seinen zwei Söhnen ins Kunsthistorische Museum gegangen, eigentlich um im dazugehörigen Kaffeehaus zu brunchen, aber er wollte dann doch ein wenig alleine sein und ließ seine Familie am Fenstertisch, der eine wunderbare Aussicht auf den Park und das gegenüberliegende Naturhistorische Museum bot, sitzen. Er ginge kurz zur Toilette, meinte er, unternahm aber einen kleinen heimlichen Ausflug in den Saal XV. Ab und zu gönnte er sich diese wenigen, viel zu kurzen freien Minuten.

Eine spanische Touristengruppe füllte Saal XV fast zur Gänze. Vinzenz fielen vier Jugendliche auf, die ihrer Umgebung keine Aufmerksamkeit schenkten und gelangweilt auf ihren Smartphones herumwischten. Der Museums-Guide erklärte der Gruppe gerade irgendetwas in einem von schwerem deutschen Akzent gepeinigten Spanisch. Ein älteres Ehepaar flüsterte sich etwas zu, wahrscheinlich keinen Kommentar zu den ausgestellten Gemälden, sondern eine bissige Bemerkung über das schlechte Spanisch des etwas traurigen und von seinem eigenen Vortrag mitgenommenen Guides. Vinzenz Bartok blieb vor einem Gemälde in der hinteren Ecke des Saales stehen, vor dem ein kleiner spanischer Junge mit weit aufgerissenen Augen stand. Es war die Darstellung einer Hirschjagd aus dem 16. Jahrhundert, von Lucas Cranach dem Jüngeren (1515–1586), wie er auf der goldenen Plakette lesen konnte.

Vinzenz musste an den weißen Hirsch aus seinem Traum denken, seinen bedrohlichen Blick. Er wurde das Gefühl nicht los, der Traum und das Gemälde seien nicht zufällig in sein Leben getreten, was immer das bedeuten mochte.

Noch 128 Stunden

Eustace (Hans)

An: vinzenz98@bartok_privat.at; ronnie@heller.com,

patrickschoeneberger@patrickschoeneberger.at;

Betr.:   Reise in die größte Party seit Menschengedenken

An Alle!

Meine Liebsten!

Ich habe noch keine Ansage von euch bekommen, also keine konkrete. Was ist los? Wird es schwierig für euch, die Zeit freizuschaufeln? Sind die Ehefrauen das Problem? Bitte gebt mir Bescheid.

Love Eustace

Vinz

An: Eustace

Betr.:   Reiseerlaubnis von der Frau

Lieber Hans (Dear Mr. Eustace) 😊

Ronnie hat mich gerade gerügt, dass ich noch kein o. k. zur Abreise gegeben habe, aber ich muss noch abklären, ob sich das für meine Frau ausgeht.

Im allerschlimmsten Fall schicke ich dir die zwei alleine und komme dich später einmal besuchen.

Gestern hatte ich einen eigenartigen Traum, mir ist ein Hirsch ins Haus eingedrungen und hat mich und meine Kinder bedroht – irgendwie hab ich ein ungutes Gefühl, ob das nicht eine Art Vorwarnung ist, dass wir mit deinem Privatjet vielleicht abstürzen oder so. Es stürzen ja kaum noch große Maschinen ab – immer nur die Privatjets.

Ich gebe dir morgen Bescheid,

Gruß,

Vinz

Eustace (Hans)

An: Vinzenz

Betr.:   Re: Reiseerlaubnis von der Frau

Vinz!!!

Scheiß dich nicht an, die Wahrscheinlichkeit, dass dir in der Luft ein Hirsch begegnet, ist gleich null. Noch dazu ein weißer, die sind sehr selten (glaub ich). Soll ich deiner Frau eine Haushaltshilfe oder ein Kindermädchen checken, während du weg bist? Auf meine Kosten natürlich.

Gib Bescheid, ich erwarte euch in Sehnsucht.

Love Eustace

Vinz

An: Eustace (Hans)

Betr.:   Erlaubnis erhalten

Hi!

Alles geklärt. Kann weg. Danke für das Angebot, aber wir haben noch alle vier Großeltern.

Na ja, weißt du – was den Traum betrifft –, irgendwie ist es mir unheimlich. Kannst du dich noch erinnern, wie wir in den gemeinsam verbrachten Ferien auf dem Kärntner Bauernhof die Kühe von der Weide getrieben haben und dieses kleine Kalb explodiert ist, weil es zu viel Klee gefressen hat?

Da hab ich in der Nacht davor von einer Brücke geträumt, die unter uns zusammengebrochen ist. Ein Unheil. Und am nächsten Tag ist das kleine Kalb tot.

Na ja, egal. Nur so Gedanken, die einem hochkommen, wenn man zurückdenkt ...

Ich freue mich auf dich – auf uns alle.

Bis dann,

Vinz

Eustace (Hans)

An: Vinz

Mein Lieber,

ich kann verstehen, dass dich diese Reise etwas nervös macht, schließlich haben wir einander sehr lange nicht gesehen.

Aber glaube mir, das tote Kalb, das an seinem geblähten Magen verendet ist, weil wir zwei coolen Stadtkinder den elektrischen Weidezaun an einer vom Bauern nicht einsichtigen Stelle umgelegt haben – wie ich mich nicht ohne Stolz erinnere (war das noch ein Lausbubenstreich oder schon die erste Eskapade?) –, das tote Kalb hast du nicht vorausgesehen. Hättest du denn nicht sonst auch den Unfall mit Ronnie voraussehen müssen – oder zumindest schlecht träumen? Und der Unfall war doch sicher die weit größere Katastrophe.

Also bitte beruhige dich.

Ich freue mich auf euch alle.

Dein Eustace

Noch 96 Stunden

Was für ein schräger Traum, dachte Ronnie, sagte aber weiter nichts dazu. »Das ist das Reisefieber, eine Alterserscheinung«, versuchte Patrick die deutlich sichtbare Nervosität von Vinzenz abzutun. »So etwas bedeutet gar nichts. Träume bedeuten nichts. Du hast irgendetwas verarbeitet, irgendein Erlebnis. Träume arbeiten für uns, während wir nichts Besseres zu tun haben, als zu schlafen. Eine tolle Einrichtung, da kann man doch einen Hirsch in Kauf nehmen. Kein Grund, sich in die Hose zu machen.«

»Er hat meinen Sohn verletzt.«

»Prophetisch sind Träume jedenfalls nicht«, mischte sich Ronnie ein, der das Thema endlich beenden wollte, »sonst würde ich mich nämlich demnächst mit drei Blondinen in einem Whirlpool auf einer Yacht wiederfinden. Und die Wahrscheinlichkeit ist doch eher sehr gering!«

»Du hast geträumt, dass du mit drei Blondinen in einem Whirlpool sitzt?«

»Ja.«

»Aha.« Patrick schüttelte verständnislos den Kopf.

»Was ist da dabei? War ja nur ein Traum«, verteidigte sich Ronnie.

»Und das Kalb damals?«, beharrte Vinzenz.

»Zufall!« Ronnies Bestimmtheit beendete die mühsam gewordene Diskussion.

Sie nippten an ihren Gläsern Champagner, die ihnen Randjeed, der Butler, angeboten hatte. Ihnen war recht bald bewusst geworden, dass sie sich bereits am Weg zum Flughafen in einer anderen Welt befanden. Wenn die Limousine auch nicht Eustace Hallam gehörte, sondern nur gemietet war, konnten sie doch schon etwas von seinem Lebensstil spüren.

Randjeed hatte sich beim Einsteigen entschuldigt, keine größere Limousine aufgetrieben zu haben, und versprach, dass das Taxi mit Ronnies Rollstuhl zur gleichen Zeit am Flughafen eintreffen und es zu keiner Verzögerung kommen werde. Er war sehr britisch, sehr höflich und immer darum bemüht, alles für die drei Freunde seines Chefs so angenehm wie möglich zu gestalten.

»So you are always working for Mister Hallam?«, fragte Ronnie Randjeed, während er hinter den anderen durch einen Korridor am Flughafen rollte, der sie in den VIP-Bereich bringen sollte.

»Yes. I am with him since twelve years«, antwortete Randjeed.

»No, I mean you are always working or have you also free some time?«, holperte Ronnies Englisch unbekümmert dahin.

»I am sorry for our friend, his English is like Dresden after the war«, versuchte Vinzenz seinen ersten englischen Joke anzubringen. Mit Erfolg. Randjeed lachte herzlich, was jedoch auch zu seinem Job gehörte, und es war unmöglich zu sagen, ob er den Joke witzig fand oder nicht. Jedenfalls antwortete er erst, nachdem er höflich ausgelacht hatte.

»As I am an old style valet, my free time is the time when my boss is asleep or has decided not to be in need of my service, Sir!«, sagte er und schob Ronnie in den VIP-Raum, wo die anderen bereits dabei waren, sich am Buffet zu bedienen. Auserlesene Häppchen und Gin Tonic halfen ihnen, die halbe Stunde bis zum Start des Privatjets zu überbrücken. Um das Einchecken des Gepäcks kümmerte sich inzwischen eine Angestellte des Flughafens. Die Passkontrolle fand im VIP-Bereich statt, wo sie mittlerweile auf gemütlichen Fauteuils Platz genommen hatten, an Lachsbrötchen knabbernd, während der Zollbeamte in Uniform freundlich von Fauteuil zu Fauteuil ging, jeweils den Pass entgegennahm, einen kurzen Blick reinmachte und ihn freundlich wieder zurückgab.

»Wollen Sie auch einen Schluck Champagner?«, fragte Ronnie den Grenzbeamten und gab dem Butler mittels Kopfnicken ein Zeichen.

»Nein danke. Sehr freundlich«, sagte der Grenzbeamte und verließ den VIP-Bereich.

»Was sich der wohl denkt?«, stellte Ronny in die Runde. Er rollte zur Tür und rief dem Grenzbeamten nach: »Wir sind keine alten Geldsäcke, keine reichen Prasser! Wir sind von unserem Schulfreund eingeladen, der bezahlt das alles. Wir würden es lieber für hungernde Kinder spenden, ehrlich.«

Der Zollbeamte drehte sich kurz um und schenkte Ronnie ein freundliches Lächeln, in dem auch ein wenig Verachtung steckte.

»Schämst du dich dafür, dass wir von unserem Schulfreund auf einen Luxustrip eingeladen worden sind?«, fragte Patrick und schenkte sich dabei Champagner nach.

»Nein«, erwiderte Ronnie, »aber was soll diese ganze Protzerei? Ich meine, er schickt uns einen Privatjet mitsamt Butler. Wozu eigentlich?«

»Eine freundliche Geste«, meinte Vinzenz. »Er möchte, dass es uns so gut wie möglich geht. Er lässt uns an seinem unglaublichen Luxus teilhaben, weil er uns mag.«

»Aber er weiß doch gar nicht, ob wir diese übertriebene Inszenierung seines Reichtums genießen können?«, philosophierte Ronnie über die Motive des milliardenschweren Schulfreundes weiter, während er sich noch ein Glas Champagner einschenkte. »Woher will er wissen, ob uns das alles nicht eher vor Augen führt, was für arme Würstchen wir sind. Vielleicht möchte er uns nur demütigen, uns zeigen, dass wir es im Gegensatz zu ihm zu nichts gebracht haben. Er war doch immer schon ein Protzer, oder?«

»Also ich finde das Ganze nicht so schlimm. Er möchte uns einfach eine Freude machen und schickt uns seinen Privatjet, damit wir nach London kommen. Wenn dir der Privatjet nicht passt, Ronnie, kannst du es ja mit deinem Rollstuhl auf dem Landweg versuchen. Da würde ich aber mit dem Champagner aufhören, sonst kommst du noch ins Planquadrat, und sie nehmen dir den Rollstuhl weg.«

Vinzenz erntete großes Gelächter, vor allem von Ronnie selbst.

Der Butler betrat mit einer elegant gekleideten Stewardess und zwei Piloten den VIP-Bereich. Man wurde einander vorgestellt, tauschte Höflichkeiten aus, und wenig später befand sich die Reisegruppe in fünfunddreißigtausend Fuß Flughöhe auf dem Weg nach Baltimore, einer kleinen Hafenstadt in Irland. Die Stewardess gab eine kurze Sicherheitseinweisung zum Besten und kündigte ein Abendessen an, der Kapitän informierte sie über die Flugdauer von zwei Stunden und dreißig Minuten. Momentan sehe es so aus, als bekomme man Rückenwind.

Vinzenz, Patrick und Ronnie saßen mit sprichwörtlich offenen Mündern auf schwarzen Lederfauteuils in einem fliegenden Wohnzimmer, ausgestattet mit einer kleinen Bar, einem Bücherregal, einem großen Flachbildschirm und einem Esstisch, an dem sechs Personen bequem Patz fanden.

»Darf man eigentlich herumgehen?«, fragte Ronnie, dessen Rollstuhl im Frachtraum verstaut worden war, ganz unschuldig. Das war Ronnie at his best. Die Stewardess, eine Engländerin, die mit ihnen jedoch deutsch sprach, hatte sichtlich Mühe, Contenance zu wahren, während die anderen losprusteten.

»Selbstverständlich. Sie können herumgehen, sich an den Tisch setzen oder an die Bar, Sie können in den Büchern schmökern oder ein Bad nehmen, wenn Sie möchten.«

»Ein Bad!?«

Jetzt starrten sie die Stewardess wirklich mit offenem Mund an. Es gab ein Badezimmer an Bord?

»Sie können sich aber auch, wenn sie das möchten, im Schlafzimmer hinlegen.«

»Im Schlafzimmer?!«

Wenn die Münder nicht schon offengestanden wären, wäre ihnen die Kinnlade jetzt endgültig heruntergefallen.

Das Flugzeug war nicht nur ein fliegendes Wohnzimmer, es war eine fliegende Kleinwohnung. Ronnie zeigte sich abermals abgestoßen von so viel sinnlosem Luxus.

Patrick sah das nicht so eng: »Es ist kein sinnloser Luxus, es ist einfach nur eine kleine Wohnung. Würdest du eine Wohnung als Luxus bezeichnen?«

»Wenn sie in der Welt herumfliegt, schon!«

»Er verbringt viel Zeit in der Luft, warum sollte er es sich da nicht bequem machen?«

»First Class ist bequem genug, da muss ich mir kein eigenes Flugzeug kaufen!«

»Wenn er das Geld dazu hat, warum nicht!«

»Das muss ihn verändert haben«, sagte Ronnie, der mit dem Gedanken liebäugelte, vielleicht doch ein Bad zu nehmen.

»Sinnloser Luxus, ich schließe mich Ronnies Meinung an. Demonstrativer Luxus. Er muss sich und der Welt etwas beweisen«, sagte Vinzenz und überlegte, wie viele Paare er scheiden lassen müsste, um sich ein solches Flugzeug leisten zu können, und ob er nicht vielleicht ein Bad nehmen sollte.

Patrick war begeistert und fragte die Stewardess, ob er ein Bad nehmen könne.

»Er ist ein reiches Arschloch«, setzte Ronnie nach. »Erinnert ihr euch, wie er – wann war das, da waren wir zwanzig, einundzwanzig –, wie er den Fünfhunderter verbrannt hat?«

»Den Fünfhunderter hat er nicht verbrannt, um zu protzen, sondern im Gegenteil, weil er dir zeigen wollte, dass ihm Geld nichts bedeutet«, sagte Vinzenz zu Patrick, dessen Bad in fünfunddreißigtausend Fuß Flughöhe von der Stewardess gerade vorbereitet wurde.

»Ja, sehr schön«, antwortete Patrick, »und wer von uns beiden ist dann Millionär geworden?«

»Milliardär ... Das sind ein paar Nullen mehr. Genau genommen drei, insgesamt sind es neun. Neun Nullen, die einen zum Milliardär machen«, lächelte Vinzenz der vorbeigehenden Stewardess zu, die sich neben den Butler setzte und mit ihm zu plaudern begann, nachdem sie Patrick mitgeteilt hatte, sein Bad sei fertig, und ihm eine kurze Sicherheitseinweisung für die Flugbadewanne gegeben hatte; auch sie war mit einem Sicherheitsgurt ausgestattet, falls es zu Turbulenzen kommen sollte, und im Falle von sehr starken Turbulenzen müsse er aus der Wanne steigen.

»Keine Sorge, im Ernstfall steigt das Wasser mit dir aus«, witzelte Vinzenz, der sich schwor, spätestens beim Rückflug auch von der Wanne Gebrauch zu machen.

Ronnie murrte: »Die Nullen, die ihn zum Milliardär machen, sind die Leute, die seinen Computerscheißdreck kaufen.«

»Vielleicht ist er ein Arschloch, aber ein großzügiges. Ich meine, er schickt uns die fliegende Dreizimmerwohnung auf seine Kosten. Er hätte uns auch einfach nur einladen können, und wir hätten uns die Tickets selber gezahlt. Und jetzt kann ich auf dem Flug nach Irland ein Bad nehmen. Habt ihr einen Begriff, was das kostet? Was er da für uns ausgibt, damit wir uns wiedersehen können?«, gab Patrick zu bedenken und verschwand im Bad.

Vinzenz blickte zu Ronnie hinüber, der angeschnallt auf der großen Ledercouch saß und offensichtlich versuchte, ein Nickerchen zu machen, zumindest hatte er die Augen geschlossen. Dann sah er zur Stewardess und Butler Randjeed, die sich immer noch angeregt miteinander unterhielten.

Er schnallte sich los, ging zum Bücherregal und nahm eines der Bücher heraus. Es war in russischer Sprache geschrieben. Alle Bücher in diesem Flugzeug waren in russischer Sprache. Die Stewardess kam auf ihn zu und entschuldigte sich dafür, dass die Bücher nicht in Deutsch oder Englisch waren. Sie fragte ihn, ob er mit der *Times* oder dem *Standard* vorliebnehmen würde. Er verneinte höflich. Am Weg zu seinem Platz überlegte er, ob er Ronnie darauf ansprechen solle, ob es für ihn nicht seltsam sei, nach so langer Zeit wieder auf den Menschen zu treffen, dessen Schuld es war, dass er im Rollstuhl saß. Der Unfall, der Ronnies Leben komplett verändert hatte, war nicht im betrunkenen Zustand während einer ihrer Eskapaden passiert. Sie waren alle nüchtern gewesen. Es war dumm gelaufen. Sehr dumm.

Eustace, der damals noch Hans hieß, beschloss eines Tages, sie mussten knapp zweiundzwanzig gewesen sein, sich für einige Tage auf einem Berg in Tirol in die Einsamkeit zurückzuziehen. Eine Art Selbstfindungstrip. Fünf Tage in einem Zelt auf einer Alm ohne jeglichen Kontakt zur Außenwelt. Ohne ein Handy, das damals gerade in Mode gekommen war. Ohne Buch. Ohne Radio.

»Einfach nur ich, ganz allein mit mir selbst.«

»Und wozu soll das gut sein?«

»Askese. Einkehr. Besinnung auf das Sein als solches. Nichts tun. Nur existieren.«

»Und was isst du?«

»Brot und Dosenfleisch.«

»Sehr gesund.«

»Ist eine indische Technik.«

»Das Dosenfleisch?«

»Nein. Aber das Ausgesetztsein in einem Wald. Ich darf mich von meinem Zelt nur einem Radius von ein paar Metern wegbewegen«, schwärmte er. »Ich kann den ganzen Tag eigentlich nichts anderes tun, als Brot mit Dosenfleisch essen, Wasser trinken – oder eben einfach nur sein, in mich gehen.«

»Und wenn du dort nichts vorfindest, in dir? Ich würde umkippen vor Langeweile«, hatte Ronnie gemeint und noch etwas zu trinken geholt.

Es war dann auch Ronnies Idee gewesen, Hans hinterherzufahren, um ihm einen nächtlichen Besuch abzustatten in seinem einsamen Zelt.

»Wir schleichen uns an und machen Tiergeräusche.«

»Ob's nicht besser ist, wenn wir so tun, als wären wir Diebe oder Wilderer?«

»Das ist kein Heimatfilm! Wir wollen ihm nur einen Schreck einjagen.«

»Oder was Übernatürliches?«

»Wie soll das gehen? *Buhu* rufen? Nein, wir machen Bärengeräusche, dass er glaubt, zwei Bären interessieren sich für ihn und sein Zelt.«

Nach Sonnenuntergang machten sie sich auf den Weg, stiegen den Berg hinan. Es war stockdunkel. Kein Mond. Nur die Sterne waren zu sehen. Sehr deutlich. Viel deutlicher als in der Stadt. Eustace hatte ihnen beschrieben, wo er zu finden sein würde, für den Fall, dass ihm etwas zustoßen sollte. Wenn er sich bis Freitag nicht zurückgemeldet habe, sollten sie die Bergrettung verständigen. Zwei Nächte hatten sie ihn in Ruhe gelassen, um ihn in Sicherheit zu wiegen. Er hatte ihnen die Stelle zwar auf einer Landkarte eingezeichnet, aber sie hatten größte Mühe, sich in der Dunkelheit zu orientieren. Die Taschenlampe setzten sie nur sparsam ein, um sich nicht zu verraten.

»Da muss es aber sein«, flüsterte Ronnie, der an diesem Unternehmen seine wahre Freude hatte.

»Warum seh ich dann nichts?« Vinzenz reckte seinen Hals, als wollte er Witterung aufnehmen, denn auf die Augen war in der Dunkelheit kein Verlass. Das hatten sie falsch eingeschätzt.

»Da ist er nicht«, war Ronnie enttäuscht.

»Vielleicht ist er überhaupt ganz woanders hin.«

»So was macht der nicht. In Wahrheit ist er doch ein Angsthase. Wozu hätte er uns eine falsche Stelle für den Notfall angeben sollen? Selbst wenn er sich aus dem Leben stehlen wollte, das macht doch keinen Sinn.«

»Ich sage euch, der liegt jetzt mit irgendeiner kleinen Blonden in einem Hotel in Innsbruck und kann es nicht erwarten, uns von seinem Selbstfindungstrip vorzuschwärmen.« Ronnie hielt seine These für die wahrscheinlichste.

»Wenn, dann liegt er mit einer unserer Freundinnen im Bett. Meine hat ein wichtiges Seminar in Berlin, hat sie gesagt.«

»Meine ist zu Hause.«

»Meine auch.«

»Also wenn er nicht da ist, dann kann es nur deine sein, mit der er gerade ...«

»Wieso sollte er etwas mit meiner Freundin haben?«

»Du hast mit dem Blödsinn angefangen.«

»Ich finde schon, er ist auffällig charmant zu ihr.«

»Er ist zu allen auffällig charmant.«

Sie suchten weiter, konnten das Zelt aber nicht finden. Nach einer halben Stunde machten sie kehrt. Schweigend stiegen sie den Berg wieder hinab, bis Patrick ein verdächtiges Geräusch vernahm. Sie hielten inne, machten ihre Taschenlampe aus und horchten in die Dunkelheit.

»Er schifft«, flüsterte Vinzenz, der das Pritscheln als Erster zuordnen konnte.

Wie weit kann man einen Menschen pinkeln hören? Das Zelt musste doch ... Plötzlich standen sie davor, fast wären sie hineingelaufen. Sie bremsten abrupt ab. Patrick verlor beinahe das Gleichgewicht, konnte sich aber gerade noch fangen.

Hans musste dieses Manöver gehört haben, denn fast im selben Moment ging im Zelt eine Taschenlampe an.

Mein Gott wäre das fantastisch, wenn er jetzt mit einem Pornoheft zu onanieren beginnt, dachte Ronnie, sie würden ihn lebenslang den *geilen Asketen* nennen. Vorsichtshalber behielt er den Scherz für sich, um die Mission nicht zu gefährden. Hätte er gewusst, dass in einer Minute und zweiundvierzig Sekunden ein Schuss fallen würde, der ihn für den Rest seines Lebens an den Rollstuhl fesselt, er hätte sich bestimmt keinen Zwang angetan. Hans wäre durch das Kichern der anderen sicher auf sie aufmerksam geworden und hätte nicht geschossen. Ein müder Scherz hätte Ronnie vor der größten Tragödie seines Lebens bewahren können.

Der erste Schuss hatte die Stille der Nacht zerrissen und sie in heillose Panik versetzt. Er kam direkt aus dem Zelt. Es war eine Art Warnschuss, den Hans blind durch den oberen Teil des Zeltes abgab, um die Bären, die unter grimmigem Brummen bereits mit den Nägeln an seinem Zelt kratzten, in die Flucht zu schlagen. Selber zitternd vor Schreck, stürmte er aus dem Zelt und hatte den schreienden Vinzenz vor seinem Lauf: »Scheiß dich nicht an, wir sind es!« In letzter Sekunde konnte er das Gewehr, das ihm sein Vater für alle Fälle aufgedrängt hatte, herumreißen. Dennoch hatte sich ein weiterer Schuss gelöst, der Ronnie, der in circa vier Metern Entfernung gegen einen Baum gelaufen war, zum Verhängnis wurde. Im ärztlichen Befund hieß es später: »*Der Patient wird in Abwehrlage in den Rücken getroffen. Die Kugel bleibt zwischen dem 11. und 12. Wirbelkörper stecken, wobei der Spinalkanal eröffnet und das Rückenmark im Bereich des Conus tangiert wird. Die Folge ist eine Paraplegie mit einzig verbleibender vegetativer Restsymptomatik.*«

Während Vinzenz, Hans und Patrick im Wartesaal der Innsbrucker Landesklinik auf die Nachricht vom Ausgang der Operation warteten, sprachen sie kaum ein Wort miteinander. In Patricks Kopf ratterte unaufhörlich eine Art von Gebet, eine Beschwörungsformel, irgendeine höhere Macht möge das Schlimmste doch noch abwenden. Aber eigentlich war es allen ziemlich klar, dass Ronnie nicht mehr gehen würde können. Sie hatten ihn den Berg hinuntertragen müssen. Er konnte seine Beine nicht mehr spüren.

»Ich habe dich nicht gesehen, es war stockdunkel«, stammelte Hans leise drei Tage später. Sie waren in Innsbruck geblieben, hatten sich in einer kleinen Pension eingemietet und die meiste Zeit bei Ronnie im Spital verbracht.

»Ich habe Vinzenz erkannt und das Gewehr zur Seite gerissen. Ich hab am ganzen Leib gezittert. Ich wollte nicht mehr schießen.«

Ronnie nickte mit dem Kopf, ohne ein Wort zu sagen.

Es war das letzte Mal, dass die Gang komplett versammelt war. Nach der bedingten Verurteilung wegen fahrlässiger Körperverletzung, verließ Hans bei erster Gelegenheit Österreich, um in London zu studieren.

Noch 93 Stunden

Am Flughafen von Cork stiegen sie in die von Eustace bereitgestellte Limousine, er selbst würde sie in Baltimore, eineinhalb Autostunden von Cork entfernt, im Hotel erwarten. Er war mit dem Zug aus Dublin angereist.

»Er hätte uns wenigstens vom Flughafen abholen können. Das Ganze ist ein bisschen unpersönlich«, mäkelte Vinzenz, während er ein weiteres Glas Champagner hinunterstieß.

»Und?«, fragte Ronnie, »wie ist das, wenn man in einem Flugzeug ein Bad nimmt?«

»Spacig!«, antwortete Patrick, »irgendwie irreal.«

»Spacig? Was ist das für ein Wort?«

»Ich befürchte, dass ich das meinen Schülern nicht erzählen werde können, dass der Herr Professor in einem Luxusjet ein Bad genommen hat«, grinste Patrick über das ganze Gesicht.

»*Spacig*«, murmelte Ronnie, »müsste eigentlich räumlich heißen.« Er wischte sich den Schweiß von der Stirn, denn er war nervös, Eustace nach so langer Zeit wiederzusehen. Er hegte keinerlei Groll mehr gegen ihn. Vor Jahren schon hatten sie einige gemeinsame Psychotherapiestunden genommen, um mit der tragischen Verstrickung ihrer Schicksale umgehen zu lernen. Eustace war zu diesem Zweck immer extra nach Wien geflogen. Die anderen wussten davon nichts.

Das Waterfront Guesthouse in Baltimore lag direkt am Hafen, ein kleines Hotel, das Eustace für eine Nacht zur Gänze für sie gemietet hatte. Er war der Meinung, niemand solle sie stören. Als die Limousine die schmale Straße zum Hafen hinunterkam, konnten sie

Eustace schon vor dem Hotel stehen sehen. Er telefonierte, oder besser gesagt, er tat so, als würde er telefonieren, in Wahrheit konnte er die Ankunft seiner Freunde gar nicht erwarten, wollte aber seine Aufregung nicht zeigen.

Die Begrüßung fiel – wie unter Männern üblich – eher knapp aus, ohne große Emotionen, mit einer gewissen Coolness, als hätten sie einander erst gestern das letzte Mal gesehen. Schulterklopfen, ein paar gehässige Sprüche, lautes Lachen, alles zu dem Zweck, ja keine Gefühle aufkommen zu lassen, als hätte man sich zufällig beim Mistruntertragen im Müllraum getroffen. Eustaces Ausruf »Ja, das gibt's ja nicht – was macht's denn ihr da?!?« wurde von Vinzenz quittiert mit: »Wir sind von der Steuerbehörde!« Im Speisesaal wartete ein üppiges Essen auf sie. Bei Krabben, Lobster, gegrilltem Oktopus, Fischfilets und Weißwein wurde das Wiedersehen gefeiert.

»Der Butler isst nicht mit uns?«, fragte Ronnie.

»Nein, der Arme hat endlich frei. Ich habe ihn die letzten zwei Wochen etwas überstrapaziert. Netter Kerl, oder?«

»Ja. Sehr nett.«

»Geredet hat er nicht viel.«

»Er ist sehr diskret, hat mich schon in entsetzlichen Zuständen gesehen. Zum Wohle!« Eustace erhob sein Weinglas: »Auf unsere Gang, auf unsere Freundschaft. Ich hab euch wirklich vermisst!«

Sie prosteten einander zu und leerten ihre Gläser in einem Zug. Sofort kam ein Kellner und schenkte ihnen nach. Das Gespräch kam nur stockend in Gang.

»Das heißt, du säufst immer noch so viel?«, brachte Vinzenz das Gespräch sofort auf eine sehr persönliche Ebene, in der Hoffnung, damit das Eis zu brechen. Er leerte auch dieses Glas in einem Zug.

»Es geht so. Nichts, was an unsere alten Eskapaden heranreicht, aber doch.«

»Muss man als Milliardär auch saufen?«, schenkte sich Vinzenz ein weiteres Glas Weißwein ein, was ihm einen irritierten Blick des Kellners einbrachte.

»Du wirst lachen, aber ich bin ein ganz normaler Mensch, mit allen Problemen, die auch jeder andere Mensch hat, nur dass ich mehr Geld habe als die meisten. Aber sonst ist alles gleich. Wirklich.«

»Was kostet dein Flugzeug eigentlich?«, wollte Patrick wissen.

»Wieso?«, konterte Vinzenz, »willst du dir auch eines kaufen und damit jeden Tag in die Schule fliegen?«

»Nein, es interessiert mich einfach.«

»Lass uns schätzen!«, meinte Ronnie.

»Na geh bitte, das ist doch fad!« Vinzenz trank seinen Wein aus, dieses Mal war der Kellner schneller und schenkte ihm sofort nach.

»Das ist wirklich kein lustiges Spiel, Freunde. Dass ich Milliardär bin, wollen wir jetzt einfach so hinnehmen. Wer sich für meine Finanzen interessiert, kann übermorgen gerne einen Nachmittag mit meinem Finanzchef verbringen, ich habe keine Geheimnisse.«

Schon die ganze Zeit über war ihnen Eustaces Schnupfen aufgefallen. Er musste eine entsetzliche Verkühlung haben. Andauernd schnäuzte er sich in ein Stofftaschentuch, und seine Stimme klang fürchterlich näselnd.

»Bist du verkühlt?«, fragte Patrick.

»Ja. Ich ... Also ich hatte vor drei Wochen eine Verkühlung und kriege seither den Schupfen nicht weg. Es ist grauenvoll, meine Nase ist komplett zu.«

»Nasenspray?«

»Hab ich. Zu viel allerdings. Habe zu viel genommen. Jetzt wirkt das Zeugs nicht mehr wirklich.«

»Was sagt der Arzt?«

»Warten, bis es weg ist. Nur das Scheußliche ist, dass ich nichts schmecke. Es ist grauenhaft. Ich schmecke überhaupt nichts mehr.«

»Was für eine Verschwendung.« Vinzenz zeigte auf die Meeresfrüchteplatte. Krabben, Garnelen, Muscheln, Austern und ein halber Hummerschwanz auf gecrashten Eiswürfeln, garniert mit Zitronenhälften.

»Das trifft sich ganz gut, ich hasse Muscheln und so Zeugs. Schmeckt mir überhaupt nicht, aber nachdem ich nichts schmecke, kann ich getrost essen, was mir nicht schmeckt. Eigenartigerweise rieche ich auch nichts mehr seit Wochen. Es ist furchtbar. Ich habe Angst, dass das so bleibt. Ich komme mir wie ein Behinderter vor. Keine Essensdüfte, kein Duft der Frauen beziehungsweise keine Düfte einer Frau, mit der man gerade geschlafen hat. Schrecklich. Da wäre ich lieber blind oder taub oder ...«

»Das ist geschmacklos«, sagte Vinzenz und deutete mit einem Blick auf Ronnie, der in seinem Rollstuhl saß und sich gerade eine Riesengarnele in den Mund schob.

»Ja. Völlig geschmacklos. Ich schmecke gar nichts. Null. Zero ...«

»Es ist geschmacklos, Hans, dass du in Gegenwart von Ronnie behauptest, du fühlst dich wie ein Behinderter und wärst lieber blind oder taub.«

»Um Gottes willen, entschuldige, daran hab ich gar nicht gedacht«, sagte Eustace, mit seinem Taschentuch beschäftigt.

»Aber nein, er hat schon recht. Es muss schlimmer sein, sein ganzes Leben nichts zu schmecken oder zu riechen, als nicht mehr gehen zu können. Sämtliche kulinarischen Genüsse fallen flach. Ich meine, was bleibt da noch? Ja gut, das viele Geld. Aber wenn das Himbeer-Vanille-Eis nicht mehr nach Himbeere und Vanille schmeckt ... Okay, schlechtes Beispiel, das tut es schon lange nicht mehr – aber wenn der Schweinsbraten nicht mehr nach Schweinsbraten duftet und das Bier nicht mehr nach Budweiser schmeckt? Ich stell's mir ziemlich behindert vor.«

»Bravo Ronnie! Der Mann versteht etwas vom guten Leben!«, sagte Eustace. »Gestern hab ich von meiner Sekretärin hundert Pfund gewonnen, weil sie mir nicht geglaubt hat, dass ich es schaffe, ein Räucherlachsbrötchen mit Nutella zu essen. Ich hab die Augen geschlossen – die darf man natürlich nicht mitessen lassen – und hab die Wette ganz locker gewonnen. Woran man sieht: Alles hat seine Vorteile.«

»Du hast jetzt noch mehr Geld, aber keinen Geschmack! Ein geschmackloser Neureicher.« In Patrick jubilierte der Philosophielehrer ob dieses schönen Sinnbildes, und bedächtig wiederholte er es gleich noch einmal, damit es auch alle verstehen: »Im buchstäblichen Sinn: ein geschmackloser Neureicher!« Das war ziemlich geschmacklos gegenüber Eustace, fand Ronnie und wechselte abrupt das Thema: »Wieso sind in deinem Flugzeug eigentlich nur Bücher in russischer Sprache?«

»Weil er es an einen Oligarchen vermieten muss, sonst kann er es sich nämlich nicht leisten«, ätzte Vinzenz.

»Es ist tatsächlich ein Gemeinschaftsflugzeug. Es gehört nicht mir allein. Die anderen zwei sind russische Geschäftsmänner, der eine ein Hobbyschriftsteller, der hat sich das Bücherregal eingebildet, der andere wollte unbedingt die Badewanne. Ich hab eigentlich nur ein Flugzeug gebraucht, um möglichst mühelos von A nach B zu kommen«, meinte Eustace.

»Siehst du, er ist ein vernünftiger Millionär. Er macht Jetsharing. Sehr brav!«, sagte Vinzenz.

»Muss trotzdem noch eine Lawine gekostet haben«, meinte Patrick.

»Fünfzig Millionen Pfund, wenn ihr es genau wissen wollt.«

»Insgesamt?«

»Für jeden.« Eustace erhob sich: »Ich bin gleich wieder da, ich muss kurz brunzen. Mein Gott! Wie lange ich schon nicht mehr *brunzen* gesagt habe. Herrlich! Dreißig Jahre England können gegen ein Wiener Gemüt nichts ausrichten!« Nach ein paar Schritten drehte er sich noch einmal zu seinen Freunden um: »Und die Erhaltung kostet fünf Millionen im Jahr. Auch für jeden. Ich komme gleich wieder.«

Der weitere Abend verlief unspektakulär. Sie bremsten sich ein, tranken nicht über die Maßen und gingen früher auf ihre Zimmer, als sie es sich für den ersten gemeinsamen Abend wohl ausgemalt hatten. Für nächsten Morgen stand die Fahrt von Baltimore nach London auf Eustaces Yacht am Programm.

Noch 81 Stunden

Es war eine winterfeste Yacht mit fünf Kabinen und einer Crew von drei Leuten. Sie kostete hundertzwanzig Millionen Pfund, zu ihrer Erhaltung waren mindestens acht Millionen im Jahr aufzubringen, und sie gehörte Eustace alleine, ohne russischer Beteiligung. Sie würden circa dreißig Stunden bis in den Londoner Hafen brauchen. Es war acht Uhr morgens, als sie Baltimore verließen. Sie hatten also einen ganzen Tag, eine ganze Nacht und einen Vormittag Zeit, die sie, so der Vorschlag von Eustace, in erster Linie mit trinken und essen zubringen sollten.

Im Wohnzimmer der Yacht war ein üppiges Frühstück für sie gerichtet. Nachdem sich das Personal um ihr Gepäck kümmerte, konnten sie sofort mit dem morgendlichen Mahl beginnen.

»Was ich am meisten vermisst habe in all der Zeit«, fing Eustace an, »sind unsere Gespräche, unser Philosophikum. So haben wir es doch genannt, oder?«

»Junge Studenten, die versuchen, sich die Welt zu erklären«, sagte Patrick, der unbedingt wissen wollte, was die Yacht gekostet hatte, sich aber vorgenommen hatte, das Thema Geld und Reichtum wenigstens für einen Tag nicht anzusprechen.

»Machen wir es doch wieder so wie damals. Einer schlägt ein Thema vor, und wir reden darüber«, schlug Eustace vor.

»Waren wir dabei nicht immer ziemlich betrunken?«

»Was hindert uns daran, betrunken zu werden?«

»Die Tageszeit? – Es ist acht Uhr morgens.«

»Ja, aber sollen wir unser Leben nicht genießen? Das war doch unsere Devise. Was hält uns davon ab, schon um acht Uhr morgens ein Gläschen zu trinken. Ich sage absichtlich ein Gläschen, meine Herren, ich rufe nicht zur Eskapade auf.«

Sie mussten unweigerlich lachen.

»Unser Schlachtruf ›Ich rufe zur Eskapade auf‹ war für mich immer das Zeichen, dass sich bald eine Tür ins Paradies auftun würde.«

»Nein, nein«, protestierte Patrick, »die Tür zum Exzess tat sich auf.«

»Und der Exzess öffnete uns den Blick auf das Paradies«, brachte Vinzenz die Erinnerung auf einen Nenner. »So war das.«

»Wir waren sehr naiv. Der Exzess eröffnet nur insofern das Fenster zum Paradies, als man bald das Zeitliche segnet, wenn die Exzesse nicht aufhören.«

»Wie hast du einmal gesagt?«, fragte Ronnie Eustace. »Wenn der Exzess selber niemals enden würde, würdest du ihn der Nüchternheit vorziehen.«

»Nein. Der Rausch. Wenn der Rausch niemals enden würde ...«, korrigierte Eustace.

»Nein, du irrst dich, du hast gesagt, wenn der Exzess niemals enden würde.«

»Ist doch dasselbe.«

»Ja, im Grunde schon ... Also, wie schaut's aus? – Ich rufe zur Eskapade auf!« Eustace blickte erwartungsvoll in die Runde.

»Wie soll denn das hier auf dem Schinakel gehen?«, fragte Vinzenz. »Eine Eskapade verlangt nach Lokalwechseln, nach unerwartetem Auftauchen auf fremden Partys ...«

»Ein Exzess auf einer Yacht. Wie soll das gehen, da hat er recht. Das endet noch in einer Seniorenkreuzfahrt. Wir spielen Karten und essen so lange Torte, bis uns übel wird und der Bordarzt kommt.«

»Dieser Aufwand ist gar nicht nötig«, meinte Patrick. »Ich glaube, ich werde seekrank! Mir ist jetzt schon ein bisschen übel!«

»Es muss ja nicht auf der Yacht sein. Aber morgen Abend in London: Eskapade?«, fragte Eustace.

»Wenn ich wider Erwarten lebendig von Bord gehen sollte, Eskapade!«, willigte Patrick ein.

»Ich muss mich ausschlafen. Ich kann mich morgen nicht sinnlos besaufen, wenn wir übermorgen wieder zurückfliegen«, fühlte sich Vinzenz nicht ganz wohl bei der Sache.

»Mir ist es egal, ich sauf mich heute, morgen und übermorgen an«, griff Ronnie zu der mittlerweile schon alltäglichen Flasche Champagner.

»Es kann nie schaden, wenn man trinkfest ist«, setzte Eustace zu einer Geschichte an. »Vor fünf Jahren habe ich mit dem Trinken eine Zeit lang aufgehört, bis mir einer meiner irischen Freunde die Geschichte von Mike Malloy erzählte. Eine wahre Geschichte, die Geschichte vom langlebigen Mike Malloy. Sie hat sich in den Dreißigerjahren in New York in der Zeit der Prohibition zugetragen. Alkohol, wie ihr wisst, war verboten, und es gab nur illegale Bars, die von Mafia-Gangstern geführt wurden. Eine dieser Gangster-Gruppen kam auf die Idee eines neuen Geschäftsmodells. Man sucht sich einige Alkoholiker aus, gibt ihnen gratis zu trinken, schließt auf sie mehrere Lebensversicherungen ab, und der Rest ist eine Frage der Zeit. Eine geniale Idee, wie sie dachten. Was kann da schon schiefgehen? Ein Barbesitzer, ein freiwilliges Mitglied der Mafia, nahm den irischen Wanderarbeiter Michael Malloy, der gerade arbeitslos in New York auf der Suche nach einem neuen Job und Alkoholiker war, unter seine Fittiche. Statt eines Jobs verschaffte er ihm in seiner illegalen Bar jede Menge Gratisdrinks, und das auf Lebenszeit. Einzige Voraussetzung: drei Unterschriften. Drei Lebensversicherungen, in denen der Barbesitzer als Begünstigter eingetragen war. Malloy ließ es sich gut gehen, und seine Zufriedenheit kannte keine Grenzen. Er sang irische Lieder und zeigte keinerlei Anzeichen von Verfall. Da verlor der Besitzer langsam die Geduld. Von da an mixte er ihm jede Menge Frostschutzmittel in Schnaps und Whisky. Der zähe Malloy kam aber jeden Tag, nachdem er sich seinen Frostschutzmittelrausch ausgeschlafen hatte, wieder und trank die halbe Nacht. Zwar verlor er gelegentlich das Bewusstsein, war aber nach ein paar Stunden Schlaf wiederhergestellt. Die Gangsterbande musste reagieren. In der Folge überlebte er Terpentin, Pferde-Liniment, eine Art Salbe aus Ölen und Aromastoffen, und zuletzt Rattengift. Malloy tauchte jeden Abend wieder auf und verlangte nach seinen Drinks. Er war ein begnadeter Säufer, ein wahrer Trinker vor dem Herrn.

»Was in den Ohren eines jeden Iren wie ein Riesenkompliment klingt. Sie können angeblich mehr saufen als alle anderen.« Ronnie griff zu einem weiteren Glas Champagner.

»Ja. Aber Malloy muss ein Großmeister des Saufens gewesen sein. Der hat neben Alkohol noch eine Reihe weiterer Gifte vertragen.«

»Hat er sich nicht darüber gewundert, wie scheiße die Drinks geschmeckt haben?«, fragte Ronnie.

»Vielleicht haben sie ihm gar nicht so geschmeckt, aber erstens wurde er davon besoffen, und zweitens waren sie gratis«, gab Vinzenz zu bedenken. »Du säufst ja auch den Champagner kübelweise, obwohl er dir nicht schmeckt.«

»Wer hat gesagt, dass mir der Champagner nicht schmeckt?«

»Du selbst. Im Flugzeug. Hast dein Gesicht verzogen und gesagt: ›Einem geschenkten Gaul schaut man nicht ins Maul.‹«

»Ja – aber entschuldige. Champagner schmeckt auf eine angenehmere Weise scheußlich als Frostschutzmittel und Terpentin«, verteidigte sich Ronnie. »Außerdem möchte uns Eustace nicht umbringen, um unsere Lebensversicherung zu kassieren. Erzähl weiter. Haben sie ihn dann erschossen, oder was?«

»Nein. Das wäre ja aufgefallen, und die Versicherung hätte nicht gezahlt. Nein. Sie servierten ihm von nun an zu den Drinks auch kleine Snacks. Rohe Austern, die sie davor in Methanol getaucht hatten. Vierundzwanzig Stück an einem Abend und siebenundzwanzig Runden Whisky, mit Frostschutzmittel und Rattengift versetzt. Am nächsten Tag gab es dann ein Sardinenbrot mit kleinen Reisnägeln garniert – die Sardinen waren selbstverständlich verdorben – und einen undefinierbaren Giftcocktail. Auch diesen Angriff auf seine Gesundheit überlebte Micky Malloy und erzählte am nächsten Tag nur von einem komischen Stechen und Brennen beim Stuhlgang in der Früh.

Der nächste Anschlag auf sein Leben musste klappen. Die Mafiabosse hatten nachrechnen lassen. Die Rendite war in der Zwischenzeit unter die Tausendprozentmarke gesunken. Sie gaben ihm wieder Schnaps, hochprozentig und selbst gebrannt, warteten, bis er nur noch lallen konnte, fuhren mit ihm in einen Park neben dem Bronx Zoo, zogen ihn nackt aus, setzten ihn auf einen Schneehaufen bei minus sechsundzwanzig Grad Celsius und übergossen ihn zusätzlich noch mit einem Kübel kaltem Wasser. Am nächsten Abend kam er ein wenig hüstelnd in die Bar und sagte: »Freunde, schön langsam muss ich mit dem Trinken aufpassen. Ich habe einen kompletten Filmriss. Ich wache heute Morgen nackt im Park neben dem Zoo in der Bronx auf. Keine Ahnung, was ich dort wollte. In den Tiergarten gehen? Und warum nackt? Ich muss wirklich weniger trinken. Heute werde ich euch nicht so sehr auf der Tasche liegen. Ich nehme heute nur Limonade. Einen Tag lang kann das nicht schaden. Ich verspreche, ich werde bis zu meinem nächsten Rausch keinen Tropfen Alkohol anrühren!«

An diesem Abend fing Malloy tatsächlich erst sehr spät mit den Drinks an. Erst nach knapp einer Stunde bestellte er einen Schnaps, nur einen, sozusagen zum Abschied. Nach dem sechsundzwanzigsten, als er ihnen betrunken genug schien, setzten sie ihn in ein Taxi und gaben dem Chauffeur hundertvierzig Dollar, um Malloy irgendwo übel zugerichtet aus dem Wagen zu werfen. Einige Tage hörten sie nichts von ihm und dachten, der Zahltag wäre endlich gekommen, bis er eines Abends wieder in der Bar auftauchte und seine Abwesenheit mit einem Spitalsaufenthalt entschuldigte. »Ich dürfte Streit mit einem Taxler bekommen haben, der hat mich krankenhausreif geschlagen, aber es geht mir wieder besser. Mein Gott, hab ich Lust, endlich wieder was zu trinken. Die Tage im Spital waren grauenhaft, nicht einen Schluck Medizin haben sie mir gegönnt.«

An diesem Abend luden sie ihn zum Kampftrinken ein. Wer hält mehr aus? Sein Scheingegner erhielt nur Wasser, Malloy bekam selbst gebrannten vierundsechzigprozentigen Schnaps. Nach fünfunddreißig Runden, Malloy war gerade bewusstlos geworden, schleppten sie ihn in die Küche, befestigten am Gasherd einen Schlauch und ließen Malloy so lange Gas einatmen, bis er endlich tot war.«

»Diese Hunde, sie haben geschummelt!«

»Mörder!«

»Sie wurden allerdings zur Rechenschaft gezogen. Die Sache flog auf, und ein unbedeutendes Bandenmitglied, das von der Sache gar keine Ahnung hatte, wäre beinahe am elektrischen Stuhl gelandet, hätte es nicht zur Überraschung aller einen glatten Freispruch gegeben. Am wenigsten überrascht vom Ausgang des Verfahrens zeigte sich die Justiz.«

»Und was genau möchtest du uns mit dieser Geschichte sagen, Eustace?«

»Das war der Auftakt zu einem Philosophikum. Die Vor- und Nachteile des starken Trinkens.« Eustace hob sein Champagnerglas und prostete in die Runde.

»Ob wir dafür nicht ein wenig zu alt sind?«, zeigte Vinzenz wenig Begeisterung.

»Alt? Oida, Was ist los mit dir? Sollte man sich mit einem Fuß im Grab nicht viel öfter gehen lassen, sich viel bedenkenloser Exzessen hingeben? Wenn die Tür zum Paradies schon halb offensteht, sollte man auch hindurchgehen«, gab Patrick zu bedenken.

Sie diskutierten eine Zeit lang, es stellte sich aber bei keinem die Leichtigkeit und Freude ihrer Jugend ein. Jeder hatte im Laufe des Lebens seine Überzeugungen verfestigt und keinerlei Lust, darüber Scheindebatten abzuhalten. Bald kam das Gespräch daher wieder auf das Thema Geld. Wieder war es Patrick, der mit der Frage, was denn so eine Yacht eigentlich koste, bei den andern ein demonstratives Gähnen hervorrief.

»Das ist doch völlig uninteressant, was so was kostet«, meinte Vinzenz.

»Ich möchte es halt gern wissen, na und?«, verteidigte sich Patrick.

»Wozu? Der Einzige hier am Tisch, der es sich leisten kann, so eine Yacht zu kaufen, ist Eustace. Für uns, die wir nicht so viel Geld besitzen, ist die Antwort auf diese Frage völlig belanglos. Wenn du eine für dich sinnvolle Antwort willst, dann frag ihn, wie viel das Klopapier für diese Yacht kostet oder ob er einen Job für dich hat. Alles andere ist überflüssiger Small Talk.« Vinzenz war in miserabler Laune.

»Wieso? Wann hat man schon die Möglichkeit, einen Milliardär über seine Finanzen zu befragen?«, ließ Patrick nicht locker.

»Aus dir spricht nur der Neid«, meinte Ronnie, um die Sache auf den Punkt zu bringen.

»Aber überhaupt nicht! Es interessiert mich einfach.«

»Moment, Moment«, griff Eustace ein, »ihr habt alle eine komplett falsche Vorstellung von Reichtum, das garantiere ich euch. Ich bin um nichts glücklicher, als ihr es seid. Ich zweifle extrem daran, ob mein Leben irgendeinen Sinn hat. Es ist, da geb ich Vinzenz recht, ab einer gewissen Grundversorgung völlig egal, wie viel Geld man besitzt.«

»Mein Gott, Hans, du bist ein Klischee geworden: der depressive Millionär«, lachte Ronnie. »Milliardär! Die sind noch trauriger als die Millionäre«, ätzte Vinzenz. »Das muss ein schreckliches Leben sein, wenn man nicht weiß, ob man mit dem Privatjet übers Wochenende nach Nizza fliegen oder mit der eigenen Yacht einen Einkaufstrip nach St. Petersburg machen soll.«

»Du wirst lachen, aber es ist ähnlich öd und deprimierend, wie wenn man sich nicht entscheiden kann, ob man sich eine Pizza bestellen und auf der Couch Netflix schauen oder doch lieber einen Sonntagsspaziergang im Park machen soll. Wenn man das Leben nicht genießen kann, dann nutzt dir das ganze Geld nichts«, sagte Eustace.

»Und du kannst dein Leben nicht genießen?«, fragte Ronnie.

»Nein, es ödet mich an.«

»Der arme Milliardär, der so depressiv ist, dass er sich auf seiner Yacht mit einem Strick, gewirkt aus Gold und Seide, aufknüpft. Bitte! Das ist doch lächerlich. Möchtest du uns jetzt wirklich erklären, wie schrecklich dein Leben ist?« Vinzenz schien die Geduld zu verlieren.

»Wie soll ich euch das erklären?«, bemühte sich Eustace.

»Gar nicht«, meinte Vinzenz. »Wozu auch?«

»Schau. Wenn du als Mitteleuropäer einer syrischen Familie, die sich gerade im Kriegsgebiet aufhält, erklärst, dass du in Wien mit deinem Leben unzufrieden bist, weil du einen Job ausübst, der dich nicht mehr glücklich macht, und dass du mit deinem Gehalt nicht das kaufen kannst, was du willst, dann werden dich diese Menschen nicht verstehen, weil du für sie im Paradies lebst. Trotzdem werden deine Probleme für dich immer größer sein als die Probleme der anderen, weil es eben deine Probleme sind.«

»Das heißt, wir in Wien sind für dich eine syrische Kriegsfamilie?«

»Na ja, nicht ganz. Es geht euch doch – so hoffe ich – gut. Also auf jeden Fall besser als einer syrischen Kriegsfamilie.«

»Was ist mit euch los?«, mischte sich Ronnie ein. »Was heißt, erstens,

Kriegsfamilie, was soll das für ein Wort sein? Und zweitens, was soll der Vergleich? Denen geht es ziemlich dreckig, die müssen jeden Moment damit rechnen, dass sie sterben. Das zu vergleichen, ist völliger Schwachsinn.«

»Ich gebe zu, der Vergleich hinkt«, lenkte Eustace ein.

»Der hinkt nicht«, sagte Ronnie, »der sitzt mit mir im Rollstuhl.«

»Das lässt sich nicht vergleichen, das stimmt. Menschen, die im Angesicht des Todes ums Überleben kämpfen, beurteilen die Dinge ganz anders.«

Noch 36 Stunden

Die Überfahrt von Baltimore nach London verlief ohne Eskapade. Die Strapazen der Reise, die Aufregung des Wiedersehens, die ausgedehnten Mahlzeiten, der Champagner und der sündteure Whisky versetzten schließlich alle in eine angenehme Müdigkeit, eine Trägheit, die leicht mit Zufriedenheit zu verwechseln war. Der Altherrenklub schlummerte friedlich bis kurz vor der Ankunft im Hafen des Greenwich Yacht Clubs.

Von dort waren es dann noch achtundfünfzig Minuten bis zum Haus von Eustace Hallam in Maida Vale. Das Anwesen bestand aus drei zusammengelegten Häusern, die eine Wohnfläche von sechshundert Quadratmetern ergaben, für London eine astronomische Größe. Jeder unserer Freunde bezog ein Gästezimmer. Für den Abend des letzten gemeinsamen Tages war ein Essen für zwanzig Uhr geplant. Genügend Zeit für eine Sightseeingtour. Eine Limousine stand bereit.

Patrick wartete in der Eingangshalle auf Vinzenz, und Ronnie, der im extra barrierefrei adaptierten Erdgeschoß untergebracht worden war, bestaunte die Einrichtung und taxierte deren Wert. Er saß auf einer alten viktorianischen Couch und zählte die modernen Gemälde an den Wänden.

Ronnie erschien als Erster in der Eingangshalle, begleitet von einer jungen Dame, die Eustace als eine Art Betreuung für Ronnie engagiert hatte. Sie fragte ihn, ob er noch etwas von ihr brauche, Ronnie verneinte dankend, und sie verabschiedete sich, nicht ohne ihm vorher zu versichern, dass sie bei seiner Rückkunft wieder für ihn da sein werde.

»Sie hat mich in die Badewanne gehievt und mir den Rücken geschrubbt«, sagte Ronnie grinsend zu Vinzenz, der gerade dazugekommen war.

»Nicht wirklich!«

»Oh, ja. Ich schwöre. Und ich war mir nicht ganz sicher, ob sie nicht auch zu mehr bereit gewesen wäre.« Er machte ein eindeutiges Zeichen.

»Blödsinn.«

»Sicher bin ich mir nicht, aber wer weiß, wen er da für mich engagiert hat. Bei dir am Zimmer war niemand?«

»Nein.«

»Das spricht natürlich dagegen. Wenn schon, dann für jeden eine.«

»Warum hast du sie nicht einfach gefragt?«

»Bist du wahnsinnig!? Wie peinlich. Das war einfach nur die Betreuung für einen Rollstuhlfahrer. Aber ein bisschen enttäuscht war ich schon.«

Patrick stand auf und gesellte sich zu den anderen.

»Ich soll euch von Eustace grüßen lassen«, sagte er.

»Und?«

»Was?«

»Weißt du schon, wie viel das Haus gekostet hat?«

»Ja. Wieso?«

»Wie viel?«, fragte Ronnie.

»Ich dachte, das interessiert dich nicht.«

»Kinder, bitte. Also, machen wir eine Sightseeingtour oder nicht?«

»Wieso kommt Eustace nicht mit?«

»Er hat ein Meeting mit seinem Alchemisten.«

»Bitte was?«

»Er hat einen Chemiker angestellt, der ihm Drogen designt.«

»Was?«

»Das wird ja immer absurder.«

»Nein. Wirklich. Er nennt ihn seinen Alchemisten. Er hat mir erzählt, dass er schon alles genommen und ausprobiert hat. Und er hat sich einen Typ engagiert, der ihm neue Drogen designt.«

»Aber Schwachsinn.«

»Nein. Wir sind dann nach dem Essen alle auf eine Designerdroge eingeladen, extra für unseren Anlass kreiert.«

»Er ist ein Volltrottel!«

»Wow! Ich finde das großartig. Eine Droge, die nur für uns designt wurde. Das ist doch herrlich. So ist er, unser Milliardär. Andere machen ihren eigenen Wein, ihre eigenen Klamotten, ihr eigenes Rindfleisch, ihren eigenen Honig oder was weiß ich, er, der Coolste von allen, lässt sich seine eigenen Drogen machen. Der Mann hat eben Stil, weißt du«, wurde Ronnie euphorisch. »Das wird eine Mörderparty.«

Sie ließen sich zum Trafalgar Square chauffieren. Unterwegs erzählte ihnen Randjeed, der Butler, ein wenig über die Geschichte Londons, hielt aber seinen Vortrag sehr kurz, weil er auf ziemlich offen gezeigtes Desinteresse stieß. Er schloss mit den Worten, ihnen jederzeit für Fragen zur Verfügung zu stehen. Sie verabredeten noch Ort und Zeitpunkt, an dem sie wieder aufgegabelt werden würden, ehe sie ausstiegen und sich sofort vor die Alternative gestellt sahen, entweder mitzuschwimmen oder von dem unaufhörlichen Strom geschäftig wirkender Menschen als ärgerliches Verkehrshindernis behandelt zu werden. Das Zentrum Londons machte wie immer den Eindruck, als wäre es kurz vor Weihnachten und alle müssten noch rasch ihre Panikeinkäufe erledigen.

»Mir ist das zu hektisch«, meinte Vinzenz.

»Sollen wir uns in einen Park setzen und Tauben füttern?«, fragte Patrick. »Wir sind in einer Weltstadt, das muss man genießen.«

»Was?«, fragte Vinzenz. Er hatte kein Wort verstanden, da sich in diesem Moment zwei Polizeiautos mit unerträglich lauten Sirenen an ihnen vorbeischlängelten.

»Ich sage, wir sollten die Stadt genießen.«

»Ja, ja, gerne.«

Sie ließen sich vom Trafalgar Square über die Charing Cross bis zu Covent Garden treiben, wo sie in einer kleinen Konditorei namens Patisserie Valerie eine kleine Pause bei Tee, Kaffee und kleinen Törtchen einlegten. Ronnie murrte grantig vor sich hin.

»Sag einmal, was sind wir eigentlich? Eine Pensionistenrunde? Warum sitzen wir nicht in einem Pub vor einem guten englischen Bier?«

»Es geht nicht immer ums Saufen«, meinte Vinzenz. Patrick stimmte zu, wenn auch nicht ganz so überzeugt: »So ein Bier geht sich nach dem Erdbeertörtchen schon noch aus.«

»Ich will kein Bier.«

»Könnt ihr euer Leben überhaupt nicht genießen?«, fragte Ronnie.

»Ich genieße das Erdbeertörtchen und den Kaffee«, beharrte Vinzenz.

»Warum setzt du dich nicht auf den Friedhof und wartest, bis dein eigenes Begräbnis beginnt?« Ronnie rollte mit einer entschiedenen Drehung aus dem Lokal. Patrick lief ihm nach.

»Was ist denn?«

»Nichts. Ich habe nur Angst, dass ihr jetzt auch noch Schach spielen wollt. Ich roll in das Pub da drüben und bestell mir ein Bier. Sonst noch Fragen?«

Im Pub saßen sie dann alle drei vor ihren Bieren und konnten den Nachmittag nicht richtig genießen. Die Gefühle von früher wollten sich nicht einstellen. Sie kamen überein, dass es nicht an ihnen lag. Das Problem war Eustace. Sie hatten nichts mehr mit ihm gemein. Seine Milliarden hatten ihn zu einem anderen Menschen gemacht. Später in der Limousine sagte Ronnie leise: »Vielleicht haben wir uns verändert, und er ist derselbe geblieben.« Vinzenz und Patrick taten beide, als hätten sie ihn nicht gehört.

Noch 27 Stunden

Zwei Kellner, ein Sommelier und eine kleine Band, bestehend aus Klavier, Gitarre, Bass und Schlagzeug, erwarteten sie im Speisesaal des Hauses 97 Blomfield Road, das direkt an einem der romantischen Kanäle lag, die dieser Gegend den Namen Little Venice eingetragen hatten. Beim Eintreten irritierte sie sofort eine Merkwürdigkeit, für die sich, zumindest in den Gehirnen der drei Gäste, keinerlei Erklärung fand: Vor der gegenüberliegenden Wand stand eine Warteschlange von acht Menschen, die den Anschein erweckten, auf etwas zu warten, das sich hinter der Wand befinden musste. Beim Aufruf »Der Nächste bitte!« würde die erste Person in der Schlange durch die Wand gehen, war die Suggestion. Sie standen in einer gebogenen Linie hintereinander. Drei Frauen und fünf Männer. Unterschiedlich angezogen, unterschiedliche Gesellschaftsschichten. Kein Hinweis, wofür sie sich anstellten. Sie nahmen vom Eintreten unserer Freunde keinerlei Notiz. Überhaupt schienen sie vollkommen aus der sie umgebenden Welt gefallen zu sein. Sie warteten auf irgendetwas.

»Was sagt ihr zu dieser Kunstinstallation?«, begrüßte sie Eustace. Er war frisch geduscht und verströmte eine Parfumwolke, die, auch wenn sie von seinem eigens für ihn kreierten Parfum stammte, unangenehm auffiel, weil er, noch immer geruch- und geschmacklos, zu viel aufgetragen hatte.

Die Band spielte leise *Fly Me to the Moon.*

»Bitte, nehmt Platz. Jeder, wo er möchte, es gibt keinen Sitzplan.« Eustace war wie die anderen leger gekleidet, sie trugen Jeans und T-Shirts, nur Patrick war in einem dunkelroten Sakko über seinem grauen Hemd erschienen. Irgendwie passten sie nicht zu dem noblen Ambiente. Eustace legte eine mittelgroße schwarze Holzschachtel in die Mitte des Tisches.

»Kunstinstallation?«, fragte Ronnie.

»Ja. Überwältigend, oder?«

»Ich wollte gerade fragen, warum diese Idioten ausgerechnet in deinem Speisesalon auf den Bus warten«, sagte Vinzenz, während er sich seinen Sessel zurechtrückte.

»Roman Ondák, ein slowakischer Künstler. Er hat seine Warteschlange 2003 in der Tate Modern ausgestellt. Ich war davon fasziniert. Hab sie ihm vor vier Jahren abgekauft. Hat doch was, oder?«

»Das hat wirklich was. Nämlich etwas, was ich nicht verstehe! Was hast du dem Slowaken abgekauft?«, zeigte sich Ronnie verwirrt.

»Good Feelings in Good Times, the artificially created queue«, sagte Eustace stolz, »mein Lieblingswerk moderner Kunst.«

»Aber was genau hast du ihm da abgekauft?« Patrick teilte Eustaces Begeisterung.

»Natürlich nicht die Menschen, die in der Schlange stehen, der Sklavenhandel ist ja abgeschafft. Vielmehr die Anweisung, wie man dieses Kunstwerk zusammenstellt.«

»Aha ein Ikea-Kunstwerk, also«, gab Vinzenz mit Begeisterung den Banausen.

»Man engagiert ein paar Schauspieler und lässt sie eine künstliche Warteschlange bilden. Ursprünglich natürlich in einem Museum, in der Nähe des Ausgangs. Die Schauspieler müssen, sobald sie *installiert* sind, wie es in der Anweisung heißt, die Haltung geduldiger Erwartung annehmen.«

»Und wozu?«

»Das ist ein Kunstwerk. Was heißt *wozu*?«

»Na ja, wozu lässt man Menschen grundlos in einer Warteschlage stehen?«

»Wozu hat Rubens gemalt?«, Eustace wurde ungeduldig.

»Der hat wenigstens große Busen gemalt«, meinte Ronnie lakonisch.

»Man könnte ja auch Frauen mit großem Busen für die Warteschlange engagieren, wenn dir das weiterhilft«, sprang Patrick helfend ein. »Aber darum geht es nicht. Ich finde das auch ein wunderbares Kunstwerk, was hat dich denn das gekostet?«

»Roman hat es mir geschenkt, ich muss nur die Schauspieler bezahlen.«

Die Menschen in der Warteschlange lauschten aufmerksam dem Gespräch, durften sich aber nichts anmerken lassen.

»Und sind das bekannte Schauspieler?«, fragte Vinzenz lachend, »oder sind das arbeitslose, unbekannte Nebendarsteller?«

»Blödsinnig, deine Frage«, sagte Patrick.

»Wieso? Ich meine das Kunstwerk würde an Wert gewinnen, wenn da George Clooney, Leonardo DiCaprio, Johnny Depp, Angelina Jolie, Emma Stone und Meryl Streep stehen würden«, amüsierte sich Vinzenz über seinen eigenen Gedanken. »Dann weiß man auch, worauf sie warten. Die stehen in der Schlange, um sich ihren Oscar abzuholen. Aber das ist wahrscheinlich selbst für unseren Herrn Milliardär zu teuer. Das kann er sich dann wieder nicht leisten.«

»Das Schöne an diesem Kunstwerk ist, dass es unsere Existenz widerspiegelt«, überging Eustace die zynische Bemerkung seines Freundes. »Wir stehen doch alle in der Warteschlange zum Tod und haben keine Ahnung, wohin das führt.«

Noch 24 Stunden

Nach der kleinen Diskussion über moderne Kunst, die vor allem bei Vinzenz für schlechte Stimmung gesorgt hatte, nahm der Abend dann noch einen überraschend angenehmen Verlauf.

Das Essen war üppig wie gewohnt: Vorspeise, Suppe, Hauptspeise, Nachspeise, Obst und Eis. Nicht überkandidelt, aber gute französische Küche. Der Wein und das Bier waren vorzüglich. Und die Begleitung der Band verbreitete eine angenehm sanfte Atmosphäre.

Nach dem Essen verabschiedeten sie die Kunstinstallation und die Band mit einem kleinen Applaus, bevor sie sich in die Bibliothek des Hauses zurückzogen, auf Kaffee, Whisky und Zigarren.

Es war still. Vinzenz und Eustace zogen an ihren Havannas. Ronnie kippte bereits den dritten Whisky, und Patrick schlürfte einen Espresso. Die schwarze Holzschachtel hatte Eustace mit übersiedelt, sie lag jetzt vor ihnen auf einem antiken Couchtischchen.

»Ich höre manchmal gerne Mozart nach dem Essen«, sagte Eustace, »aber vielleicht ist euch das zu langweilig.«

»Was von Mozart?«, fragte Patrick.

»Der hat nicht zufällig für Jimi-Hendrix-Songs geschrieben, oder?«, verriet Ronnie seinen Geschmack.

»Das *Violinkonzert in A-Dur*.«

»Muss nicht unbedingt sein.«

Eustace beugte sich vor, nahm feierlich die mittelgroße schwarze Holzschachtel und hielt sie in die Höhe.

»*Conclusive Caprice #1*, frisch aus dem Labor des Alchemisten.« Eustace blickte erwartungsvoll in die Runde.

»Wollen wir diesen wunderschönen Abend wirklich mit Gift beenden?«

»Es ist kein Gift. Es ist das Gegenteil.« Eustace setzte die Schachtel wieder ab. Er öffnete sie behutsam. In vier kleinen Fächern lag jeweils eine grüne Kapsel. Jede von ihnen hatte in kleiner schwarzer Schrift *Conclusive Caprice #1* eingraviert. An die Innenseite des Deckels war ein gefaltetes Blatt Papier geklemmt. Eustace nahm es heraus und faltete es auseinander.

»Was ist das?«, fragte Patrick. »Der Beipacktext?«

»Ja. Er schreibt mir immer eine Notiz dazu.«

»Über erwünschte Nebenwirkungen fragen Sie Ihren Dealer oder Alchemisten!«

»Darf man es in der Schwangerschaft nehmen?«

Eustace las ihnen vor: »Use it with a lot of Water. Call me, when you took it.«

»Das ist alles?«

»Ja. Wir sollen ihn anrufen, wenn wir es genommen haben.«

»Und was ist es?«

»Keine Ahnung, ich habe etwas bestellt, was einen das Leben spüren lässt. Kein Upper, kein Downer, sondern etwas, um das Leben klar und deutlich zu spüren, um aus der Lethargie des Alltags gerissen zu werden. Keine Betäubung, keine Beschleunigung, sondern eine Intensivierung.«

»Aha.«

»Ich gebe ihm immer derartige Vorgaben.«

»Und wie oft hat er dir schon was zusammengepanscht?«

»Zwei, drei Mal.«

»Mein Gott, was das alles kosten muss!«

»Und? Schreiten wir zur Tat? Nehmen wir *Conclusive Caprice #1*?«, fragte Eustace.

»Was heißt das überhaupt?«

»*Die endgültige Eskapade Nummer eins*. Ist doch ein passender Name, oder?«, strahlte Eustace.

»Ich weiß nicht. Wir haben ja keine Ahnung, was da passiert. Ich habe Angst, dass ich Halluzinationen bekomme. Ich bin so schon ziemlich drauf, ich habe im Speisezimmer eine Warteschlange an der Wand gesehen«, scherzte Vinzenz.

»Ich bin dabei«, sagte Ronnie wenig überraschend.

»Da ist natürlich nichts drinnen, was unsere Gesundheit schädigt. Zumindest nicht nachhaltig. Eustace könnte ja den Alchemisten sonst verklagen, und der kommt ins Gefängnis, nicht wahr, Eustace?«, wollte sich Patrick der Harmlosigkeit dieser Droge versichern.

»Na ja, also Vitamine und Spurenelemente sind es keine«, sagte Eustace.

Die Tür zur Bibliothek ging auf, und Randjeed, der Butler, kam herein, um zu fragen, ob er noch gebraucht werde. Eustace verneinte, bedankte sich bei ihm, und er wurde von allen herzlich verabschiedet.

»I will see you tomorrow on the way to the airport, Gentlemen«, verbeugte er sich und schloss die Bibliothekstüre hinter sich.

»Wir können es auch lassen«, sagte Eustace. »Ich kann das Zeug auch allein ausprobieren, wenn ihr nicht wollt.«

»Kinder, es ist sein Geburtstag«, meinte Ronnie. »Was soll denn das? *Happy Birthday* haben wir auch noch nicht gesungen.«

»Also gut, wir singen *Happy Birthday*, aber bleiben drogenfrei«, blieb Vinzenz zurückhaltend.

»Wir nehmen die *curiosity number one*, oder wie das heißt, und erst, wenn wir das Leben so richtig spüren, singen wir *Happy Birthday*«, schlug Patrick vor.

»Ganz wie ihr wollt.«

Vinzenz zögerte noch immer, griff dann aber umso hastiger, als müsste er sich selbst überlisten, in die Schatulle und schluckte als Letzter eine Kapsel *Conclusive Caprice #1*. Es war Samstagabend 22:32 Uhr, Greenwich Time. Sie wollten den Alchemisten, entgegen seiner Anweisung, erst anrufen, sobald die ersten Wirkungen zu spüren waren. Nach einer ereignislosen Stunde verloren sie die Geduld.

Noch 23 Stunden

»Wann haben Sie die Kapsel genommen?«, fragte der Alchemist, der eher wie ein Finanzbeamter aussah, ganz sachlich seinen Auftraggeber. Eustace hielt sein iPhone von sich weggestreckt, damit er, mit dem sie über FaceTime verbunden waren, alle Anwesenden sehen konnte.

»Vor einer Stunde. Das sind meine Freunde!«

»Freut mich sehr. Haben Sie alle eine Kapsel genommen?«

»Ja. Jeder eine. Und wir spüren gar nichts.«

»Mir ist nicht einmal schlecht«, sagte Patrick. »Normalerweise wird mir immer nur schlecht, egal, was ich eingeworfen habe.«

»Sind Sie sich sicher, dass Sie die Erfahrung machen wollen?«, fragte der Alchemist.

»Ja, ja«, antwortete Eustace ungeduldig. »Wir sitzen schon eine volle Stunde herum und vergeuden unsere Zeit. Was ist los? Das Zeug wirkt nicht.«

»Dürfte ich Sie bitten, zuerst die Erklärung zu unterschreiben, die ich beigelegt habe?«

»Mein Gott, ja. So schlimm wird's schon nicht werden, wenn wir bis jetzt nichts spüren.«

»Ich muss darauf bestehen.«

Eustace nahm vom Boden der Holzschachtel einen weiteren Zettel. Mit ihrer Unterschrift bestätigten sie, die Kapseln freiwillig genommen zu haben und für die Folgen, die durch die Einnahme eventuell entstehen könnten, selbst die Verantwortung zu übernehmen. Auch Vinzenz zauderte nicht länger, es überwog die Neugier.

»Also: Was haben wir da genommen?«

»Darf ich die Unterschriften sehen?«

Eustace hielt den Zettel vor die Kamera seines iPhones.

»Ich danke Ihnen sehr. Sie haben die Kapseln vor ungefähr einer Stunde genommen?«

»Ja, ziemlich genau vor einer Stunde.«

»Dann haben sie jetzt noch dreiundzwanzig Stunden zu leben. Sie haben Gift genommen, das in vierundzwanzig Stunden seine Wirkung entfaltet. Sie werden in dreiundzwanzig Stunden bewusstlos werden, und gleich darauf wird Ihr Herz aufhören zu schlagen. Sie sind in dreiundzwanzig Stunden tot. Sie wollten etwas, um das Leben zu spüren. Sie werden mir zustimmen, nichts lässt uns das Leben so deutlich spüren wie der Tod. Ich wünsche Ihnen viel Spaß auf Ihrem letzten Trip.«

»Sehr witzig, Fred«, sagte Eustace. »Und was haben wir wirklich genommen?«

»Es war Ihr Auftrag, Sir.« Das waren die letzten Worte des Alchemisten. Das Gespräch war beendet.

»Das ist nicht Ihr Ernst. Hallo ... Hallo ...« Eustace versuchte noch insgesamt sieben Mal, den Alchemisten zu erreichen. Sein Telefon war abgeschaltet.

»Was soll das heißen, *wir sind in dreiundzwanzig Stunden tot?*«, fragte Patrick ungläubig.

»Das ist doch ein Scherz? Oder? Eustace?«

Eustace antwortete nicht. Er stand mit starrem Blick mitten in seiner Bibliothek. Er sagte sehr lange nichts. Vinzenz packte ihn bei den Armen und schrie ihn an: »Sag doch was, du Idiot!«

Eustace befreite sich mit verächtlichem Blick aus Vinzenz' Griff und lief aus der Bibliothek, gefolgt von Vinzenz, Patrick und Ronnie, der allerdings an der Treppe haltmachen musste.

»Wo läuft ihr hin?«, rief er seinen Freunden nach und sah gerade noch, wie sie oben in Eustaces Arbeitszimmer verschwanden.

Eustace riss seine Schreibtischschublade auf und nahm ein zweites iPhone heraus, tippte und wischte energisch darauf herum, bis er schließlich seinen Rechtsanwalt am Ohr hatte. Aufgeregt erzählte er ihm, was passiert war. Der Anwalt fragte nach der Erklärung, die sie unterschrieben hatten. Dann versicherte er Eustace, dass er in wenigen Minuten bei ihnen sein werde. Eustace legte auf.

»Wir müssen ins Spital, uns den Magen auspumpen lassen«, sagte er schließlich.

»Der hat uns doch nicht wirklich vergiftet?«

»Doch.«

»Was soll das heißen? Das ist ja Mord.«

»Es war mein Auftrag. Ich habe ihm gesagt, er soll eine Droge basteln, die mich das Leben spüren lässt, egal, was die Nebenwirkungen sind.«

Plötzlich hörten sie Ronnie etwas rufen. Sie liefen aus dem Arbeitszimmer zur Stiege. Am Fuße der Treppe saß Ronnie mit Eustaces iPhone in der Hand.

»Der Alchemist hat eine SMS geschickt!«

»Was schreibt er?«

Ronnie las ihnen vor: »Es hat übrigens keinen Sinn, zu erbrechen oder sich den Magen auspumpen zu lassen, das Gift ist bereits in der Blutbahn. Es wäre klüger, zu überlegen, wie ihr den Rest eures Lebens verbringen wollt. Die Wirkung wird morgen, Sonntag, gegen 22:30 Uhr einsetzen. Beste Grüße, der Alchemist.«

Eustace versuchte noch vier Mal, ihn anzurufen, schickte drei SMS. Er reagierte nicht.

»Wir müssen die Polizei rufen«, sagte Eustace.

»Weißt du, wo er wohnt?«, fragte Ronnie.

»Nein.«

»Aber du weißt, wie er heißt?", fragte Patrick.

»Ja. Dr. Frederick Martin.«

»Dann zeigen wir ihn an. Bei der Polizei. Worauf warten wir?«

»Sollten wir nicht lieber in die Notaufnahme fahren?«

»Und was sagen wir denen?«

»Dass wir vergiftet worden sind.«

»Und womit?«

»Was womit?«

»Wir haben keine Ahnung, womit wir vergiftet worden sind.«

»Die können doch sicher Tests machen. Die sollen uns durch-checken.«

»Und was, wenn sie nicht draufkommen, was es ist?«

»Die kommen sicher drauf!«

»Wenn sie keine Ahnung haben, was der zusammengemixt hat? Das kann Stunden dauern.«

»Na ja, wir haben ja noch ...« Vinzenz sah auf seine Uhr: Es war 00:30 Uhr.

Noch 22 Stunden

»Das muss reichen. Die werden doch in zweiundzwanzig Stunden herausfinden, was in unserem Blut ist.«

»Und wenn nicht? Willst du den Rest deines Lebens im Kranken-haus verbringen?«, fragte Patrick.

»Wir müssen doch irgendwas machen«, wurde Eustace, auf dem bis-her alle Hoffnung ruhte, panisch.

»Was ist jetzt mit deinem vielen Geld? Du kannst doch Gott und die Welt in Bewegung setzen. Worauf wartest du noch?«, trug Patrick nicht gerade zur Beruhigung bei.

»Wir googeln das«, versuchte Vinzenz mit Bedacht zu reagieren und ging zurück in Eustaces Arbeitszimmer.

»Kann mich wer da abholen?«, bat Ronnie, der seine Angewiesenheit auf Hilfe immer dann am deutlichsten spürte, wenn alle anderen mit ihren eigenen Problemen beschäftigt waren.

Eustace und Patrick trugen Ronnie in seinem Rollstuhl die Treppe hoch, während Vinzenz »schleichendes Gift Herzstillstand« in die Suchmaschine tippte.

»Ja, da kommt nichts Gescheites«, sagte er und las ihnen die Such-ergebnisse vor: »*Mordgelüste in der Schlossklinik; Schleichendes Gift. Ins-pektor Columbo. Filmkritik; Giftmorde: Die Zeiten von Zyankali im Pud-ding sind vorbei; Botulismus – Wikipedia.*«

»Das. Klick das an. Vielleicht ist es das«, rief Eustace aufgeregt. Vinzenz klickte und las laut vor: »*Botulismus (von lateinisch botulus, ›Wurst‹), auch Fleischvergiftung oder Wurstvergiftung genannt, ist eine lebensbedrohliche Vergiftung, die von Botulinumtoxin verursacht wird. Dieser Giftstoff wird vom Bakterium* Clostridium botulinum *produziert. Meist wird die Vergiftung durch verdorbenes Fleisch oder nicht fachgerecht eingekochtes Gemüse hervorgerufen. In der Lebensmittelherstellung wird das Wachstum des Bakteriums durch Pökeln oder Hitzesterilisation verhindert.*« Er sah zu seinen Freunden hoch: »Soll ich weiterlesen?«

»Nein!«

»Ich glaube nicht, dass wir eine Wurstvergiftung haben.«

»Wir müssen uns jetzt konzentrieren«, versuchte Ronnie die Sache nüchtern anzugehen. »Der Typ bekommt von dir den Auftrag, eine Droge herzustellen, die dich das Leben spüren lässt. Verrückt. Aber gut, das ist nun mal unsere Lage. Dann behauptet er, die Kapsel würde uns töten. Dazu hab ich zwei Fragen. Erstens, wieso hat er dann vier Kapseln produziert, wenn du sie nur für dich bestellt hast. Das ergibt keinen Sinn, du kannst nicht vier Mal sterben.«

»Ich habe ihm von eurem Besuch erzählt. Ich habe selbstverständlich vier bestellt, für jeden eine. Würde sonst der Name der Droge einen Sinn machen?«

»Damit erübrigt sich Frage zwei.«

»Aber trotzdem, das würde der doch nie machen. Der kommt ja in den Häfn.«

»Wieso? Vielleicht ist es ein Gift, das man nicht nachweisen kann.«

»So etwas gibt es nicht.«

»Vielleicht gehört das zu der Droge dazu?«

»Was?«

»Dass wir glauben, der Tod steht vor der Tür. Wir sterben gar nicht. Es ist gar kein Gift. Er behauptet nur, es wäre Gift.«

»Könnte sein.«

»Damit wir glauben, es geht zu Ende.«

»Wollen wir das riskieren? Wollen wir einfach bis morgen Abend warten und so tun, als wäre nichts?«

»Was sollen wir sonst machen? Der hat uns sicher nicht vergiftet!«

»Natürlich gibt es das.« Vinzenz hatte weiter gegoogelt: »*Gemischte Gifte, die bei der Autopsie nicht nachweisbar sind.*«

»*Bei der Autopsie* ist mir zu spät.«

Eustace versuchte noch drei weitere Male, den Alchemisten zu erreichen. Vergeblich.

»Was machen wir jetzt?«

»Wir warten auf meinen Anwalt.«

»Und was bitte soll der machen?«

»Dieses Arschloch mit Klagen eindecken, bis zum Jüngsten Tag.«

»Das ist mir deutlich zu spät.«

»Wir müssen sofort zur Polizei gehen.«

»Wozu denn?«, schrie Patrick. »Wenn wir wirklich in zweiundzwanzig Stunden tot sind ...?«

»In zwanzig Stunden und fünfzehn Minuten«, sah Eustace von seiner Grande Complication auf.

»Eben. Dann sollten wir uns wirklich gut überlegen, wie wir diese letzten Stunden verbringen wollen. Mit der Polizei? Im Spital? Mit dem Anwalt?«

»Ich betrinke mich bis zur Bewusstlosigkeit und hoffe, dass es nicht stimmt.« Ronnie rollte Richtung Salon, wo er zu Recht eine Bar vermutete. »Ich hoffe, du hast genug Whisky.«

Noch 21 Stunden

Die anderen entschieden sich dann doch für Milch. Sicherheitshalber. Dazu übersiedelten sie in die Küche. Ganz konnten sie nicht glauben, dass der Alchemist es ernst meinte, aber jeder hatte im Hinterkopf, dass Milch das Gift irgendwie verdünnt oder so was in der Art.

»Also gut«, sagte Eustace. »Angenommen, wir sind wirklich in einundzwanzig Stunden tot. Das heißt, morgen, Sonntag, um halb elf in der Nacht ist es zu Ende.«

»Warum, um alles in der Welt, sind wir nicht schon auf dem Weg in ein Spital?«, stellte Vinzenz in den Raum.

»Wenn sie nicht draufkommen, was es ist, und wir dann morgen Abend abkratzen, haben wir den Rest unseres Lebens sinnlos in einem Spital mit Hunderten Untersuchungen verbracht. Also ich will das nicht.«

»Aber vielleicht kommen sie in ein paar Stunden drauf, geben uns ein Gegenmittel, und wir überleben.« Patrick begann zu weinen.

»Wieso weinst du jetzt? Das bringt gar nichts«, sagte Ronnie.

»Was für eine Scheiße!«, schluchzte Patrick und sah Eustace dabei eindringlich an. »Du unfassbares Arschloch. Nur weil dir mit deinen Milliarden fad im Schädel ist, bin ich jetzt in dieser Scheißdrecksituation. Weißt du, wen wir anzeigen sollten? Dich. Dich sollten wir anzeigen. Du hast uns auf dem Gewissen, du verschissener, geisteskranker, abgehobener Hurensohn! Du glaubst, du kannst dir mit deinem Geld alles kaufen. Alles. Unsere Freundschaft, unsere Liebe und auch noch unseren Tod!«

Patrick griff blitzschnell nach einer der Pfannen, die über dem freistehenden Küchenblock hingen, und zog sie noch mit der gleichen Bewegung Eustace über den Kopf. Er sackte reglos zusammen, und aus der Platzwunde quoll Blut. Patrick wollte nicht aufhören, auf Eustaces bewegungslosen Körper einzuschlagen, bis Vinzenz ihn schließlich niederringen konnte.

»Sag einmal! Bist du wahnsinnig?«, rollte Ronnie heran: »Was war das? Haben sie dir ins Hirn geschissen?«

Patrick zitterte am ganzen Körper und weinte. Vinzenz stand auf und besah sich die Wunde auf Eustaces Kopf.

»Ich suche Verbandszeug oder wenigstens ein Pflaster«, sagte Vinzenz und verließ schnell die Küche.

»Aber was. Wir lassen ihn verbluten. Glaubst du, ich will die restlichen Stunden meines Lebens damit verbringen, dieses Arschlosch am Leben zu halten. Morgen sind wir sowieso alle Geschichte. Soll er doch seine Milliarden fragen, ob sie ihm jetzt helfen.« Patrick rotzte bei jedem Wort, das er sprach, und hörte nicht auf zu zittern.

»Beruhige dich, bitte!« Ronnie war schweißüberströmt und hatte Angst.

»Er hat uns umgebracht«, sagte Patrick überraschend sachlich und stand auf.

»Vorläufig sieht es so aus, als ob du ihn umgebracht hättest.«

Ronnies Schweißausbruch wurde schlimmer. »Ich schwitze, als hätte ich bei den Special Olympics gerade den Zielsprint gewonnen«, sagte er nervös. »Ich glaube, bei mir wirkt das Gift bereits. Mir ist so heiß. Mir ist so irrsinnig heiß.« Er sah, wie Patrick eine Lade öffnete, ein kleines, scharfes Messer herausnahm, sich neben Eustace kniete und sein Ohr an dessen Nase hielt.

»Er atmet. Der lebt noch.«

»Was machst du da?«

»Wie sehr hasst du ihn eigentlich dafür, dass er dich in den Rollstuhl gebracht hat?«

»Was?«

»Der Schuss aus seinem Gewehr, damals im Wald. Wolltest du dich nie an ihm rächen? Schau, wenn ich ihm das Messer da in den Rücken stecke, da zwischen die Wirbel. Gar nicht tief. Nur bis zum Rückenmark und ein ganz kleines Bisschen weiter ... dann ist er gelähmt, für den Rest seines Lebens.«

»Patrick. Hör auf.«

»Möchtest du? Möchtest du ihm das Messer ins Rückenmark stecken?«

»Bitte Patrick, das war damals ein Unfall. Er kann nichts dafür.« Ronnie fing an zu weinen.

»Warum nicht? Wir sind morgen alle tot. Würde dir das keine Genugtuung bereiten, dass er am eigenen Leib erfährt, wie das ist?«

»Nein!«, schrie Ronnie. »Nein. Weil mein Leid nicht geringer wird, wenn er auch leidet. Ja, ich hasse ihn dafür, aber ich habe ihm verziehen. Ich habe nichts davon, wenn er leidet. Ich will das nicht, hör auf, hör bitte sofort auf!«

»Ich mach ja gar nichts. Was ist mit dir, du feige Sau!« Patrick schmiss das Messer gegen die Wand und stürmte aus der Küche.

»Eustace, Eustace«, rief Ronnie.

Draußen am Gang trafen Vinzenz und Patrick aufeinander. Vinzenz hatte ein weißes Tuch in der Hand.

»Ich kann kein Verbandzeug finden. Wir nehmen dieses Tuch.«

»Er lebt noch. Die Blutung ist auch zurückgegangen.«

»Ist er bewusstlos?«

»Ja.«

»Er hat wahrscheinlich eine Gehirnerschütterung.«

Patrick lief die Treppe hoch, ohne auf Vinzenz' Frage, wohin er gehe, zu reagieren. Er eilte in sein Zimmer, holte den Laptop heraus und suchte nach dem ersten Flug nach Wien.

Vinzenz verband schweigend Eustaces Kopf, nachdem alle Versuche gescheitert waren, ihn aus der Bewusstlosigkeit zurückzuholen. Die Blutung hatte dafür aufgehört.

»Glaubst du, dass wir sterben werden?«, fragte Ronnie.

»Ja.«

»Aber vielleicht hat er gar kein Gift ...«

»Ich habe von dem weißen Hirsch geträumt«, sagte Vinzenz mit Bestimmtheit und schüttete ein weiteres Glas kaltes Wasser in das Gesicht von Eustace. Der bevorzugte aber weiterhin ein Leben ohne Bewusstsein. In ihrer prekären Lage wahrscheinlich nicht die schlechteste Wahl.

Noch 20 Stunden

Die neunzehnte Stunde vor Eintritt ihres Todes verbrachten unsere Freunde nur mehr teilweise gemeinsam. Patrick saß vor seinem Laptop und klickte sich durch die Fluglinien. Die Vormittagsflüge waren alle ausgebucht. Er hätte die Möglichkeit gehabt, einen Flug um vierzehn Uhr zu nehmen, dann wäre er, mit der einen Stunde Zeitverschiebung, gegen siebzehn Uhr in Wien gelandet, wäre um spätestens achtzehn Uhr zu Hause bei seiner Frau und seinen zwei Kindern gewesen und hätte von achtzehn bis 23:30 Uhr Ortszeit noch fünfeinhalb Stunden Zeit für seine Familie gehabt, ehe er plötzlich sterben würde.

Geistesabwesend, während er überlegte, wie er die Situation seiner Familie beibringen könnte, buchte er einen Flug von London nach Köln um 8:30 Uhr. Er fasste den Entschluss, sich dort sofort in ein Spital zu begeben und durchchecken zu lassen. Falls man nichts finden würde und die Möglichkeit nach wie vor bestünde, dass ihn gegen 22:30 Uhr der Tod erwartet, dann würde er die letzten Stunden seines Lebens lieber im Schoß seiner ehemaligen Lebensgefährtin verbringen, als im Schoße seiner Familie zu sterben. Er würde ihr natürlich nichts von seinem bevorstehenden Tod sagen. Im Flugzeug würde er noch rasch ein Testament schreiben und sein Begräbnis regeln.

Die Haustür schnappte hinter ihm zu, und er lief durch die Nacht auf der Suche nach einem Black Cab. Um diese Zeit waren die Straßen in Little Venice menschen- und daher auch taxileer. Er lief völlig orientierungslos durch die Gegend, mit Blei in den Beinen, wie jemand, der in einem Traum auf der Flucht ist. Stadtauswärts oder Richtung Zentrum? Er hatte keinen Anhaltspunkt. Ihm schien alles fremd und unwirklich. Vier Querstraßen weiter kam ihm ein Auto entgegen, das er anzuhalten versuchte. Seltsamerweise blieb es tatsächlich stehen. Patrick fragte nach dem nächsten Krankenhaus.
»Steigen Sie ein. Ich bin Arzt. Ich bringe Sie hin.«
Patrick saß auf dem Beifahrersitz und versuchte, die Fragen so genau wie möglich zu beantworten.
»Was haben Sie genommen?«
»Das weiß ich nicht. Man hat mir eine Pille gegeben.«
»Wann haben Sie die Pille genommen?«
»So ungefähr vor drei bis vier Stunden.«
»Ist Ihnen schwindelig?«
»Nein.«
»Sind Sie müde geworden nach der Einnahme?«
»Nein.«
»Haben Sie erbrochen?«
»Nein.«

»Waren Sie verwirrt?«

»Ja. Aber wer ist das nicht, wenn er erfährt, dass er nur noch vierundzwanzig Stunden zu leben hat?«

»Hatten Sie Halluzinationen?«

»Nein.«

»Hatten Sie Magenschmerzen?«

»Nein.«

»Und man hat Ihnen gesagt, die Pille würde in vierundzwanzig Stunden zu Ihrem Tod führen?«

»Ja. – So etwas gibt es doch nicht, oder?«

»Es kann schon sein, dass Sie eine Substanz zu sich genommen haben, die langsam in den Blutkreislauf eindringt, und wenn die Konzentration ein bestimmtes Niveau erreicht hat, dann ... Wie soll ich sagen ...?«

»Dann bringt sie mich um?«

»Dann entfaltet sie ihre Wirkung. Wir wissen ja nicht, was es ist, das Sie da genommen haben.«

»Bringen Sie mich in eine Klinik?«

»Ja. Ich kann Sie leider nicht selbst behandeln, aber mein Kollege wird sich um Sie kümmern. Sie haben eine Kreditkarte?«

»Ja.«

»Das macht das Ganze einfacher. Sie bekommen später das Geld von ihrer Europäischen Reiseversicherung zurück.«

»Und was wird man mit mir machen?«

»Zuerst wird man Ihnen den Magen auspumpen, dann Blut abnehmen und nach den üblichen Drogen suchen.«

»Und wenn sie nichts finden? Wenn das eine ganz andere Substanz ist?«

»Dann wird man schauen, ob Sie noch etwas davon im Magen haben.«

»Kann man keine Blutwäsche machen?«

»Kann man. Aber trotzdem kann es sein, dass diese Substanz durch den Filter huscht. Wissen Sie, wenn man nicht weiß, wonach man suchen soll, ist es schwer.«

400

»Und wie lange wird das dauern?«

»Nachdem Sie nicht in Lebensgefahr sind ...«

»Ich bin in Lebensgefahr!«

»Ja, aber erst morgen Abend. Sie machen einen sehr gesunden Eindruck.«

»Glauben Sie mir nicht?«

»Doch, doch.«

»Also, wie lange werden die Untersuchungen dauern?«

»Vier, fünf Stunden, je nachdem, wie viele andere Akutfälle zu behandeln sind.«

»Das ist zu lange«, sagte Patrick und sah auf seine Uhr. »Ich muss um acht Uhr früh am Flughafen sein.«

»Das heißt, Sie glauben eher nicht, dass Sie vergiftet wurden?«

»Ich weiß es nicht.«

Die diensthabenden Ärzte standen beieinander und berieten über die Vorgangsweise. Mathew, so der Name des netten Arztes, der Patrick mitten in der Nacht auf der Straße aufgelesen hatte, hatte ihn zur Entgiftungsstation des Walk-in Centre in Soho gebracht. Er gab seine Kreditkartendaten an und wurde gleich, vorbei an drei anderen Patienten, die schwer betrunken auf Tragen festgebunden waren, in den Behandlungsraum gelotst. Nachdem man ihm Blut für einen Drogentest abgenommen hatte, saß er wieder im einem Warteraum. Er verfluchte Eustace, er verfluchte seine Entscheidung, sich auf diesen blöden Nostalgietrip in die eigene Jugend eingelassen zu haben. Er vermisste seine Frau und seine Kinder. Er fragte sich, ob es richtig war, die Maschine nach Köln zu seiner ehemaligen Lebensgefährtin gebucht zu haben, ob er denn wirklich an das Versprechen gebunden sei, das sie sich bei ihrer Trennung gegeben hatten.

Er versuchte, sich an ihren Körper zu erinnern, daran, wie sich ihre Haut angefühlt hatte, und spürte gleich wieder die Traurigkeit, die ihn jedes Mal überkommen hatte, wenn sie miteinander geschlafen hatten. Keine nebelhafte, unerklärliche Traurigkeit, sondern eine ganz konkrete. Es war ganz klar, ein gemeinsames Leben war nicht möglich. Aber sie versprachen einander, sollte einer im Sterben liegen, dem anderen Bescheid zu geben. Wenn sie schon nicht miteinander leben konnten, dann wollten sie wenigstens da sein, wenn einer von ihnen stirbt.

Eine Schwester bat ihn, mitzukommen. Sie gingen durch ein dunkles Zimmer, in dem mehrere Patienten vor sich hindämmerten, im Alkohol- oder Drogenrausch halluzinierten und teilweise mit ihren Händen nach imaginären Gegenständen griffen.

In dem kleinen Raum dahinter wurde ihm der Magen ausgepumpt. Danach verpasste man ihm einen Einlauf, falls die Tablette, die er genommen hatte, sich schon im Dickdarm befinden sollte.

Patrick fühlte sich elend. Es war bereits fünf Uhr früh, als sie mit der Blutwäsche begannen. Als ihm die Kanülen in die Venen geschoben wurden, hoffte er, sie würden die tödliche Substanz finden und sie mit einem Gegenmittel neutralisieren, denn sonst blieben ihm nur mehr sechzehn Stunden Leben in unerträglicher Ungewissheit.

Patricks Blut durchlief diverse Filterprozesse, ehe es wieder zurückgepumpt wurde in seinen Körper. Neben ihm lag ein älterer Herr, der sich offenbar derselben Prozedur unterziehen musste; im Gegensatz zu Patrick die stoische Gelassenheit höchstselbst.

»Lord Haversham«, stellte er sich vor. »Es freut mich, Sie kennenzulernen. Haben Sie auch eine kaputte Niere?«

»Ja.« Patrick hatte keine Lust, die ganze Geschichte zu erzählen.

»Ich komme immer in der Nacht zur Dialyse. Da habe ich meine Ruhe. Ich zahle privat und gebe denen auch immer ein ordentliches Trinkgeld. Aber freut mich, dass Sie auch hier sind. Pardon, aber missverstehen Sie mich nicht, schön langsam wird mir doch langweilig.«

»Ja.«

»Wenn man nicht reich ist, ist man am Arsch. Hier in England funktioniert gar nichts mehr. Sind sie Engländer?«

»Nein. Ich komme aus Österreich.«

»Wunderschön. Wir hatten früher ein Chalet in Tirol. Kitzbühel. Hat bei der Scheidung meine Frau bekommen, die vierte Lady Haversham. Tja. Die fünfte Lady Haversham ist zweiundzwanzig Jahre jünger als ich. Wird auch nicht lange halten. Aber ich werde eben nicht erwachsen. Und wissen Sie, warum? Weil es mir keinen Spaß macht, den Tiger zu häuten.«

»Ja, ja«, sagte Patrick geistesabwesend.

»Sie wissen doch gar nicht, was ich meine«, beugte sich der Lord zu Patrick.

»Natürlich nicht, nein.«

»Kennen Sie das *Dschungelbuch?*«

»Walt Disney. Wer kennt das nicht?«

»Sehen Sie, genau das ist das Problem. Man kennt im Allgemeinen nur den Disneyfilm. Den gutmütigen Mowgli, das unschuldige Menschenkind, das bei den Tieren im Dschungel wohnt. Aber niemand kennt den wirklichen Mowgli.«

»Das ist doch eine erfundene Figur? Oder?«

»Ja, natürlich. Ich spreche von dem Buch von Rudyard Kipling. Die wenigsten haben das Buch gelesen. Ich hab den Film gesehen als Kind und wollte immer wie Mowgli sein. Und eines Tages, ich war bereits über zwanzig, hab ich das Buch gelesen. Und wissen Sie, was Mowgli macht? Er häutet Shir Khan zum Schluss. Aus Rache zieht er dem Tiger das Fell ab. Mit einem Messer. Ich war fassungslos. Ich kann die Stelle auswendig, wollen Sie sie hören?«

»Ich weiß nicht.« Patrick hatte das Gefühl, er müsse sein abweisendes Verhalten doch irgendwie erklären, aber der alte Lord kam ihm zuvor. Mit beinahe feierlicher Stimme rezitierte er:

Mowglis Plan war einfach genug. Er wollte in großem Bogen das obere Ende der Schlucht gewinnen und dann mit den Bullen gegen Shir Khan herunterstürmen, während die Kühe den unteren Ausgang versperrten. Denn er wusste, dass der Tiger mit vollem Bauch weder kämpfen noch die steilen Wände der Felsschlucht hinaufklettern konnte.

Mowgli beschwichtigte nun mit Zurufen die dahinstürmenden Büffel, während Akela zurückgefallen war und nur mit leisem Lautgeben die Nachzügler antrieb. Sie schlugen einen weit ausholenden Kreis, um nicht zu nahe an die Schlucht heranzukommen und Shir Khan ein Warnungszeichen zu geben.

Zuletzt sammelte Mowgli die wild erregte Herde am oberen Eingang zur Schlucht auf einem grasigen Hang, von dem es steil hinunter zur Schlucht ging. Von hier konnte man über die Baumkronen weit in die Ebene sehen. Mowglis Blicke glitten musternd an den Felsen entlang, und mit Freuden sah er, dass die Wände senkrecht anstiegen, ohne mit ihren grünen und buntfarbigen Schlinggewächsen irgendeinen Halt zum Aufklettern zu bieten.

»Lass sie jetzt verschnaufen, Akela!« rief Mowgli dem Wolfe zu. »Sie haben seine Witterung noch nicht in der Nase. Lass sie zu sich kommen! Ich muss Shir Khan meinen Besuch anmelden. Heiho! Wir haben ihn in der Falle!«

Und dann legte er die Hände an den Mund und gellte hinab in die Schlucht. Das Echo sprang von Fels zu Fels – hohl und laut wie in einem Tunnel.

Nach langer Zeit tönte aus der Tiefe das schläfrige Murren eines vollgefressenen Tigers, der sich nur ungerne in seiner Ruhe stören lässt.

»Wer ruft?«, murrte Shir Khan gereizt, und ein prächtiger Pfau flog mit erschrockenem Geschrei aus dem Gebüsch.

»Mowgli hat gerufen. Heiho! du Herdendieb, ich hole dich zum Ratsfelsen der Wölfe! Heiho! Hinunter jetzt, Akela – treib sie hinunter! Vorwärts, Rama, vorwärts!«

Die Herde schreckte einen Augenblick am Rande der Schlucht zurück, aber Akela ließ seinen Jagdruf aus voller Kehle ertönen, und hinab ging's mit weitem Sprunge, Sand und Steine spritzten auf. Nachdem die rasende Jagd in die Tiefe einmal begonnen, gab es kein Halten mehr – die hinteren Büffel drängten nach vorn, und vorwärts stürmte es, vorwärts wie der reißende Bergstrom, der seine Dämme durchbrochen hat. Plötzlich witterte Rama Shir Khan und brüllte wütend auf.

»Haha!«, lachte Mowgli auf Ramas Rücken. »Nun weißt du, was es gibt! Horrido!« Und weiter brauste die Herde mit dem Gewirr schwarzer Hörner, wutgeröteter Augen und schaumbedeckter Nüstern gleich einer Sturzflut die Schlucht hinab. Die schwächeren Tiere wurden vom Drucke aufgehoben und dann seitwärts in das Dickicht gedrängt.

Shir Khan hörte den Donner der anstürmenden Hufe; er wusste wohl, dass kein Tier in dem weiten Dschungel dem Angriff einer wütenden Büffelherde zu widerstehen vermag. Er raffte sich auf und eilte, so schnell es ihm sein voller Bauch erlaubte, die Schlucht hinab. Ängstlich spähte er rechts und links, um einen Ausweg zu finden; aber die Wände der Schlucht stiegen beinahe senkrecht auf und starrten ihm mitleidslos entgegen. Da hielt er an, denn sein Mahl lag ihm schwer im Wanste, ihm war nicht zum Kämpfen zumute. Näher und näher brauste der Donner; jetzt stürmte die Herde mit lautem Aufklatschen durch die Wasserpfütze, die Shir Khan eben verlassen hatte, mit einem Gebrüll, dass die Felsen bebten. Und nun kam die Antwort unten von den Kühen und blökenden Kälbern. Da ahnte Shir Khan sein Geschick. Er wusste, dass es auch im schlimmsten Falle besser sei, den Kampf mit den Büffeln zu wagen als mit den Kühen, wenn sie Kälber haben. Mit blutunterlaufenen Augen warf er noch einen Blick zu den steilen Wänden auf, dann drehte er sich, um sich den Büffeln zu stellen. Krachend brach die Herde wie ein Gewitter über ihn herein – dunkel wurde es, Stampfen, Stoßen und Brüllen. Rama strauchelte, kam wieder hoch, trat auf etwas Weiches, Schwindendes und stürmte weiter. Dann stießen die beiden Herden am Ausgang der Schlucht zusammen. Welch ein Anprall! Die vordersten Reihen türmten sich auf, wie eine Woge an der Klippe, Büffel und Kühe ritten aufeinander zu dreien und vieren – die Erde stöhnte, und hinab wogte die Herde in die Ebene, während der Fels unter ihrem Stampfen in Staub zerbröckelte. Mowgli nahm den rechten Augenblick wahr: Er sprang von Ramas Rücken und schlug mit dem Bambusstab nach rechts und links, um die Herde zu ordnen.

»Schnell, Akela! Treibe sie auseinander! Schnell! Oder sie spießen sich gegenseitig! Fort mit ihnen, Akela! Hai, Rama! Hai! Hai! Hai! meine Kinder! Ruhe! Ruhe! Es ist ja alles vorbei!«

Akela und Graubruder trabten auf und ab und schnappten nach den Beinen der Büffel. Noch einmal machte die Herde Miene, zurückzukehren und die Schlucht hinaufzustürmen; Mowgli vermochte jedoch, seinen Rama nach einer andern Richtung abzulenken, und endlich folgte die Herde brüllend dem Leittier.

Shir Khan brauchte sich nicht mehr zu sorgen. Er war tot, und schon stießen die Geier zu Tal.

»Brüder – so starb ein Hund!« sagte Mowgli, nach dem Messer greifend, das er immer bei sich trug, seitdem er bei den Menschen weilte. »Wallah! Sein Fell wird sich auf dem Ratsfelsen prächtig ausnehmen! Und jetzt schnell ans Werk!«

Ein Knabe, unter Menschen aufgewachsen, würde niemals imstande gewesen sein, allein einen zehn Fuß langen Tiger zu häuten; doch Mowgli wusste, wie einem Tiere der Pelz angepasst ist und wie man ihn abnehmen kann. Trotzdem war es harte Arbeit; Mowgli schnitt und zerrte und stöhnte wohl eine Stunde lang, während die Wölfe mit ausgestreckten Zungen dalagen oder am Fell zerrten, wenn Mowgli es befahl.«

»Was sagen Sie dazu?« Erwartungsvoll sah der alte Lord Patrick an.
»Ich weiß nicht.«
»An diesem Tag wurde mir jede Illusion geraubt. Und ich habe beschlossen, nie erwachsen zu werden. Ich hab keine Lust, den Tiger zu häuten.«
»Schön. Das freut mich für Sie«, sagte Patrick während seine Gedanken natürlich ganz woanders waren. Es wäre wohl vernünftiger gewesen, erwachsen gehandelt und diese Pille nicht genommen zu haben. Vielleicht muss man den Tiger häuten. Er begann zu weinen. Er fürchtete sich vor dem Tod.

Im Zimmer neben den Dialysegeräten saßen die zwei Ärzte über Patricks Befund von seinem Drogentest. Kokain, THC, sämtliche Opiate ... – negativ. Sie hatten nichts gefunden.
»Wozu filtern wir dann sein Blut?«, fragte der eine Arzt.
»Er hat privat bezahlt und will es so«, war die alles erklärende Antwort.
»Wir werden erst morgen wissen, ob er Gift in sich trägt oder nicht.«
»Aber dann ist es zu spät. Dann ist er schon tot.«
Der eine Arzt, der jüngere von beiden, zuckte nur mit den Achseln.

Noch 16 Stunden

Während Patrick im Spital war, wachte Eustace Hallam aus seiner Ohnmacht auf. Er versuchte, den Alchemisten zu erreichen. Vergeblich. Sie versuchten, Patrick zu erreichen. Vergeblich.

Eustaces Anwalt war gekommen. Er hatte bereits eine Klageschrift vorbereitet, die er in der Früh bei Amtsbeginn gleich einreichen würde. Nach dem Alchemisten wurde von der Polizei schon seit einer Stunde gefahndet.

»Ich habe nicht die geringste Lust, den kümmerlichen Rest meines Lebens mit dieser Klage zu verbringen«, erboste sich Vinzenz.

»Wir brauchen Sie aber als Zeugen«, gab der Anwalt zu bedenken.

»Das ist mir scheißegal. Ich fliege morgen früh nach Wien zu meinen Kindern zurück. Ich will mit ihnen die restliche Zeit verbringen. Ich vergeude doch die paar Stunden, die mir bleiben, nicht mit dieser Klage. Was hab ich denn davon, wenn ich tot bin?«

»Dieses Arschloch gehört hinter Gitter«, sagte Eustace.

»Davon habe ich nichts.«

»Aber es kann nicht sein. Der kann uns doch nicht einfach umbringen. Was glaubt denn dieser Idiot? Das ist Mord. Das wird er büßen. Der wird sein Leben lang im Gefängnis sitzen!«, schrie Eustace.

»Und was haben wir davon? Glaubst du, dass ich die restlichen Stunden, die mir noch bleiben, glücklicher bin, wenn ich weiß, dass er im Gefängnis sitzt?«, fragte Vinzenz.

»Am liebsten würde ich ihn umbringen! Ich akzeptiere das nicht. Ich lasse mich von dem doch nicht um mein Leben bringen! Das Arschloch ist mein Angestellter. Ich habe den auch noch dafür bezahlt, dass er mich vergiftet!« Eustace griff sich an den Kopf und befühlte den Verband, den ihm Vinzenz angelegt hatte.

»Wir müssen trotz allem die Ruhe bewahren«, sagte Ronnie, »wir haben vor Kurzem erfahren, dass wir sterben werden.«

»Nein. Wir werden nicht sterben!«, schrie Eustace.

»What's going on?«, fragte der Rechtsanwalt, der nur englisch sprach und dem Gespräch nicht folgen konnte.

»I hope, we are not going to die in sixteen hours«, antwortete Eustace.

»Wir machen jetzt diese fünf Phasen durch«, sagte Ronnie und rollte hinter Eustace her, der nervös wie ein Tiger im Käfig hinter den Gitterstäben auf und ab ging. Ronnie immer hinterher.

»Was für fünf Phasen?«, fragte Eustace gereizt.

»Die fünf Verzweiflungsphasen oder wie die heißen. Wenn man erfährt, dass man eine tödliche Krankheit hat, dann kommt man in diese Phasen. Zuerst, warte, ich hab das einmal genau gewusst, weil man macht so etwas Ähnliches auch durch, wenn man ... Wenn man ...«

»Wenn man erfährt, dass man querschnittgelähmt ist«, ergänzte Vinzenz.

»Zuerst kommt die Phase des Nicht-wahrhaben-Wollens. Aktive und passive Verweigerung. Man akzeptiert es nicht, man denkt: Das darf doch nicht wahr sein, das kann nicht wahr sein. Man nimmt es nicht zur Kenntnis. Man steht unter Schock. Dann kommt die zweite Phase. Zorn und Ärger. Man verflucht denjenigen, der dafür verantwortlich ist. Man wird so zornig, dass man ihm das gleiche Schicksal wünscht. Man will, dass er denselben Schmerz erlebt, dieselbe Verzweiflung.«

Ronnie atmete zwischen den Sätzen stärker, blieb aber gefasst, wirkte bestimmt und beherrscht. Eustace sah ihn an und Tränen rannen über seine Wangen.

»Dann kommt die Phase des Verhandelns. Man spricht mit Gott und schlägt ihm einen Deal vor. Mach, Herr, dass ich wieder gesund werde, dass ich nicht sterben muss. Oder, wie damals in meinem Fall, dass ich wieder gehen kann. Ich bitte dich, lieber Gott, hilf mir. Wenn ich wieder gesund werde, werde ich mich ändern, ein besserer Mensch werden. Ich werde den verhungernden Kindern in Afrika helfen. Ich werde mein Leben lang für andere da sein. Dann kommt die Phase der Depression, weil deine Gebete nicht erhört werden. Weil sich dieser Gott nicht um dich kümmert. Und ich habe aufgegeben und wollte sterben. Ich hatte nichts mehr, wofür ich leben wollte. Ich hab zwei Mal versucht, mich umzubringen, aber das ist schon für jemanden, der nicht gelähmt ist, nicht einfach«, lachte Ronnie.

Vinzenz hörte ruhig zu.

Eustace weinte.

Der Rechtsanwalt saß da und bereute es, damals in der High-School Russisch statt Deutsch genommen zu haben.

»Und irgendwann kommt die Phase der Zustimmung, der Bejahung. Die Phase, in der man sein Schicksal annimmt. Nein, nein – nicht nur annimmt, sondern willkommen heißt und umarmt. Ich danke dafür, dass ich gelähmt bin. Es steht mir zu. Es ist mein Leben. Das ist ab jetzt mein Ich. Ich soll in diesem Rollstuhl sitzen, nur so ist mein Leben richtig. Könnt ihr das ...« Er sah seine Freunde an: »Könnt ihr das verstehen?«

Mittlerweile weinte auch der Rechtsanwalt: »I have no idea what you are talking about, but I am deeply moved by the tension and all the emotions.«

»Es steht mir zu. Versteht ihr das? Wisst ihr, was ich meine?«, sagte Ronnie ganz leise, ohne zu weinen. »Es ist meines. Es ist mehr meines als diese Füße, die ich nicht mehr spüre.«

Eustace kniete sich vor Ronnies Rollstuhl legte seinen Kopf in Ronnies Schoß und schluchzte fürchterlich.

»Pass auf. Da unten spür ich noch was. Die Lähmung fängt erst unter meinem Schwanz an. Nicht, dass ich eine Erektion bekomme.«

»What is he saying?«, fragte der weinende Rechtsanwalt.

»He is afraid to become an erection«, versuchte der ebenfalls schluchzende Vinzenz in seinem mangelhaften Englisch zu übersetzen. Der Rechtsanwalt wusste nicht, ob er lachen oder weiter weinen sollte.

»Oh, I'm a friend of Viennese Schmäh!«, versuchte er sich aus der Affäre zu ziehen.

»Es tut mir so sehr leid«, murmelte Eustace in Ronnies Schoß.

»Aber weißt du, dass ich jetzt wegen dir auch noch sterben soll, das geht mir doch ein bisschen zu weit.«

Ronnie hatte noch das Messer in der Hand, mit dem Patrick vorher herumgespielt hatte. Er umklammerte es fest mit seiner rechten Hand und überlegte, ob er es Eustace in den Rücken stoßen sollte.

»Weißt du, du hättest es dir verdient«, sagte Ronnie.

»Was?«, fragte Eustace.

»Dass ich dir dieses Messer zwischen deinen elften und deinen zwölften Wirbelkörper stoße und dabei – wie stand das in meiner Diagnose, warte, ich kann es auswendig, ich glaube, ich hab es nur ein einziges Mal gelesen, aber ich habe es mir für immer gemerkt – *der Spinalkanal eröffnet wird.* Genau. Und weißt du, wie sie das dann nennen, wenn du gelähmt bist? *Das Rückenmark im Bereich des Conus wird tangiert.* Klingt irgendwie cool. Da tangiert wen was.«

»Ronnie, ich ...« Eustace sah auf und bemerkte das Messer in Ronnies Hand. »Ronnie, wenn du dich rächen willst, es tut mir alles so unendlich leid. Dass ich euch in diese Situation gebracht habe, wie kann ich das gutmachen? Wie nur?«

Ronnie ließ das Messer fallen.

»Wie kann es wieder gut werden? Wie könnt ihr mir verzeihen?«

Eustace stand auf, wischte sich die Tränen ab und bedeutete seinem Rechtsanwalt mitzukommen.

»Was macht er?«, fragte Vinzenz.

»Ich weiß es nicht. Ich habe keine Ahnung, in welcher von den fünf Phasen er jetzt gerade ist.«

»Glaubst du, dass es nachher weitergeht?«, fragte Ronnie.

»Keine Ahnung. Lassen wir uns überraschen!«, meinte Vinzenz resigniert.

»Sind wir in zwölf Stunden tot? Existieren wir dann nicht mehr?«

»Wahrscheinlich.«

»Kannst du dir das vorstellen? Kannst du dir vorstellen, dass du nicht existierst?«

»Meine Großtante hatte einen Papagei. Einen Graupapagei. Der konnte Gedanken lesen.«

»Aha.«

»Ich meine, das ist doch nicht normal, dass ein Papagei Gedanken lesen kann.«

»Habt ihr das überprüft, ob es nicht ein Zufall war?«

»Ja. Du bist vor ihm gestanden und hast, was weiß ich, zum Beispiel ans Essen gedacht, und er hat ›Banane‹ gesagt.«

»Das heißt noch nicht, dass er Gedanken lesen kann.«

»Meine Großtante ist draufgekommen, weil Alexander, so hieß der Papagei, das Fernsehprogramm kommentiert hat. Sein Käfig war in Tante Hildes Esszimmer, neben dem Wohnzimmer, in dem ständig der Fernseher lief. Alexander hatte von seinem Käfig aus keinen Blickkontakt zum Fernseher, und trotzdem hat er auf manche Situationen im Fernseher reagiert. Tante Hilde hat sich einmal einen Krimi angesehen, in dem der Mörder zu seinem Opfer in die Wohnung steigt, und Alexander hat die ganze Zeit ›Achtung! Achtung!‹ gerufen.«

»Zufall!«

»Während einer Talkshow griff einer der Diskutanten zu einem Glas Wasser, ließ es unabsichtlich fallen, und Alexander rief: ›Du bist nass!‹ Ein anders Mal saß Tante Hilde im Wohnzimmer und las ein Buch. Als sie zu der Zeile ›Je schwärzer die Beeren, desto süßer der Saft‹ kam, rief Alexander aus dem Nebenzimmer: ›Die Farbe ist schwarz!‹ Tante Hilde hat das von einem Parapsychologen, der sich mit Telepathie beschäftigt, überprüfen lassen. Alexander konnte wirklich Gedanken lesen.«

»Hat der sein Hirn aufgeschnitten oder was?«, fragte Ronnie, dem diese alberne Geschichte schon zu lange dauerte. Das bisschen Zeit war zu kostbar für Tante Hilde und ihren Papagei.

»Nein. Sie haben mit ihm Tests gemacht. Er war hinter einem Vorhang, konnte nicht sehen, was Tante Hilde machte. Sie haben ihr ein Bild gezeigt, das sie konzentriert betrachten musste, und Alexander hatte zwei Minuten Zeit, darauf zu reagieren. Sie sah ein Bild, auf dem jemand telefonierte, und Alexander rief: ›Es läutet. Es läutet!‹ Sie sah ein Bild, auf dem eine Vase mit Blumen zu sehen war, und Alexander sagte: ›Ich muss Blumen gießen. Ich muss Blumen gießen.‹ Sie gaben Tante Hilde einundsiebzig Bilder, und Alexander reagierte bei dreiundzwanzig davon richtig.«

»Das ist aber nicht besonders viel.«

»Doch. Wenn es nur Zufall gewesen wäre, hätte die Trefferquote laut Wissenschaftler nur bei 7,4 gelegen.«

»Was willst du mit dieser Geschichte sagen?«

»Wenn der Papagei meiner Tante Hilde Gedanken lesen kann, dann hat das, was wir hier erleben, vielleicht auch einen tieferen Sinn.«

»Ich kann dir nicht folgen.«

»Ich meine, vielleicht gibt es etwas nach dem Tod, und wir müssen uns gar nicht so sehr fürchten. Es gibt einfach mehr Dinge zwischen Himmel und Erde, als wir uns vorstellen können ...«

»Es gibt mehr Dinge zwischen Himmel und Erde, als Eure Schulweisheit sich träumen lässt.‹ – So lautet das Totschlag-Zitat aus Shakespeares *Hamlet* korrekt. Früher oder später bringt das jeder Astrologe, jede Kartenlegerin, jeder homöopathische Kugerlscheißer, überhaupt alle auf Esoterik-Trip, in Anschlag, spätestens, wenn die Argumente ausgehen und sich die Diskussion mit Skeptikern im Kreis zu drehen beginnt. Verschone mich bitte damit in dieser Situation! – Mein Gott, du glaubst doch nicht wirklich, dass wir gleich sterben werden?«

»Oh, ja. Ich denke schon.«

»Dann bring mich auf der Stelle in ein Puff. Und keinen Shakespeare mehr!«

»Was?«

»Ja. Ist das so ungewöhnlich? Ich will die letzten Stunden meines Lebens in vollen Zügen genießen. Eustace soll mir eine von seinen Kreditkarten geben, und ich vögele und fresse und saufe mich zu Tode.«

»Wieso musst du mit so einem unglaublichen Klischee auf diese Situation reagieren?«

»Ich habe keine Frau, keine Familie. Was soll ich sonst den Rest meines Lebens machen?«

»Du hast doch eine Cousine?«

»Ja und? Die will nicht mit mir vögeln. Soll ich mir vielleicht ihre Urlaubsfotos ansehen? Da sterbe ich noch vor dreiundzwanzig Uhr.«

»Mir ist das egal. Ich fliege morgen nach Hause zu meiner Frau. Ich möchte die letzten Stunden mit Menschen verbringen, die ich liebe.«

»Wie spät ist es?«

»Sieben Uhr.«

»Gut, dann schlafe ich bis dreizehn Uhr. Dann bleiben mir noch volle zehn Stunden, mein Leben zu genießen. Ausgeruht und frisch geduscht!«

»Du bist wahnsinnig.«

Noch 15 Stunden

Im provisorisch eingerichteten Kontrollraum saß der Alchemist
vor vier Monitoren und konnte sehen, wie Ronnie sich im Gästezimmer im Bett wälzte, Eustace und der Anwalt im Arbeitszimmer Papiere ausfüllten, Vinzenz in der Bibliothek ein Buch aus
einem Regal nahm und Patrick immer noch bei seiner Blutwäsche
war.

»Sollten wir ihnen nicht langsam sagen, dass es ein Placebo ist?«,
fragte der Assistent den Alchemisten.

»Nein«, antwortete dieser lapidar, »noch nicht.«

»Es war vorhin in der Küche schon nahe dran zu eskalieren. Wenn
Patrick mit dem Messer zugestochen hätte.«

»Wir haben für jeden von ihnen zwei Aufpasser. Das heißt, es sind
acht Leute im Einsatz. Die waren schon auf dem Sprung.«

Der Alchemist hatte bei den Vorbereitungen an alles gedacht. An
aggressive Schübe, an verzweifelte Aktionen, an Zusammenbrüche,
an alles, was er sich so vorstellen konnte, das Menschen tun, die
soeben erfahren haben, dass ihr Leben in vierundzwanzig Stunden
zu Ende sein wird. Das Spital war in die Sache eingeweiht und wurde
gut für sein Theater bezahlt, wie übrigens auch alle Aufpasser. Dass
einer von ihnen oder vielleicht sogar alle gleichzeitig eine Untersuchung mitsamt Blutwäsche verlangen würden, war einer der ersten
Gedanken des Alchemisten gewesen. Die Vorbereitungen für diesen
Todestrip waren extrem aufwendig gewesen.

In Eustaces Wohnung waren in jedem Zimmer Kameras installiert.
Sämtliche Schlüssel hatte man nachmachen lassen, damit die Aufpasser im Notfall überall Zutritt hätten.

»Was machen wir mit dem Flug nach Wien?«, fragte der Assistent.

»Zwei Tickets für die Aufpasser buchen, was sonst?«

»Ausgebucht.«

»Shit!«

»Alleine können wir ihn nicht fliegen lassen, das wäre unverantwort-
lich.«

»Dann bleibt das Taxi eben im Stau stecken. Es soll einen Umweg nehmen, und Patrick versäumt den Flug.«

»Ist das nicht etwas unmenschlich? Der möchte, bevor er stirbt, zu seiner Familie.«

»Er stirbt ja nicht.«

Der Ton war bei allen vier Monitoren auf leise gestellt, da sich zur Zeit nichts Aufregendes tat, wo man hätte eingreifen müssen. Sein Auftrag war es gewesen, eine Droge herzustellen, die einen das Leben spüren lässt. Zuerst hatte er an einen Cocktail aus verschiedenen Substanzen gedacht, die Sinneseindrücke verstärken können, gepaart mit einer kleinen Dosis Kokain. Aber das würde einen nicht das Leben, sondern eben die Droge spüren lassen. Nachdem Eustace mehrfach betont hatte, Geld spiele keine Rolle, war der Alchemist auf die Idee mit der Giftpille, die keine ist, gekommen. Denn erst im Bewusstsein des Todes spürt man das Leben. Nach diesem Riesenaufwand wollte er jetzt auch das Maximum an Wirkung herausholen und das Ganze nicht so schnell abbrechen. Ja, in gewisser Weise fing es erst an, Spaß zu machen.

Auf einem der Monitore sah er, wie Patrick mit seiner Blutwäsche fertig war. Die Kamera im Spital wurde von einer Krankenschwester betätigt. Der nette Arzt, der Patrick ins Spital gebracht hatte, war einer der beiden Aufpasser, und der Taxifahrer, mit dem er gerade wieder zu Eustaces Haus fuhr, war der zweite Aufpasser.

Es tat sich wieder etwas auf den Monitoren. Eustace versammelte seine Freunde im Wohnzimmer.

Noch 14 Stunden

Drei Reinigungskräfte waren gerade dabei, mit ihrer täglichen Arbeit zu beginnen, als Patrick mit seinen Koffern im Vorzimmer stand. Er hatte Eustace von seiner Blutwäsche berichtet und von seinem Plan, zurückzufliegen. Eustace versuchte, ihn noch zurückzuhalten.

»Ich dachte, dein Flieger geht erst am Nachmittag.«

»Ich versuche jetzt auf gut Glück, ein Last-Minute-Ticket zu ergattern.«

»Komm noch schnell mit, ich habe euch etwas zu sagen.«

»Worum geht es? Mich interessiert eigentlich nicht mehr, was du zu sagen hast!«

Im Wohnzimmer warteten bereits Ronnie und Vinzenz. Der Butler, der bereits in die Sache eingeweiht war, nahm die Bestellungen für das Frühstück auf. Patrick nahm widerwillig Platz. Eustace stand vor ihnen, in der Hand einige Papiere.

»Meine geliebten Freunde!«, setzte er an.

»Red doch keinen Scheißdreck. Was willst du?«, fuhr Vinzenz dazwischen.

»Lass ihn doch!«, meinte Ronnie.

Eustace räusperte sich und setzte erneut an. »Zuerst einmal möchte ich euch sagen, dass es mir leidtut, euch in diese Situation gebracht zu haben. Aber so ist es nun einmal. Mein Anwalt wird nach unserem Tod dafür sorgen, dass der Mann, der uns das angetan hat, entsprechend zur Rechenschaft gezogen wird. Ich habe mein Testament gemacht und alles geregelt. Unter anderem habe ich Folgendes festgelegt: Jeder von euch bekommt zehn Millionen Euro. Das Geld wird auf Treuhandkonten überwiesen und euren Hinterbliebenen nach meinem Tod ausgehändigt. Es soll ein kleines Zeichen sein. Den Rest meines Vermögens habe ich zwischen meiner Familie und mehreren karitativen Einrichtungen aufgeteilt. Mein Anwalt wird heute Vormittag sämtliche Überweisungen durchführen. Tja, mehr hab ich eigentlich nicht zu sagen.«

Im Kontrollraum blickten sich der Alchemist und sein Assistent verwundert an. Dass sich der Milliardär zu einem Gutmenschen entwickelt, war in ihren Szenarios nicht vorgesehen. Sie hatten eher damit gerechnet, er würde einen Killer anstellen, um den Alchemisten erledigen zu lassen.

»Weiß der Anwalt Bescheid?«, fragte der Assistent.

»Noch nicht. Aber es ist schon jemand unterwegs zu ihm.«

»Das wäre eine Katastrophe, wenn die Überweisungen stattfänden.«

»Ja. Dann schickt er mir wirklich einen Killer an den Hals.«

»Wann lösen wir die Sache auf?«

»Noch nicht«, sagte der Alchemist nur.

»Sie werden ja nicht sterben in vierzehn Stunden?« Diesmal war das keine beruhigende Feststellung, es war ein deutliches Fragezeichen zu hören.

»Wahrscheinlich nicht«, antwortete der Alchemist. »Aber sicher kann man sich da nie sein«, setzte er etwas kryptisch hinzu.

»Natürlich, niemand kann sich da sicher sein, von einer Minute auf die andere ...« Der verunsicherte Assistent war nur allzu bereit, das als kleinen Scherz zu nehmen.

»Wie denn auch? Wie könnte so etwas gehen? Ein Gift, das erst nach vierundzwanzig Stunden seine Wirkung entfaltet?«, sagte der Alchemist betont nachdenklich und schickte sich an, den Kontrollraum zu verlassen: »So etwas gibt es doch gar nicht.« Der Assistent nickte vorsichtig lächelnd. »Oder?«, fügte der Alchemist im Gehen noch hinzu: »Ich hole uns ein Frühstück, bis gleich.« Er stoppte noch einmal kurz: »Ach ja, die größte Überraschung kommt ja erst.«

»Was denn?«

»Wir wollen doch, dass sie wirklich sterben, oder?«

»Ja. Also, dass sie glauben, dass sie sterben.«

»Lass dich überraschen«, damit huschte der Alchemist aus der Tür.

Der Assistent war jetzt gänzlich verunsichert. Ganz wohl war ihm bei dieser Sache schon von Anfang an nicht gewesen. Er kannte den Alchemisten, Dr. Frederick Martin, erst seit einigen Wochen, fand ihn sympathisch und um nichts weniger exzentrisch als seinen steinreichen Auftraggeber. Vielleicht war er ein Wahnsinniger, der nur darauf wartete ... Der Assistent verbat sich, diesen Gedanken zu Ende zu denken, stattdessen drehte er den Ton wieder lauter und lauschte dem Gespräch unserer Freunde. Er überlegte kurz, ob er eigenmächtig das Ende des Trips herbeiführen sollte, konnte dann aber den Mut dazu nicht aufbringen und hoffte inständig, dass sich der Alchemist mit diesen Andeutungen nur einen üblen Scherz mit ihm erlaubt hatte. Ronnie war gerade dabei, sich aufzuregen.

»Deswegen weckst du mich? Ich wollte mich ausschlafen, um dann ordentlich Party zu machen. Was geht mich das scheiß Testament an. Ich hab keine Familie.«

»Ja, ich dachte, diese Information ist wichtig.«

»Ist mir doch scheißegal, wer zehn Millionen kassiert, wenn ich tot bin. Was soll das überhaupt? Willst du dich freikaufen?«

»Es soll eine kleine Geste sein, sagte ich doch!«

»Scheiß auf deine Geste, du hättest uns lieber nicht vergiften sollen. Was hab ich davon, wenn meine Cousine zehn Millionen erbt? Ich hätte das Geld selber gut brauchen können. Leck mich doch am Arsch.«

»Ronnie, was soll das?«, fragte Eustace gereizt. »Ich sitze doch im selben Boot. Ich werde genauso in vierzehn Stunden tot sein.«

»Ja, aber du Arschloch bist nicht dein ganzes Leben im Rollstuhl gesessen, weil einer deiner Freunde dir in den Rücken geschossen hat.«

»Kinder, ich kann nicht mehr«, sagte Vinzenz. »Ich kann mir das nicht mehr anhören. Ich hole meinen Pass und fahre dann mit Patrick zum Flughafen. Ich kann doch nicht den Rest meines Lebens damit verbringen, zwei solchen Idioten, wie ihr es seid, zuzuhören.« Er sprang auf und rannte in sein Zimmer. Ein flüchtiger Blick aus dem Fenster ließ ihn erstarren. Unter dem großen Baum im parkähnlichen Garten stand der weiße Hirsch aus seinem Traum und blickte in seine Richtung. Da wusste Vinzenz, dass er sterben würde.

Noch 13 Stunden

Als er mit Pass und Reisetasche zurück in den Salon kam, fand Vinzenz einen kleinlauten Eustace vor, der irgendetwas von Gelassenheit im Angesicht des Todes faselte. Er empfahl tatsächlich den alten

Seneca als Vorbild, der, von Kaiser Nero zum Tode verurteilt, in aller Ruhe sich die Pulsadern aufschnitt und ein heißes Bad nahm.

»Du meinst, wir sollten uns selbst umbringen und nicht auf den von dir verursachten Tod warten?«, empörte sich Vinzenz.

»Nein, aber an der Gelassenheit und Ruhe könnten wir uns ein Beispiel nehmen.«

»Ich scheiße auf deine Ruhe«, schrie Vinzenz äußerst aufgebracht, ehe er regelrecht explodierte: »Am liebsten würde ich dir so lange in deine Fresse schlagen, bis nicht einmal mehr deine Mutter dein widerliches Gesicht erkennen kann. So viel zu meiner Gelassenheit.«

»Bring mich um«, sagte Eustace. »Tu mir doch den Gefallen. Nutze den Rest deines Lebens, um einen Mord zu begehen, um diese Welt ein wenig gerechter zu machen, indem du mich tötest.«

»Mir geht das schon so auf die Nerven«, verlor Ronnie die Geduld. »Ich habe nicht die geringste Lust, die letzten Stunden zu vergeuden. Eustace, wenn du auch nur den kleinsten Funken Anstand besitzt und etwas wiedergutmachen möchtest, dann gib mir eine von deinen Kreditkarten und sag mir, in welches Puff ich gehen soll. Das ist mein Ernst.«

»Ich bestelle dir gerne alles hierher. Alles, was du willst – auf meine Kosten.«

»Und bestimmt auch ein tolles Essen – unsere Henkersmahlzeit!« Ronnies Vorwurf an Eustace war nicht zu überhören. »No problem – alles auf meine Kosten!«, äffte er ihn nach.

»Ich stecke in dieser Scheiße genauso tief drinnen wie ihr alle«, verteidigte der sich.

»Aber du bist immer derjenige, der uns in die Scheiße reinreitet. Du bist zufällig derjenige, der schuld daran ist, dass ich im Rollstuhl sitze.«

»Ich habe mich dafür entschuldigt.«

»Was hilft mir das?«

»Ich dachte, du hast mir vergeben?«

»Habe ich. – Gehen kann ich trotzdem nicht.«

Eustace war sich nicht sicher, ob er sein Geheimnis jetzt preisgeben sollte. Ob er Ronnie sagen sollte, dass er es gewesen war, der Schicksal gespielt hatte und es so aussehen ließ, als ob Ronnie im Lotto gewonnen hätte. Es hatte nicht viel gebraucht. Ein Gratistipp in seiner Stammtrafik, einen Schauspieler, der den Psychologen der Lotterien gab, und eine Überweisung.

»Ich möchte, dass du weißt«, sagte er schließlich, »dass dein ach so zufälliger Reichtum nicht von Gott, dem Universum oder sonst wo herkommt, sondern von meinem Konto. Ja, es hat so ausgesehen, als hättest du im Lotto zweieinhalb Millionen Euro gewonnen, aber ich kann dir gerne die Unterlagen zu dieser ganzen Aktion zeigen. Das war ich, Ronnie, das war ich.« Eustace hatte Tränen in den Augen und legte behutsam seine rechte Hand auf Ronnies linke Schulter. Der schüttelte sie ab und presste bemüht leise und gedehnt heraus: »Was für ein Arschloch du bist! Ich hasse dich. Du Dreckschwein. Wie ich dich hasse!«

»Schon gut. Ist schon gut.«

»Wer, glaubst du, bist du? Gott? Dass du mich in diesen Rollstuhl gebracht hast, ist die eine Sache. Aber dass du deine Allmachtsfantasien an mir auslebst? Was soll das? Ich habe gedacht: Ein Mal hast du Glück in deinem Leben, du bist doch nicht der letzte Dreck in diesem Universum. Das Schicksal hat doch ein Auge auf dich geworfen, auch im Guten. Eine höhere Gerechtigkeit ist am Walten, eine Wiedergutmachung. Und dann kommt Hans Neuburg alias Großkotz Eustace Hallam und sagt mir ins Gesicht, dass er abermals Schicksal gespielt hat, dass er das Schicksal ist, zumindest mein Schicksal?«

»Alles gut, Ronnie, lass es gut sein!«

»Noch nicht, Eustace. In mir breitet sich gerade ganz stark das Gefühl aus, ich sollte das Schicksal doch zur Abwechslung einmal selbst in die Hand nehmen. Noch ist nicht alles gut, weißt du? «

»Aber vielleicht bald, wenn wir ewigen Frieden finden, wenn wir uns in einer anderen Dimension verzeihen können, wenn sich unsere Seelen befreit von irdischen Gefühlen gegenübertreten können. Dort, an diesem anderen Ort, dort wird alles gut und schön sein.«

»Dann geh doch du schon mal voraus!«, erwiderte Ronnie und stieß Eustace das Messer, das er immer unter der Armstütze des Rollstuhls mit sich führte, zwischen den elften und zwölften Wirbelkörper.

Die letzte Stunde

Im improvisierten Kontrollraum brach Panik aus. Acht Aufpasser sahen sich mit einer um vieles komplizierteren Situation als erwartet konfrontiert. Nicht nur hatte Ronnie Eustace das Messer in den Rücken gestoßen, im Salon irrte mittlerweile auch ein aufgebrachter weißer Hirsch umher, den zwei Tierpfleger verzweifelt einzufangen versuchten.

Vinzenz, der sich noch immer nicht sicher war, ob der weiße Hirsch nicht bloß eine durch seinen Schlafentzug hervorgerufene Halluzination war, hatte der Sache auf den Grund gehen wollen und war in den Garten gegangen. Und da war tatsächlich der weiße Hirsch. Mehr denn je davon überzeugt, es handle sich um ein überirdisches Zeichen, näherte sich ihm Vinzenz und versuchte ihn anzusprechen.

Der Hirsch aber nahm Reißaus und sprang in seiner Panik durch die geöffnete Verandatür in den Salon. Eustace sah im Sterben den weißen Hirsch und murmelte irgendein Gebet, da er ihn in dieser Situation ebenfalls für eine gottgesandte Erscheinung hielt.

Vinzenz kam das *Vaterunser* betend hinter dem Hirsch hergesprungen: »Vater unser im Himmel, geheiligt werde dein Name, dein Reich komme, dein Wille geschehe.«

Wer tatsächlich kam, waren die zwei Tierpfleger vom Londoner Zoo, der den Hirsch gegen eine freiwillige Spende von hunderttausend Pfund gerne zur Verfügung gestellt hatte. Deren Wille geschah jedoch in keiner Weise, der Hirsch wollte sich nicht fangen lassen. Die zwei Pfleger in schwarzen Overalls wurden von Ronnie, Eustace und Patrick für Todesengel beziehungsweise Teufel gehalten. Neuerliche Stoßgebete.

Im Kontrollraum starrten der Alchemist und sein Assistent fassungslos auf die Monitore.

»Der Hirsch war eins zu viel«, murmelte der Alchemist.

»Wir müssen die Rettung verständigen.«

»Ist schon unterwegs.«

»Wie lange Sie wohl dafür ins Gefängnis gehen werden?«, meinte der
Assistent kopfschüttelnd.

»Die haben unterschrieben, dass sie selbst dafür verantwortlich sind.
Außerdem: Ich habe niemanden erstochen, im Gegensatz zu dem
Gelähmten.«

Für Eustace, eigentlich Hans Neuburg, kam jede Hilfe zu spät. Ronnie, Vinzenz und Patrick sahen einander nie wieder. Einen jeden von
ihnen beschäftigte aber für den Rest seines Lebens die Frage, was er
wohl täte, hätte er nur noch vierundzwanzig Stunden zu leben.

XIII

Am nächsten Morgen

Es begann zu dämmern. Die Ruhe der Nacht wich allmählich dem morgendlichen Vogelkonzert. Zuerst melodiöse Solostimmen, wunderschöne Hintergrundmusik, sich steigernd zu dramatischen Duetten und bald übergehend in die meine Hörgewohnheiten überfordernde Neue Musik. Dazu von irgendwoher ein Hahnenkrähen und die ersten aufgeregten Entenmütter auf Futtersuche, verstrickt in Revierkämpfe mit Haubentauchern.

✒ Rücksichtsloses Federvieh! Es sind ausschließlich Tiere mit Flügeln, die diesen Krawall am Morgen machen. Warum nur? Wo bleibt die Leichtigkeit des Seins? Kann ja nicht so schwer sein, wenn man Flügel hat!

✂ Ohne Frühstück? Würdest du ohne Kaffee und Zigarette zu einem Rundflug abheben?

✒ Wer weiß, was ich täte, wenn ich Flügel hätte!

✂ Nur zur Erinnerung: Nicht alle Tiere mit Flügeln können fliegen.

Er deutete schon die ganze Zeit mit seinem Kopf hinter meinen Rücken. Ich drehte mich langsam um. Ein paar Hütten weiter stiegen zwei Nixen an Land. Sie hatten offenbar die Dämmerung genutzt, den See nackt zu genießen.

✂ Da hast du deine Leichtigkeit des Seins.

✒ Hast du sie auch schon ins Wasser gehen sehen?

✂ Merkwürdigerweise nein.

✒ Hast du geschlafen oder meiner Geschichte gelauscht?

Ich wartete gespannt auf Andreas' Reaktion. Nixen sind Nixen, aber ich war neugierig, was er zu meiner Geschichte zu sagen hatte. Ich nahm den letzten Schluck Rotwein und wartete. Andreas nickte mit dem Kopf, die Augenbrauen skeptisch zusammengezogen.

✂ Möchtest du mit dieser Geschichte das Buch beenden?

🖋 Warum nicht? Wäre doch ein denkbarer Schluss.

✂ Ich finde sie zu lang. Es ist keine Kurzgeschichte. Sie wirkt eher wie eine – wie soll man das beschreiben? –, eine angeschwollene Novelle.

🖋 Das klingt nicht gerade ermunternd. Eine angeschwollene Novelle? Was soll ich machen? Soll ich zum Arzt gehen und sagen: Grüß Gott, ich hab eine angeschwollene Novelle?

✂ Ich meine ja nur.

🖋 Findest du sie scheiße?

✂ Nein, das nicht ... ganz im Gegenteil. Die ihr zugrundeliegende Frage ist natürlich ein Hammer. Was würden wir tun, wenn wir nur noch vierundzwanzig Stunden zu leben hätten. Da wird's dann schon eng. Das geht an das Eingemachte.

🖋 Eine angeschwollene Novelle! Eigentlich sehr witzig. Du solltest Kritiker werden. Am besten gleich Theaterkritiker. Da gibt es ohnehin kaum jemanden, der Humor hat; verglichen beispielsweise mit Anton Kuh, Alfred Polgar ... In den Zwanzigerjahren, da waren die Kritiken oft unterhaltsamer als die Theaterabende. Einer, ich hab leider vergessen, welcher es war, leitete einmal eine Kritik über eine sehr langweilige Produktion damit ein: *»Die Bühne stellt eine ländliche Gegend dar. Im Vordergrund ein Bauernhaus. Links eine Wiese mit Apfelbaum. Hinten gähnt ein Abgrund. Recht hat er.«* Da wird man zwar verrissen, aber kann dabei wenigstens lachen.

✂ Danke für das Kompliment.

🖋 Gerne. Kritiker waren nicht immer so freundlich-humoristisch in ihren Verrissen. Am 3. April 1850 konnten die Wiener in der Zeitschrift *Der Humorist* über die neue Premiere eines Stückes von Johann Nestroy lesen: »*Theater in der Leopoldstadt. Vorgestern zum ersten Male: Charivari – Karikaturen mit Heiratszweck. Posse in drei Akten. Wir haben einem Leichenbegängnis beigewohnt, aber einem Leichenbegängnis ohne Trauer und Tränen, die wohl nur der Vater der unglücklichen Fehlgeburt vergossen haben dürfte; im Gegenteil, das Publikum war beim tragischen Verenden dieser Posse recht heiter und lachte und pfiff aus voller Brust.*« Das nenne ich eine feinfühlige Auseinandersetzung mit dem Theater.

✄ Und Anton Kuh liefert das Rezept für derartige Vorgangsweisen: »*Warum denn gleich sachlich werden, wenn es persönlich auch geht?*«

✎ Am hübschesten in diesem Zusammenhang, und auch am ehrlichsten, finde ich noch immer Oscar Wilde: »*Ich lese nie die Bücher, die ich rezensiere – man ist sonst so voreingenommen.*«

✄ Ich kann mir gut vorstellen, dass man da als Künstler, der jeden Abend seinen Arsch hinhält, gute Nerven braucht.

✎ Manche halten sogar ihr Gesicht hin. - Ja, gute Nerven, und genug Alkohol. Oder man hat das Glück, dass man schon lange tot ist. Wie William Shakespeare, der siebenundsiebzig Jahre nach seinem Tod von Thomas Rymer, dem Historiografen von König Wilhelm III., eine vernichtende Kritik hinnehmen musste. 1693 schrieb der in seinem Buch *Short View of Tragedy*: »*Ein Affe versteht sich besser auf die Natur, ein Pavian besitzt mehr Geschmack als Shakespeare. Im Wiehern eines Pferdes, im Knurren eines Hundes ist mehr lebendiger Ausdruck und mehr Humanität als in Shakespeares tragischem Pathos.*« Ganz besonders ein Dorn im Auge war ihm die Tragödie von Othello: »*Aller moralische Nutzen dieses Trauerspiels laufe auf diese drei wichtigen Lehren hinaus 1) dass kein Mädchen von Stande mit einem Mohren davonlaufen solle, 2) dass jede Hausfrau ihre Wäsche wohl in Acht nehmen solle, 3) dass jeder Ehemann mathematische Beweise haben müsse, ehe er seine Eifersucht zu tragischem Ende wüten lässt. Aus dem Mohren hätte er einen Trompeter, aber keinen General machen sollen. Welcher Lärm um ein*

Schnupftuch! Das Ganze ist eine Schnupftuchtragödie. Wäre es nur Desdemonas Strumpfband gewesen!«

✂ Scharfer Tobak!

✎ Das war sechzig Jahre, bevor Shakespeare zum Nationaldichter erhoben wurde.

✂ Und dich hat man nie verrissen? Du wurdest immer nur geliebt?

✎ Nein. Gott sei Dank wurde ich auch verrissen. Das wäre auch gar nicht gut, nur gelobt zu werden. Ich halte es mit dem englischen Kritiker und Literaturpapst des 18. Jahrhunderts, Dr. Samuel Johnson: *»Nicht doch! Es gereicht einem Schriftsteller zum Vorteil, wenn sein Buch nicht nur gerühmt, sondern auch getadelt wird. Der Ruhm ist wie ein Federball. Wenn er nur am einen Ende des Zimmers geschlagen wird, fällt er alsbald zu Boden. Um ihn schwebend zu erhalten, muss man ihn von beiden Enden aus schlagen.«*
Eine meiner ersten Kritiken, nachdem ich 1993 die künstlerische Leitung des Simpl übernommen hatte, lautete: *»Wenn Michael Niavarani die Zukunft des österreichischen Humors ist, dann: Gute Nacht!«* Mein liebevoller Kollege und Freund Viktor Gernot hat mir die Kritik übrigens ausgeschnitten und auf meinen Schminkspiegel geklebt. Ich saß also am Tag nach der Premiere in der Garderobe, zehn Minuten vor Vorstellungsbeginn, und mir gruben sich während des Schminkens immer wieder die Worte Niavarani – Humor – Gute Nacht! ins Hirn. Wahrscheinlich bin ich auch deshalb oft so unendlich müde.

✂ Verletzt einen so etwas nicht?

✎ Nein. Das regt mich überhaupt nicht auf. Es lässt mich völlig kalt. Nicht, wenn es von einem Trottel geschrieben wird, der keine Ahnung von der Komödie hat, dieser Bastard, dieser vertrottelte Schmierenschreiber, der verdammte. Mit Goethe: *»Schlagt ihn tot, den Hund! Es ist ein Rezensent.«*

✂ Ich dachte, es regt dich nicht auf.

✎ Eh nicht. Ich kann mit Kritik sehr gut umgehen: Ich nehme sie einfach nicht zur Kenntnis und attestiere dem Kritiker chronische Schwachsinnigkeit. Deshalb hat mich ja deine Bemerkung, es wäre eine angeschwollene Novelle, so völlig kalt gelassen.

✄ Weil ich schwachsinnig bin, verstehe. Aber dennoch bleibe ich dabei, die Geschichte geht am Anfang über und rinnt nach hinten hin aus.

✐ Wenn sie vorne übergeht, wie kann sie dann hinten ausrinnen? Okay, das war jetzt weniger originell. Ich denke darüber nach.

✄ Es liegt vielleicht daran, dass ich dich einfach nur erzählen lasse, ich meine, vielleicht sollte ich mich als Zuhörer mehr in die Geschichte einmischen. Nicht so passiv sein.

✐ Bitte nicht. Das erinnert mich an meine Tochter. Die hat sich im zarten Alter von vier Jahren auch immer in meine Gute-Nacht-Geschichten eingemischt. Ich begann: »Es war einmal ein Truthahn, der ...« Sie: »Hase!« Ich: »Nein – ein Truthahn.« Sie: »HASE!« Ich: »Also gut. Es war einmal ein Hase, der wollte seine Oma besuchen!« Sie: »Ein Eis kaufen!« Ich: »Nein! Seine Oma ...!« Sie: »EIS KAUFEN!« Und so ging das die ganze Zeit. Eigentlich hat sie mir eine Gute-Nacht-Geschichte erzählt. Ich bin auch brav immer vor ihr eingeschlafen.

✄ Ist doch wunderbar. Eine Zuhörerin, die weiß, was sie will. Komm, das machen wir auch. Du erzählst, und ich mische mich ein.

✐ Ich weiß nicht. Ist es dafür nicht zu spät? Es dämmert schon. Wir sitzen schon die ganze Nacht hier und ...

✄ Hast du noch eine Idee zu einer Geschichte? Fang einfach an – ich misch mich ein.

✐ Also schön. Goethe und Schiller inszenieren *Macbeth* am Weimarer Hoftheater ...

✄ Muss ich mich schon einmischen mit einer kleinen Frage: Wen soll das interessieren?

✐ Das ist, bitte sehr, eine wahre Begebenheit. Goethe und Schiller haben gemeinsam in Weimar am herzoglichen Theater gearbeitet, als Autor und Regisseur, Goethe auch als Theaterdirektor.

✄ Na und?

✐ Was heißt na und? Wir haben Goethe und Schiller auf das

Podest der Weltliteratur gehoben – in Wien sogar wortwörtlich. Der Sockel des Goethe-Denkmals ist so hoch, dass man ihm gerade die Füße küssen kann, Schiller steht in unerreichbarer Höhe – und seither fürchten wir uns vor ihnen. Aber dass sie normale Menschen waren, Genies natürlich, aber eben auch Menschen, das vergessen wir. Keiner von den beiden hat bewusst Weltliteratur gemacht. Die sind nicht im Gasthof gesessen und haben auf die Frage ihrer Freunde, ob sie noch einen trinken wollen, geantwortet: »Nein, danke. Ich hab heute noch was zu arbeiten. Ich muss Weltliteratur schreiben.« Die haben, wie jeder andere Autor auch, lediglich versucht, nach bestem Wissen und Gewissen ihre Geschichten zu schreiben. Und dabei ist ihnen aufgrund ihres Talents Weltliteratur passiert. Ich gebe es ja offen zu, bei mir ist es umgekehrt, ich versuche bedeutende Literatur zu schreiben, und nebenbei passiert mir Trivialliteratur. Aber das ist eben der Unterschied. Die beiden waren echte Künstler – ich bin bestenfalls Unterhaltungskünstler und muss mich ab und zu bei den wirklichen Literaten entschuldigen, dass ich die Bestsellerlisten verstopfe.

✂ Du meinst, deine Bücher sind mehr Fanartikel?

✎ Aber ja doch! Andere lassen Kaffeehäferl oder T-Shirts produzieren, ich produziere Bücher. Aber zurück zu unseren beiden Klassikern. Goethe war in Weimar Theaterdirektor, und Schiller, der Goethe zutiefst verehrte, wurde von ihm beauftragt, Shakespeares *Macbeth* in Versen zu übersetzen und überhaupt für Weimar neu einzurichten ...

✂ Und was ist da passiert?

✎ Warte! Willst du die Geschichte hören oder nicht?

✂ Nur, wenn ich mich einmischen darf ...

✎ Dann lass mich wenigstens den ersten Satz zu Ende sprechen. Es geht nämlich weniger um die *Macbeth*-Bearbeitung als um Schillers neues Stück *Maria Stuart*. Beides fällt in den gleichen Zeitraum. *Macbeth* hatte am 14. Mai 1800 Premiere, *Maria Stuart* genau einen Monat später, am, 14. Juni. Also gut, es beginnt so:

Seine allerchristlichste Herzogliche Hoheit Karl August, Großherzog von Sachsen Weimar Eisenach, Jugendfreund und Sauf-
kumpan von Goethe, gleichzeitig sein Gönner und Dienstherr,
wollte sich seine kleine Chance, König von Sachsen zu werden,
auf keinen Fall verbauen. Einen Eklat mit der katholischen Kirche konnte er jetzt am allerwenigsten gebrauchen.

✂ Was für einen Eklat?

✎ Das ist das Problem mit dem Einmischen. Die Antwort gibt der
nächste Satz:
»Was soll denn diese Dummheit?«, fragte der Großherzog bei
ihrer frühmorgendlichen Besprechung. »Die Stelle wird geän-
dert, mein lieber Goethe, das kann doch auch nicht in Ihrem
Interesse als Direktor unseres Hoftheaters sein.« Widerspruch
zwecklos. »Keineswegs in meinem Interesse«, antwortete Goethe.
»Die Stelle ist schon gestrichen.«
Gleich darauf stapfte Goethe, in einen warmen Wollmantel
gehüllt, durch die noch dunklen Straßen von Weimar, Schillers
Manuskript von *Maria Stuart* unter dem Arm. Er musste seinen
Freund noch vor Probenbeginn abfangen und ihm über die von
Ihrer Allerchristlichsten Herzoglichen Hoheit verlangten Ände-
rungen Bescheid geben. Seit einer Woche probten sie mit den
Schauspielern Schillers Fassung von Shakespeares *Macbeth*. Es
war bitterkalt, ein strenger Wintertag. Er hielt den Kopf gesenkt
und sah auf seine Schuhe, wie sie in der leichten Schneedecke
auf dem Kopfsteinpflaster Abdrücke hinterließen.

✂ Abdrücke im Schnee, aha. Der Eklat kommt noch?

✎ Das ist eine Geschichte und kein Verhör.
Fast wäre Goethe in eine Kuh gerannt. Er blieb abrupt stehen
und spürte den warmen Atem in seinem Gesicht. Er blickte ihr
direkt in die Nasenlöcher. Goethe sprang zur Seite und ließ die
Kühe passieren. Der Bauer hatte seinen Hof an der südlichen
Stadtmauer und trieb seine Herde mitten durch die Stadt zu
einem Viehmarkt an der nördlichen Stadtmauer. Ein um vieles
kürzerer Weg als außen herum. Kein ungewöhnlicher Vorgang

in dem kleinen Städtchen, vor allem im Sommer, wenn jeder Bauer sein Vieh kreuz und quer durch die Stadt vom Hof zur Weide und am Abend wieder zurück trieb, jetzt mitten im Winter aber doch eine Überraschung für den gedankenverlorenen Theaterdirektor. Der Bauer lüftete seinen Hut und grüßte Goethe mit einer Verbeugung. Hinter dem Bauern rumpelte eine Postkutsche im Schritttempo daher. Goethe grüßte den Kutscher und nützte die Gelegenheit gleich zu einem milden Tadel. »Dass sich zu uns auch einmal eine Postkutsche verirrt!«

»Immer wieder, Herr Geheimrat, immer wieder!«

»Aber viel zu selten. Meine Briefe nach Jena sind mit der Verkaufsrunde meiner Gemüsehändlerin schneller am Ziel als mit der Post.«

Der Postkutscher zuckte mit den Schultern und wandte seinen Blick vorwurfsvoll auf die Kühe vor ihm.

Goethe ging weiter und sah sich in seiner Ansicht bestätigt, das Leben im Norden habe in erster Linie Mühsal parat. Ob er es noch einmal bis in das Land, wo die Zitronen blühen, schaffen würde?

Die Angelegenheit mit Schillers *Maria Stuart* war Goethe enorm unangenehm. Er würde wieder einmal amtlich gegenüber seinem Freund auftreten müssen, als verlängerter Arm des Herzogs. Vor einigen Tagen erst hatte er bei einigen Flaschen Wein bis weit in die Morgenstunden Schillers Vortrag gelauscht. Er hatte ihm seine *Maria Stuart* vorgelesen, und Goethe war voll der Begeisterung.

»Ohne jede Einschränkung?«, fragte ihn Schiller.

»Ohne jede Einschränkung«, antwortete Goethe, obwohl das nicht ganz der Wahrheit entsprach. Er hatte Vorbehalte gegen die von Schiller frei erfundene Szene, in der die beiden Königinnen Maria und Elisabeth persönlich aufeinandertreffen. Er hatte es aber für sich behalten, denn Schiller hatte ihm neuerlich vor Augen geführt, dass er der bessere Dramatiker von ihnen beiden war.

Als Theaterdirektor in Weimar hatte Goethe kein einfaches Leben. Von all seinen vielfältigen Interessen und Tätigkeiten war es diejenige, die ihm die meisten Nerven kostete und den wenigsten Genuss bereitete. Eine stets reichhaltig sprudelnde Quelle des Verdrusses war sein meistgespielter Autor August von Kotzebue. Er hatte sich erst vor Kurzem in Weimar ein Haus gekauft. Goethe, der Platzhirsch, verachtete ihn und seine Komödien, die weit mehr Erfolg hatten als seine eigenen Theaterstücke. Das Publikum verlangte danach, und so dominierten sie wohl oder übel den Spielplan des Theaters, dessen Direktor er selber war. Schiller gegenüber bezeichnete er Kotzebues Stücke als »Ausgeburten des platten Realismus«, und das war noch das Mindeste. Dem Geheimrat kroch ein kalter Schauer über den Rücken, als er das Publikum vor Vergnügen kreischen hörte, weil in Kotzebues Komödie *Die deutschen Kleinstädter* die alte Großmutter vor Aufregung einen Niesanfall bekommt, wenn der Liebhaber ihrer Enkeltochter im Wohnzimmer erscheint, den sie einer geschickten Lüge wegen für den König von Preußen hält. Dabei wird sie derart heftig geschüttelt, dass sie den Mantel des vermeintlichen Königs mit ihrem Auswurf beschmutzt, was vor lauter Peinlichkeit zu noch heftigeren Niesattacken führt. Goethe saß in seiner Loge und wollte sterben.

Er hatte es sich gemeinsam mit seinem Freund Schiller zur Aufgabe gemacht, das Theater von derartigen Derbheiten zu reinigen. Sie führten einen Krieg gegen diese Schlammflut des Banalen und wollten das Theater dem klassizistischen Kunstideal annähern, besonders wenn sie viel Wein getrunken hatten; und Goethe hatte einen großen Weinkeller. Sein Sohn August verstarb noch zu Lebzeiten des Vaters an Trunksucht. Aber das nur nebenbei. Dass er selbst gut zwanzig Jahre früher den Schwäbischen Gruß: »Er aber sag's ihm, er kann mich im Arsche lecken!« auf die Bühne gestellt hatte – eine Jugendsünde. Eine sehr erfolgreiche. Dem Publikum gefiel es, und übrigens auch Mozart.

Im Köchelverzeichnis findet sich unter der Nummer 382c der Kanon *Leck mich im Arsch*.

Jetzt aber ging es um das Kunstideal, und da war ihm Schillers *Maria Stuart* höchst willkommen. Die Geschichte zweier Königinnen. Maria Stuart, Königin von Schottland, hatte legitime Ansprüche auf den englischen Thron, was sie zu einer Gefahr für Königin Elisabeth I. werden ließ. Diese war als Cousine von Marias Vater ihre Tante zweiten Grades. Elisabeth ließ sie verhaften und in den Tower werfen. Nachdem man ihr angeblich eine Verschwörung gegen die englische Krone nachweisen konnte, wurde sie zum Tode verurteilt. Königin Elisabeth zögerte jedoch, das Todesurteil zu unterschreiben, da Maria Stuart Königin und dadurch von Gott selbst eingesetzt war. Schließlich wird Maria Stuart aber hingerichtet. In der Nacht davor verlangt sie nach einer Beichte und der heiligen Kommunion.

Schiller hatte also das Stück in erstaunlich kurzer Zeit fertiggestellt und es nun Goethe in der nächtlichen Sitzung vorgelesen. Goethe hatte die größte Freude mit *Maria Stuart*, vor allem mit der Szene vor der Hinrichtung.

»Was sagen Sie dazu?«, fragte ihn Schiller und schenkte sich noch Wein ein.

»Die Handlung auf die Tage vor der Hinrichtung zu konzentrieren, ist eine große Entscheidung! Bravo, mein Lieber, Bravo! Der Schuldspruch ist gefällt, Maria zum Tode verurteilt, aber die Königin zögert noch, den Schuldspruch zu unterschreiben. Sie zögert, obwohl ihr eigener Thron in Gefahr ist! Maria fühlt sich schuldlos, und alles, was sie tut, um ihr Leben zu retten, bringt sie ihrem Untergang näher! Das, mein lieber Schiller, ist die tragische Qualität dieses Stoffes, dass man die Katastrophe gleich in den ersten Szenen sieht, und indem die Handlung des Stücks sich davon wegzubewegen scheint, ihr immer näher und näher geführt wird. Bravo!«

Schiller war über diese Antwort etwas verwundert. Nicht, weil Goethe ihn lobte und das Stück ihm offenbar gefiel, sondern weil er sich jener Worte bediente, die Schiller ihm selbst in einem Brief mitgeteilt hatte. Bevor er mit der Niederschrift begonnen hatte, hatte er mittels der Gemüsehändlerin von Weimar, die auf ihrer Verkaufsfahrt war, genau jene Worte an Goethe geschickt, die ihm dieser gerade als sein Lob verkaufte. Das Ende des Briefes hatte gelautet: »Maria fühlt sich schuldlos, und alles, was sie tut, um ihr Leben zu retten, bringt sie ihrem Untergang näher! Das ist die tragische Qualität dieses Stoffes, dass man die Katastrophe gleich in den ersten Szenen sieht, und indem die Handlung des Stücks sich davon wegzubewegen scheint, ihr immer näher und näher geführt wird.« War dem Herrn Geheimen Rat diese Doublette nicht aufgefallen? War er bereits zu betrunken? War er überarbeitet? Gar desinteressiert!?! Oder noch schlimmer, hatte er bewusst zu diesem Mittel gegriffen, weil er keine Meinung zu dem Werk hatte? Oder war es bloß eine kleine Bosheit, weil er eifersüchtig auf Schillers Talent war?

»Und die Szene mit der Kommunion?«, fragte Schiller.

»Wie wunderbar«, sagte Goethe.

»Sie gefällt Ihnen?«

»Sie gefällt mir außerordentlich. Eine Kommunion auf der Bühne. Das ist einzigartig. Noch nie dagewesen. Das erhebt das Theater! Soll Kotzebue seine Alte ihren Nasenschleim auf der Bühne verbreiten lassen, wir lassen Maria Stuart hinknien und den Leib Christi empfangen.«

»Wird man uns das nicht zum Vorwurf machen? Eine religiöse Handlung im Theater?«, meinte Schiller verunsichert.

»Aber nein. Es wird das Theater erheben!«

Das war zwei Wochen her. Schiller begann jetzt mit den Proben zu *Macbeth*, Goethe las noch einmal *Maria Stuart*, da er bei Schillers Vortrag sehr wenig mitbekommen hatte. Er würde sich nie ganz an Schillers starken schwäbischen Akzent gewöhnen. Goethe blieb bei seinem ersten guten Eindruck und freute sich, *Maria Stuart* kurz nach *Macbeth* auf Weimars Bühne zu bringen.

Da war also ein Diener des Herzogs mit dem Brief gekommen, der ihn auf der Stelle ins Schloss beorderte. Es war vier Uhr früh. Goethe zog sich warm an und stapfte zum Großherzog.

»Mir ist erzählt worden, dass in *Maria Stuart* eine förmliche Kommunion oder ein Abendmahl vorkomme. Stimmt das?«

»Jawohl, Eure Durchlaucht!«

»Da müssen wir doch nicht gleich so förmlich werden, lieber Goethe!«

»Jawohl, Euer Gnaden!«

»Immer, wenn Sie so förmlich werden, lieber Goethe, weiß ich, dass Sie mir gleich widersprechen werden oder es zumindest wollen. In diesem Fall aber ...«

»Die Szene ist gedacht, das Theater zu veredeln, Euer Gnaden.«

»Das ist aber unanständig. Eine Kommunion auf dem Theater. Das lassen wir weg, Goethe. Der Schiller wird das streichen! Sie müssen Ihrem Freund ins Gewissen reden. So ein braver Mann er sonsten ist, so ist das doch leider eine göttliche Unverschämtheit oder eine unverschämte Göttlichkeit. Wir sind doch keine Ketzer?«

»Keineswegs!«

»Die Stelle wird geändert, mein lieber Goethe, das kann doch auch nicht in Ihrem Interesse als Direktor unseres Hoftheaters sein.«

Wer hatte den Herzog vorab alarmiert? Goethe lag mit seiner Vermutung richtig. Das konnte nur Herder gewesen sein, der zusammen mit Wieland, Goethe und Schiller zum klassischen Viergestirn von Weimar gehörte. Goethe hatte sich einst beim Herzog dafür eingesetzt, ihn als Oberpfarrer und Prediger an Weimars Stadtkirche zu holen, sich nun aber ihm entfremdet. Herder war es auch, der einige Jahre davor das Bonmot in die Welt gesetzt hatte, Schillers Literaturzeitschrift *Die Horen* müsste nun mit *u* geschrieben werden, nachdem in der Herbstnummer von 1795 Teile von Goethes *Römische Elegien* erschienen waren. Goethe schwelgt darin in Erinnerungen an seine sexuellen Eskapaden unter südlichem Himmel und findet ziemlich eindeutige Worte dafür. Von *Horen-Wirtschaft* sprach man anschließend in der literarischen Szene. August Wilhelm Schlegel ließ sich später, nach einem Streit mit Schiller, zu dem kleinen Spottgedicht inspirieren: »*Die Horen wurden bald zu Huren / Die steigend von dem Götterthron / Nach Leipzig auf die Messe fuhren / Um schnöder Honorare Lohn.*«

Widerspruch zwecklos. Die Sache musste aus der Welt. Goethe betrat das Theater und fand Schiller auf den Stufen der Haupttreppe sitzend vor. Er hielt einige Papiere in der Hand. Zuerst dachte Goethe, Schiller studiere über dem Shakespeare, dann aber konnte er deutlich erkennen, dass es sich um Geschäftspapiere handelte. Schiller sah Goethe herankommen, sprang freudig auf und rief: »Die Abrechnung von Cotta is gekomme. Die Gemüsefrau hat se soeben gebracht. Was glaube Se, wie viel Exemplare des *Wallenstein* hab i verkauft?!«

Goethe hatte keine Ahnung. Das Stück war ein großer Erfolg gewesen, wenn auch die Schauspieler anfänglich mit Schillers Versen Probleme gehabt hatten. Ein sehr großer Erfolg. Es wurde öfter gespielt als Goethes *Egmont*, doch weniger oft als Kotzebues *Kleinstädter*. Aber wie viel Exemplare sich von *Wallenstein* verkauft hatten, konnte Goethe beim besten Willen nicht sagen. Er erinnerte sich an seine eigene Abrechnung von Göschen. Der Verleger hatte ihn überredet, *Gesammelte Schriften* in acht Bänden herauszubringen. Es meldeten sich sechshundert Subskribenten, und mehr wurde auch nicht verkauft. Die Einzelausgaben gingen noch schlechter: *Iphigenie auf Tauris*: 312 Stück. *Egmont*: 377 Stück. *Götz von Berlichingen*: 20 Stück. *Clavigo*: 17 Stück. Keine berauschenden Verkaufszahlen für einen Zeitraum von drei Jahren.

»Ich weiß es nicht. Wie viel haben Sie verkauft?«

Schiller knallte mit seinem rechten Handrücken auf das Blatt Papier und sagte: »Dreitausendfünfhundert Stück, und des in nur zwei Monate. Cotta schreibt, es is vergriffe.«

Goethe befand, sein Akzent verschlimmere sich bei emotionaler Aufregung. Er spürte plötzlich ein stechendes, brennendes Zucken in seinem Rücken, krümmte sich unwillkürlich, um sich sogleich wieder aufzurichten. Er versuchte, durch kreisende Bewegungen des Rückens den Schmerz wieder loszuwerden, der sich allmählich in ein leichtes Kribbeln verwandelte. Brust raus!, ermahnte er sich selber.

Ohne auf Schillers Begeisterung über dessen Verkaufszahlen weiter einzugehen, sagte er: »Wir müssen über *Maria Stuart* sprechen, lieber Schiller.«

Neben ihnen tauchte Anton Genast, Schauspieler am Hoftheater in Weimar und aktueller *Wöchner*, auf. Goethe hatte drei seiner Schauspieler, darunter Anton Genast, dazu bestimmt, sich abwechselnd jeweils für eine Woche um Dekoration, Kostüme, Statisten, Requisiten etc. zu kümmern. Der Großherzog ließ nicht genug springen, um jeden Posten einzeln zu besetzen. Der jeweilige Verantwortliche wurde Wöchner genannt, diese Woche war es also Anton Genast.

»G'nastl!«, rief Goethe, dem es Freude machte, die Namen seiner Untergebenen zu verballhornen.

»Herr Geheimer Rat, uns werden die Darsteller rebellisch.«

»Weswegen?«

»Die neuen Theaterzettel, wie Sie befohlen haben.«

»Was ist damit?«

»Na ja, Sie haben angeordnet, Herr Geheimer Rat, die ›Herren‹, ›Mesdames‹ und ›Demoisellen‹ wegzulassen und rein den Namen der Schauspieler zu nennen.«

»Ja. Und?«

»Na ja, das gehört sich doch: *Herr* Vohs, *Madame* Neumann, *Demoiselle* Gärtner.«

»Unsinn, G'nastl!«

»*Herr* Genast!«, sagte er scherzend.

»Es geht doch darum, den Künstler zu nennen. Oder?«

»Ja. Nennen, auf dem Theaterzettel.«

»Der Name des Künstlers genügt. Was heißt genügt: Er soll im Vordergrund stehen! Herren und Mesdames gibt es sehr viele in der Welt, Künstler sehr wenige!«

Mit dieser Antwort musste sich Anton Genast zufriedengeben. Er verschwand mit dem Auftrag, die Schauspieler zu beruhigen.

»Der Name des Künstlers soll im Vordergrund stehen!«, meinte Goethe, »und der Druck ist billiger, weil man weniger Schwärze braucht.«

Schiller musste lachen.

Das Lachen verging Schiller, als er neben Goethe hinter der Bühne saß und beide eine Tasse heiße Schokolade tranken, die sie sich vom Wöchner hatten bringen lassen. Goethe fühlte sich nun in Fahrt und kam sogleich auf die Szene in *Maria Stuart* zu sprechen.

»Lieber Schiller! Lieber Freund!« Er räusperte sich und verspürte wieder ein Stechen im Rücken, worauf ihm ganz heiß wurde und er zu schwitzen begann. »Lieber Freund!«, setzte er noch einmal an: »Der kühne, der sehr kühne Gedanke, eine Kommunion aufs Theater zu bringen, ist schon ruchbar geworden, und ich werde veranlasst, von hoher Stelle veranlasst, Sie zu ersuchen, diese Sache zu ...«, er musste sich abermals räuspern, »umgehen.«

»Umgehen?«

»Umgehen. Einen anderen Weg zu nehmen, sie durch die Umgehung nicht ganz wegzulassen, aber doch nicht direkt zu betreten, sie zu *umgehen*.«

»Wie umgehen?«

»Durch Weglassung.«

»Also doch weglassen.«

»Durch eine Umgehung wegzulassen.« Er nahm einen Schluck von seiner heißen Schokolade. Schiller tat dasselbe. Aus Verlegenheit.

»Seit man sie mit Milch zubereitet, ist sie um vieles besser«, sagte Goethe, der diese neue Mode, von einem englischen Koch ins

Leben gerufen, sehr begrüßte. Bis vor nicht allzu langer Zeit hatte man heiße Schokolade mit Kakaobohnen und heißem Wasser zubereitet, wie Tee oder Kaffee. König Georg III. war das zu bitter gewesen. So kam sein Koch auf die Idee mit Milch und Zucker. Einige Jahre später war diese Sitte auch nach Deutschland gekommen.

»Mir ist sie bitter lieber. Ohne Zucker. Ganz dunkel«, sagte Schiller und nahm einen kleinen Schluck.

»Ich mag sie ganz hell sehr gerne. Süß. Mit Milch.«

»Ich nicht. Ich hasse das Süße.«

»Sie ist sehr gesund, die Schokolade. Gott sei es gedankt, dass man sie jetzt nicht mehr nur in der Apotheke bekommt, sondern überall.«

»Bitter ist sie sehr gesund. Wie der Kaffee. Ohne den Zucker.«

»Die Milch macht sie so gesund.«

»Ich mag keine Milch.«

Es entstand eine kleine Pause.

Goethe stand auf und machte sich daran, den Bühnenraum zu verlassen, kehrte Schiller den Rücken. Kurz vor dem Ausgang blieb er stehen und wandte sich noch einmal an Schiller.

»Ich habe heute nicht lange Zeit. Christiane, Sie wissen, meine Frau, kommt mit den Kindern in die Stadt. Wir wollen ihr einen Schal kaufen. Wolle. Wegen der Kälte. Vielleicht auch etwas für die Kinder.«

»Die Milch macht so eine ekelerregende Haut auf der Schokolade. Grauenvoll!«, sagte Schiller überraschend laut, aber wie zu sich selbst, den Blick demonstrativ von Goethe abgewandt.

»Ich muss«, sagte Goethe, während er zurückkam und sich wieder setzte, »in dieser Sache hart bleiben. Die Kommunion kann nicht gezeigt werden.«

»Wollten wir das Theater nicht veredeln, über den platten Realismus hinausheben?«

»Ich muss Ihnen bekennen, lieber Schiller, dass mir selbst dabei von Anfang an nicht wohl zumute war. Für einen gläubigen

Katholiken ist in der Kommunion Gott leibhaftig anwesend. Da gibt es kein Als-ob wie auf der Bühne. Die Hostie ist der Leib Christi und nicht ein Zeichen oder Symbol für den Leib Christi. Weil aber Verwandlung und Kommunion ziemlich theatralische Elemente der Liturgie sind, müssen sie jede Nähe zum Theater meiden wie der Teufel das Weihwasser. Und nun, da man schon im Voraus dagegen protestiert, ist es nach doppelter Betrachtung nicht anzuraten, diese Szene im Stück zu belassen. Sie ist gestrichen.«

Mit diesen Worten stand er auf, verbeugte sich vor seinem Freund und verließ das Theater.

✎ Willst du dich gar nicht einmischen?

✂ Verzeihung. Aber ich wollte dich nicht stören.

✎ Gibt es Fragen?

✂ Ich möchte fast sagen – unendlich viele.

✎ Schade.

✂ Unter anderem diese: Ist die Geschichte hier zu Ende?

✎ Ja.

✂ Aha. Also sehr kurz.

✎ Die Novellenschwellung ist zurückgegangen.

✂ Das ist fraglos erfreulich, aber irgendwie möchte ich noch mehr von diesen zwei klassischen Herren hören.

✎ Es ist sechs Uhr morgens, und wir haben noch nicht geschlafen.

✂ Und was ist an deiner Geschichte wahr?

✎ Die beiden haben wirklich in Weimar zusammengearbeitet, und der Herzog hat wirklich die Szene mit der Kommunion streichen lassen, und zwar auf Betreiben des sehr gläubigen Johann Gottfried Herder, dem von dieser Szene etwas zu Ohren gekommen war.

✂ Und Goethe hat sie dem Schiller gestrichen?

✎ Ja. Nachdem er ihm schon gesagt hatte, dass er sie großartig fand. Dann kam die Ansage vom Herzog – und zack, schon gestrichen. Goethe war sozusagen der erste Fernsehredakteur der Geschichte, die ja auch oft auf Zuflüstern freiwillig ihre Meinung ändern. Flexibilität scheint in diesem Job ein besonderes Thema zu sein. Ihr Credo: Das ist meine feste Überzeugung. Wenn sie meinem Vorgesetzten nicht gefällt? – Ich hab auch viele andere.

✂ Aber das hat doch für jeden Fernsehredakteur etwas Tröstliches, wenn er es zum Klassiker schaffen kann.

✐ Herr Goethe war ein Klassiker, der manchmal gezwungen war, wie ein Fernsehredakteur zu agieren. Aber ich denke, wir sollten uns jetzt langsam hinlegen. Bist du nicht müde? Selbst der Igel hat sich schon längst ausgefurzt und schnarcht irgendwo.

✂ Du hast recht. Eine letzte Zigarette?

✐ Aber ja, eine noch.

✂ Wie der wohl privat so war, der Goethe?

✐ Eine gewisse Eitelkeit wird man ihm wohl nicht absprechen können, wie eine kleine Episode aus seinem Leben das verdeutlichen mag. Das erste Shakespeare-Stück am Weimarer Hoftheater unter Goethes Leitung war die Tragödie *König Johann*. Goethe führte selbst Regie. In der Rolle des jungen Arthur besetzte er die damals blutjunge Christiane Neumann, die, so seine eigenen Worte, »großes Talent zur Natürlichkeit« besaß und in dieser Rolle »wundervolle Wirkung« tat. In zeitgenössischen Berichten heißt es, sie spiele *»mit vieler Wärme und Sicherheit und stelle das treue Bild eines liebreichen, durch ein unversehrtes, schuldloses Gemüth ausgezeichneten und zugleich durch tiefe geistige Kräfte gehobenen Knaben dar«.* Kurz, sie war begabt, jung und wunderschön. Auch andere Kollegen waren begeistert. Ein weimarischer Veteran schrieb in seinen Erinnerungen: »*Die leiseste Erregbarkeit, mit dem regsten Eifer und Fleiß, die ätherisch holdeste Gestalt mit dem klangvoll zartesten Organ, das ausdrucksvollste Spiel mit tiefster Empfindung gepaart, erhoben sie zur anmuthigsten Erscheinung, die Auge und Herz immer zugleich erfreute.*«

Goethe probte gerade die Szene mit dem Kämmerer Hubert, der den Auftrag hat, den Knaben Arthur zu blenden, sich von dessen Flehen aber erweichen lässt und die grausame Tat dann doch nicht ausführt. Aus den Tagebüchern des Schauspielers Genast – ja, den gab es wirklich – ist uns folgende Geschichte überliefert: Herrn Goethe war die junge Neumann nicht verängstigt genug von dem glühenden Eisen, also sprang er auf die Bühne, riss es dem Darsteller des Hubert aus der Hand und stürzte mit »so grimmigem Blick« auf das Mädchen zu, dass es entsetzt und zitternd zurückwich und ohnmächtig zu Boden sank. »*Erschrocken kniete nun Goethe zu ihr nieder, nahm sie in seine Arme und rief nach Wasser. Als sie die Augen wieder aufschlug, lächelte sie ihm zu, küsste seine Hand und bot ihm dann den Mund.*«

Goethe meinte manchmal etwas hintersinnig, dass er durch die Neumann seine Theatermüdigkeit zu überwinden imstande sei. In einem Brief an seinen philologischen Berater und Freund Böttiger heißt es einmal, die junge zarte Schauspielerin sei ihm »in mehr als einem Sinne lieb«.

Wenige Jahre später erfuhr Goethe, dass Christiane Neumann, geschwächt durch künstlerische und physische Anstrengungen, mit erst neunzehn Jahren einem Lungenleiden erlegen war. Goethe war so erschüttert, dass er eine Elegie auf sie dichtete, mit dem Titel *Euphrosyne*, in der die junge Tote dem Dichter erscheint und zu ihm spricht:

Denkst du der Stunde noch wohl, wie auf dem Brettergerüste
Du mich der höheren Kunst ernstere Stufen geführt?
Knabe schien ich, ein rührendes Kind, du nanntest mich Arthur,
Und belebtest in mir britisches Dichter-Gebild,
Drohtest mit grimmiger Glut den armen Augen und wandtest
Selbst den tränenden Blick, innig getäuschet, hinweg.
Ach, da warst du so hold und schütztest ein trauriges Leben,
Das die verwegene Flucht endlich dem Knaben entriß.
Freundlich faßtest du mich, den Zerschmetterten, trugst mich von dannen,
Und ich heuchelte lang, dir an dem Busen, den Tod.

Endlich schlug die Augen ich auf, und sah dich, in ernste
Stille Betrachtung versenkt, über den Liebling geneigt.
Kindlich strebt ich empor und küßte die Hände dir dankbar,
Reichte zum reinen Kuß dir den gefälligen Mund,
Fragte: Warum, mein Vater, so ernst? und hab ich gefehlet,
O! So zeige mir an, wie mir das Beßre gelingt.
Keine Mühe verdrießt mich bei dir, und alles und jedes
Wiederhol ich so gern, wenn du mich leitest und lehrst.
Aber du faßtest mich stark und drücktest mich fester im Arme,
Und es schauderte mir tief in dem Busen das Herz.
Nein, mein liebliches Kind, so riefst du, alles und jedes,
Wie du es heute gezeigt, zeig es auch morgen der Stadt.
Rühre sie alle, wie mich du gerührt, und es fließen zum Beifall
Dir von dem trockensten Aug herrliche Tränen herab.
Aber am tiefsten trafst du doch mich, den Freund, der im Arm dich
Hält, den selber der Schein früherer Leiche geschreckt.

Ich will jetzt nicht den Herrn Goethe kritisieren, aber ich meine, wie eitel muss man sein, dass man vor lauter Trauer eine Elegie schreibt, in der man die Tote ein Loblied auf sich selbst singen lässt? Ist das nicht großartig!?

✂ Ich stelle mir das gerade auf einem Begräbnis vor. Man hält eine Grabrede, sagen wir für einen alten Schulfreund, und sagt dann: »Herbert war mein größter Fan. Niemand konnte ihn so zum Lachen bringen wie ich. Der Verstorbene war mir immer dankbar für die vielen schönen Stunden, die ich ihm beschert habe. Ja, ich kann guten Gewissens sagen – er hat mich geliebt!«

✏ Künstler sind eben doch eitel.

✂ Bist du eitel?

✏ Nein. Ich bin aber auch kein Künstler. Ich bin Unterhaltungshandwerker. Gift für jede seriöse Kulturseite. Außerdem, wie soll ich mit meinem Aussehen eitel sein? Ich bin komplett uneitel – mir bleibt schon rein optisch nichts anderes übrig. Abschließend möchte ich zu dem Thema aber doch sagen: Jeder Mensch

ist eitel. Deswegen muss man sich ja nicht gleich für das Zentralgestirn halten, um das alle anderen kreisen.

Das war offenbar das Stichwort für die Sonne. Unsere nächtliche
Sitzung war plötzlich auf unzumutbare Weise in Licht getaucht. Wir
wollten schlafen gehen, und das war nun wirklich die vollkommen
falsche Lichtdramaturgie. Ein schwerer Regiefehler, wie ihn sich nur
ein Zentralgestirn in seiner Eitelkeit leisten kann. In meinem Theater hätte ich sofort »Licht aus!« geschrien und den Beleuchter aus
meiner Umlaufbahn entlassen.
Andreas' Lebensgefährtin kam aus der Badehütte, begrüßte die
Sonne, indem sie sich ihr entgegenstreckte, schüttelte den Kopf und
fragte, ob wir die ganze Nacht wach gewesen seien. Auf unser müdes
Nicken schickte sie die Frage hinterher, ob wir ein Frühstück wollten.
Wir dankten ihr herzlich und entschieden uns für Kaffee. Ein
Espresso vor dem Schlafengehen kann niemals schaden. Während
wir aus der Badehütte das Rattern und Stampfen der Espresso-
maschine hörten, griffen wir zur allerletzten Zigarette dieser Nacht,
die keine mehr war.

✐ Eigentlich liebe ich das. Zu einer Zeit schlafen zu gehen, wo alle
  anderen arbeiten müssen.
✂ Kann man sich natürlich nur als Künstler leisten.
✐ Oder als Unterhaltungshandwerker. Ich gehe prinzipiell nicht
  vor drei Uhr nachts ins Bett – dafür schlafe ich bis zehn, manchmal sogar bis elf Uhr. Wobei ich zu meiner Verteidigung sagen
  muss: Humoristen und Dramatiker neigen von sich aus stark
  dazu, den Tag schlafend zu beginnen. Franz Molnár, der seinen
  Arbeitstag nie vor Mittag begann, war einmal bei einem Prozess
  als Zeuge geladen und musste um neun Uhr vor Gericht erscheinen. Mit großer Verwunderung stellte er fest, dass um acht Uhr
  früh bereits eine Menge Menschen unterwegs waren. Fragend
  blickte er um sich und sagte: »Lauter Zeugen?«

Wie auf Stichwort wurden uns von Andreas' Lebensgefährtin die
Espressi serviert, die sie mit hämischem Grinsen vor uns abstellte.
Ich war doch kurz unsicher, ob mich das Koffein schlafen lassen
würde – nahm aber gedankenverloren den ersten Schluck, nachdem
wir einander mit den Espressotassen zugeprostet hatten.

✂ Auf dein Buch!
✎ Auf das Geschichtenerzählen!

Wir schlürften schweigend unseren Kaffee, waren beide müde und
erschöpft. Mein Nachbar wies mich darauf hin, dass ich ihm noch
eine Geschichte schuldig geblieben war, die von dem Pärchen in der
Taverne auf dem Gemälde. Ich hatte allerdings nicht die geringste
Lust, noch einmal anzusetzen, offensichtlich hatte mich der Kaffee
müde gemacht. Paradoxe Intervention vonseiten des Koffeins. Ich
versprach, am nächsten Abend weiterzuerzählen. Erschöpfung gepaart mit der Euphorie einer durchwachten Nacht ließen mich nicht
vor großen Vergleichen zurückschrecken. Wie Scheherazade dem
Sultan, oder wie die Gruppe junger Menschen, die sich vor der Pest
aufs Land flüchtet im *Decamerone*, verkündete ich. Das Denken
wurde merklich unscharf und großzügig in seinen Dimensionen.
Wir verabschiedeten uns mit einer Umarmung.

✂ Mit dem ersten Igelfurz bin ich wieder da.
✎ Da bin ich mir sicher. – Es wird auch das Zeichen für mich sein.

Ich ging in die Badehütte. Rosalinde war bereits wach, sie stand unter
der Dusche. Ich zwängte mich zu ihr ins Miniaturbad, putzte mir die
Zähne und erklärte ihr, warum ich heute schon so früh ins Bett ging.
Sie steckte ihren hübschen Kopf aus dem hässlichen Duschvorhang
und grinste genau so, wie Andreas' Lebensgefährtin gegrinst hatte.
»Was ist los mit dir?«, fragte sie. »Du wirst alt. Früher hättest du die
ganze Nacht durchgesoffen, jetzt erzählst du unserem Nachbarn
deine Geschichten?«

»Wir hatten Bier und eine Flasche Rotwein dabei«, verteidigte ich mich.

»Ich wecke dich zu Mittag«, sagte sie.

Ich versuchte, den Raum so gut wie möglich abzudunkeln, was sich als gar nicht so einfach erwies. Ich musste ein Badetuch vor das Fenster hängen, da wir keine Sonnenblenden hatten.

Im Dahindämmern vor dem Einschlafen tauchte zwischen den wuselnden weißen Punkten, die die Netzhaut in diesem Zustand ungefragt an das Gehirn sendet, der Herr Geheimrat von Goethe zusammen mit Herrn Hofrat Schiller auf. Sie sprachen miteinander über Macbeth, der plötzlich auf einem der weißen Punkte saß. Hinter ihm flimmerten drei Hexen in schreiendem Rot. Da wusste ich, wie der erste Satz meines Buches lauten würde.

Macbeth, der seine tote Lady Macbeth beweint:

Life's but a walking shadow, a poor player
That struts and frets his hour upon the stage
And then is heard no more. It is a tale
Told by an idiot, full of sound and fury
Signifying nothing.

> *Das Leben ist bloß eine Illusion. Ein armseliger Schauspieler, der eine Stunde lang besorgt über die Bühne stolpert und von dem man dann nie wieder etwas hörte. Es ist eine Geschichte, erzählt von einem Trottel, voll von Lärm und Gefühlsverwirrung, gänzlich bedeutungslos.*
>
> William Shakespeare

Und in mir wuchs die Hoffnung, mein Buch würde werden wie das Leben: A *tale, told by an idiot.*

EINE GESCHICHTE, ERZÄHLT VON EINEM TROTTEL
GÄNZLICH BEDEUTUNGSLOS

Danke!

Bei der Entstehung dieses Buches haben mich einige Freunde sehr unterstützt. Zuallererst möchte ich mich bei Thomas bedanken, der tatsächlich mein Nachbar in einer kleinen Badehüttensiedlung an einem See ist. Er ist kein Friseur und wir haben leider noch nie eine Nacht durchgemacht, aber das kommt sicher noch.

Mein Dank gilt auch zwei fabelhaften ÄrztInnen, die sich nicht nur rührend um meine Gesundheit kümmern, sondern mir auch immer wieder mit medizinischen Details unter die Arme greifen, wenn ich Informationen für eine Geschichte brauche: Danke an OÄ Dr. Susanne Simon-Ecker und Univ.-Prof. Dr. Christian Matula.

Besonderer Dank gilt meinem ersten Lektor und fast schon Koautor Richard Kitzmüller. Ohne ihn gäbe es dieses Buch nicht. Richard Kitzmüller hat seit meinem 24. Lebensjahr jeden Text von mir in seiner Urfassung gelesen und ist mir immer mit gutem Rat zur Seite gestanden. Diesmal hat er sich wahrlich übertroffen und ich danke ihm für die eine oder andere Pointe und vor allem für die vielen künstlerischen und historischen Einfälle. Ach, wir könnten ja noch Jahre damit verbringen, alles genau zu recherchieren. Danke, Richard!

Und wenn dann Richard und ich den Text durchhaben und freigeben, ist es meistens zwei Uhr nachts, und da möchte ich mich jetzt bei einem ganz besonderen Menschen bedanken, bei meiner Verlegerin Dr. Brigitte Sinhuber. Ich danke ihr dafür, dass sie zu nachmitternächtlicher Stunde meine Texte liest und beurteilt. Und mich immer wieder mit aggressiver Zurückhaltung zum Schreiben auffordert. Ohne sie hätte ich niemals den Mut gefasst, Bücher zu schreiben. – Ich danke dir, Brigitte!

Danke Hannah für die interessanten Gespräche, die wir führen, und die Geduld mit deinem Papa.

Und danke Rosalinde, dass es dich in meinem Leben gibt.

Ach ja, und danke, dass Sie dieses Buch gekauft haben.